Goldmann SACHBÜCHER

Band 11120

Gay G. Luce · Körper-Rhythmen

Zu diesem Buch

Gay G. Luce faßt im vorliegenden Buch die Ergebnisse einer noch ganz jungen Wissenschaft zusammen: der Wissenschaft von der Zeitstruktur biologischer Organismen. Jedes Lebewesen hat verschiedene Zeitzyklen – sie bestimmen auch das Leben des Menschen.

Obwohl bislang nahezu unbekannt, haben diese Zeitrhythmen einen ungeheuren Einfluß auf alle Vorgänge unseres Lebens. Sie beeinflussen unsere Gesundheit, die Tätigkeit unserer einzelnen Organe, unseren gesamten Stoffwechsel und vor allem auch unsere Nerven- und Gehirntätigkeit. Die moderne Zivilisation hat es mit sich gebracht, daß die meisten Menschen heute dazu gezwungen sind, gegen ihre »innere Uhr« zu leben. Es sei nur an Phänomene wie Schichtarbeit und Flugreisen erinnert, die den ganzen inneren Zeitplan des Menschen durcheinanderbringen, oder aber an Medikamente, die künstliche Wach- und Schlafrhythmen erzeugen.

Diese neuen Erkenntnisse über Körper-Rhythmen haben aber auch eine enorme praktische Bedeutung. Wer seine täglichen »Hochs« und »Tiefs« in seine Planungen mit einbeziehen kann, wer es versteht, mit seiner inneren Uhr zu leben und nicht gegen sie, kann seine Leistungsfähigkeit und sein Wohlbefinden ungeheuer steigern.

Gay G. Luce schrieb gemeinsam mit Dr. Julius Segal »Sleep and Insommnia« und »The Guide for Troubled Sleepers«, deutsch unter dem Titel: »Schlaf dich gesund«, Goldmann MEDIZIN Nr. 9025.

GAY G. LUCE

Körper-Rhythmen

Die Uhr in uns geht ganz genau

Mit 10 Graphiken

WILHELM GOLDMANN VERLAG MÜNCHEN

7061 · Made in Germany · I · 1110
Genehmigte Taschenbuchausgabe. Die deutsche Originalausgabe ist im Hoffmann und Campe Verlag, Hamburg 1973, erschienen. Titel der Originalausgabe »Body Time«. Erschienen bei Pantheon Book, New York 1971. © Gay Gaer Luce, 1971. Aus dem Amerikanischen von Christel Wiemken. Umschlagentwurf: Ilsegard Reiner. Druck: Presse-Druck Augsburg. Verlagsnummer: 11120 · Ag/ho
ISBN 3-442-11120-X

Inhalt

Vorwort 7
1. Gezeiten des Lebens: kulturbedingte Vorstellungen 15
2. Reisen, Arbeitszeit und Isolation 39
3. Schlaf, Träume und die biologische Stunde 77
4. Tägliche Schwankungen 135
5. Rhythmen von Symptomen und Zellen 163
6. Stunden der Anfälligkeit und Widerstandsfähigkeit gegenüber Medikamenten und Erkrankungen 187
7. Zeit und die Konsequenzen von Streß 211
8. Periodische Symptome in Krankheit und Gesundheit 247
9. Licht — ein Bindeglied zu den Rhythmen der Erde 277

Schlußwort 305
Danksagung 315
Anhang 317
    Anmerkungen zu Vokabular und Analyse von Rhythmen 319
    Erläuterungen der medizinischen Fachausdrücke 341
    Personenregister 353
    Sachregister 356
    Nachweis der Graphiken 359

Vorwort

Ein jegliches hat seine Zeit,
und alles Vornehmen unter dem Himmel hat seine Stunde:
Geboren werden hat seine Zeit und Sterben,
Pflanzen hat seine Zeit und Ausrotten, das gepflanzt ist.
Der Prediger Salomo

Der moderne Mensch hat die Zeit aus den Fugen gebracht. Die Folge davon ist, daß wir jetzt in einer Gangart leben, die in Widerspruch steht zu unseren inneren Bedürfnissen. Wir befinden uns nicht mehr in Übereinstimmung mit den natürlichen Zyklen, wie das bei unseren Vorfahren durch die Jahrtausende der Fall war, die bei Tage arbeiteten, in der Nacht ruhten, den Jahreszeiten gehorchten und nicht schneller reisten, als Tierfüße oder Segel sie trugen. So lebte der Mensch etwa 30 000 Generationen lang. Und dann, vor nur etwa fünfzig Jahren, begann das beispiellose Aufbranden der Technologie uns plötzlich aus allen früheren Vorstellungen von Raum und Zeit hinauszuschleudern. Heute reisen wir mit Schallgeschwindigkeit; Medien wie das Fernsehen haben es möglich gemacht, die Lebenserfahrung mehrerer Generationen auf ein oder zwei Monate zu komprimieren. Eine Zeit, in der zu leben erregend ist, aber auch beunruhigend, denn unsere Körper und Hirne haben sich gegenüber denen unserer primitiveren Vorfahren nicht sehr verändert; dennoch müssen wir uns ständigen Veränderungen anpassen. Im Verlangen nach den Reichtümern, die die Technologie uns beschert, passen wir uns einem sozialen Fahrplan an, der wirtschaftliche Leistungen und die optimale Nutzung von Maschinen ermöglicht. Aber dieses Tempo ist für Menschen nicht immer zuträglich. Im biologischen System stellt sich die Zeit in einem Stoffwechselprozeß dar, der zyklisch ist; wir essen und verdauen, atmen ein und aus, absorbieren und verbrauchen Energie in einem bestimmten Rhythmus. Diese zeitlichen Abläufe in uns stehen häufig in Widerspruch zum Mechanismus der Gesellschaftsordnung, und viele Opfer dieses Widerspruchs leiden unter seelischen und körperlichen Krankheiten.

Irgendwo tief in unserem Inneren ist der brodelnde Aufruhr unserer Zellen organisiert. Möglicherweise sind ineinander verschlungene, zeitlich genau aufeinander abgestimmte Zyklen der Klebstoff, der uns zusammenhält.

Dieses Buch beschäftigt sich mit der Funktion zeitlich bestimmter biologischer Zyklen, die unsere Gesundheit und unsere Freude am Leben beeinflussen. Es ist ein zugegebenermaßen unausgefeilter und früher Blick auf die am häufigsten übersehene Dimension unseres Lebens — die Zeit. Aber es scheint wichtig, diese Dimension schon heute zu beschreiben, unter Zuhilfenahme aller verfügbaren Informationen und in einer Sprache und mit Analogien, die jedermann verständlich sind. Ein solches Buch hat viele Mängel, denn es nimmt den Reifungsprozeß der Forschung vorweg. Wissenschaftliche Puristen würden auf genaueres Verständnis warten, auf umfassendere Kenntnisse, auf eine Theorie. Aber die Struktur der Zeit ist für jeden Menschen von größter persönlicher Wichtigkeit. Die meisten Menschen kennen ihre eigenen biologischen Zeitzyklen nicht und wissen nichts von ihrer eigenen Zeitstruktur. Wenn das Tempo städtischen Lebens sie quält und unglücklich macht, meinen sie, sie seien selbst daran schuld. Getrieben von den Vorstellungen ihrer am Geschäftsleben orientierten Kultur machen sich viele Menschen Vorwürfe, wenn sie nicht so ausdauernd und produktiv sind wie Maschinen.

Die Zeit ist der intimste und allumfassendste Aspekt unseres Lebens, dennoch ist die Sprache unserer Selbsterwartungen statisch. Wir durchschreiten den Lebenszyklus von der Geburt über Reife und Alter bis zum Tod. Wir beobachten den Verlauf der Jahreszeiten, den endlosen Wechsel zwischen Tag und Nacht. Die inneren Zyklen von Schläfrigkeit und Hunger empfinden wir, und dennoch ist das Bild, das wir uns von uns selbst machen, so starr wie ein Foto. Wir erwarten in der Familie und bei Freunden gleichbleibendes Fühlen und Verhalten. Wir bemühen uns um stets gleiche Arbeitsleistung und messen unseren Gesundheitszustand an irgendwelchen statischen Normen. Unsere Umgangssprache formuliert die Erwartung von Stetigkeit. All das hindert uns daran, unsere rhythmische Natur zu empfinden. Selbst Ärzte und Wissenschaftler rechnen so wenig mit dem zyklischen Wandel, daß sie ihn häufig für eine Unregelmäßigkeit halten.

Um unsere körperliche Struktur, um Skelett, Finger und Zehen wissen wir; daß jedoch auch die Zeit einer unserer Bestandteile ist, ist uns nicht bewußt. Die meisten Menschen empfinden, wenn sie laufen, einen gewissen rhythmischen Zusammenhang zwischen Atmung und Herzschlag, oder sie erkennen ihren Schlaf-Wach-Rhythmus oder die Wechselwirkung von Hunger und Energie im Laufe des Tages. Müßte jemand ein systematisches Tagebuch über sein Leben führen, würde er verblüfft erkennen, welche Perioden von Krankheit oder Wohlbefinden vorhersehbar waren. Blickte er in sich hinein, so könnte er feststellen, daß sein Körper wie eine große Fabrik auf einer Grundlage arbeitet, die einem bis ins letzte durchdachten Produktionsplan entspricht. Wie wäre es sonst möglich, daß Millionen biochemischer Stoffe in der richtigen Menge und genau zur rechten Zeit an den Nervenendigungen oder Organen eintreffen, die sie benötigen? Träten die Enzyme* von Leber und Nieren nicht in Aktion, könnte die Nahrung, die wir aufnehmen, uns vergiften, anstatt uns zu ernähren, denn diese Enzyme müssen produziert und einsatzbereit sein, wenn die Nahrung eintrifft. Herstellung und Inventar im Körper müssen einem bestimmten Produktionsplan folgen, einem Plan, der sich auch nach der Zeitwahl unseres Schlafens und Wachens an jedem Tag ausrichtet.

Obwohl das Studium der Zeitstruktur des Menschen in seinen Anfängen steckt, steht zu vermuten, daß es revolutionäre Veränderungen in der Medizin bewirken wird, denn die richtige Zeitwahl für eine Aktion kann so wirksam sein wie Medikamente oder Operationen. Das Studium der Zeitstruktur des Menschen wird die technologisch fortgeschrittenen Nationen fraglos dazu zwingen, die Planung von Arbeit und Ruhe, Nahrungsaufnahme und Erholung neu zu durchdenken. Auch wenn die Schwankungen, denen wir jeden Tag unterworfen sind, relativ unbedeutend erscheinen mögen, werden die biologischen Zyklen für die wissenschaftliche Forschung auf vielen Gebieten der Biologie und der Medizin, bei der Entwicklung und Erprobung von Medikamenten, beim Studium der Physiologie* des Menschen, beim Erforschen der Hirntätigkeit und der Feinheiten menschlichen Tuns und Wahrnehmens grundlegendes Informationsmaterial hergeben.

Die Kenntnis der Zeitstruktur bedeutet eine Revolution auf dem Gebiet der Selbsterkenntnis — einen Wandel des Bildes, das wir von uns selbst haben, und des Gebrauchs, den wir von uns machen, der so

---

* Erläuterungen zu mit Sternchen gekennzeichneten medizinischen Fachausdrücken siehe Seite 319.

einschneidend sein wird wie die Erkenntnisse Freuds. Wir leben in einer Zeit, in der die Vorstellung des Menschen von sich selbst zahlreichen Revolutionen unterworfen ist und seine Ideen, wer er ist, wie er funktioniert und wo seine Grenzen liegen mögen, sich ständig wandeln. Die psychologische Revolution veranlaßte uns, darauf zu achten, auf welche Weise frühe Erlebnisse unser späteres Fühlen und Verhalten bestimmen können. Heute dienen Laborinstrumente dazu, Menschen zu lehren, wie sie ihr eigenes autonomes Nervensystem* und Körperfunktionen, die man früher für unwillkürlich hielt, beherrschen können. Röntgenstrahlen, Radium und Mikrowellen haben den sensorischen Rahmen des Menschen erweitert, psychedelische Drogen den Rahmen seines Bewußtseins. Späteren Generationen werden wir so unterentwickelt erscheinen wie uns heute die Höhlenmenschen, denn noch sind wir Leute, die ihr eigenes Nervensystem nicht beherrschen können, die Spannweite ihrer bewußten Erfahrung nicht kennen und mit ihrem eigenen Zeitplan, ihrer eigenen Struktur rhythmischen Wandels nicht vertraut sind. In gewisser Hinsicht mögen wir sogar primitiver erscheinen als Völkerstämme, die in der Natur leben, denn wir leben außerhalb des Tempos unserer natürlichen Umwelt, das wir nicht einmal verstehen, und haben den Kontakt mit den natürlichen Rhythmen in uns selbst verloren.

Die Rhythmizität des Menschen ist bisher noch relativ wenig untersucht worden, aber es gibt eine Unmenge faszinierender Literatur über biologische Zyklen bei Pflanzen, Tieren und Insekten. In diesem Buch geht es weder um die zahlreichen Studien über Einzeller, Pflanzenleben, Vögel oder Fische, noch um Zug und Navigation von Vögeln und Fischen. Ein einzelnes Buch könnte das ganze Ausmaß an Studien über biologische Rhythmen gar nicht erfassen — Studien, die sich zweifellos für die gesamte biologische Wissenschaft, für Landwirtschaft, Medizin, Verkehr und Bildung als wertvoll erweisen und die uns helfen werden, in der natürlichen Welt zu leben, ohne sie zu zerstören. Auch beschäftigt sich dieses Buch nicht mit Theorien über biologische Zyklen oder mathematische Modelle der Mechanismen, die unsere verschiedenen Rhythmen steuern mögen; Hinweise auf einige solcher Themen finden sich in der Bibliographie. Dieses Buch beschränkt sich auf die Zeitstruktur des Menschen, und da wiederum in erster Linie auf die täglichen Rhythmen, die für Gesundheit und Wohlbefinden wichtig sein können.

Der Plan zu diesem Buch entstand während der vielen Nächte, in denen ich Wissenschaftlern über die Schulter schaute, während sich die Kurven der Hirnwellen schlafender Versuchspersonen auf dem Elektroenzephalographen* abzeichneten. Die ganze Nacht hindurch erschienen ungefähr alle neunzig Minuten die zusammengepreßten schnellen Hirnwellen und die raschen Augenbewegungen eines bestimmten Traumzustandes. Man kann diese rhythmischen Veränderungen, Zeugnisse ganz und gar anderer Seelenzustände, nicht beobachten, ohne sich der eigenen zyklischen Veränderungen von Träumen, Herzschlag, Antrieb und Stimmung deutlich bewußt zu werden. Sie sind die Wellen des Wandels unter einer Oberfläche, die wir konstant nennen.

1967 begann ich, Material für eine Studie über Rhythmen für das National Institute of Mental Health zu sammeln. Ich hatte die Schwierigkeiten und das Ausmaß des Projekts unterschätzt. Männer und Frauen verschiedener Fachrichtungen — Mathematiker und Biologen, Psychiater und Psychologen — beschäftigten sich mit diesem Thema, in den Vereinigten Staaten, der Sowjetunion, Deutschland, Frankreich, Italien, Irland, England, Japan, Afrika, überall auf der Welt. Ihre Ergebnisse wurden in so vielen verschiedenen Zeitschriften veröffentlicht, daß etliche Wissenschaftler am gleichen Projekt arbeiten konnten, ohne von den anderen zu wissen. Erst gegen Ende 1970 wurde das *Journal of Interdisciplinary Cycle Research* begründet, dem 1971 das *Journal of Chronobiology* folgte. Das Feld dehnte sich rapide weiter aus, und als ich begann, die Arbeiten zu lesen, die sich unmittelbar auf den Menschen bezogen, erschien das Vorhaben hoffnungslos. Für sich allein genommen, waren viele Studien wenig erregend: Häufig stellten sie lediglich fest, daß sich zu einer bestimmten Stunde des Tages etwas mehr von einer bestimmten Substanz im Urin befand als zu einer anderen. Anfangs erschien diese Aufgabe des Sammelns und Vergleichens sehr mühsam, aber allmählich begriff ich, daß dem Erscheinungsbild dieser Substanzen des Lebens rund um die Uhr irgendein Modell innewohnen mußte. Ein bestürzendes Bild begann vor mir zu erstehen, denn ich begriff, daß wir aus Zeit ebenso geschaffen sein müssen wie aus Fleisch und Knochen. Irgendwie empfinden wir alle vage, daß zwischen Körpergewicht und Schnelligkeit des Stoffwechsels, zwischen Sache und Zeit eine Wechselwirkung besteht.

Warnung

Es gibt keine Formel, keine Simplifikation, mit der die Zeitstruktur des Menschen leicht sichtbar zu machen wäre. Ich habe mich bemüht, die fast unüberschaubare Materialfülle so zu ordnen, daß der Leser am Ende das Ganze überblicken kann. Vielen Lesern wird das Buch zuviel an neuer Information bieten, als daß sie es auf einmal zu begreifen vermöchten. Die Autorin brauchte mehrere Jahre, um das Material zu verarbeiten, und jedem Leser steht es frei, die schwierigen Passagen zu überschlagen. Das Buch wurde sogar in der Hoffnung geschrieben, daß sich jeder die Kapitel aussucht, die ihn besonders interessieren. Es gibt keine Theorie, mit der sich die Zeitstruktur beschreiben läßt, nur das Gewicht des Beweismaterials. Ich habe Berge von Fakten eliminiert; der interessierte Leser kann sie in meiner in der Bibliographie zitierten Studie finden.
Dieses Buch ist kreisförmig aufgebaut. Sinn dieses Aufbaus war es, dem Leser das Begreifen so wenig mühevoll wie möglich zu machen. Es beginnt und endet mit einem ökologischen* Blick auf den Menschen in der Natur, auf eine Menschheit, die zutiefst durchdrungen ist von rhythmischen Veränderungen, die mit denen des Kosmos in Zusammenhang stehen, wenig bekannten und geheimnisvollen Veränderungen. Das zweite Kapitel beschäftigt sich mit einigen der Arten und Weisen, auf die Arbeitspläne und Reisen unsere ursprünglichen Schlaf-Wach-Rhythmen ändern, und zitiert einige Studien über den Rhythmus zwischen Schlafen und Wachen in der Isolation. Das dritte Kapitel erörtert die zyklischen Schlafzustände und deutet an, daß diese nächtlichen Rhythmen auch den Tag durchdringen und in Kindheit und Alter verschiedene Bedeutungen haben können. Die Kapitel vier und fünf sind schwierig! In ihnen findet sich grundlegendes physiologisches Material über Veränderungen, die alle vierundzwanzig Stunden in Körper und Seele vor sich gehen. Vielen Lesern dürften die Namen von Hormonen und anderen Körperchemikalien nicht vertraut sein. Es ist nicht erforderlich, dies alles zu lesen und zu behalten. Überfliegt man jedoch auswählend die Kapitel vier und fünf, kann man verstehen, weshalb ein Mensch zu unterschiedlichen Stunden des Tages und der Nacht unterschiedlich empfindet, weshalb seine Krankheitssymptome schwanken und weshalb Medikamente je nach Uhrzeit unterschiedlich wirken. Nach diesem flüchtigen Blick auf den Vierundzwanzig-Stunden-Zeitplan des

Körpers beginnt man zu begreifen, wie Streß und Trauma* durch das Verschieben der Zeitordnung des Körpers Krankheit hervorrufen. Experimente auf einem Gebiet, das wir als psychischen Streß bezeichnen würden, haben genau das bewirkt: sie führten zu seelischen und körperlichen Erkrankungen bei Tieren, die denen der Menschen sehr ähnlich waren. Das ist das Thema von Kapitel sieben. Kapitel acht macht deutlich, wie leichte Verschiebungen der normalen Zyklen sich in Form periodischer Krankheiten auswirken können. Den wöchentlichen, monatlichen und jährlichen Zyklen der Menschen wurde bisher wenig Aufmerksamkeit geschenkt. Sie werden verständlicher, wenn man die »äußeren« Kräfte betrachtet, die unseren täglichen Aktivitätszyklus, unseren Hormonhaushalt und unsere jahreszeitlich bedingten Rhythmen sanft synchronisieren. Einer der wichtigsten Synchronisatoren — das Licht — ist Gegenstand des letzten Kapitels, das ganz kurz erörtert, wie seine biologische Kraft das Erblühen von Pflanzen und die Paarung von Vögeln synchronisiert und wie es unser Leben bestimmt.

Für diejenigen Leser, die sich intensiver mit dem Thema beschäftigen möchten, ist eine ausführliche, nach Themen geordnete Bibliographie angefügt, die sowohl populärwissenschaftliche Bücher und allgemeine Artikel enthält als auch Studien und Werke über spezielle Themen. Ein Anhang beschäftigt sich mit Methoden und Problemen des Sammelns und Analysierens zeitlich bedingter physiologischer Veränderungen.

Über Zeit zu schreiben, zu lesen und nachzudenken, ist schwierig, denn wir sind Teil ihres Ablaufs. Obwohl dies ein Buch ist, das man nur langsam lesen und als Ganzes vielleicht nur mit Mühe aufnehmen kann, hoffe ich doch, daß jeder Leser letzten Endes mit der Autorin das erregende Gefühl der Erkenntnis beim Sehen und Empfinden der inneren Rhythmen teilt, die uns zeitlich mit den Rhythmen von Erde und Kosmos verbinden.

New York, im Februar 1971　　　　　　　　　　　　Gay G. Luce

1. Gezeiten des Lebens: kulturbedingte Vorstellungen

Der Mensch ist bestimmten, ihm von seiner eigenen Natur vorgeschriebenen Regeln unterworfen, die er kennen muß, wenn er in guter Gesundheit leben und gründlich von Krankheit genesen will.

Werner Jaeger, *Paideia*

Diese Abfolge der Jahreszeiten stellt uns in den großen Zyklus, den wir als Jahr bezeichnen. Der nächstwichtige biologische Zyklus ist wahrscheinlich der achtundzwanzig Tage dauernde Mondmonat. Wir Menschen von heute richten uns mit unserem Kalender zwar nach dem Sonnenmonat, doch das ist lediglich eine Vereinfachung der Buchführung. Viele Verhaltensweisen von Tieren werden von den Mondphasen bestimmt, von den Zyklen seines Zu- und Abnehmens; man ist heute mehr und mehr der Ansicht, daß menschliches Verhalten und biologische Vorgänge entweder direkt oder indirekt durch Mondperioden beeinflußt werden. Der kleinste und zugleich dramatischste Zyklus, der unser Verhalten bestimmt, ist natürlich die Vierundzwanzig-Stunden-Periode, die Umdrehung der Erde, der Wechsel zwischen Tag und Nacht.

Doch obwohl wir um die Bedeutung der Zyklen für unser körperliches Wohlbefinden wissen, führen wir unser Leben nicht im Einklang mit ihnen.

John Bleibtreu, *The Parable of the Beast*

Wir Menschen bewegen uns zumeist von Tag zu Tag in einem abgemessenen Zeitzirkel. Sklaven der Uhr an der Wand, handeln wir wie Schlafwandler in tiefer Trance; der Uhr in uns sind wir uns nicht bewußt, wir haben den Kontakt mit ihr verloren und sie vergessen. Wir behandeln uns mechanisch, ohne Rücksicht auf die unendlichen Vorgänge in unseren Zellen. Wir befriedigen die gröbsten Bedürfnisse des Fleisches, das von unseren Skeletten getragen wird, aber welches Prinzip sorgt für Ordnung bei der endlosen Tätigkeit im Innern dieses Fleisches? Welche Macht verhindert die völlige Anarchie?

Die Zeitstruktur gibt diesem brodelnden Leben Form. Doch niemand unterrichtet in der Schule über die Zeit des Körpers. Sie wird von Ärzten nur selten erwähnt; noch seltener wird sie von Industriellen und Politikern, den Urhebern der Pläne, nach denen wir arbeiten und leben, berücksichtigt. Die Zeit ist die am häufigsten übersehene Dimension des menschlichen Daseins. Kinder in der Schule lernen zwar, wie eine Wasseruhr oder ein Pendel funktioniert oder wie man einem Computer eine komplizierte Stoppuhr einprogrammiert — aber sie lernen nicht, wie sie ihre eigenen Körperrhythmen empfinden oder regulieren können. Wir beschäftigen uns mit der Resonanz der Stimmgabel, die eine Atom-Armbanduhr antreibt, aber mit dem Studium der inneren Uhren, die es einem Menschen ermöglichen, zu einer bestimmten Stunde von selbst zu erwachen, haben wir noch kaum begonnen. Zeitzyklen sind vielleicht das Bindemittel, das die Fragmente unserer Substanz zu einem einheitlichen Ganzen zusammenfügt; dennoch fehlt es uns merkwürdigerweise an Neugier hinsichtlich dieses fundamentalen Aspekts unserer Natur. Vielleicht haben wir Angst. Unsere Kultur hat unsere Seelen mit ihren eigenen speziellen Zeitvorstellungen durchdrungen. Vielleicht wollen wir auch nicht sehen, daß unsere Kultur und unsere Natur zueinander in Widerspruch stehen. Selbst die ersten, tastenden Entdeckungen über die »Körperzeit« des Menschen sind beunruhigend, sie stellen unsere behaglich verwurzelten täglichen Gewohnheiten in Frage, die Methoden unseres Forschens oder, was noch wichtiger ist, die Therapie kranker Menschen. Kein Aspekt unseres Daseins steht außerhalb der Zeit; und deshalb müssen selbst die ersten und primitivsten Entdeckungen über die »Uhren« des Menschen jede Pore und jede Geste, jedes Verhaltensschema durchdringen. Vielleicht werden wir, wenn unser Wissen zunimmt, uns selbst zurückgegeben. Im Augenblick sind die meisten von uns zu lebenden Anomalien geworden, zu Opfern einer tiefgreifenden Dissonanz zwischen unserer Kultur und den Rhythmen dessen, was an uns Natur ist.

Wenn auch das Wissen über menschliche Rhythmen noch in den Kinderschuhen steckt, so gibt es doch in der biologischen Literatur eine Vielzahl hervorragender Studien über Rhythmen bei Tieren, Pflanzen, Insekten und Vögeln. Da sie in vielen anderen Büchern exakt und kenntnisreich zitiert werden, soll auf sie hier nur am Rande eingegangen werden. Wer sich mit der Zeitstruktur des Menschen beschäftigt, tut dennoch gut daran, sich zu erinnern, daß wir den anderen Geschöpfen, mit denen wir diesen Planeten teilen, nicht unähnlich sind. Wenn wir darangehen, uns in unsere eigene zyklische Natur vorzuwagen, unser Zeitgefühl und die Zeitvorstellungen unserer Kultur zu untersuchen, dann werden ein paar Beispiele von Tieren und Insekten eindringliche Fragen über uns selbst aufwerfen.

Rhythmen bei Meeresgetier, Insekten und anderen Tieren

Was wir in uns und in der Welt um uns herum für konstant halten, ist größtenteils unsichtbaren Rhythmen unterworfen. Das Leben ist ständig im Fluß, und die Veränderung ist nicht chaotisch.
Obwohl wir sie weder sehen noch fühlen können, sind wir doch von Rhythmen der Schwerkraft, elektromagnetischer Felder, Lichtwellen, Luftdruck und Ton umgeben. An jedem Tag, den sich die Erde um ihre Achse dreht, erleben wir den Wechsel zwischen Licht und Dunkelheit. Auch die Umdrehung des Mondes löst in unserer Atmosphäre zyklische Veränderungen aus. Die Nacht folgt dem Tage. Die Jahreszeiten wechseln. Die Gezeiten kommen mit Ebbe und Flut. Diese Rhythmen sind augenfällig für Mensch und Tier.
Geht man um die Mittagszeit einen Strand entlang, sieht man oft winzige Löcher am Rande des Wassers, die Gänge eines fast durchsichtigen, garnelenartigen Geschöpfs, des Flohkrebses. Man findet ihn nur, wenn man nach ihm gräbt. Bei Sonnenuntergang jedoch wandern die Flohkrebse zu Tausenden über den Strand. Bei Sonnenaufgang kehren sie zum Wasserrand zurück. Da sie sich von Plankton ernähren, das in ihre Gänge gespült wird, scheint die nächtliche Wanderung nicht der Nahrungssuche zu dienen. Weshalb sie wandern, wissen wir nicht; es ist nicht ganz einfach, so andersgeartete Geschöpfe zu studieren. Von einem fernen Planeten aus mögen die rhythmischen Wanderungen der Menschen — zum Strand bei Tage, die Heimkehr am Abend — ebenso mysteriös erscheinen. Wie der Mensch, der weite Reisen unternimmt und immer wieder nach Hause zurückkehrt, haben auch die Flohkrebse einen Orientierungssinn. Als der Zoologe Dr. Florian Papi einige von ihnen über das italienische Festland hinweg an die Ostküste brachte und dort freiließ, kehrten die winzigen Geschöpfe dem Wasser den Rücken und wanderten landeinwärts — in die Richtung also, aus der sie gekommen waren.
Wie honigsammelnde Bienen oder Wandervögel scheinen auch diese kleinen Krustentiere über eine innere Uhr zu verfügen, mit der sie sich mit Sonne und Mond als Anhaltspunkten im Raum orientieren.

Dem Flohkrebs muß der Strand wie eine unendliche, sich ständig verändernde Landschaft vorkommen, ohne verläßliche Wegweiser. Das gleiche gilt für die Geschöpfe, die ihren Weg durch Meere und Himmel finden; sie orientieren sich auf etwas verläßlichere Art an Sonne, Mond und Sternen. Vielleicht wanderte der Mensch der Vorzeit einst durch unendliche Wüsten und über kahle Gebirge, indem er sich eines inneren Zeitgefühls bediente, mit dessen Hilfe er seine Richtung nach dem Sonnenstand maß. Wenn dem so ist, scheinen wir dieses angeborene Gefühl für Raum und Zeit verloren zu haben; wir brauchen Sextanten, Kompasse und detaillierte Himmelskarten. Finden sich in uns noch Reste dieses Zeitgefühls? Interessant ist, daß Menschen, die von der Fährte der Zeit abgekommen sind, häufig in Panik geraten und die Orientierung verlieren, denn die Zeit ist für die Orientierung des Menschen von ebenso ausschlaggebender Bedeutung wie der Raum.

Dem Menschen ist es stets leichter gefallen, sich zeitlich nach der Sonne zu orientieren als nach den Sternen oder dem Mond; viele Meeresgeschöpfe dagegen hören auf beide Stimmen. Urlaubern an der Küste Neu-Englands sind Krabben mit einer großen, wie eine Fiedel geformten Schere aufgefallen. Bei Tageslicht ist diese Fiedlerkrabbe dunkelgrün, in der Nacht jedoch nimmt sie eine blaßgelbe Färbung an. Die Krabben verbringen die meiste Zeit in ihren Löchern, aber wenn die Ebbe einsetzt, kommen sie heraus und suchen nach Nahrung. Als Dr. Frank Brown solche Krabben in sein Laboratorium an der Universität von Illinois brachte, färbten sie sich auch weiterhin hell und dunkel, dem Sonnenstand entsprechend, in einem Vierundzwanzig-Stunden-Rhythmus, selbst wenn sie gleichbleibendem Licht ausgesetzt waren. Aktiv jedoch wurden sie in Übereinstimmung mit den Gezeiten der Ostküste, einem Mondrhythmus von 24,8 Stunden. Ein andermal brachte man eine Ladung Austern aus New York in das rund tausend Meilen entfernte Evanston. Austern filtern ihre Nahrung aus dem Meerwasser, indem sie bei Flut ihre Schalen öffnen. Anfangs öffneten sich die Austern auch weiterhin entsprechend der Zeit der Flut an der Küste Neu-Englands, aber nach etwa ein oder zwei Wochen öffneten sie sich zu den Zeiten des oberen und unteren Monddurchganges, zu denen in Evanston Flut geherrscht hätte, wenn es am Meer läge. Wie die Krabben schienen auch die Austern nicht auf Veränderungen des Barometerdrucks zu reagieren, denn man hielt sie in speziellen Behältern mit Druckausgleich. Andere rhythmische Veränderungen jedoch vermögen jeden Behälter zu durchdringen — Schwankungen der Schwerkraft, geomagnetische Felder und Strahlen — und können so Mondzyklen in das »abgeschirmte« Laboratorium bringen. Auch der Mensch ist nicht von diesen atmosphärischen Veränderungen abgeschirmt. Wenn wir uns auch für Geschöpfe der Sonne halten, zeigen sich bei uns dennoch auffällige Mondrhythmen, wie beispielsweise der neunundzwanzigtägige Menstruationszyklus, der dem Mondmonat entspricht.

Sehr zum Ärger jener Menschen, die ihre Holzhäuser schützen möchten, treten Schädlinge wie Termiten stets in Schwärmen auf. Sie schlüpfen nun einmal so. Eines schönen Frühlingsmorgens kann man sehen, wie sie in langsamem Strom auskriechen, krabbeln und dann wie eine lebendige Fontäne ihrer Puppenkindheit entfliegen. Auch die Fruchtfliegen schlüpfen bei Tagesanbruch aus. Der Biologe Colin Pittendrigh und seine Mitarbeiter haben bewiesen, daß diese Fliegen in vierundzwanzigstündigem Abstand zum Schlüpfen aus den Puppen veranlaßt werden können; selbst wenn sie in vollständiger Dunkelheit gehalten werden, genügt ein einziger Lichtimpuls im rechten Augenblick zur Auslösung ihrer Geburt.

Auch die Geburt von Menschen ist nicht gleichmäßig über die vierundzwanzig Stunden des Tages verteilt. Die meisten Entbindungen fallen in die Zeit zwischen Mitternacht und sechs Uhr morgens. Vermutlich wissen wir über das Zeitschema menschlicher Geburten weniger als über das Zeitschema des Schlüpfens der Fruchtfliegen.

Baumwollpflanzer in Mexiko und den südwestlichen Staaten der USA können den Zeitpunkt, an dem die zerstörerischen rosa Larven der Baumwollmotte auftauchen, genau vorhersagen, denn das sich wandelnde Sommerlicht scheint einen Hormonstrom auszulösen, der für das Wachstum des schlafenden Wurms erforderlich ist. Jahresrhythmen von Pflanzen, Insekten und anderen Tieren machen Frühling und Sommer zu einem Fest der Wiedergeburt. Was für Signale bestimmen den Zeitpunkt des Wanderns und Brütens, des Schlafens, Blühens und Fruchtbildens? Biologen und Botaniker haben untersucht, wie Pflanzen, Insekten und Vögel sich auf die Jahreszeiten einstellen; über den Menschen jedoch wurde bisher nur wenig gesagt. Auch auf dem Gebiet der Fortpflanzung des Menschen scheint es jahreszeitlich bedingte Rhythmen zu geben. In Dänemark wurde festgestellt, daß die Zahl von Sexualverbrechen im Sommer beträchtlich zunimmt, im Winter dagegen minimal ist. Geburten verteilen sich nicht gleichmäßig über das ganze Jahr; in der nördlichen Hemisphäre ist im März die höchste Geburtenzahl zu verzeichnen. Bei Kindern treten im Frühjahr Wachstumsschübe auf. Und jeder Mensch produziert ein Schilddrüsenhormon, das als Sommerhormon bezeichnet wird und die Körpertemperatur während der heißen Monate reduziert. Wie unser Körper die Hitze antizipiert, weiß man nicht; wir haben uns mehr mit dem Blütenrhythmus von Pflanzen und der Wanderung und Paarung von Vögeln beschäftigt.

Cirkadiane Rhythmen: »circa« »dies«

Der Rhythmus, der uns unter den vielen Rhythmen, die wir beiläufig bei den Geschöpfen rings um uns herum registrieren, am vertrautesten ist, ist der tägliche Wechsel zwischen Aktivität und Ruhe. Selbst der Stadtbewohner, der der »Natur« nie einen Besuch abstattet, kennt den nächtlichen Rhythmus der Küchenschabe. Schaltet man in einem alten Gebäude nachts das Licht in der Küche ein, so suchen die Schaben eilends Deckung; macht man jedoch in einem stockfinsteren Gebäude am Vormittag Licht, sind sie nicht zu sehen. Hunde, wie der Mensch bei Tage aktiv, gehen mit ihren Besitzern zu Bett. Katzen dagegen sind bei Tag träge; bei Anbruch der Dämmerung werden sie lebhaft und beginnen zu spielen. Mollusken*, Fische, Vögel, Katzen, Schimpansen und der Mensch — bei den meisten lebenden Organismen gibt es einen vom Tag bestimmten Rhythmus von Aktivität und Ruhe. Selbst Pflanzen durchschreiten langsam einen Tageslauf, und am Abend schließen viele von ihnen ihre Blätter oder lassen sie hängen, um sie bei Tagesanbruch wieder zu öffnen oder aufzurichten.

Im allgemeinen helfen die Anhaltspunkte Licht und Dunkelheit Tieren und Pflanzen, im Einklang mit ihrer Umgebung zu bleiben. Aber weder Bienen, Pflanzen noch der Mensch sind vollständig von derartigen Anhaltspunkten abhängig. Sie alle behalten auch weiterhin den Rhythmus von Tätigkeit und Ruhe bei und beweisen ihren »Zeitsinn«, selbst wenn sie von der Außenwelt abgeschnitten sind. In einem Salzbergwerk oder in einer tiefen Höhle isoliert, geht der Organismus zum »Freilauf« über. Vielleicht ist es ein eher naturgegebener Rhythmus, der jetzt zum Vorschein kommt. Er umfaßt nicht genau vierundzwanzig Stunden, den Zyklus eines Sonnentages,

und ebensowenig genau 24,8 Stunden, die Dauer eines Mondtages. Es sind annähernd vierundzwanzig Stunden, ein Rhythmus, der gewöhnlich als cirkadian bezeichnet wird, nach den lateinischen Worten *circa* (etwa) und *dies* (Tag) — etwa ein Tag.
Ließe man uns mit Nahrungsmitteln und Beschäftigung in einem Salzbergwerk allein, so würden wir in einen cirkadianen Rhythmus von Ruhe und Tätigkeit verfallen — möglicherweise nach anfänglichem Schwanken. Der cirkadiane Zyklus scheint ein wichtiges Organisationsprinzip unserer Physiologie zu sein. Der Mensch ist sich dessen kaum bewußt, daß sich Körpertemperatur, Blutdruck, Atmung und der Gehalt an Blutzucker, Hämoglobin* und Aminosäuren* verändern — daß sie in cirkadianen Zyklen steigen und fallen. Das gleiche gilt für die Hormone der Nebennieren, die Urinmenge und nahezu jede Körperfunktion vom Tempo der Zellteilung bis zur Gefühlslage. Viele Rhythmen vollziehen sich unbemerkt. So ändert sich zum Beispiel die Hauttemperatur vor allem der Hände und Füße in einem cirkadianen Rhythmus. Während wir schlafen, ist die Temperatur gewöhnlich in der linken Körperhälfte höher, bei Tage gewöhnlich in der rechten.
Einen dramatischen Beweis für diese cirkadianen Veränderungen liefert das Ausmaß, in dem Kraft und Schwäche entsprechend der biologischen Tageszeit variieren. Von der richtigen Zeitwahl können Leben und Tod abhängen. In Experimenten wurde die Sterblichkeitsrate untersucht, und zwar nicht im Hinblick auf die Häufigkeit, sondern auf die Tageszeit, zu der ein Nagetier mit Röntgenstrahlen, einer Injektion von Pneumonie*-Viren oder Drogen behandelt wurde. Auf das menschliche Leben übertragen, könnten diese Experimente beweisen, daß ein Kontakt mit einem Infektionsherd oder Kernstrahlen am frühen Morgen weit verhängnisvoller ist als der gleiche Kontakt spät am Tage. Todesfälle, Krankheitssymptome und Medikamentenwirkung treten nicht gleichmäßig über den Tag verteilt auf, wie Frauen mit morgendlichem Erbrechen genau wissen. Ärzte werden zu Patienten mit Erkrankungen der Herzkranzgefäße oder schwangeren Frauen am häufigsten in den ersten Stunden des Tages gerufen. Kurzum, es gibt eine Rhythmizität bei den entscheidensten Ereignissen unseres Lebens.

Andere Zyklen: ihr Zusammenspiel

Je größer die Periode eines Rhythmus, desto schwieriger ist es, ihn zu untersuchen. Das bedeutet, daß wir über jahreszeitliche oder Jahresrhythmen beim Menschen nur sehr wenig wissen. Erst kürzlich wurde mit dem Studium des monatlichen Menstruationsrhythmus der Frau begonnen. Möglicherweise gibt es jedoch bei beiden Geschlechtern monatliche Rhythmen, denn Sanctorius, ein Arzt des 17. Jahrhunderts, wog gesunde Männer auf einer empfindlichen Waage über lange Zeiträume hinweg regelmäßig und entdeckte, daß das Gewicht im Laufe des Monats um ein bis zwei Pfund schwankte.

Am anderen Ende unseres Spektrums liegen ganz schnelle Rhythmen von Enzymen oder Hirnzellen. Die Rhythmen von Hirnwellen, sichtbar gemacht durch die Elektroenzephalographie*, zeigen Veränderungen in der Polarität von Hirnzellen, die in Bruchteilen von Sekunden oder Mikrosekunden vor sich gehen. Mit ihnen verglichen scheint der Herzschlag langsam.

Wie steht es mit dem Zusammenspiel dieser verschiedenen Rhythmen? Bis jetzt gibt es nur erste Andeutungen, die sich auf Fragmente von Antworten beziehen. Allen Menschen erkennbar ist das Verhältnis zwischen Atmung und Pulsschlag. Wir alle sind uns unseres Herzens bewußt, denn es arbeitet schwer, um täglich im rhythmischen Wechsel zwischen Diastole* und Systole* rund 10 000 Liter Blut zu pumpen. Lauscht man seinem eigenen Herzschlag am Puls des Handgelenks, so zählt man etwa sechzig bis achtzig Schläge in der Minute. Herz und Lungen arbeiten rhythmisch zusammen. Im Ruhezustand ist die Atmung nur ein Viertel so schnell wie der Pulsschlag; das bedeutet fünfzehn bis zwanzig Atemzüge pro Minute. Sowohl Pulsschlag wie Atemtempo zeigen ein cirkadianes Ansteigen und Fallen, sie erreichen im Laufe des Tages einen Höhepunkt, während des Schlafes sinken sie zu einem Tiefpunkt ab.

Zeitliche Harmonie ist ein Zeichen von Gesundheit. Dr. Gunther Hildebrandt von der Universität Marburg hat bewiesen, daß das Verhältnis von Herzschlag und Atmung beim gesunden Menschen vier zu eins beträgt. In Deutschland und in anderen europäischen Ländern suchen Menschen mit Herzleiden und anderen Krankheitssymptomen häufig die berühmten Kurorte auf. Bei ihnen handelt es sich nicht um Ferienorte. In einem Kurort ist der Patient einem festen Plan unterworfen, der Schlaf und Mahlzeiten, den Aufenthalt in natürlichem Quellwasser oder Kohlendioxyd-Bäder umfaßt. Eine Theorie der Balneologie, wie diese Bäder-Therapie genannt wird, beruht auf einer Idee der klassischen Medizin: die Disharmonie des kranken Körpers wird durch exakt geregelte Lebensweise wieder zur Harmonie zurückgeführt. Bei seinen Studien an Patienten in diesen Kurorten stellte Dr. Hildebrandt fest, daß bei herzkranken Patienten vor Beginn der Behandlung häufig zwischen Herzschlag und Atmung ein Verhältnis von sechs zu eins bestand, nach der Behandlung jedoch das Verhältnis vier zu eins zurückkehrte.

Der Kreislauf ist ein überaus kompliziertes geschlossenes hydraulisches System. Um Hinweise auf die Ursachen von Arrhythmie zu finden, haben sich viele deutsche Wissenschaftler mit dem Verhältnis zwischen Herzschlag und motorischer Aktivität beschäftigt. Es kommt vor, daß Leute, die sich nicht wohl fühlen, ihren Arzt aufsuchen; ihr Elektrokardiogramm ist »normal«. Dennoch zeigt sich bei ihnen ein unnormales Verhältnis zwischen Pulsschlag und Atmung, ein Anzeichen für innere Unstimmigkeiten, das eines Tages vielleicht die Möglichkeit bietet, Herzbeschwerden schon in einem sehr frühen Stadium zu diagnostizieren.

Wenn wir irgendwann damit beginnen, eine Art Fahrplan der verschiedenen Körperrhythmen aufzustellen, wird es bei den Menschen große Überraschungen geben und vielleicht auch Freude darüber, Rhythmen vorzufinden, die sie an sich bereits selbst beobachtet haben. Jeder Mensch, der unter heftigem Schnupfen leidet, weiß beispielsweise, daß wir nicht gleichzeitig durch beide Nasenlöcher gleichmäßig atmen. Wir wechseln ab. Yogi-Meister, die lernen, bewußt erst durch ein Nasenloch und dann durch das andere zu atmen — vielleicht um dadurch auf rhythmischem Wege den Takt ekstatischer Meditation auszulösen —, kennen diesen normalen Atemrhythmus. Im allgemeinen atmet ein Mensch etwa drei Stunden lang durch das eine Nasenloch, während sich das Gewebe des anderen leicht ausdehnt. Nach Ablauf dieser drei Stunden atmet er überwiegend durch das andere Nasenloch. Drei-Stunden-Rhythmen dürften zu den grundlegenden Untereinheiten unserer Physiologie gehören. Auch Hungerkontraktionen treten in etwa drei- bis vierstündigen Rhythmen auf.

Ein Schrittmacher bei einer Seegurke

Erzeugt werden diese Rhythmen vermutlich durch einen Schrittmacher im Gehirn. Tatsächlich weisen Hirnzellen in bestimmten Regionen von Tiergehirnen Aktivitätsrhythmen in zwei- bis dreistündigem Zyklus auf. Allerdings würde man keine von ihnen für Schrittmacherzellen im eigentlichen Sinne halten. Die Gehirne von Menschen und Tieren sind so unendlich vielfältig, daß ein Wissenschaftler, der eine Schrittmacherzelle zu finden hofft, schon ein ganz primitives Geschöpf untersuchen muß, das nur relativ wenige Nervenzellen besitzt. Dieser Strategie bediente sich Dr. Felix Strumwasser, der sich mit den Aktivitätsrhythmen eines Geschöpfes beschäftigte, das sich so langsam bewegt, daß die meisten Menschen gar nicht auf die Idee kämen, bei ihm einen Rhythmus zu erwarten. Es handelt sich um eine Seegurke, die sich in den bei Ebbe zurückbleibenden Wasserlachen an der kalifornischen Küste findet. Ihr cirkadianer Rhythmus wird auf geradezu komische Weise sichtbar, wenn man einen im Verlauf von vierundzwanzig Stunden aufgenommenen Film beschleunigt und in ein paar Minuten abspielt. Dann richtet sich die sprichwörtlich langsame Seegurke plötzlich auf und hüpft und springt während ihrer aktiven Periode wie wild umher. In der Abenddämmerung und bei Tagesanbruch wird eine riesige Nervenzelle in diesem primitiven Geschöpf sehr aktiv. Damit war es Dr. Strumwasser möglich, diese Zelle zu verschiedenen Tageszeiten zu reizen und die Reaktion zu beobachten. Möglicherweise ist sie eine Art Schrittmacher für den Aktivitätsrhythmus dieses Geschöpfs.

Zeitsinn

Die richtige Wahl der Zeit, zu der man aktiv wird, muß man zum Teil erlernen. Katzen und Hunde können ein beinahe unheimliches Gefühl für die Uhrzeit an den Tag legen und zu einer bestimmten Stunde Bewegung oder Futter verlangen. Bei Versuchen hat sich herausgestellt, daß viele Tiere über einen Zeitsinn verfügen, der sich lenken läßt, vermutlich jedoch »unbewußt« ist. Vielleicht reagieren sie auf innere Signale, die der Mensch im allgemeinen nicht empfindet. Diese Signale, die von Zyklen im Gehirn ausgehen, wirken möglicherweise als ein schwacher Reiz, der uns über die Zeit unterrichtet.

Wenn sich ein »Gefühl« für Zeit steuern läßt, ist es vielleicht möglich, alle Menschen jene Art Zeitsinn zu lehren, den bisher nur ganz wenige Individuen zu besitzen scheinen. Es sind Menschen, die zu einer bestimmten, vorher gewählten Zeit erwachen können, auch wenn es eine ungewohnte und mit ihrem üblichen Zeitplan nicht übereinstimmende Zeit ist. Sie können sich vornehmen, um 3.23 Uhr, zu erwachen oder genau zehn Minuten lang zu schlafen. Es gibt sogar viele Menschen, die sich selbst so bewußt mit den vierundzwanzig Stunden der äußeren Uhr synchronisiert haben, daß sie nie eine Uhr zu tragen brauchen. Sie wissen auf zehn Minuten genau, wie spät es ist. Andererseits muß ein Teil unseres Zeitsinns von der Aufmerksamkeit abhängen, die wir der Uhrzeit und ihrer Bedeutung in unserem Leben widmen. Dr. Irwin Pollack und seine Mitarbeiter am Johns Hopkins Hospital in Baltimore waren sehr überrascht, als sie ihre Patienten Zeitschätzungen anstellen ließen und dabei feststellten, daß bei Menschen aus sozial schwächeren Bevölkerungsschichten mehr Irrtümer und größere Ungenauigkeiten vorkamen. Pünktlichkeit und Gehorsam gegenüber der Uhr, die Mittelschicht-Ärzte, -Anwälte und -Sozialhelfer erwarten, zählen einfach nicht zu den Eigenschaften von Menschen, die nicht in einer Uhrzeit-bewußten Umgebung aufgewachsen sind.

Zeitsinn bei Kindern

Allem Anschein nach erfahren Kinder das Verstreichen der Zeit anders als reife Menschen. Die Psychologen Jean Piaget und Paul Fraisse haben diese Unterschiede in zahlreichen Studien untersucht. Bis zum Alter von etwa acht Jahren wird die Zeit allgemein als sehr weitläufig erfahren und scheint nur langsam zu vergehen. Viele Eltern haben von ihren Kindern Bemerkungen wie »wenn ich einmal neun bin...« gehört — in einem Tonfall, der andeutet, daß das noch runde hundert Jahre dauern kann.

Durch wiederholte Erfahrung haben Erwachsene gelernt, durch das Schätzen von Zeit Einheiten zu messen und sich ihres Verstandes zu bedienen. Für kleine Kinder dagegen ist jeder Tag ein eigenes Universum. Das Morgen ist gedanklich kaum vorstellbar. Zudem scheinen Kinder, bis sie ein bestimmtes Alter erreicht haben, kein Gefühl für die Reihenfolge von Ereignissen zu haben, selbst wenn Erwach-

sene versuchten, sie zu belehren. Piaget verzeichnet ein typisches Beispiel:
»Wie alt bist du?«
»Sieben.«
»Hast du einen Freund, der älter ist als du?«
»Ja, der hier neben mir; er ist acht.«
»Sehr schön. Wer von euch beiden wurde zuerst geboren?«
»Das weiß ich nicht. Ich weiß nicht, wann er Geburtstag hat.«
»Na, na, denk ein bißchen nach. Du hast mir erzählt, daß du sieben bist und er acht. Wer von euch wurde also zuerst geboren?«
»Da müssen Sie seine Mutter fragen. Ich kann es Ihnen nicht sagen.«

Wenn Kinder die Zeitdauer nicht so empfinden wie Erwachsene, mag das zum Teil daran liegen, daß sich die physiologischen Vorgänge bei ihnen anders abspielen als bei den Erwachsenen. Die Geschwindigkeit, mit der die Nervenzellen in unserem Gehirn und unserem Körper reagieren, muß sich nach dem Rhythmus der von uns wahrgenommenen Welt richten. Unser Hirn muß mit einer bestimmten Geschwindigkeit reagieren, um Töne von einer bestimmten Frequenz hören zu können. Ein junger Mensch hört höhere Töne als ein alter, was darauf schließen läßt, daß sein Gehirn rascher reagiert. Dennoch verfügen die Menschen nicht über Rezeptoren*, die so rasch reagieren wie die des Hundes; das bedeutet, daß Hunde sehr hohe Töne wahrnehmen, die der Mensch nicht hören kann. Wir sehen bestimmte Farben, andere jedoch liegen außerhalb unseres Sehvermögens. Wir können Bewegungen unterscheiden, bis sie so rasch aufeinanderfolgen, daß unser Hirn die einzelnen sich bewegenden Bilder nicht mehr zu trennen vermag, sondern statt dessen kontinuierliche Bewegung wahrnimmt; wenn Lichtblitze rasch genug aufeinanderfolgen, erkennen wir nur einen Lichtstrahl.

Physiologische und psychologische Faktoren des Zeitsinns

Die Rolle der physiologischen Wahrnehmungsgeschwindigkeit hat schon viele Wissenschaftler fasziniert. Roland Fischer schreibt in *The Voices of Time:*
»Die Relativität unserer Bezugspunkte läßt sich demonstrieren, wenn man einen Film von einer Pflanze zuerst mit einem Bild pro Minute vorführt und ihn dann auf dreißig Bilder pro Sekunde beschleunigt.

Die Pflanze scheint sich zu verhalten wie ein Tier, sie empfängt Reize und reagiert auf sie. Weshalb also bezeichnen wir das als unbewußt? Organismen, die 1800mal so schnell reagieren wie wir, mag unser Verhalten als unbewußt erscheinen. Sie könnten uns sogar unbewußt nennen, da wir uns normalerweise ihres Verhaltens nicht bewußt wären.«
Albert Einstein schrieb einmal: »Wenn man zwei Stunden lang mit einem netten Mädchen zusammensitzt, meint man, es wäre nur eine Minute. Sitzt man jedoch eine Minute auf einem heißen Ofen, meint man, es wären zwei Stunden. Das ist Relativität.« Gibt es eine Erklärung für unser so unterschiedliches Zeitgefühl? Genaue Schätzungen kurzer Zeiträume sind von einem inneren Schrittmacher abhängig. Vielleicht ist in einer monotonen Situation ein innerer Schrittmacher in hohem Maße von der Zufuhr stimulierender Faktoren abhängig. Möglicherweise spielen auch Stoffwechselvorgänge eine Rolle.
Der französische Höhlenforscher Michel Siffre weckte das Interesse an den cirkadianen Schwankungen individueller subjektiver Zeitwahrnehmung und wies zudem nach, zu welch seltsamen Fehlschätzungen der Zeit es während der Isolation kommen kann. Er verbrachte sechzig Tage in einer Höhle, glaubte jedoch, als er wieder herauskam, es wären nur fünfunddreißig Tage gewesen. Die Wahrnehmung sowohl kurzer wie längerer Zeitspannen wird von zahlreichen Faktoren beeinflußt.
Der Zeitsinn des Menschen verändert sich erwiesenermaßen, wenn er unter dem Einfluß halluzinogener* oder aufputschender Drogen, wie LSD oder Psilocybin, steht. Man forderte Versuchspersonen auf, in einem selbstgewählten Tempo so gleichmäßig wie möglich auf die Taste eines Morseapparates zu drücken, und stellte fest, daß sie auf dem Höhepunkt der Drogenwirkung am schnellsten drückten. Zur Zeit des beschleunigten Tempos erlebten sie eine »Flut innerer Empfindungen« oder Zeitverkürzung. Viele Menschen, die unter der Wirkung psychedelischer Drogen standen, hatten das Gefühl, die Erfahrung von Monaten werde auf wenige Stunden zusammengedrängt.

Trancezustände

Die Wissenschaftler Linn Cooper, Milton Erickson, Robert E. L. Masters und Jean Houston haben bewiesen, daß sich Lernvorgänge mit Hilfe von Zeitverzerrung und hypnotischen Trancezuständen beträchtlich intensivieren lassen; ihre Experimente befähigten einen Studenten, seine Leistungen als graphischer Künstler binnen weniger Stunden so zu verbessern, als hätte er ein ganzes Semester studiert. Bei Experimenten auf dem Gebiet der Zeitverzerrung urteilen die Versuchspersonen über ihre Erlebnisse im Rahmen eines angelernten Zeitsinns. Möglicherweise gibt es im Nervensystem natürliche Einheiten der Zeit und der Aufmerksamkeit, die dem Individuum zur Verfügung stehen; ob sie den Einheiten unserer Uhr entsprechen oder nicht, vermag nur die künftige Forschung zu klären. Das Studium von Zeitverzerrungen läßt erkennen, wie beschränkt unsere kulturbedingten Vorstellungen vom »Zeitsinn« sein können; möglicherweise wird es uns einmal helfen, die Ausbildung unserer Kinder zu fördern, indem man den Lehrstoff in den frühen Schuljahren stärker komprimiert. Zahlreiche Wissenschaftler sind zu dem Schluß gekommen, daß jedes intelligente Kind schon als Zehnjähriger über das Wissen verfügen könnte, das heutzutage ein College-Absolvent besitzt. Kinder, die sich der Techniken der Zeitverzerrung bedienen, wären tatsächlich in der Lage, ihr eigenes Lernen zu beschleunigen. Eine Tatsache, die sich zu ihren Gunsten auswirkt, ist die hohe Geschwindigkeit des Hirn-Stoffwechsels.

Stoffwechsel

Bei hoher Stoffwechsel-Geschwindigkeit und hoher Temperatur kann es geschehen, daß zwei Minuten Hirnzeit nur einer Minute Uhrzeit entsprechen — und wir hätten das Gefühl, die Zeit kröche. In *The Voices of Time* berichtet Dr. Hudson Hoagland, daß er bereits um 1930 über Zeitsinn, Körpertemperatur und chemische Vorgänge nachzudenken begann. Seine Frau lag mit Grippe zu Bett, hatte 40 Grad Fieber und bat ihn, zur Apotheke zu gehen. Obwohl er nur zwanzig Minuten fort war, behauptete sie, er hätte zwei Stunden gebraucht. Verblüfft nahm er eine Stoppuhr zur Hand und bat seine Frau, ohne einen Grund anzugeben, sie möge bis sechzig zählen, ungefähr eine Ziffer pro Sekunde. Seine Frau, eine ausgebildete Musikerin, hatte ein gutes Zeitgefühl, aber sie zählte in erheblich weniger als einer Minute bis sechzig. Hoagland wiederholte den Versuch fünfundzwanzigmal mit gleichbleibendem Resultat. Wenn ihre Körpertemperatur hoch war, zählt sie schneller, war sie niedrig, zählt sie langsam. Später wandte Hoagland bei Studenten, die sich freiwillig zur Verfügung stellten, Diathermie* an und testete die Wahrnehmung kurzer Zeitspannen. Die Studenten zählten schneller, wenn ihre Körpertemperatur hoch war, was vermuten läßt, daß die Wahrnehmung kurzer Zeitspannen durch einen chemisch-metabolischen* Schrittmacher im Gehirn moduliert wird. Mit dem Fortschreiten von der Kindheit zur Reife geht eine Abnahme der Geschwindigkeit einher, mit der Sauerstoff verbraucht wird, gleichzeitig verlangsamt sich der Stoffwechsel. Möglicherweise liegt in der höheren Stoffwechsel-Geschwindigkeit des Kindes der Grund dafür, daß ihm die Zeit so langsam zu vergehen scheint, während die Zeit für einen älteren Menschen, dessen Stoffwechsel langsam vor sich geht, rasch abläuft.

Sollte Hoaglands physisch-chemische Hypothese über kurze Zeitspannen richtig sein, dann müßte die Zeit für Schlangen, Eidechsen und andere Kaltblüter eine variable Erfahrung sein. An warmen Sommertagen müßte ihnen die Zeit scheinbar langsam vergehen, an kalten Tagen dagegen sehr rasch. Der Winterschlaf könnte so als Schlaf einer Nacht empfunden werden. Natürlich gibt es noch weitere Faktoren in der allgemeinen Zeitwahrnehmung und im Erleben kurzer Zeitspannen als die, die sich durch den Stoffwechsel erklären lassen. Dennoch gaben Versuchspersonen bei Experimenten, wie Hoagland behauptet hatte, in Übereinstimmung mit dem Tagesrhythmus ihrer Körpertemperatur unterschiedliche Zeitschätzungen ab.

Geisteskrankheit

Auch viele psychotische* Patienten berichten über Verzerrungen des Zeitsinns. Bei einem Versuch wurden Patienten aufgefordert, eine bestimmte kurze Zeitspanne anzugeben. Diejenigen, die sich in unglücklicher Gemütsverfassung befanden, gaben die Zeit unzutreffend knapp an, als liefe ihr Nervensystem auf höheren Touren. Patienten in besserer Verfassung schätzten zutreffender, und Patienten, die unter Psychosen litten, zeigten einen stärker verzerrten Zeitsinn als depressive oder neurotische* Patienten. Bei Besserung ihres Zustands wurden auch die Zeitschätzungen genauer.

Im Laboratorium

Der Psychologe Robert Ornstein hat sich in seinem Buch *On the Experience of Time* ausführlich mit der Literatur über die Zeitschätzung beschäftigt. Er kommt zu dem Schluß, daß sich das Gefühl für Dauer nicht zu irgendeiner physiologischen »Uhr« in Beziehung setzen läßt — daß also der Zeitsinn eher psychologischer als biologischer Natur sein muß. Eine Zeitspanne erscheint uns lang, wenn wir uns einer großen Menge an Information bewußt sind. Ornstein führte neun gezielte Experimente durch, die bewiesen, welche Rolle Bewußtsein und Erinnerung beim Zeiterlebnis spielen. Die Testpersonen berichteten, daß sie einen Zeitraum als länger empfanden, wenn Zahl und Vielzahl der Reize während der gegebenen Zeitspanne vergrößert wurden. Die Intervalle wurden vergleichsweise länger geschätzt, wenn sich die Versuchspersonen ihres Inhalts erinnerten, kürzer, wenn sie es nicht taten, was darauf hindeutet, daß unser Sinn für Dauer mit der Erinnerung ebenso in Beziehung steht wie mit dem Informationsverlauf. So sah eine Versuchsperson beispielsweise einen kurzen Film über einen modernen Tänzer, der nacheinander sechsundzwanzig verschiedene Positionen einnimmt; der Film wurde so aufgesplittert, daß die Bewegungen fast separat zu sehen waren, in elf Abschnitten, in sechs oder nur in zwei aufgeteilt. Tanz, Bühnenbild, Ton und Bilder wirkten zusammen, und je mehr eine Person »arbeiten« mußte, um sich der Information zu erinnern, desto länger schätzte man die Laufzeit des Films.

Das könnte das Gefühl der Zeiterweiterung bei Kindern erklären, die noch nicht gelernt haben, ihre Erfahrungen auf verkürzte Art zu kodieren. Es könnte auch erklären, weshalb eine langweilige, schlecht gegliederte Vorlesung drei Stunden zu dauern scheint anstatt einer — sie ist weit schwerer zu kodieren.

Die Kodierung* scheint die Zeiterfahrung des Menschen zu bestimmen, selbst wenn der Inhalt dieser Erfahrung bereits in der Vergangenheit liegt. Man denke beispielsweise daran, wie man einen Urlaub von Tag zu Tag empfindet. Es gibt so vieles, womit man sich beschäftigen kann: ein Zelt aufbauen, einen seltenen Fisch fangen, Felsen ersteigen, in einem ruhigen, klaren Teich schwimmen, versuchen, ein Lagerfeuer zu entzünden und so weiter — all die vielen unvertrauten und herrlichen Erlebnisse, die einen einzigen Tag erfüllen. Der Urlaub scheint viel länger zu dauern als nur zwei Wochen. Doch wenn man dann in die tägliche Routine des Büros zurückgekehrt ist, berichtet man nur, daß man nach Nova Scotia gefahren ist und dort gezeltet und geangelt hat. Auf diese Weise in Gedanken zusammengefaßt, schrumpft der Urlaub plötzlich auf eine kurze Zeitspanne in dem langen, vertrauten Muster des gewohnten Lebens zusammen. Die Zeiterfahrung steht in Beziehung zu der Art unseres Erinnerns, und die Art unseres Erinnerns steht in Beziehung zu der Art, in der wir denken lernten. Vom Augenblick unserer Geburt an formen Eltern, Lehrer und Freunde unsere Zeitvorstellung.

Kulturvorstellungen von der Zeit

Das Tempo, das ein Mensch bei Arbeit und Erholung einschlägt, sein subjektiver Sinn für zeitliche Dauer und das, was er in einem bestimmten Zeitraum vollbringen zu können glaubt, sind Aspekte der Zeit, die durch die Kultur beeinflußt sein können. Die Einstellung zur Zeit durchdringt eine Kultur in einem solchen Ausmaß, daß sie fast unsichtbar wird; dennoch übt sie vermutlich einen größeren Einfluß aus, als wir meinen. Auf subtile, aber machtvolle Weise haben Kulturvorstellungen von der Zeit dazu beigetragen, die Geschichte der Zivilisation zu prägen.

Zeitvorstellungen können die erstaunliche Exaktheit der frühen chinesischen Geschichtsschreibung erklären helfen. Die Chinesen hielten nicht nur Ereignisse von Anfang an schriftlich fest, sie bewiesen auch einen angemessenen Respekt für Familientradition und für die Regeln menschlichen Verhaltens; Eigenschaften, die offensichtlich hervorgegangen sind aus einer Philosophie, in der Achtung vor Zeitzyklen von beträchtlicher Größe zum Ausdruck kommt. Naturkundler und Astronomen sahen, daß sich die Zyklen der Sonne und des Mondes im Leben spiegelten, und dies wiederum beeinflußte ihre Philosophie: »Die Sonne am Mittag ist die niedersteigende Sonne; das geborene Geschöpf ist das sterbende Geschöpf.« In dem an Zyklen orientierten Taoismus wurde die Zeit aufgeteilt in Jahreszeiten und Zeitalter, sie war Teil einer unendlichen Kette der Dauer — Vergangenheit, Gegenwart und Zukunft.

Weil es eine Agrargesellschaft war, arbeitete fast jeder chinesische Mathematiker und Astronom an Kalendern. Zwischen 370 v. Chr. und 1742 n. Chr. wurden etwa hundert verschiedene Kalender entwickelt, von denen jeder astronomische Ereignisse mit ständig wachsender Genauigkeit verzeichnete.

Im 1. nachchristlichen Jahrhundert breitete sich der Buddhismus und mit ihm der philosophische Gedanke ständiger Metamorphose in China aus. Naturkundler und Philosophen beobachteten evolutionäre Wandlungen an lebenden Organismen und entwickelten, sechzehn Jahrhunderte vor Darwin, einen evolutionären Naturalismus, in dem es freilich eher um phylogenetische* Entfaltungen ging als um den Gedanken einer einzelnen Evolutionskette, mit der die westliche Wissenschaft begann. Komplexe Zeitvorstellungen führten zu bemerkenswert scharfsinnigen Theorien, unter anderem über die exakte Wahrnehmung astronomischer Veränderungen, Ansichten über das Wesen von Fossilien und Erklärungen für die Einheitlichkeit der großen Zeitzyklen in Entwicklung und Geschichte der gesamten Menschheit. Nach Meinung der Chinesen gebührte dem Menschen als Teil des Zeitzyklus nur ein bescheidener Platz. Er stand in moralischer und biologischer Hinsicht in dem großen Rahmen von Natur und Geschichte. So kam es, daß sich die chinesische Ansicht von Welt und Zukunft erheblich von der des modernen westlichen Menschen unterschied.

Im 13. Jahrhundert lieferte das chinesische *Buch der Wandlungen* eine Schätzung der Evolutionsphasen des Lebens, die etwa 130 000 Jahre umfaßte. Die Chinesen berechneten zu jener Zeit astronomische Umlaufzeiten nach Jahrmillionen. Damit verglichen war das westliche Denken dieser Epoche primitiv. Die jüdisch-christliche Zeitvorstellung war linear. Man meinte, der Ablauf der Zeit beginne an einem spezifischen raum-zeitlichen Punkt. Im Europa des 17. Jahrhunderts glaubten die Menschen fromm an die Berechnungen des Bischofs Usher, der den Tag der Schöpfung des Universums festgestellt hatte — den 6. Oktober 4004 vor Christi Geburt. Die Zeit, so dachte man, müsse mit einem bedeutsamen Ereignis beginnen.

Diese simple Linearität bestimmte weitgehend das Denken, das Brauchtum und den philosophischen Egoismus der westlichen Welt. Sie förderte unsere Idee vom Ich als Mittelpunkt des Universums, unsere betriebsame Individualität und unsere philosophischen Vorstellungen von Ursache und Wirkung. Für die Entwicklung der westlichen Wissenschaft waren diese Vorstellungen von ausschlaggebender Bedeutung.

Der westliche Mensch mißt die Zeit als Aktion, und hervorragende

Aktionen werden als Geschichte verzeichnet. Im Gegensatz dazu hat Indien nie eine geschriebene Geschichte hervorgebracht. Die Hindus machten sich nie die Mühe, ihre nationale Entwicklung in detaillierten chronologischen Aufzeichnungen festzuhalten: Sie lebten in einem Zeit-Imperium, das gekennzeichnet war durch ein unwandelbares Gefühl ständigen Werdens. Europäern mag es scheinen, als fehle es den Indern an Eifer. Ihr Universum, ihre Welt und ihre soziale Ordnung sind ewig; das Leben des einzelnen ist nur ein Muster für eine Folge von Leben, die sich ständig wiederholen. Seelenwanderung und stete Wiedergeburt lassen jede quantitative Ansicht über einen bestimmten Lebensabschnitt bedeutungslos werden. Das Leben mit seinen endlos wiederkehrenden Zyklen nimmt der Geschichte viel von ihrer Wichtigkeit, und die Biographie eines Individuums ist lediglich ein vergänglicher Augenblick im Rahmen des Ganzen.

Die Vorstellung der japanischen Buddhisten von der Vergänglichkeit der physischen Welt hat ganz andere Folgen gezeitigt: Sie führte zu intuitiven, feinsinnigen Ermahnungen, den Augenblick, wenn alles vergänglich ist, zu würdigen, sich aber nicht an ihn zu klammern. »Die Zeit fliegt rascher als ein Pfeil, und Leben ist vergänglicher als Tau.« Die letzte Realität ist das, was man sieht und erlebt. Der Eifer westlichen Handelns ist in Japan ein neues Phänomen. Die Japaner empfinden die Zeit weder als absolutes noch als objektives Sortiment von Kategorien, sie empfinden sie als einen Prozeß. Sie ist die Wandlung der Natur. Der Mensch ist Teil dieser Wandlung und fähig, sie zu würdigen; er empfindet die Vergänglichkeit eher als Teil der ewigen Herrlichkeit des Universums denn als Bedrohung des Ego (wie der abendländische Mensch den Tod sieht).

Schon knappe Hinweise genügen, um deutlich zu machen, daß kulturbedingte Zeitvorstellungen auf Individuen und entscheidende gesellschaftliche Entwicklungsvorgänge einen beherrschenden Einfluß ausüben. So sieht man beispielsweise in der Medizin, weshalb die frühen Völker zu bestimmten Vorstellungen über biologische Rhythmizität kamen und das menschliche Leben mit natürlichen Zyklen in Verbindung brachten und weshalb es solche Vorstellungen in unserer Gesellschaft fast überhaupt nicht gibt.

Medizin im antiken Griechenland

Die kultische Medizin kann man ohne weiteres außer acht lassen. Das Bedürfnis, seine Fruchtbarkeit durch Rituale, die sich nach den Mondphasen richteten, zu beeinflussen, hat der Mensch längst überlebt. Dennoch arbeiteten Schamane und Priester, Medizinmann und Astrologe oft eng zusammen; oft vereinigten sie beide Funktionen in der gleichen Person. Von der fernsten afrikanischen Geschichte bis zu den kenntnisreichen ägyptischen Ärzten war man überzeugt, daß sich kosmische Einflüsse auf Gesundheit und Ereignisse im Leben des Menschen auswirken konnten. Im alten Ägypten gab es zahlreiche medizinische Kulte, Träume und Sterne wurden ernsthaft interpretiert, aber neben dem Imhotep- oder Sekhmet-Kult, neben Horoskopen und Träumen gab es Ärzte, die über ein beträchtliches empirisches Wissen über den menschlichen Körper verfügten, scharfsinnige Beobachter waren und im Wiedereinrenken von Gelenken Vortreffliches leisteten. Doch trotz ihrer Größe übte die ägyptische Medizin nie jenen umfassenden kulturellen Einfluß aus, der die Medizin in Griechenland kennzeichnete.

Auf der kleinen Insel Cos integrierte gegen Ende des 5. Jahrhunderts vor Christi Geburt eine von Hippokrates geleitete medizinische Schule die Medizin in die universellen Naturgesetze, wie man sie damals begriff; die Medizin verband sich mit der Philosophie zu einer Lebensform. Man glaubte, daß im gesunden Zustand bei Mensch und Natur ein Gleichgewicht der Grundelemente herrschte — Harmonie. Für den Arzt bestand die Harmonie eines Patienten in der Anpassung an größere Zusammenhänge — Geographie, Klima, astronomische Zyklen. Medizinstudenten wurden angewiesen, die Auswirkungen der Jahreszeiten auf die Gesundheit zu studieren. »Dann muß er warme und kalte Winde studieren, vor allem jene, die die gesamte Menschheit betreffen, und danach die, die einem besonderen Gebiet eigen sind.« Die Schüler wurden aufgefordert, die Auswirkungen verschiedener Wasserarten zu untersuchen, die sich in Gewicht und Geschmack voneinander unterschieden. Ein Arzt, der in einer fremden Stadt ankam, bediente sich all seiner Sinne, um die Umgebung abzuschätzen und zu bestimmen, er erforschte ihre geographische Lage im Hinblick auf Sonnenaufgang und Windrichtungen. Er achtete auf Erde und Wasser. Um langfristige klimatische Veränderungen erkennen zu können, beobachtete er, wann die Sterne auf- und unter-

gingen, um nach den astronomischen Anzeichen voraussahnen zu können, wie das Jahr werden würde. Astronomie half ihm, den Patienten zu verstehen, denn man wußte, daß Krankheiten in verschiedenen Jahreszeiten unterschiedlich auftraten, und Wetterzyklen standen mit den Sternen in Beziehung.
Der griechische Arzt hatte ein Gefühl für die Ganzheit der Dinge und betrachtete die Krankheit nicht als isoliertes Problem. Obwohl medizinische Kenntnisse Geheimwissen waren, das in der Familie blieb, und obwohl es kaum medizinische Literatur gab, die für Laien bestimmt war, versuchten die Ärzte nicht, Patienten zu heilen, ohne sie über Art und Ursprung ihrer Krankheit aufzuklären und ihnen zu sagen, wie sie sich entwickelte und was sie zu erwarten hatten. Die Ärzte sahen ihre Aufgabe darin, der heilenden Natur zu helfen, das Gleichgewicht wiederherzustellen, das durch die Krankheit gestört war, nicht jedoch darin, in natürliche Vorgänge einzugreifen. Das menschliche Leben wurde als rhythmisches Fortschreiten in Sieben-Jahr-Zyklen begriffen. Innerhalb eines jeden Zyklus gab es bestimmte Gesundheitsregeln. Den Ärzten ging es mehr darum, gesunde Menschen über angemessene Ernährung, körperliche Betätigung und Ruhe zu unterrichten, als sich mit Krankheiten zu beschäftigen. Abhandlungen wurden verfaßt über Diät und Gymnastik, die für Laien bestimmt waren – umfassende und detaillierte Nachschlagewerke. Als sich die griechische Medizin weiterentwickelte, begann sie darauf abzuzielen, den Menschen, bevor er erkrankte, prophylaktisch zu behandeln.
Vor über 2400 Jahren wies Hippokrates seine Schüler darauf hin, daß Regelmäßigkeit ein Anzeichen von Gesundheit war und, daß unregelmäßige Körperfunktionen oder Gewohnheiten der Krankheit Vorschub leisteten. Er wies sie an, sowohl bei ihren Patienten wie auch bei Gesunden genau auf gute und schlechte Tage zu achten. Die Therapie erfolgte in Zyklen und diente der Entfernung schädlicher Stoffe. Die Patienten erhielten nicht jeden Tag die gleiche Nahrung oder die gleichen Kräuter und führten auch nicht die gleichen Übungen aus, sondern im Wechsel von drei oder sieben Tagen. Man wußte um ein- bis dreiwöchige Inkubationszeiten, ebenso um das Auftreten von Ausschlägen und anderen Symptomen in siebentägigem Abstand. Siebener-Zeiträume hatten eine für die Menschheit ausschlaggebende Bedeutung, wobei man vielleicht die sieben Tage umfassende Woche zugrunde legte. Bei einigen

Krankheiten treten bestimmte Erscheinungen alle sieben Tage auf.

Im 4. vorchristlichen Jahrhundert begannen sich Medizin und Philosophie zu vermischen. Gesundheitsvorschriften gehörten zum Leben des Bürgers, der sich bemühte, seine eigene körperliche Existenz in Harmonie mit dem Gleichgewicht der Natur zu halten. Plato schrieb, die drei physischen Tugenden — Gesundheit, Kraft und Schönheit — seien verbunden mit den geistigen Tugenden Mut, Mäßigkeit und Gerechtigkeit. Gesellschaftliche, körperliche und seelische Gesundheit waren eins. Die Ideale der Medizin standen nicht im geringsten im Widerspruch zu den Idealen der klassischen Kultur, denn Gesundheit war ein entscheidender Faktor und selbst ein kulturelles Ideal.

Im 18. und 19. Jahrhundert hatte sich die Medizin von der Ganzheitsvorstellung entfernt und widmete dem Detail größere Aufmerksamkeit. Es gab immer noch Ärzte, die Beobachtungen über das Verhältnis zwischen Krankheit und kosmischen Veränderungen anstellten. Anfang des 18. Jahrhunderts schrieb Richard Mead, ein hervorragender britischer Arzt, eine Abhandlung, »betreffend die Wirkung von Sonne und Mond auf animalische Körper«, die zahlreiche Fallgeschichten wie die folgende enthielt:

»Dem Mädchen, das von kräftiger, rundlicher Körperbeschaffenheit war, ging es einige Tage lang weiterhin recht gut, bei Vollmond jedoch hatte es wieder einen heftigen Anfall, nach welchem die Krankheit in Perioden regelmäßig mit den Gezeiten auftrat. Während der gesamten Flut lag sie sprachlos da, bei Ebbe erholte sie sich wieder...«

Dennoch zielte die medizinische Wissenschaft nicht mehr in erster Linie darauf ab, den Patienten im Zusammenhang des Ganzen zu sehen; die modernen Ärzte lernten die Infektionen und ihre Erreger kennen, die die Antike für geheimnisvolle äußere Kräfte gehalten hatte.

Ironischerweise tauchten gegen Ende des 19. Jahrhunderts die klassischen Ideen in einer neuen Form wieder auf; sie wurden zur Mode und einem noch heute populären Steckenpferd — die Berechnung von »Biorhythmen«.

Biorhythmen und Fliess

Im Jahre 1887 veröffentlichte Wilhelm Fliess eine Formel für die Anwendung biologischer Rhythmen. Er behauptete, jeder Mensch sei bisexuell. Die männliche Komponente (Kraft, Ausdauer, Mut) sei auf einen Zyklus von dreiundzwanzig Tagen abgestimmt. Der weibliche Zyklus (nicht der Menstruationszyklus, sondern einer aus Empfindsamkeit, Intuition, Liebe und anderen Gefühlen) dauerte achtundzwanzig Tage. Beide Zyklen, so behauptete er, seien in jeder Zelle gegenwärtig und spielten während des ganzen Lebens eine dialektische Rolle im Auf und Ab von körperlicher wie seelischer Vitalität und bestimmten schließlich auch den Tag des Todes.

Fliess und sein Hauptwerk *Der Rhythmus des Lebens: Grundlagen einer exakten Biologie* wären vermutlich in Vergessenheit geraten, wäre er nicht ein enger Freund Sigmund Freuds gewesen und hätte er nicht die Anwendung von Kokain* als Anästhetikum* eingeführt. Viele Jahre lang war Freud der Meinung, Fliess sei in der Biologie ein großer Durchbruch gelungen. Fliess brachte die Zyklen von dreiundzwanzig und achtundzwanzig Tagen mit Veränderungen der Nasenschleimhaut in Verbindung. Reizungen der Nase führte er zurück auf neurotische Symptome und sexuelle Abweichungen. Er diagnostizierte Krankheiten, indem er die Nase untersuchte und das, was er in ihrem Innern als »Genitalzellen« bezeichnete, mit Kokain behandelte. Freuds Nase behandelte er zweimal. Fliess verfügte nur über ein ganz simples Verständnis einfacher mathematischer Regeln; dennoch wird seine Formel der Öffentlichkeit in neuen Büchern über Biorhythmen, die dem Leser vormachen, er könne seine eigenen Zyklen körperlicher oder seelischer Anfälligkeit oder Kraft im voraus selbst berechnen, Jahr für Jahr von neuem offeriert. Indem er Kraft und Schwäche vorausberechnet wie eine Frau die Tage ihrer Menstruation, soll ein Mensch in die Lage versetzt werden, sein Tun so zu planen, wie es für ihn am vorteilhaftesten ist. Wenn die von Fliess aufgestellte Formel auch kindisch ist, so ist der ihr zugrunde liegende Gedanke vielleicht doch nicht allzu abwegig. Zumindest scheint es nicht abwegig, zu vermuten, daß der Mensch seine Rhythmen empirisch vorhersagen kann. Freilich ist das nur möglich, wenn man über Monate und Jahre hinweg ein detailliertes Tagebuch über das Befinden zu bestimmten Stunden des Tages führt — über Stimmung, Aufmerksamkeit, Gewicht, Symptome, Vitalität. Das ist nicht so einfach wie eine simple Formel, denn wir sind zwar alle rhythmische Wesen, aber der leicht unterschiedliche Takt, in dem wir uns bewegen, kann in monatlichen oder jährlichen Schwankungen einen gewaltigen Unterschied ausmachen. Die Menschheit kann jedoch hoffen, daß sie mit Hilfe von Computern endlich mehr über diese Schwankungen erfährt. Es läßt sich nicht leugnen, daß sie existieren, daß sie für unsere Persönlichkeit und den Zeitpunkt wichtiger Ereignisse im Leben, wie Geburt und Tod, eine bestimmende Rolle spielen, daß sie unsere Reaktion auf Gefahr, unsere Fähigkeit zu erwachen und unsere Gesundheit beeinflussen. Und darum geht es in den restlichen Kapiteln dieses Buches. Es beginnt gewissermaßen von hinten, mit Problemen und Studien, die jedem Menschen vertraut sind. Der wahre Charakter dieser Studien wird erst in späteren Kapiteln deutlich. Unser Leben wird geprägt von der Uhr an der Wand und von dem Gedanken, daß die siderische Zeit unser Tun bestimmen müsse. Viele Jahrzehnte lang haben die Menschen sich verhalten, als wäre die äußere Uhr mit der inneren Zeit identisch. Das trifft offensichtlich nicht zu. Ein Mensch, der am Tag schläft und in der Nacht arbeitet, steht physiologisch 180 Grad außerhalb der Phase der Menschen, die bei Tag arbeiten. In keiner Hinsicht können äußere Uhren die »biologische Tageszeit« angeben.

Unsere Vorfahren wußten das. Der Widerspruch zwischen sozialer Zeit und Natur des Menschen ist sogar in der amerikanischen Unabhängigkeitserklärung schriftlich niedergelegt. König Georg III. quälte die amerikanischen Kolonisten, indem er Versammlungen an schwer zugänglichen Orten und zu den unmöglichsten Zeiten einberief. Die Kolonisten sahen darin eine machiavellistische Strategie, ihren normalen Schlafrhythmus zu stören und sie auf diese Weise psychisch anfällig zu machen; und die Gründer der Nation, über sich selbst genau im Bilde, führten diesen Tatbestand 1776 als eine ihrer Beschwerden auf:

»Er hat gesetzgebende Körperschaften einberufen an Orte, die ungewöhnlich, unbequem und abgelegen waren ... und zwar ausschließlich in der Absicht, sie zu erschöpfen ...«

Unabhängigkeitserklärung

2. Reisen, Arbeitszeit und Isolation

In den zwei Monaten, die ich tief unter der Erde in der Scarasson-Höhle verbrachte, führte ich ein Tagebuch, in dem ich alles verzeichnete, was sich während meines physiologischen Tages ereignete... Der Gedächtnisschwund wurde so stark, daß es mir gelegentlich schwerfiel, mich an das zu erinnern, was ich wenige Minuten zuvor getan hatte.
Jetzt wissen wir durch die genaue ärztliche Untersuchung, die nach Beendigung meines Experiments angestellt wurde, daß mein Stoffwechsel erheblich verlangsamt war und meine Schlaffheit (Hypothermie*) fast eine Art Winterschlaf war...
Das Eigenartigste ist, daß mir die Zeit sehr rasch zu vergehen schien... Die Zeit verging, ohne daß ich mir in der Dunkelheit und Stille ihrer bewußt war. Ich hatte das Gefühl, mich auf einem anderen Planeten zu befinden: die meiste Zeit beschäftigte mich weder Vergangenheit noch Zukunft, sondern nur die feindliche Gegenwart. In dieser Umgebung war alles gegen mich: die Felsbrocken, die von Zeit zu Zeit niederstürzten; die feuchtkalte Atmosphäre, die Dunkelheit.

Michel Siffre, *Beyond Time*

An keinem Punkt unserer Geschichte war es wichtiger als heute, daß wir prüfen und begreifen, welche Zeit für uns die physiologisch richtige ist, und daß wir wissen, welche Grenzen oder Richtlinien sie uns bei der Planung von Arbeitszeit, Meditation, Reisen und Raumfahrt setzt. Die praktischen Bedürfnisse sind dem theoretischen Wissen stets vorausgeeilt. Nachtarbeit, Schichten rund um die Uhr in Fabriken und Ferntransporte haben zu Gefahren und Unfällen geführt, die besondere Sicherheitsvorkehrungen fordern. Die praktische Reaktion war eine Verkürzung der Arbeitszeit — womit das eigentliche Problem nicht gelöst war. Neuerdings wurden in Polizeirevieren großer Städte wie New York Beamte beim Nachtdienst öfters schlafend angetroffen. Das Flugsicherungspersonal großer Flughäfen nahm, wenn es in Streik trat, die rotierenden Schichten in sein Verzeichnis unzumutbarer Belastungen mit auf. Zahlreiche Diplomaten, Geschäftsleute und Astronauten haben erlebt, daß ein Leben nach dem Fahrplan tiefgreifende Auswirkungen auf Körper und Seele hat. Anfang der sechziger Jahre wies der Biologe Erwin Bünning seine Kollegen bei einer Tagung darauf hin, daß durch falsche Zeiteinteilung und Reisen verursachte Störungen ernsthafte Folgen, wie Krankheit, möglicherweise sogar Krebs, haben können. Obwohl das bisher nicht bewiesen ist, steht heute, zehn Jahre später, doch fest, daß Verschiebungen im Schlaf-Wach-Rhythmus nicht oberflächlicher Natur sind und biologische Auswirkungen haben.

Einige Grundbegriffe: Frequenz, Phase, Periode, Amplitude

Es ist schwierig, mit Begriffen unserer Umgangssprache über Ost-West-Reisen oder rotierende Arbeitsschichten zu sprechen. Man spricht von Erschöpfung oder von Ortszeit; keines der beiden Worte ist von Nutzen. Wenn jemand nach Osten oder Westen reist oder in Nachtschicht arbeitet, dann befindet sich sein ganzer Körper viele Tage lang in einem Übergangsstadium. Wie eine große, komplexe Uhr mit einer Million Zeigern müssen wir Schlaf und Tätigkeit auf die Welt um uns herum neu »einstellen« oder synchronisieren. Im Gegensatz zur mechanischen Uhr lassen sich unsere zahlreichen physiologischen Systeme jedoch nicht sofort umstellen. Bei gewissen Herzrhythmen dauert es drei bis vier Tage, bei Nebennieren-Hormonen kann es sogar zwei Wochen dauern, bis sie sich auf ein neues Schlaf-Wach-Schema eingestellt haben. In der Sprache der biologischen Rhythmen nennt man diese Änderung des Schemas eine Phasenverschiebung. Es ist eine Verschiebung der Phase unseres Schlaf-Wach-Zyklus im Hinblick auf Tag und Nacht.

Ein Ereignis, das in vorhersehbarem Abstand wiederkehrt, kann man als zyklisch bezeichnen. Es kann sich dabei um das Steigen und Fallen der Körpertemperatur handeln, um das abendliche Einschlafen oder das morgendliche Erwachen, um die monatliche Regel der Frau, um wiederkehrende Fieberanfälle oder Stimmungen. All diese wiederholt eintretenden Ereignisse lassen sich als zirkuläre Vorgänge bezeichnen — als Zyklus. Die Zeitspanne, die zur Vollendung des Zyklus erforderlich ist, bezeichnet man als Periode, häufig dargestellt durch den griechischen Buchstaben (τ). Die Periode kann den Bruchteil einer Sekunde dauern oder ein ganzes Jahr. Sie ist die Zeit, die zwischen den Höhepunkten der Körpertemperatur oder des Nachtschlafs vergeht. Die Periode eines Tages beträgt etwa vierundzwanzig Stunden.

Die Frequenz eines Zyklus ist das Reziprok der Periode ($\frac{1}{c}$). Alle vierundzwanzig Stunden schlafen die meisten Säugetiere mehrere Stunden lang; die Frequenz dieses Schlafrhythmus beträgt also $1/24$. Das ist auch die Frequenz der Schwankungen der Körpertemperatur und zahlreicher anderer Körperfunktionen. So wichtig es ist, Periode oder Frequenz eines Zyklus zu kennen, so sind doch noch weitere Daten zu seiner Beschreibung erforderlich.

Man muß wissen, wie stark sich die Temperatur oder der Hormonspiegel an einem Tag verändert — bei manchen Menschen ist das Ausmaß der täglichen Schwankung der Körpertemperatur größer als bei anderen. Es besteht ein Unterschied in der Amplitude (C) des Rhythmus. Bei einem Menschen mag eine Schwankung von einem Grad auftreten, während sie bei einem anderen vielleicht nur einen halben Grad beträgt.

Bei verschiedenen Menschen sind die Amplituden ihrer physiologischen Rhythmen meist unterschiedlich; das gleiche gilt für eine andere Zeitdimension, die bei Temperaturunterschieden eine Rolle spielen mag. Die Höhen und Tiefen des täglichen Temperaturrhythmus

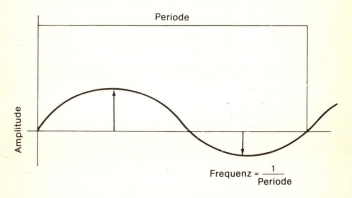

treten nicht bei allen Menschen simultan auf. Arbeitet ein Mensch bei Nacht, müßte sein Temperaturzyklus um 180 Grad von der Phase eines Tagarbeiters abweichen. Die Plazierung des Gipfel- oder Tiefpunkts eines Zyklus, in Bezug gesetzt zu einem anderen Zyklus innerhalb des Körpers oder einem äußeren Anhaltspunkt, ist seine Phase, häufig durch den griechischen Buchstaben (Φ) dargestellt. Die Phase bezeichnet einen Teil des Zyklus von 360 Grad im Hinblick auf einen äußeren Zeitpunkt; es kann sich dabei um die Uhrzeit handeln, etwa die Stunde, zu der ein Mensch schlafen ging, oder den Gipfelpunkt eines anderen Körperzyklus.

Harmonische Analyse

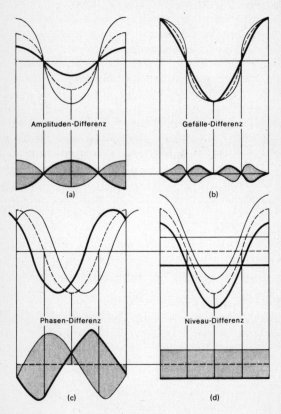

Bei ihren Versuchen, den Menschen zu studieren, wenn er nach Osten oder Westen reiste oder die Arbeitsschicht wechselte, haben die Wissenschaftler im Grunde Phasenverschiebungen studiert. Bemannte Raumfahrt-Expeditionen haben weitere Fragen über die Periode des Schlaf-Wach-Zyklus des Menschen aufgeworfen. Muß er eine cirkadiane Periode von ungefähr vierundzwanzig Stunden leben oder kann er sich einem Zwölf- oder Achtzehn-Stunden-Tag anpassen, wenn die Umstände das zweckmäßiger erscheinen lassen? Im Grunde geht es bei allen Reisen um Phasenverschiebungen, aber die Raumforschung hat die interessante Frage aufgeworfen, ob der cirkadiane Rhythmus die natürliche Periode des Menschen darstellt beziehungsweise ob er tatsächlich an den Zyklus eines Tages gebunden ist.

Leistung: ein cirkadianer Rhythmus

Von vielen unserer physiologischen Funktionen wissen wir, daß sie einen ausgeprägt cirkadianen Rhythmus haben. Ob ein Mensch nun in einer primitiven oder in einer hochindustrialisierten Gesellschaft lebt, die Erledigung der an ihn gestellten Ansprüche findet im allgemeinen in jenen Stunden statt, in denen bestimmte Hormone reichlich vorhanden sind und die integrativen Fähigkeiten ihren Höhepunkt erreichen. Eine ständig wachsende Literatur läßt erkennen, daß unsere Leistungsfähigkeit in Beziehung steht zu unseren physiologischen Zyklen und daß in der Art und Weise, mit der wir gewisse Aufgaben erledigen, ein ausgeprägt cirkadianer Rhythmus vorhanden ist.
Die meisten Athleten oder Tänzer, die am Nachmittag oder Abend Hervorragendes leisten, wären von der Aussicht, um 3 Uhr morgens auftreten zu müssen, keineswegs begeistert. Muskelkoordination und Kraft, von der Zeiteinschätzung gar nicht zu reden, schwanken im Verlauf von vierundzwanzig Stunden. Das gleiche gilt für das Denkvermögen. Viele Menschen ziehen es vor, schwierige und anspruchsvolle Arbeiten auf den Nachmittag zu verschieben. Menschen an Radarschirmen unterlaufen während der Stunden, in denen sie normalerweise schlafen würden, durchweg mehr Fehler, und es fällt ihnen schwer, in ihrer Aufmerksamkeit nicht nachzulassen.

Körpertemperatur und Leistung

Schon bevor man systematische, über den ganzen Tag verteilte Studien durchführte, vermutete man, daß Körpertemperatur und Leistung miteinander in Beziehung stehen. Die Körpertemperatur erreicht stets im Laufe des Tages einen Höhepunkt und sinkt während der Nacht auf einen Tiefpunkt ab. Der Temperatur-Rhythmus der einzelnen Menschen ist unterschiedlich; bei manchen zeigt sich ein rascheres Ansteigen am Morgen, bei anderen ein steileres Absinken am Abend, im allgemeinen geht jedoch das Ausmaß der Schwankung nicht über einige Zehntelgrad pro Tag hinaus.

Die geringe tägliche Temperaturschwankung ist in Wirklichkeit ein Anzeichen für eine Stoffwechsel-Schwankung größeren Ausmaßes, die jedoch nicht groß genug ist, als daß menschliche Zielstrebigkeit sie nicht ausgleichen könnte. Die subtilen Leistungsschwankungen, die durch das tägliche Steigen und Fallen der Körpertemperatur eintreten können, sind bei Leistungstests besonders schwer zu erkennen. Die meisten psychologischen Tests sind nicht dazu geschaffen, Nuancen aufzuspüren; wie großmaschige Siebe entdecken sie nur gröbere Verhaltensschwankungen. Einem Team englischer Wissenschaftler, das über ungewöhnliche Geduld verfügte, ist es jedoch gelungen, eine Reihe von Tests so zu verfeinern, daß sie auch ganz geringe Abweichungen in der Leistung eines Menschen anzeigen.

Die Doktoren Robert T. Wilkinson und Peter Colquhoun haben Rekruten der Marine nach verschiedenen Schemata von Schlaf und Schlafentzug auf Wachsamkeit und rechnerische und andere Fähigkeiten getestet. Dr. Wilkinson hatte bereits zuvor festgestellt, daß eine Versuchsperson von großer Willenskraft bei kurzen Tests den Schlafentzug kompensieren konnte, nicht jedoch, wenn sie einen Acht- bis Zehn-Stunden-Tag im Laboratorium mit verschiedenen Aufgaben beschäftigt gewesen war — wie beispielsweise der, mit dem Kopfhörer eine Folge von Pieptönen abzuhören und einen Ton herauszufinden, der vielleicht einen Sekundenbruchteil kürzer war als die anderen. Bei einem Versuch wurde die Temperatur oral* gemessen, während des Wachens jede Stunde, während des Schlafens alle zwei Stunden. Während der ersten drei Stunden des Wachseins stieg die Temperatur um durchschnittlich 0,56 Grad Fahrenheit und blieb dann stabil, sie änderte sich während 60 Prozent des Tages dann nur noch um 0,4 Grad Fahrenheit. Die gleichmäßigste Leistungssteigerung trat in den ersten drei Stunden ein; in ihnen stieg auch die Temperatur am stärksten. Der Leistungsgipfel fiel mit dem Zeitpunkt der höchsten Temperatur zusammen, die schwächste Leistung mit der Zeit der niedrigsten Temperatur.

Man ist der Ansicht, daß dem Rhythmus der Körpertemperatur ein

Stoffwechsel-Rhythmus zugrunde liegt, der die Aktivität im zentralen Nervensystem moduliert. Über vierundzwanzig Stunden ausgedehnte Aufzeichnungen der Hirnwellen lassen vermuten, daß ein cirkadianer Rhythmus Frequenz und Umfang des Hirnwellenmusters bestimmt. Auf die gleiche Weise könnte eine Vierundzwanzig-Stunden-Aufzeichnung zeigen, daß ein Mensch das hat, was als Alpha-Rhythmus bezeichnet wird, ein Muster, das bei entspanntem Wachsein und Meditieren sichtbar wird. Er könnte zu einer bestimmten Stunde etwa 9,5 Zyklen pro Sekunde betragen, zu einer anderen 10 Zyklen pro Sekunde mit einer Schwankung in der Amplitude von etlichen Mikrovolt. Bei der Schätzung kurzfristiger Zeitspannen scheint es einen entsprechenden cirkadianen Rhythmus zu geben. Eine Person wird einen Intervall von zehn Sekunden zu kurz schätzen, wenn ihr Alpha-Rhythmus schnell ist, bei einem langsameren Alpha-Rhythmus wird sie den Zeitraum auf länger als zehn Sekunden schätzen. Diese Hirnwellen-Reaktionen sind das Muster, das unmittelbar vom Gehirn eines Menschen ausgesandt wird, nachdem er ein Testsignal gehört oder gefühlt hat; sie werden durch einen Verstärker aufgezeichnet, den man als Elektroenzephalographen bezeichnet. Wie Wachsamkeit, subjektive Erschöpfung, Gehör und Zeitsinn schwanken auch diese Hirnwellen-Reaktionen in einem cirkadianen Rhythmus.

Tests mit Piloten und Flugzeugbesatzungen

Wie ein Mensch im Laufe des Tages langsam und kaum wahrnehmbar physiologischen Schwankungen unterworfen ist, so schwankt auch das Gesamtbild seiner Leistung. Eine Gruppe von Forschern unter Leitung von Dr. K. E. Klein am Institut für Flugmedizin in Bad Godesberg hat damit begonnen, Leistung zu biologischen Schwankungen in Beziehung zu setzen. Sie verzeichneten orale Temperatur, Herztätigkeit, Zahl der weißen Blutkörperchen, maßen die einfache Reaktionszeit, verglichen individuelle Unterschiede in der Reaktionszeit und nahmen noch viele weitere Messungen vor. Eine Gruppe von Versuchspersonen wurde einer Reihe komplexer Tests unterworfen, die von ihnen Koordination und stetige Leistung über einen Zeitraum von mehr als zehn Minuten verlangten. Sie mußten sich körperlichen Tests auf einem Fahrrad mit einem Voltmeter unterziehen, das die Arbeitsleistung maß und es den Forschern überdies ermöglichte, den Höchstbedarf an Sauerstoff zu bestimmen und vorherzusagen. Versuchspersonen wurden auf einem Kipptisch für etwa zwanzig Minuten in eine Schräglage von 90 Grad gebracht und getestet, während sie den Atem anhielten, dann rasch atmeten und schließlich hyperventilierten, das heißt übertrieben lange, rasch aufeinanderfolgende tiefe Atemzüge taten. Blutdruck und Pulsreaktion wurden aufgezeichnet. In einer Unterdruckkammer testete man die Höhenverträglichkeit.

Die geistigen Leistungen erreichten ihren Gipfelpunkt zwischen 14 und 16 Uhr. In diese Zeit fielen die schnellsten Reaktionen und die beste psychomotorische* Koordination. Zwischen 2 und 4 Uhr morgens waren die Leistungen am schwächsten. Bei der Beurteilung der Fähigkeiten eines Piloten, der sowohl Tag- wie auch Nachtflüge durchführen und sowohl nach Osten wie auch nach Westen fliegen muß, kann die Amplitude seines Rhythmus einen wichtigen Anhaltspunkt liefern. Je stärkeren Schwankungen zwischen Tag und Nacht er unterworfen ist, desto größere Schwierigkeiten hat er zu gewärtigen, wenn er einer Phasenverschiebung unterworfen wird. Dr. Kleins Studie läßt erkennen, daß der Höchstbedarf an Sauerstoff, der Blutdruck eines Mannes auf einem Kipptisch und die Zeitspanne, die er trotz Sauerstoffmangel bewußt handlungsfähig bleibt, der Tageszeit entsprechend erheblich variieren. Auch die Bestandteile des Blutes, wie Plasmaproteine* und Nebennieren-Hormone, schwankten im Laufe des Tages erheblich, obwohl sich die Körpertemperatur nur wenig änderte. Bei einigen der Leistungstests zeigte sich ein ausgeprägter Rhythmus, unter anderem bei der Reaktionszeit und der psychomotorischen Koordination. Zu gewissen Zeiten war die motorische Leistung so schwach, als hätte die Versuchsperson 0,9 Promille Alkohol im Blut.

Die Studien des Instituts für Flugmedizin haben bewiesen, daß der Mensch zwischen 13 und 19 Uhr die besten geistigen Leistungen vollbringt, das Liegen auf einem Kipptisch am besten verträgt und körperlich in bester Verfassung ist; die schlechtesten Ergebnisse fielen in die Zeit zwischen 2 und 6 Uhr morgens. Ein gesunder Mensch kann die verschiedenen Arten von Belastung nicht zu jeder Stunde des Tages gleich gut ertragen; so kann beispielsweise der Sauerstoffverbrauch um 3 Uhr morgens niedriger sein und damit die Anpassung an große Höhen erleichtern. Ein Pilot, der zuwenig Sauerstoff bekommt, ist um 3 Uhr morgens um 50 Prozent weniger anfällig für Anoxämie* und Bewußtlosigkeit als um 3 Uhr nachmittags — ungeachtet der Tatsache, daß er bei den meisten Tests um 3 Uhr nachmittags die besseren Leistungen vollbringt.

Da die Physiologie des Menschen rund um die Uhr Schwankungen unterworfen ist, ist er je nach der Tageszeit für bestimmte Aufgaben mehr, für andere weniger geeignet, widerstandsfähiger gegenüber bestimmten Belastungen, weniger widerstandsfähig gegenüber anderen. Für jede Herausforderung gibt es eine Stunde, in der er in der besten, und eine andere, in der er in der schlechtesten Verfassung ist. Wenn die Details dieses Zeitplans durch weitere Untersuchungen genau herausgearbeitet worden sind, werden vermutlich viele von uns ihre Zeitpläne so abändern, daß wir den besten Gebrauch von unseren Fähigkeiten machen.

Schichtarbeit

Bei frühen Untersuchungen der Schichteinteilung zwischen Arbeit und Ruhe bemerkten Forscher wiederholt Anzeichen eines cirkadianen Rhythmus; sie wußten jedoch noch nicht, daß alle Arten seelisch oder verhaltensmäßig bedingter Ereignisse, Anfälligkeit gegen Toxine, Schock, Infektion und Drogen durch die biologische Tageszeit beeinflußt werden können. Sie erkannten, daß Phasenverschiebungen und nichtcirkadiane Zeitpläne gesundheitsschädliche Wirkungen haben konnten, aber sie wußten noch nicht, daß einer Umkehr von Schlafen und Wachen eine Übergangsperiode folgen kann, die bis zu drei Wochen dauert und in der sich die physiologischen Rhythmen außerhalb ihrer üblichen Phasen-Relation zur Umgebung und zueinander befinden. Selbst heute gibt es noch Leute, die Phasenverschiebungen mit Erschöpfung verwechseln.

Viele der früheren Studien über Unfälle, schlechten Gesundheitszustand und Fehlleistungen bei Nachtarbeitern schrieben diese Auswirkungen der Nachtarbeit selbst zu, während sie in Wirklichkeit von den Phasenverschiebungen bei den Arbeiten am Wochenende und in der Freizeit herrührten. Sowjetische Wissenschaftler bemerkten bei Nachtarbeitern an der Moskauer Untergrundbahn abnorme physiologische Rhythmen, die sich eher schlecht organisierte Ruhezeiten bei Tage zuschreiben ließen als der nächtlichen Arbeit. Trotz der herrschenden Verwirrung wirkten sich diese frühen Studien in der Industrie überaus vorteilhaft aus: Sie führten zu Sicherheitsvorschriften bei der Eisenbahn und weckten das Bewußtsein dafür, daß menschliche Leistung und menschliches Versagen nicht gleichmäßig über die vierundzwanzig Stunden des Tages verteilt sind.

So stellte man in Schweden zum Beispiel fest, daß die Ableser in einem Gaswerk in der Nachtschicht die meisten Fehler machten, weniger während der Nachmittagsschicht und die allerwenigsten am Vormittag. Telefonisten beantworteten eingehende Gespräche zwischen 3 und 4 Uhr morgens am langsamsten. Es hatte den Anschein, als ereigneten sich auch die meisten Industrieunfälle zwischen 2 und 4 Uhr morgens. Eine französische Analyse von über 3000 Industrieunfällen läßt jedoch erkennen, daß Unfälle in der Nacht seltener sind als am Nachmittag oder am frühen Morgen. Die Literatur über Studien dieser Art ist unübersehbar, hinsichtlich der Auswirkungen von Monotonie und Phasenverschiebungen aber noch nicht ausgewertet.

Man hat seit langem vermutet, daß sich rotierende Schichten nachteilig auf die Gesundheit auswirken könnten. Bei Schichtarbeitern wurde ein ungewöhnlich häufiges Vorkommen von Magengeschwüren festgestellt. Flugsicherungspersonal arbeitet im allgemeinen in Schichten, die auf manchen Flughäfen alle paar Tage wechseln, auf anderen alle zwei Wochen. Männer, die diese Arbeitszeit nicht vertragen können, werden ausgesondert, aber unter denen, die übrigblieben, sind Magengeschwüre und erhöhter Blutdruck nicht selten. Außerdem haben sie die höchste Ehescheidungsrate aufzuweisen.

Jet-Beschwerden und Phasenverschiebungen bei Mäusen

In jüngster Zeit ist in der Öffentlichkeit öfters von der »Jet-Krankheit« die Rede gewesen, unter der das fliegende Personal und auch die Reisenden leiden. Ein Pilot der TWA beschreibt das »Jet-Syndrom« als allmählich fortschreitenden Prozeß mit Kopfschmerzen, brennenden Augen, unfixiertem Blick, Magen-Darm-Beschwerden, mangelndem Appetit, Kurzatmigkeit, Schweißausbrüchen und gelegentlichen Alpträumen. Auch Stewardessen berichteten über Magen-Darm-Beschwerden, Schlaflosigkeit, Sinnestäuschungen und Unregelmäßigkeiten der Menstruation, für die sich bei ärztlicher Untersuchung keine regulären Anhaltspunkte finden. Die »Behandlung«

kann darin bestehen, daß man aufhört zu fliegen. Die Anpassungsfähigkeit an Ost-West-Flüge und rotierende Schichten ist bei den einzelnen Menschen unterschiedlich groß; auf lange Sicht gesehen könnte diese Anpassungsfähigkeit jedoch geringer sein, als man bisher vermutete.

Eine kürzlich durchgeführte Untersuchung an über 1000 Industriearbeitern im Rhone-Tal hat gezeigt, daß sich 45 Prozent der Arbeiter einem Sieben-Tage-Schichtwechsel nicht anpassen konnten, 34 Prozent konnten einen Zwei-Tage-Wechsel nicht vertragen. Die Körpertemperatur-Rhythmen paßten sich beiden Systemen nicht an, so daß selbst die Arbeiter, die das »Gefühl« hatten, angepaßt zu sein, in Wirklichkeit körperlich nicht angepaßt waren. Selbst wenn sich ein Pilot oder ein Industriearbeiter zeitweise ohne größere Beschwerden an Phasenverschiebungen anzupassen vermag, muß man doch die Auswirkungen auf die Gesundheit über längere Zeiträume hinweg im Auge behalten.

Um die Mitte der sechziger Jahre wies ein Arzt in einem Vortrag vor Angehörigen der Flying Physicians' Association darauf hin, daß bei Piloten im Ost-West-Verkehr Anzeichen vorzeitigen Alterns auftreten können. Dr. Walter Nelson und Dr. Franz Halberg von der University of Minnesota haben vorbereitende Untersuchungen durchgeführt, die erkennen lassen, daß es möglich ist, die Lebenszeit erwachsener Nagetiere zu verkürzen, indem man ihren Hell-Dunkel-Zyklus lediglich eine Woche lang umkehrt. Bei dieser Studie wurden zwei Gruppen von rund neunzig Mäusen beobachtet, die abwechselnd zwölf Stunden Licht und zwölf Stunden Dunkelheit ausgesetzt waren. Im Alter von achtundfünfzig Wochen wurde bei einer Gruppe das Hell-Dunkel-Schema, analog einem Jet-Flug um die halbe Erde, umgekehrt. In gewisser Hinsicht war das Schema einfacher als das eines Transatlantik-Piloten, der vielleicht zwei Phasenverschiebungen in der Woche erlebt. Die Kontrollmäuse lebten im Durchschnitt 94,5 Wochen, während die wöchentlicher Phasenverschiebung ausgesetzte Gruppe eine durchschnittliche Lebenszeit von 88,6 Wochen hatte, was einer Minderung der mittleren Lebensdauer von 6 Prozent entspricht. Ein Problem der rotierenden Schichten besteht darin, daß sie häufig Schlafverlust verursachen, der sich bald auf die Leistungsfähigkeit eines Menschen auszuwirken beginnt.

In einer Reihe von Tests wurden Freiwillige der Air Force in einer Simulatorkabine einem Sechzehn-Stunden-Tag unterzogen, an dem sie abwechselnd vier Stunden Dienst taten und zwei Stunden ruhten. Von elf Männern gelang es nur zweien, über fünfzehn Tage hinweg hochqualifizierte Leistungen aufrechtzuerhalten. Anschließend wurde eine Gruppe von Kadetten der Air Force aufgefordert, nach demselben Zeitschema gleichbleibende Leistungen zu vollbringen, aber selbst unter Aufbietung großer Willenskraft zeigte sich bei bestimmten Aufgaben ein Leistungsabfall. Die Kadetten zeigten unter diesem Zeitschema beachtliche Leistungen, bis sie durch weiteren Schlafverlust so unter Streß standen, daß ihre Leistungen merklich absanken.

Um zu erkennen, wie sich Phasenverschiebungen auf Leistungsfähigkeit und Gesundheit auswirken, haben englische und amerikanische Wissenschaftler Männer bei der klassischen Wach-Rotation in der Marine studiert. Sie ist ein Überbleibsel aus dem Mittelalter, als die Männer schwere körperliche Arbeit leisten mußten und nicht länger als vier Stunden hintereinander arbeiten konnten. In einer Studie wurden Männer, die nach einem stetigen Zeitplan von zwölf Stunden Arbeit und zwölf Stunden Ruhe lebten, mit anderen verglichen, die in rotierenden Acht-Stunden-Schichten arbeiteten. Die stetige Zwölf-Stunden-Schicht erwies sich als eindeutig überlegen; bei stetigem Zeitschema war auch die Entschlußkraft größer.

Zahlreiche Studien wurden durchgeführt, weil man herauszufinden hoffte, wie verschiedene Faktoren — körperliche Anstrengung, Streß oder auch nur Leben im eng begrenzten Raum — sich nach verschiedenen Zeitschemata auf die Leistung auswirken können. Diese Untersuchungen wurden zum Teil durch die praktischen Fragen der bemannten Raumfahrt ausgelöst. Obwohl Phasenverschiebungen und nichtcirkadiane Zyklen vielleicht keinen ernsthaften Schaden anrichten, so führen sie doch innere physiologische Übergangszustände herbei, die ein Lebewesen für alle Arten von Belastung anfälliger machen können. Die Studien von Dr. Franz Halberg, auf die wir in späteren Kapiteln noch zurückkommen werden, lassen erkennen, wie sich solche Zeitschemata auf Nagetiere auswirken.

Dr. Halberg und seine Mitarbeiter hielten Mäuse nach nichtcirkadianen Zeiteinteilungen und testeten danach ihre Empfindlichkeit gegenüber Alkohol. Eine Kontrollgruppe lebte bei zwölf Stunden Licht und zwölf Stunden Dunkelheit, eine zweite Gruppe nach dem gleichen Schema, nur umgekehrt, während eine dritte Gruppe einen Acht-Stunden-Tag lebte (vier Stunden Dunkelheit, vier Stunden Licht). Nach fünf Tagen der Anpassung an das Lichtschema wurde Gruppen von Mäusen Alkohol in kurzen Zeitabständen rund um die Uhr injiziert. Die Mäuse, die nach einem Vierundzwanzig-Stunden-Hell-Dunkel-Schema lebten, waren zur Zeit ihrer größten Aktivität — bei Anbruch der Dunkelheit — am anfälligsten, ebenso die Mäuse, die nach dem umgekehrten Schema lebten. Die Tiere, die einen Acht-Stunden-Tag lebten, waren durchweg wesentlich empfindlicher, und die Zeiten ihrer größten Anfälligkeit schienen mit den Stunden von Helligkeit und Dunkelheit in keinerlei Beziehung zu stehen. Es hatte fast den Anschein, als verschöbe sich der Zeitpunkt ihrer größten Anfälligkeit ständig, was sie als Gruppe zu allen Stunden anfälliger machte.

Der Charakter dieser zeitweisen Anfälligkeit, die sich vielleicht aus einer Desynchronisation innerer Rhythmen ergibt, ist nach wie vor eine der interessantesten Fragen auf dem Gebiet der Planung von Arbeit und Ruhe. Im Mittelpunkt einer Reihe sowjetischer Studien stehen mögliche Gesundheitsschäden infolge von Arbeit-Ruhe-Schemata im eng begrenzten Raum.

Sowjetische Studien

Bereits lange vor der bemannten Raumfahrt hatten sich sowjetische Forscher mit der Physiologie des Arbeitens beschäftigt, indem sie Puls, galvanische Hautreaktion* und andere leicht zu messende physiologische Veränderungen mit der Leistung von Arbeitern in Beziehung setzten, die den normalen Belastungen durch ihre jeweilige Arbeit ausgesetzt waren. Sie stellten fest, daß sich die Auswirkungen körperlicher Arbeit in der täglichen Testleistung einer Versuchsperson, der Hirnwellen-Reaktion und in der allgemeinen seelischen Verfassung erkennen ließen. Mangel an Arbeit konnte bei Leuten mit nicht normalen Arbeit-Ruhe-Zyklen oder lediglich im eng begrenzten Raum Schlaftrunkenheit und Erschöpfung hervorrufen. Viele sowjetische Wissenschaftler haben eine Meinung vertreten, die wesentlich konservativer ist als die amerikanischen Anschauungen. Sie behaupten, man könne den normalen cirkadianen Zyklus von Tätigkeit und Ruhe nicht ohne nachteilige Folgen abändern. Der Schlaf-Wach-Zyklus wird als Gruppe von Reflexen gesehen, die so tief verwurzelt sind, daß Stabilität nur gewahrt wird, wenn der Rhythmus beibehalten wird. Überdies besagt die Tatsache, daß der Rhythmus vermutlich auf bedingten Reflexen beruht, nicht, daß er geändert werden kann. Diese konservative Ansicht über die Rhythmen des Menschen führte übrigens dazu, daß die sowjetischen Kosmonauten auch im Weltall ihre irdischen Schlafzyklen beibehielten. Die amerikanischen Astronauten mußten nach einer Vielzahl von Zeitschemata leben; so hatten sie beispielsweise vier Stunden Schlaf und vier Stunden Dienst; einige der Astronauten haben sich lautstark über Mangel an Schlaf beklagt. Die Amerikaner neigen dazu, bei sich selbst große Flexibilität vorauszusetzen, und so schließen sie die Möglichkeit nicht aus, einen Drei-Stunden- oder sogar einen Achtundvierzig-Stunden-»Tag« leben zu können.

Beim Studium möglicher Zeitschemata für Arbeit und Ruhe im Weltraum bedienten sich sowjetische Forscher umfassender Tests: sie prüften das Gedächtnis, psychische und geistige Belastbarkeit, Muskelkraft, Gleichgewicht, Blutdruck und andere Herz- und Kreislauffunktionen. Sie haben auch auf pathologische Anzeichen geachtet, indem sie die Bestandteile des peripheren Blutes und des Urins analysierten und die Kleidung nach Mikroben durchsuchten, ebenso das Vorhandensein von Mikroben im Schleim von Mund und Nase prüften und die Aktivität des Speichel-Lysozyms. Lysozyme sind in Tränen, Speichel und anderen Körperflüssigkeiten enthaltene Enzyme, die zur Vernichtung bestimmter Bakterien beitragen. Eigenartigerweise kamen Männer, die man in »Eremitenkammern« eingeschlossen hatte, nach fünfzehn Tagen mit mehr Hautmikroben wieder heraus, als sie vorher gehabt hatten, was vermuten läßt, daß Isolation Schwankungen der Immunität verursachen kann.

Isolation und Immunität

In Experimentierkammern eingeschlossene Männer wurden auf verschiedene Zeitschemata hin getestet — beispielsweise auf einen Achtzehn-Stunden-Tag oder einen Wechsel von sechs Stunden Arbeit und sechs Stunden Ruhe. Sie wurden ständig gefilmt, Temperatur, Gewicht, geistige Leistung, Erschöpfung, körperliche Fitness und Herzfunktionen wurden aufgezeichnet; gleichzeitig wurden Blut und Urin auf Hormone, Askorbinsäure* (= Vitamin C) und andere Bestandteile hin untersucht, die über ihren Belastungszustand Aufschluß geben konnten. Tests hinsichtlich der Nerven- und Muskeltätigkeit ließen erkennen, daß ein Achtzehn-Stunden-Tag schädliche Auswirkungen hat, da er einen Menschen für Infektionen anfällig machen kann. Das zeigt sich zum Beispiel bei Überprüfung der Aktivität des Speichel-Lysozyms: sie nahm bei Männern, die einen Achtzehn-Stunden-Tag lebten, beträchtlich ab. Einen Tag nachdem die Testpersonen die Isolierkammern verlassen hatten, hatte die Enzymtätigkeit ihr normales Niveau erreicht.

Ein Achtzehn-Stunden-Tag führte nicht nur zu einer potentiellen Anfälligkeit für bestimmte Arten von Infektionen — die Männer schienen zudem schlaftrunken, gleichzeitig jedoch rastlos und emotionell gespannt. Sie erledigten körperliche Übungen zu schnell und mit mangelhafter Koordination. Physiologisch gab es Anzeichen für Streß wie die Zunahme der Askorbinsäure im Urin. Askorbinsäure dient zur Produktion der Nebennieren-Hormone; unter Streß werden weit größere Mengen benötigt. Die Anpassung an einen nichtcirkadianen Tag, an Phasenverschiebungen oder einfach an die Isolation kann eine Form von Streß sein. Manchen Menschen fällt eine Änderung des Zeitschemas besonders schwer. Bezeichnenderweise können sich ältere Menschen einer Änderung des Zeitschemas kaum anpassen. Epileptiker und Menschen, die unter heftiger Unruhe, Magengeschwüren, Diabetes und anderen Krankheiten leiden, sind für jede Art von rotierender Schichtarbeit kaum geeignet. Von den Millionen Menschen, die heute Lastwagen fahren oder in Schichten arbeiten, können sich einige, nach physiologischen Maßstäben beurteilt, einigermaßen rasch anpassen; dennoch haben Studien der Körpertemperatur bei Schichtarbeitern ergeben, daß manche sich vielleicht nie anpassen werden.

Individuelle Unterschiede

Schließlich müssen wir individuelle Unterschiede in der Zeitstruktur ebenso anerkennen wie Unterschiede der Muskelkraft, des Körperbaues und der Größe. Ebenso wie manche Leute ihrer Konstitution nach nicht dazu geeignet sind, in großen Höhen zu leben oder schwere Lasten zu heben, können andere es nicht ertragen, wiederholt im Düsenflugzeug Ost-West-Reisen zu unternehmen oder ein Leben zu führen, das unregelmäßige Schlaf- und Essenszeiten mit sich bringt. Die zeitliche Organisation ist allem Anschein nach eine wesentliche Dimension unseres Daseins, und zwar eine, in der wir uns voneinander ebenso stark unterscheiden wie in unserer Persönlichkeit. In jeder der zahlreichen Studien über Menschen, die in Schichten arbeiteten oder zu Experimentierzwecken in Kapseln eingeschlossen wurden — Studien, die man seit über zwanzig Jahren in vielen Ländern durchgeführt hat —, gab es wichtige Anomalien, Individuen, die auf ungewöhnliche Art reagierten oder sich nicht anpaßten.

In jüngster Zeit wurden Versuche angestellt, die Raumfahrt-Unternehmen simulierten und bei denen Menschen in einer mit zahlreichen Instrumenten ausgestatteten Kapsel lebten, in der Helligkeit und Dunkelheit von außen reguliert wurden und in der sie mit Hilfe automatischer Vorrichtungen ständig auf Leistung und physiologische Schwankungen hin überwacht wurden. Die Doktoren Thomas Frazier, John Rummel und Harry Lipscomb haben festgestellt, daß einige Versuchspersonen dabei schon auf das Leben im eng begrenzten Raum und in der Isolation nachteilig reagierten, obwohl sie auch weiterhin das Vierundzwanzig-Stunden-Schema beibehielten. Einigen gelang es, ihre Leistungsfähigkeit zu wahren, während sie zwischen vier Stunden Schlaf und vier Stunden Wachen alternierten, andere dagegen fielen beträchtlich ab. Eine Untersuchung begann mit einem Vierundzwanzig-Stunden-Tag, dann folgte eine Woche mit Dreiundzwanzig-Stunden-Tagen, darauf ständige Helligkeit. Eine Versuchsperson zeigte ganz unterschiedliche cirkadiane Rhythmen — und dann schließlich den völligen Zusammenbruch.

Bei deutschen Untersuchungen auf dem Gebiet der Flugmedizin unter Leitung von Dr. K. E. Klein wurden Piloten vor, während und nach einem Flug in die Vereinigten Staaten und zurück nach Deutschland überwacht. Die ganze Zeit über arbeiteten sie am Armaturenbrett eines simulierten Überschallflugzeugs, das mit naturgetreuen Windböen und knapp vermiedenen Unfällen programmiert war. Bei einigen von ihnen lag die Amplitude der Rhythmen wesentlich höher als bei anderen: sie brauchten um 3 Uhr morgens doppelt so viel Zeit, sich auf ein Fluginstrument einzustellen, als um 15 Uhr nachmittags. Auch in dem Ausmaß, in dem ihre Leistungsfähigkeit nach Ost-West-Flügen absank, gab es Unterschiede. Obwohl es Anzeichen dafür gibt, daß Phasenverschiebungen für Menschen mit größeren Tag-Nacht-Schwankungen schwerer zu ertragen sind als für solche mit relativ »flachen« Kurven bestimmter physiologischer Funktionen und Leistungen, bedarf es doch noch einer Menge weiteren Beweismaterials, bevor diese an sich plausible Annahme bestätigt ist.

Um herauszufinden, welche Eigenschaften ein Mensch braucht, um sich veränderten Zeitschemata anzupassen, haben die Psychiater George Curtis und Max Fogel Studenten, die sich freiwillig zur Verfügung stellten, auf ihre psychische Kraft hin untersucht. Dann mußten sie sich über zwei Wochen hinweg äußerst ungewöhnlichen Schlaf-Wach-Schemata unterwerfen. Einigen der jungen Männer wurden nie mehr als rund zwei Stunden ununterbrochenen Schlafs gestattet; ihre Lebensweise ähnelte dem Wechsel zwischen Schlaf und Wachsein, der bei Säuglingen die Regel ist. Obwohl anfangs Störungen auftraten, begannen doch gegen Ende der beiden Wochen, die sie nach diesem unnatürlichen Schema gelebt hatten, cirkadiane Rhythmen bei gewissen Funktionen — wie beispielsweise den Nebennieren-Hormonen — erkennbar zu werden. Trotz der Strapaze des ständig unterbrochenen Schlafs paßten sich die jungen Männer gut an. Ihre Anpassung stand offenbar in Beziehung zu starker Persönlichkeit, intellektuellen Fähigkeiten und gutem Verhältnis zu den Eltern; diese Eigenschaften hatten sich in einem Persönlichkeitstest herausgestellt.

Zeitanfälligkeit beim Menschen

Da ein immer größerer Teil der Welt industrialisiert wird und es immer üblicher wird, auch bei Nacht und in rotierenden Schichten rund um die Uhr zu arbeiten, werden, zumal wenn man das Reisen im Düsenflugzeug hinzunimmt, immer mehr Menschen in Mitleidenschaft gezogen. Es kann sein, daß es sich als unumgänglich erweist, daß Menschen ihre temporäre und physiologische Stabilität testen lassen, bevor sie verantwortungsvolle Stellungen annehmen oder das schwere Leben eines Krankenhausarztes führen. Ebenso, wie es Ärzte gibt, die Schlafmangel und unregelmäßige Arbeitszeiten gut überstehen, gibt es andere, die am Ende ihrer Hospitalzeit Amphetaminen* und Barbituraten* verfallen sind, mit denen sie versuchten, den ständigen Wechsel der Zeitstrukturen auszugleichen. Sowjetische Forscher sind der Ansicht, daß sich Anfälligkeit erkennen läßt, wenn man einen Menschen Phasenverschiebungen und außerdem einer Periode der Isolation von allem aussetzt, was Hinweise auf die Zeit geben könnte.
Vieles kann man feststellen, wenn man den Wach-Schlaf-Zyklus

eines Menschen in der Isolation beobachtet — lebt er einen Fünfundzwanzig- oder einen Sechsundzwanzig-Stunden-Tag? Lebt er einen kürzeren Zyklus von dreiundzwanzig Stunden? Je stärker er vom Vierundzwanzig-Stunden-Rhythmus abweicht, desto wahrscheinlicher ist, daß es bei ihm zu einer inneren Desynchronisation kommt. Der Zyklus seiner Körpertemperatur mag vierundzwanzig Stunden dauern, aber das Corticosteron* im Blut und die Elektrolyte* im Urin schwanken vielleicht in einem Rhythmus von 24,6 Stunden. Auf diese Weise geraten bei ihm Schlafen und Wachen schließlich außer Phase mit den inneren Rhythmen. Das Ausmaß dieser inneren Desynchronisation kann ein Anzeichen dafür sein, wie ein Individuum zeitweise Instabilität verträgt. Ein weiteres Anzeichen ist die Geschwindigkeit, mit der seine physiologischen Rhythmen zum Vierundzwanzig-Stunden-Tag zurückfinden, nachdem er in die Welt der sozialen Zeitbegriffe zurückgekehrt ist. Derartige Tests könnten für die Fähigkeit eines Menschen, ungewöhnlichen Zeitschemata und Phasenverschiebungen zu widerstehen, einen brauchbaren Maßstab liefern; mit ihrer Hilfe sollte es möglich sein, Leute, die zeitanfällig sind, herauszufinden und sie davor zu bewahren, sich und anderen zu schaden. Solche simplen Tests sind fraglos nützlich, eine spezifischere und bedeutsamere Diagnose der Zeitanfälligkeit bedarf jedoch noch umfassender Grundlagenforschung. Bis zu einem gewissen Grade können die Menschen ihre Reaktion auf Zeitunregelmäßigkeiten selbst danach beurteilen, wie sie sich fühlen, wenn sie bei Nacht arbeiten, ihr Zeitschema ändern oder im Düsenflugzeug reisen, und sie tun es auch. Aber viele Leute nehmen die inneren Signale nicht zur Kenntnis, sie ignorieren Erschöpfung und verringerte Konzentrationsfähigkeit. Reisende erkennen nicht, daß ihr Körper, auch wenn sie sich schon wieder wohl und ausgeruht fühlen, noch lange Zeit braucht, um sich ganz zu resynchronisieren.

Sowjetische Forscher, die Schwankungen der Hirnwellen und der Drüsenfunktionen nach dem Neun-Stunden-Flug von Moskau nach Chabarowsk nahe der chinesischen Grenze festgestellt hatten, regten an, für alle Mannschaften ein stabiles Schema von Arbeit und Ruhe zu schaffen. Nach einem Flug von Paris oder Amsterdam nach Alaska haben französische und holländische Mediziner festgestellt, daß sich der Rhythmus von im Urin enthaltenen Elementen wie Natrium* und Kalium* erst nach fünf oder sechs Tagen wieder anpaßte. Nach einem Flug von Minneapolis nach Seoul in Korea dauerte es zwischen neun und elf Tagen, bis sich diese Urin-Rhythmen wieder angepaßt hatten; das entspricht einer Anpassungsrate von etwa einer Stunde pro Tag.

Ist es leichter, westwärts zu fliegen?

Eine Anfang der sechziger Jahre durchgeführte Untersuchung der FAA (Fleet Air Arm — Marineflieger) ergab, daß die Leistung bei psychologischen Aufgaben nach einem Flug nach Rom oder Manila am ersten Tag abfiel und sich dann rasch wieder besserte. Es dauerte jedoch sechs Tage, bis sich die Körpertemperatur mit dem neuen Zeitschema in Rom wieder in Phase befand; der Rhythmus des Herzschlags brauchte acht Tage, um sich anzupassen. In Manila war die Anpassung etliche Tage früher vollzogen. Obwohl die Männer gute Leistungen vollbrachten, hatten sich die Rhythmen von Herzschlag und Temperatur von ihrem normalen Phasenverhältnis entfernt. Das bedeutet, daß ein Tourist auf der Suche nach Sehenswürdigkeiten herumläuft oder ein Geschäftsmann Verhandlungen führt, während sein Körper, Herzschlag und Urin also, einen Zustand anzeigt, der eher dem Schlafen als dem Wachen entspricht. Seltsamerweise hat sich bei Experimenten, die mit mehreren Flugzeugbesatzungen durchgeführt wurden, herausgestellt, daß nach Flügen in westlicher Richtung die Anpassung rascher eintrat als nach Flügen in östlicher Richtung.

Bis zu einem gewissen Grade mögen die Unterschiede in der Anpassung auf Schlafverlust zurückzuführen sein, Nachtflüge nach Europa treffen am frühen Morgen ein, mit Besatzung und Passagieren, die nicht geschlafen haben und noch weitere zwölf Stunden warten müssen, bevor sie zu Bett gehen können; Leuten also, deren innere Rhythmen sich nun sechs Stunden außerhalb der Phase befinden und sie vermutlich wach halten. Tagflüge von Europa in die Vereinigten Staaten dagegen treffen so ein, daß ein ermüdeter Passagier ins Bett gehen kann. Da der Passagier bei der Ankunft körperlich der Ortszeit voraus ist, hat er »das Gefühl«, es sei sehr spät, und kann leicht einschlafen.

Über die relativen Schwierigkeiten einer Phasenverschiebung nach Ost oder West gibt es unter den Wissenschaftlern noch Meinungsverschiedenheiten. Dr. Jürgen Aschoff hat künstliche Phasenverschiebungen an Vögeln ausprobiert und festgestellt, daß sie sich schnell anpaßten, wenn der Tag verkürzt wurde. Dementsprechend wurden bei Versuchspersonen in unterirdischen Kabinen durch frühzeitiges Abschalten des Lichts Phasenverschiebungen wie beim Reisen nach Osten vorgenommen. Dr. Halberg und seine Mitarbeiter stellten bei Nagetieren, deren aktive Periode verkürzt wurde, eine gegenteilige Wirkung fest. Da Nagetiere Nachtgeschöpfe sind, bedeutet das, daß man ihnen eine Sechs-Stunden-Nacht gab. Die Körpertemperaturen der Tiere waren mit dem Laboratoriums-Zeitplan länger desynchronisiert als üblich.

Die Tatsache bleibt bestehen, daß Ost-West-Reisen und rotierende Schichten einen Menschen in einen Zustand innerer Desynchronisation versetzen. In mehreren Studien haben die Rhythmen der Körpertemperatur erkennen lassen, daß sich eine Person einer Nachtschicht innerhalb von fünf Tagen anpaßte, während andere sich nach einundzwanzig Tagen noch nicht angepaßt hatten. Anpassung ist eine individuelle Angelegenheit, und ein Gefühl der Erschöpfung ist vielleicht ein guter Anhaltspunkt. Einige Wissenschaftler sind der Meinung, daß man mit Medikamenten die Anpassung beschleunigen könnte; die Syntex Corporation sucht nach einem Weg, Phasenverschiebungen in den Rhythmen der Nebennieren-Hormone zu bewirken. Vielleicht ist eine Hormontherapie das Nächstliegende; sie könnte dazu beitragen, daß Reisende sich besser fühlen. Allerdings weiß man noch nicht genug über die Mechanismen der cirkadianen Rhythmen, und es scheint fraglich, ob das Manipulieren der rhythmischen Funktionen innerhalb einer Drüse erfolgreich und gefahrlos sein kann, bevor man über allgemeinere grundsätzliche Erkenntnisse verfügt.

Regeln für Reisende

Fürs erste können Reisende sich an einfache Regeln halten, die ihnen helfen, Schlafverlust zu vermeiden. Auf einen Flug nach Osten kann man sich vorbereiten, indem man vor der Reise jeden Tag etwas früher zu Bett geht, um so den »Verlust« an Zeit zu verringern; vor Flügen nach Westen tut man das Gegenteil. Überdies kann man, wenn man die Ost-West-Veränderung genau kalkuliert, damit rechnen, daß man für etwa drei Tage nach der Ankunft zu bestimmten Stunden des

Tages munter ist und zu bestimmten anderen träge. Diese Hoch- und Tiefpunkte kann man abschätzen, wenn man die Stunden der höchsten Leistungsfähigkeit (und Körpertemperatur) und des größten Tiefs (im allgemeinen während der letzten vier Stunden des Schlafs) zu Hause kennt und die Verschiebung berechnet.

Dr. Jean Ghata, der eine Flugzeugbesatzung auf einem langen Flug von Europa nach Alaska beobachtete, berichtet, daß die älteren Piloten sich ihre Stabilität bewahren, indem sie ihre Heimatzeit beibehalten. Wenn es bei ihrer Ankunft nach Ortszeit Mittag ist, in Paris aber Mitternacht, so ziehen sie die Vorhänge zu und schlafen. Im Ausland versuchen sie, die gleichen Nahrungsmittel zu sich zu nehmen, die sie auch zu Hause essen würden, und verringern dadurch die Anpassungsschwierigkeiten. Die Strafen für zu jähe Anpassungen sind beträchtlich. Der bekannte Radio- und Filmkommentator Lowell Thomas hat sehr anschaulich über die bestürzenden Symptome, zu denen auch ein Herzanfall gehört zu haben scheint, nach ständigem und eiligem Reisen rund um die Welt geschrieben.

Wenn ein Mensch durch Reisen oder ein neues Schlaf-System eine Phasenverschiebung erlebt, geraten die Millionen Höhepunkte seiner physiologischen Rhythmen in ein neues Verhältnis zu seinem Aktivitäts-Rhythmus und zueinander. Das bedeutet, daß auch Ernährung und Medikation* womöglich zeitlich neu geregelt werden müssen. Der Grund für all diese Neuordnungen wird in späteren Kapiteln ersichtlich werden. Ignoriert man die Phasenverschiebungen, können verhängnisvolle diplomatische oder geschäftliche Irrtümer die Folge sein. Viele Firmen gestehen ihren Ost-West-Reisenden jetzt einen Ruhetag zu, bevor sie sich ihren Aufgaben widmen müssen. Die britischen Luftfahrtgesellschaften haben die Ruhezeiten für ihr fliegendes Personal verlängert. Verschiedene große Firmen (Timken Roller Bearing Company, Phillips Petroleum, Continental Oil und andere) bestehen darauf, daß leitende Angestellte nach langen Ost-West-Flügen eine Ruhezeit von vierundzwanzig Stunden einhalten. Eine internationale Organisation für Zivilluftfahrt mit Sitz in Montreal bemüht sich um vernünftige Gestaltung der Flugpläne.

Im allgemeinen befinden sich Reisende in einer weniger prekären Lage als Krankenhausärzte, Lastwagenfahrer oder Transportarbeiter in rotierenden Schichten. Keine dieser Gruppen würde auch nur unter einem Bruchteil ihrer gegenwärtigen Beschwerden leiden, wenn sie in stetigen Schichten arbeitete. Trotz der damit verbundenen gesellschaftlichen Unbequemlichkeiten ist es besser, ständig in Nachtschicht zu leben und zu arbeiten, als sich immer wieder neu anpassen zu müssen. Bei einer an Sanitätern im Nachtdienst angestellten Untersuchung ergab sich, daß ihre Klagen über Schlaflosigkeit und Verdauungsbeschwerden gegenstandslos wurden, wenn sie länger als zwei Wochen in der Nachtschicht blieben. Die Nachteile rotierender Schichten wurden so häufig aufgezeigt, daß man bestürzt ist, wenn man sich die inhumanen Arbeitszeiten für angehende Ärzte und Krankenhauspersonal vergegenwärtigt. Trotz der Suche nach einem Medikament, das bei dem, der es einnimmt, eine sofortige Phasenverschiebung bewirkt, wäre es vielleicht ratsam, wenn einige unserer Institutionen zuerst einmal ihre Arbeitszeiten neu organisierten.

Zeitverschiebungen über die gleiche Zahl von Stunden hinweg brauchen nicht unbedingt die gleichen Wirkungen zu zeitigen. So kann es zum Beispiel einen Unterschied ausmachen, ob jemand im Düsenflugzeug elektromagnetische Kraftlinien überquert und sein Schema um drei Stunden verändert oder ob er die gleiche dreistündige Phasenverschiebung zu Hause erlebt. Für einen Menschen, der das Schlafengehen hinausschiebt und den Tag um drei Stunden verlängert, kann die Phase der Anpassung und Resynchronisation kürzer sein als für einen anderen, der seinem Zyklus vorauseilt, indem er seinen Tag um die gleiche Stundenzahl kürzt. Die Auswirkungen einer Phasenverschiebung werden noch komplizierter durch die Tatsache, daß jeder Mensch eine ererbte Zeitstruktur besitzt, die sich um ein Weniges von der seiner Mitmenschen unterscheidet. Dieser Unterschied fällt vor allem dann auf, wenn Menschen sich in die Isolation begeben; bei einigen Menschen sind die spontanen Schlaf-Wach-Rhythmen länger als bei anderen.

Isolation in Höhlen

Um die spontanen Schlaf-Wach-Rhythmen und die physiologischen Funktionen in der Isolation kennenzulernen, haben Wissenschaftler Männer und Frauen in Höhlen tief unter der Erdoberfläche beobachtet oder in Isolierkabinen, die schalldicht waren und gegen die verräterischen Anzeichen gesellschaftlicher Rhythmen abgeschirmt wurden. Durch bioelektrische Meßgeräte haben sie, selbst über der Erde, die Reaktionen von Versuchspersonen festgestellt und dabei sorgfältig jeden Hinweis auf die »Tageszeit« vermieden. Während amerikanische und deutsche Forscher es vorzogen, mit zahlreichen Instrumenten ausgerüstete Isolationskammern zu konstruieren, haben sich französische und englische Wissenschaftler auch natürlicher Höhlen bedient. Unterirdische Höhlen sind im allgemeinen feucht, kühl und durch tropfnasse Wände und fallende Felsbrocken gefährlich; kein Laut oder Lichtstrahl von oben durchdringt das dunkle Schweigen. In den Höhlen wurden Zelte für die Versuchspersonen aufgestellt, bewohnbar gemacht durch Gasheizung, Licht, Bücher, Tonbandgerät und alle für einen mehrmonatigen Aufenthalt erforderlichen Gegenstände. Jede Versuchsperson konnte durch ein einseitiges Telefon mit der oben diensttuenden Mannschaft Kontakt aufnehmen, wurde von ihr jedoch nie angesprochen.

Obwohl die Höhlen naßkalt und gefährlich waren, fühlten sich die Versuchspersonen durch die Probleme des Überlebens offenbar herausgefordert — sie waren unter der Erde glücklicher als in der sterilen Umgebung von Labor-Kapseln oder im Krankenhaus während der Grundlagenstudien. Ein Höhlenforscher hat es damit erklärt, daß sich die Versuchspersonen in den Höhlen frei fühlen, während sie in einer Kapsel oder in einem Krankenhauszimmer zu Gefangenen des Experiments werden. Starke Willenskraft war Voraussetzung, da man sich darauf verlassen mußte, daß die Versuchspersonen die Außenstation anriefen, bevor sie schlafen gingen, wenn sie aufwachten und wenn sie aßen, daß sie Puls und Temperatur maßen, psychologische Tests durchführten und ihren Urin in numerierte Flaschen sammelten, die sie außerhalb der Höhle oder Kapsel hinstellten, von wo Mitglieder der Forschungsgruppe sie unauffällig abholten.

Die grundsätzliche Frage: Sind Rhythmen kosmisch bedingt?

Es gibt viele Gründe dafür, Menschen in der Isolation, in Höhlen und abgeschirmten Kapseln zu studieren. Einen Anlaß lieferte der Sinn für Abenteuer, einen weiteren die Notwendigkeit, zu wissen, wie ein Mensch sich verhält, wenn er über einen längeren Zeitraum hinweg im Weltraum isoliert ist. Aber der Hauptgrund, der einen Wissenschaftler dazu verleitet, die körperlichen Strapazen, die langwierigen Messungen, die frustrierenden Berechnungen im Rahmen derartiger Studien auf sich zu nehmen, ist das Verlangen, etwas über den fundamentalen Charakter der cirkadianen Rhythmen des Menschen zu erfahren. Sind sie genetisch, stellen sie ein angeborenes Programm dar, das sich vor rund 180 Millionen Jahren entwickelte, als sich lebende Geschöpfe der sich drehenden Erde anpaßten? Oder werden diese Zyklen dem werdenden Organismus durch die äußeren Periodizitäten der Umgebung aufgeprägt und von den Eltern erlernt? Es gibt noch eine weitere Möglichkeit: Es könnte sein, daß wir überaus sensitive, wenn auch gänzlich unbewußte kosmische Empfänger sind, die nicht nur auf die rhythmischen Schwankungen von Licht und Temperatur reagieren, sondern auch auf atmosphärischen Druck, Ionisation, magnetische Felder und kosmische Strahlen. Drei Hypothesen haben eine Suche nach den Ursprüngen cirkadianer Rhythmizität ausgelöst. Die erste behauptet, daß Rhythmen genetisch angelegt sind. Eine zweite Theorie vertritt die Ansicht, daß Rhythmen erworben werden, geprägt durch Periodizitäten der Umgebung, und eine dritte behauptet, daß sie auf geophysikalischen Rhythmen fußen, auf die Lebewesen lediglich reagieren.

Bereits im 18. Jahrhundert beobachtete man, daß Blätter und Blüten cirkadiane Bewegungen zeigten, die auch dann fortdauerten, wenn Pflanzen von zeitlichen Anhaltspunkten isoliert in Höhlen gehalten wurden. Im 20. Jahrhundert wies Dr. Erwin Bünning darauf hin, daß derartige Rhythmen ererbt sein könnten. Er brachte Pflanzen in eine konstante Umgebung und stellte fest, daß ihr Rhythmus nicht genau vierundzwanzig Stunden betrug, jedoch nie mehr als drei Stunden länger oder kürzer war. Jede Spezies zeigte in der Isolation eine typische Periode. Eine Pflanze hatte einen Zyklus von 24,2 Stunden, eine andere dagegen einen Rhythmus von 25,6 Stunden. Hybriden* hatten Perioden in Zwischenlagen; das spricht stark dafür, daß die Rhythmen genetischen Ursprungs sind.

Als die Zoologen das Feld betraten, begannen Experimente mit einzelligen Organismen, Insekten und Säugetieren die Vorstellung rein endogener* Rhythmen klarer zu umreißen. Dr. Colin Pittendrigh hat mit einer Vielzahl von Organismen experimentiert, von Geißeltierchen über Fruchtfliegen bis hin zu Säugetieren. Er kam zu dem Schluß, daß die cirkadianen Rhythmen irgendeinem grundlegenden molekularen Rhythmus mit einer Periodizität von dreiundzwanzig bis fünfundzwanzig Stunden entstammen müssen, der auch beim Fehlen äußerer Synchronisatoren seine Schwankungen beibehält. Pittendrigh sieht in diesem Erbe eine evolutionäre Anpassung an einen stark rhythmischen Planeten, auf dem Sonne und Mond Periodizitäten von vierundzwanzig bis fünfundzwanzig Stunden schaffen. Vielleicht war die Rhythmizität eine der ersten Kräfte der natürlichen Auslese, da Organismen, die ihre Aktivität und ihre Lebensvorgänge zeitlich auf das wechselnde Licht, auf Temperatur, Feuchtigkeit und andere Faktoren ihrer Umgebung einstellen, im Kampf ums Überleben einen Vorsprung gehabt hätten.

Bei ihren vielen Experimenten mit Tieren, Vögeln und Menschen stellten die Physiologen fest, daß sich die Geschöpfe zur Zeitorientierung natürlicher Anhaltspunkte bedienen. Der Wechsel von Licht zu Dunkelheit ist für jedes Geschöpf, das oberhalb der Erdoberfläche lebt, ein wichtiges Orientierungssignal. Lichtliebende Geschöpfe wie Menschen, Affen und viele Vögel passen ihr Leben im allgemeinen den Stunden des Tageslichts an; sie werden während dieser Zeit aktiv und gehen auf Nahrungssuche. Wäre ein Tier jedoch am Verhungern oder zeigten sich räuberische Feinde, so würde es seine Stunden dem Zeitplan anpassen, der Nahrung oder Sicherheit gewährt. Wir Menschen sind sehr auf das Licht eingestimmt, aber durch soziale Faktoren stärker synchronisiert, durch die Stunden, in denen wir unseren Beruf ausüben, durch die Routine unseres Familienlebens. Dies ist einer der Gründe dafür, weshalb es für uns von besonderer Wichtigkeit sein dürfte, beim Aufstellen sozialer Zeitschemata unsere zeitlichen Eigentümlichkeiten zu kennen. Auch Tiere und Vögel sind soziale Wesen, aber entschieden abhängiger von dem Wechsel zwischen Licht und Dunkelheit.

Eine Frage, die wir uns im Hinblick auf uns selbst immer wieder gestellt haben, ist die nach Grenze oder Ausweitbarkeit des cirkadianen Zyklus. Hat jedes Geschöpf eine ihm angeborene Periode? Man hat Tiere geblendet und beobachtet, wie sie in ihren Käfigen herumtappten, aßen, tranken und sich putzten, und man hielt andere in ständigem Licht oder ständiger Dunkelheit. Ihre Rhythmen von Aktivität und Ruhe zeigten nur geringe Abweichungen von vierundzwanzig Stunden. Ratten, die man abrichtete, sich selbst mit Licht zu versorgen, gönnten sich während eines Teils des Tages sehr viel Dunkelheit (die sie für ihre Aktivität vorziehen); im Grunde schufen sie sich ein cirkadianes Lichtschema. Bei Nagetieren, vor allem bei Ratten, ist der cirkadiane Aktivitätsrhythmus besonders stark ausgeprägt, und bei Versuchen, die Tiere zu einem nichtcirkadianen Leben zu zwingen, bedurfte es weitreichender Maßnahmen, Streß durch Medikamente, Hirnschädigungen, körperliche Verletzungen oder Kälte. Die Tiere kehrten, sobald sie sich erholt hatten, stets zu ihrem Aktivitätsrhythmus von vierundzwanzig Stunden zurück, ausgenommen bei Schäden in der als Hypothalamus* bezeichneten Hirnregion und bei schweren Verletzungen.

Kosmische Zeitgegebenheiten bei Pflanzen und Tieren

Gerechterweise muß gesagt werden, daß die meisten Wissenschaftler dazu neigen, cirkadiane Rhythmen für ererbt zu halten. Ein auf rund vierundzwanzig Stunden eingestelltes Pendel in lebenden Zellen würde den Geschöpfen helfen, zu überleben, indem es sie veranlaßt, in Übereinstimmung mit der sich verändernden Umgebung der Erde zu handeln. Einige Wissenschaftler sind jedoch der Ansicht, daß es durch geophysikalische Schwankungen zu einem so konstanten Einströmen rhythmischer Information kommt, daß Organismen sich nicht völlig auf »Uhren« zu verlassen brauchen. Dr. Frank Brown von der Northwestern University ist einer der aktivsten Vertreter der sogenannten kosmischen Theorie. Er meint, ein unabhängiges inneres Zeitplanungssystem sei nicht erforderlich, da die Umgebung stets rhythmische Signale aussende, unter anderem Schwankungen des Erdmagnetismus, elektrischer Felder und Hintergrund-Strahlungen; neben ihnen wirken andere Signalwellen wie die Schwerkraft, von denen man kein Geschöpf auf Erden vollständig isolieren kann. Nur Experimente im Raum können Lebewesen von diesen Zyklen isolieren.

Brown bediente sich einer Vielzahl von Lebensformen, bei denen er rhythmische Schwankungen feststellte, und suchte nach geophysikalischen Periodizitäten, auf die sie vielleicht zurückgeführt werden konnten. Sein Standpunkt ist der Erwähnung wert, denn er unterstreicht, was wir über biologische Rhythmen noch nicht wissen, und deutet an, daß der Mensch womöglich ein auf noch viel mannigfaltigere Art den unsichtbaren Einflüssen des ihn umgebenden Universums unterworfenes sensitives Geschöpf ist, als die westliche Wissenschaft bisher durchweg vermutete.

Brown stellte fest, daß der Stoffwechsel bei Krebsen und die Zyklen des Sauerstoffverbrauchs bei Schellfisch, Ratten, Karotten und Kartoffeln sich Schwankungen der kosmischen Strahlung entsprechend änderten, und zwar zu einem Zeitpunkt, da bei kosmischen Strahlungszyklen ungewöhnliche Veränderungen, Zyklus-Umkehrungen eingeschlossen, vor sich gingen. Unsere Atmosphäre und ihr Magnetfeld schützen uns weitgehend vor primären kosmischen Strahlen. Sie dringen in die Ionosphäre ein, eine gasförmige Schutzschicht, die aus elektrisch geladenen Partikeln (Ionen) besteht. Die Ionosphäre wird durch das geomagnetische Feld in Erdnähe gehalten und schirmt uns gegen schädliche Strahlen aus dem äußeren Weltraum ab. Die Ionosphäre ist jedoch nicht beständig. Bei Nacht wird sie schwächer und entfernt sich von der Erde, ihre Dichte nimmt wieder zu, wenn sie bei Tage in Erdnähe zurückkehrt. Dies führt zu einem atmosphärischen Rhythmus, auf den Organismen möglicherweise reagieren.

Die erstaunliche Wetterfühligkeit, die allgemein als ausschließliche Domäne von Tieren gilt, muß auf der Wahrnehmung solcher atmosphärischer Rhythmen beruhen. Die Tierkunde ist reich an solchen Geschichten. Man hat beobachtet, wie Fiedlerkrabben sich zwei Tage vor dem Eintreffen eines Hurrikans in landeinwärts gelegene Schlupfwinkel verkrochen, und Waldbewohner an der Nordwestküste des Pazifik können am Verhalten der Elche, die sich zwei oder drei Tage vor einem Schneesturm im Schutz von Bäumen versammeln, erkennen, daß es Schnee geben wird.

Auch Menschen fühlen diese atmosphärischen Veränderungen. In einer formvollendeten, bisher jedoch noch unveröffentlichten Studie über psychisch kranke Patienten im Douglas Hospital in Montreal hat Dr. Heinz Lehmann versucht, die sporadischen Ausbrüche feindseliger Erregung bei einigen Patienten der Anstalt zu erforschen. Die Patienten wurden über Monate hinweg ständig beaufsichtigt, die Daten der Erregung wurden festgehalten. Als man sie mit allen möglichen Faktoren verglich, standen sie zu Personalwechsel, Besuchen, Speisen, Medikamenten, atmosphärischem Druck, Wetter oder anderen Veränderungen in der Umgebung in keinerlei Beziehung. Schließlich verglich man diese Daten mit denen des U. S. Space Disturbance Forecast Center in Boulder, Colorado. Es ergab sich eine sehr deutliche Beziehung zwischen Protuberanzen der Sonne oder Sonnenflecken und Aufruhrzuständen in der Anstalt. Das ist nicht so unwahrscheinlich, wie es klingt, denn die Protuberanzen der Sonne sind Eruptionen eines gasförmigen Stoffes aus stark energiegeladenen Partikeln, die die Ionosphäre beeinflussen. Diese Vorgänge beeinflussen auch die Magnetfelder der Erde, und gelegentlich wird eine

Kompaßnadel durch einen Sonnensturm erheblich abgelenkt. Da das menschliche Gehirn mindestens so empfindlich ist wie ein Kompaß, ist anzunehmen, daß auch wir auf magnetische Störungen größeren Ausmaßes reagieren.

Frank Brown hat aufgezeigt, daß sich Würmer und Mollusken im Raum an Hand schwacher Magnetfelder orientieren können. Auch Menschen können eine Sensitivität für ganz geringfügige Schwankungen von Magnetfeldern entwickeln. Darin liegt der Trick der Rutengänger, die unterirdische Gewässer an minimalen Veränderungen der Stärke des Magnetfelds erkennen. Im Jahre 1962 entdeckte Yves Rocard, ein Physikprofessor an der Sorbonne, daß Nerven und Muskeln seines Armes empfänglich wurden für kleine Veränderungen in der Stärke des Magnetfelds, wenn er den Arm steif gespannt hielt und einen Stock balancierte. Die von Wasser in der Erde herrührenden Veränderungen führten dazu, daß die Muskeln sich entspannten und der Stock herunterkippte. Mit Hilfe eines Magnetometers stellte Rocard fest, daß ein Mensch extrem kleine Einheiten (Veränderungen von 0,3 bis 0,5 Milligauß) zu spüren vermag. Er verlegte elektrische Drahtspulen unter der Erde, die ungefähr den natürlichen magnetischen Einheiten entsprechen, und stellte fest, daß »gewöhnliche« Menschen lernen konnten, winzige Schwankungen des Magnetfelds wahrzunehmen.

Wie die Ratten, die auf Röntgen-Strahlen ganz empfindlich reagieren, haben auch wir bioelektrische, biomagnetische Nervensysteme, die auf geophysikalische Kräfte reagieren, die wir mit unseren fünf Sinnen nicht wahrnehmen können. Frank Brown ist der Ansicht, daß kein Platz auf Erden gegen die rhythmischen Eruptionen von Partikeln und magnetische Schwankungen wirklich abgeschirmt ist. Wellen von Neutrinos* aus dem äußeren Raum dringen sogar bis ins Erdinnere vor. Das läßt vermuten, daß auch bei Höhlenstudien keine vollkommene Isolierung vorliegt und daß von innen kommende rhythmische zeitliche Anhaltspunkte den Menschen doch beeinflussen können. Die Wissenschaftler haben sich jedoch damit zufriedengegeben, daß primäre zeitliche Anhaltspunkte nicht vorhanden sind, und haben ihre Isolations-Experimente durchgeführt, ohne sich über Neutrinos oder die Schwerkraft den Kopf zu zerbrechen.

Experimentelles Leben in Höhlen

Den ersten Versuch, den menschlichen Rhythmus in Höhlen zu studieren, unternahm Mr. Nathaniel Kleitman im Jahre 1939 in der Mammut-Höhle in Kentucky. Studien in jüngerer Zeit wurden angeregt durch Michel Siffre, einen couragierten Höhlenforscher und Geologen, der 1962 zwei Monate auf einem unterirdischen Gletscher in den französischen Alpen verbrachte. Im Jahre 1964 lebten Josy Laures, eine junge Hebamme, und Tony Senni, ein Kunsttischler, drei Monate lang in getrennten unterirdischen Höhlen; ihre Aufzeichnungen über die Rhythmen von Körpertemperatur, Aktivität und Hormonen im Urin wurden einer speziellen mathematischen Analyse unterworfen, bei der sich herausstellte, daß sie einen »Tag« gelebt hatten, der länger war als vierundzwanzig Stunden. Senni lebte einen 24,8-Stunden-Tag (die genaue Zeitdauer eines Mondtages), und Josy Laures lebte einen 24,6-Stunden-Tag.

Menschen im Freilauf

Bei den meisten Studien über das Leben in der Isolation wiesen die Versuchspersonen einen Freilauf-Rhythmus auf, der mehr als vierundzwanzig Stunden umfaßte. Im Max-Planck-Institut bei München lebten fünfundachtzig Versuchspersonen drei Wochen und länger in luxuriösen Kabinen unter der Erde, von allen zeitlichen Anhaltspunkten isoliert. Nur einer von ihnen lebte spontan eine kurze Periode von 23,5 Stunden. Bei den meisten bewegte sie sich um 25,05 Stunden. Psychologischen Tests nach zu urteilen, waren diese Versuchspersonen stabiler als jene, deren Zyklen längere Perioden (fünfundzwanzig bis siebenundzwanzig Stunden) umfaßten. Da Schwerkraftfelder und natürliche elektromagnetische Felder in jede Höhle oder Kapsel einzudringen vermögen, ist es möglich, daß diese längeren Rhythmen auch die Wirkung anderer Synchronisatoren widerspiegeln; es kann auch sein, daß sie eine Zeitstruktur spiegeln, die lebenslang komprimiert und im Rahmen des sozialen Gefüges auf vierundzwanzig Stunden abgerichtet ist. Möglicherweise ist die von innen gelenkte cirkadiane Schwankung — die endogene Oszillation — etwas länger als vierundzwanzig Stunden.

Im Jahre 1963 beobachtete Dr. John Mills, ein Physiologe an der

Universität Manchester, einen jungen Mann, der während seines dreimonatigen Aufenthalts in einer Höhle eine Armbanduhr trug. Obwohl er entschlossen war, eine Vierundzwanzig-Stunden-Routine beizubehalten, ging der junge Mann zu Bett, wenn er müde war, und stand jeden Tag später auf, ein als Freilauf bezeichneter Zustand, bei dem er mit dem Sonnentag und der Nacht nicht synchron lebte.

Ein ähnlicher Fall trat bei einem Physiker auf, der ein Jahr mit Forschungsarbeiten in der Polarwüste der Antarktis verbrachte, wo er von dem Wechsel zwischen Licht und Dunkelheit der gemäßigten Zonen ebenso weit entfernt war wie von jeder gesellschaftlichen Aktivität. Während dieses Jahres auf dem Polarplateau zeichnete er auf, wann er schlafen ging und wieder aufstand; diesen Kalender übergab er den Schlafwissenschaftlern Jay Shurley und Chester Pierce. Sie fanden ein seltsames Modell. Er war jeden Abend fünfzehn bis dreißig Minuten später zu Bett gegangen und am Morgen entsprechend später aufgestanden. Bald ging er »bei Tag« schlafen und war während der »Nacht« wach. Am erstaunlichsten war, daß dieses Gleiten nur achtundzwanzig Tage lang beibehalten wurde. Alle achtundzwanzig Tage kehrte er abrupt zu seiner ursprünglichen Schlafenszeit zurück und begann das Gleiten von neuem, ohne sich seines Modells im geringsten bewußt zu sein. Bis jetzt hat sich noch keine Erklärung für dieses Modell gefunden, wenn der Zyklus von achtundzwanzig Tagen auch einen Mondeinfluß vermuten läßt.

Freilauf in der Gesellschaft

Daß man sich eines gleitenden Schlafmodells nicht bewußt zu sein braucht, mag einem Außenstehenden merkwürdig erscheinen; dafür erscheint uns unsere eigene Aktivität von Tag zu Tag im allgemeinen als normal, so seltsam sie einem außenstehenden Beobachter auch anmuten mag. Die meisten Studenten geraten mit der Gesellschaft außer Phase, sie arbeiten länger und gehen später schlafen, bis sie schließlich den ganzen Tag schlafen und die ganze Nacht arbeiten. Dann feiern sie vielleicht am Samstag und Sonntag rund um die Uhr, gehen am Sonntagabend schlafen und resynchronisieren sich mit dem Leben bei Tage.

Gelegentlich gibt es Leute, die mitten in der Stadt im Freilauf leben.

Mr. Donald R. Erskine, ein pensionierter Kanzlist in Philadelphia, richtet sich seit fünfzehn Jahren nach seiner »Körperzeit«. Er geht jeden Abend etwa fünfundsechzig bis fünfundachtzig Minuten später zu Bett und steht am Morgen entsprechend später auf. Mr. Erskine hat das Gefühl, sich zum erstenmal in seinem Leben wirklich wohl zu fühlen. Neben dieser Freude über das Wohlbefinden wirken die Nachteile belanglos. Da er einen Tag lebt, der länger als fünfundzwanzig Stunden dauert, während die übrige Welt einen Vierundzwanzig-Stunden-Zyklus lebt, ist er mit der Gesellschaft außer Phase. Wenn er also ins Theater gehen oder eine Verabredung mit einem Verwandten treffen will, konsultiert er seinen Kalender rechtzeitig im voraus, um festzustellen, ob er zu der Zeit wach sein oder schlafen wird. Der Schlaf nimmt nur jeweils ein Drittel seiner Tage in Anspruch, so daß es pro Monat nur einige wenige Tage gibt, an denen sein Zeitschema gesellige Unternehmungen ausschließt, wenn er auch gelegentlich beim Frühstück sitzt, während andere Leute ihr Abendessen verzehren.

Instabile Zyklen in der Isolation

In der Isolation brauchen freilaufende Rhythmen nicht unbedingt jene Art von Stabilität aufzuweisen, die Mr. Erskine über fünfzehn Jahre hinweg an sich selbst verzeichnet hat. Während eines einsamen sechsmonatigen Aufenthalts in einer Höhle in den französischen Alpen wurde Jean-Pierre Mairtet von einem Ärzteteam unter Leitung von Dr. Jean Colin überwacht. Der Zyklus der Rektal-Temperatur von Mairtet war stabil (24 Stunden und 44 Minuten), aber sein Aktivitäts-Rhythmus schwankte und stieg gelegentlich auf dreißig oder achtundvierzig Stunden an. Viele Versuchspersonen, ob in Höhlen oder behaglichen Kapseln, neigten zu anfänglichen Schwankungen in der ersten Zeit, eine Tatsache, die zur Durchführung von Studien über immer längere Zeiträume hinweg angeregt hat.

Im Jahre 1966 beobachtete Dr. John Mills einen Mann, der während seiner ersten Tage in einer Höhle völlig unberechenbar wurde. Gelegentlich war er zehn Stunden lang aktiv und schlief dann neun Stunden; zu anderen Zeiten war er achtzehn Stunden wach und schlief danach fünfunddreißig Stunden lang. Dieser Mann verbrachte sechzig Prozent seiner Zeit unter der Erde schlafend und lebte einen völlig irregulären Zyklus — ausgenommen die letzten beiden Monate, in denen er, wie andere Versuchspersonen, zur Ruhe kam und einen Tag von etwa 25,2 Stunden lebte. Jeder Mensch hat offenbar seine eigene Freilauf-Periode, die sich jedoch nach einigen wenigen Zyklen nicht bestimmen läßt. Es kommt vor, daß ein Mensch einen Tag verlängert, in der folgenden Nacht weniger schläft und die nächste Periode seiner Aktivität verkürzt. Analysiert man jedoch das Zeitmodell über längere Zeit hinweg, so gleichen sich die vorübergehenden Unregelmäßigkeiten wieder aus.

Lebt ein Mensch in der Isolation einen längeren Tag, so scheint sich seine Zeiteinschätzung zu verändern. 1962 verließ Michel Siffre die Scarasson-Höhle nach dreiundsechzig Tagen; seiner eigenen Meinung nach hatte er dort dreiundzwanzig Tage weniger verbracht. Er hatte sich eingebildet, seine Aktivitäts-Perioden wären sehr kurz, während er in Wirklichkeit in einem cirkadianen Zyklus gelebt hatte. In neuerer Zeit unterrichtete eine Versuchsperson das Außenlager telefonisch über die vermeintliche Tageszeit und glaubte eine Zeitlang, einen Achtundvierzig-Stunden-Tag zu leben, während sein Aktivitäts-Rhythmus cirkadian war; dennoch konnte er anrufen und mitteilen, er würde ein kurzes Schläfchen machen, um dann zehn Stunden lang zu schlafen. Mehrere Höhlenbewohner sprachen von Schläfchen, obwohl sie mehr als sechs Stunden schliefen, und die meisten Versuchspersonen haben die Gesamtzeit, die sie unter der Erde verbrachten, beträchtlich unterschätzt.

Licht als Synchronisator

Licht ist für den Menschen ein wesentlicher Zeitgeber, und Dr. Jürgen Aschoff vermutet, daß die Intensität der Beleuchtung Aktivität und physiologische Rhythmen des Menschen ebenso zu beeinflussen vermag, wie sie es bei den Vögeln erwiesenermaßen tut. Bei einer Reihe von Versuchen mit Personen, die in der Isolation bei unterschiedlich starkem Licht lebten, ergaben sich zwar aufschlußreiche Resultate, aber keine eindeutigen Antworten. Eine Versuchsperson lebte acht Tage lang bei trüber Beleuchtung in einer unterirdischen Kabine; ihr Schlaf-Wach-Zyklus umfaßte eine Periode von 24,5 Stunden, ihre Urin-Ausscheidung jedoch folgte einem Zyklus mit einer Periode von 25,1 Stunden. Als die Beleuchtung um das Fünffache verstärkt wurde, verkürzten sich die Aktivitäts- und Urin-Zyklen, was darauf schließen läßt, daß die Intensität der Beleuchtung die Zyklus-Periode beeinflußt. Eine Frau, die achtundzwanzig Tage lang bei trübem Licht in einer Höhle lebte, hatte eine Schlaf-Wach-Periode von fünfundzwanzig Stunden, aber ihr Menstruationszyklus verkürzte sich von neunundzwanzig auf fünfundzwanzig Tage. Das Licht kann, wie sich in einem späteren Kapitel herausstellen wird, tiefgreifende physiologische Auswirkungen haben.

Auswirkungen sozialer Faktoren bei Vögeln und Menschen in der Isolation

Der mächtigste Synchronisator des Menschen jedoch ist vermutlich sozialer Natur. Das hat sich bei Menschengruppen herausgestellt, die man unter der Erde beobachtete, und auch bei Vögeln, deren Aktivität sich an Vogelstimmen orientierte, die auf Tonband aufgenommen waren. Daß soziale Faktoren die grundlegende Periode eines Menschen jedoch nicht zu ändern vermögen, zeigte sich durchaus überzeugend an vier jungen Männern, die in nebeneinanderliegenden unterirdischen Räumen im Max-Planck-Institut lebten. Anfangs übernahm einer die Rolle des Anführers der Gruppe, da er früher aufstand als die anderen, das Essen zubereitete und damit die Aktivität auslöste. Im hellen Licht der ersten Woche zeigten drei der Männer einen durchschnittlichen Zyklus von 26,2 Stunden. Bei der trüben Beleuchtung der folgenden Woche ergab sich ein 27,2-Stunden-Zyklus, die Urin- und Temperatur-Rhythmen des dominierenden Mannes jedoch waren kürzer. Er versuchte, mit den anderen in Phase zu bleiben, mußte dazu jedoch Schlaf opfern und war bald erschöpft. Als er sich nicht mehr bemühte, die Gruppe anzuführen, desynchronisierte er sich völlig von ihr, stand auf, wenn sie schliefen, und frühstückte, wenn sie ihr Abendessen verzehrten.

Dieses Experiment brachte Dr. Ernst Pöppel, einen an der Durchführung des Experiments beteiligten Psychologen, zu der Überzeugung, daß soziale Situationen und Motivationen den cirkadianen Aktivitäts-Zyklus eines Menschen nur bis zu einem gewissen Grade zu steuern vermögen. Offensichtlich gibt es einige tiefgreifende und vermutlich angeborene individuelle Unterschiede im Zeitgefüge, die dann relevant werden, wenn es darum geht, Gruppen im Hinblick auf ihre

Verträglichkeit beim Leben in der Isolation auszuwählen, beispielsweise für Arbeiten in Polargebieten oder im Weltraum. Ein Faktor, der bei der Auswahl von Leuten, die zusammen in der Isolation leben müssen, in Raumschiffen oder in Unterseebooten, von großer Wichtigkeit sein kann, ist die Stabilität ihrer physiologischen Funktionen. Wissenschaftler haben bei zahlreichen Höhlenversuchen festgestellt, daß der verlängerte Schlaf-Wach-Zyklus mit Veränderungen der Zyklus-Periode physiologischer Rhythmen wie der Ausscheidung von Natrium und Chloriden* einhergeht. Wenn physiologische Zyklen mit Schlaf und Aktivität außer Phase geraten, kann es beispielsweise sein, daß ein Mensch aus dem Schlaf erwachen muß, um zu urinieren. Das aus dieser Phasentrennung herrührende Unbehagen war zwar vage, aber durchdringend in dem Sinne, daß sich die Versuchspersonen durchweg nicht wohl fühlten.

Desynchronisierte Zyklen in einer abgeschirmten Kammer

Eine von Dr. Jürgen Aschoff beobachtete Versuchsperson hatte einen Wach-Schlaf-Zyklus von rund dreiundzwanzig Stunden, dem sich die Kalzium*-Ausscheidung anpaßte, aber Wasser, Natrium und Kalium wurden in Zyklen von fast fünfundzwanzig Stunden ausgeschieden. Etwa jeden dritten oder vierten Tag kehrten sämtliche Zyklen zu ihrem normalen Phasen-Verhältnis zurück. Später verglich man das Tagebuch des Mannes mit dem Kalender des Wissenschaftlers: An den Tagen, an denen die Phasen übereinstimmten, hatte er notiert, daß er sich wohl fühle. Diese innere Synchronisation physiologischer Rhythmen wird vermutlich von einer ganzen Reihe von Kräften gesteuert, die für uns noch von Geheimnis umgeben sind.

Die Ansicht, daß wir körperlich womöglich auf geophysikalische Rhythmen reagieren, wurde in den Untergrundkabinen des Max-Planck-Institutes überprüft. Eine der Experimentierkammern war mit Metallplatten gegen magnetische und elektrische Felder abgeschirmt, die andere dagegen nicht. Die Doktoren Aschoff, Wever und Pöppel stellten fest, daß die dreiunddreißig Personen, die in der nichtabgeschirmten Kammer lebten, eine durchschnittliche Zyklus-Periode von 24,84 Stunden aufwiesen, während sich bei den neunundvierzig Personen in der abgeschirmten Kammer eine durchschnittliche Periode von 25,26 Stunden ergab. (Die Versuchspersonen hatte keine Möglichkeit festzustellen, ob ihre Kammer abgeschirmt war oder nicht.) Auch bei den einzelnen Personen in den beiden Kammern gab es ausgeprägte Unterschiede. Diejenigen, die sich in dem unabgeschirmten Raum befanden und den Schwankungen der natürlichen elektromagnetischen Felder ausgesetzt waren, zeigten kürzere Freilauf-Perioden und nur geringe innere Desynchronisation. Als die elektromagnetischen Felder jedoch abgeschirmt wurden, zeigten sich bei einigen Versuchspersonen Phasentrennungen; so geriet beispielsweise die Urin-Ausscheidung außer Phase mit dem Aktivitäts-Zyklus, so daß der Höhepunkt nicht mehr in die Stunden nach dem Erwachen aus dem Schlaf fiel.

Künstliche Felder und Reaktion des Menschen

Sowohl sowjetische wie amerikanische Wissenschaftler hatten bereits früher behauptet, daß die Schwankungen des Erdmagnetismus es Tieren ermöglichen, die Zeit zu messen, und daß sie eine deutlich erkennbare Auswirkung auf das Gehirn haben. Dr. Wever ging noch einen Schritt weiter, indem er in eine abgeschirmte Kammer ein konstantes elektrisches Feld einführte, das etwa tausendmal stärker war als das entsprechende natürliche Feld. Die Wirkung auf die Versuchspersonen in dem abgeschirmten Raum zeigte sich sofort, wenn auch völlig unbewußt; ihre Freilauf-Perioden verkürzten sich und stabilisierten sich bei 23,5 Stunden. Zehn Personen zeigten eine Tendenz zu kürzeren Zyklus-Perioden, wenn das Feld in Kraft gesetzt war, und bei einigen resynchronisierten sich die physiologischen Funktionen, sofern sie zuvor getrennt gewesen waren. Bei anderen Experimenten wurden alternierende elektrische Felder mit zehn Zyklen pro Sekunde nach verschiedenen Zeitplänen in der Kammer erzeugt. Einige Tag lang wurden die Versuchspersonen von der Periodizität der alternierenden elektrischen Felder gesteuert, und es zeigten sich synchronisierte Schlaf-Wach-Zyklen, aber die Steuerung hielt nicht vor. Somit dürfte ein mit zehn Zyklen pro Sekunde periodisch schwankendes Feld eine leicht synchronisierende Wirkung haben, aber der Effekt ist sehr schwach, und natürliche Felder haben nur ein Tausendstel dieser Stärke.

Vermutlich handelt es sich bei den Signalen, die unsere cirkadianen Rhythmen ständig resynchronisieren, um stärkere Kräfte. Das Licht ist ein machtvoller Synchronisator, ebenso die gesellschaftliche Aktivität. Wenn der Mensch jedoch leben müßte wie die Würmer oder Maulwürfe, könnte man ihm prophezeien, daß er rasch einen ausgeprägten Sinn für Gravitations-Rhythmen oder schwache Schwankungen von geomagnetischen Feldern entwickeln würde. Dr. Frank Brown hat bewiesen, daß Würmer magnetische Felder empfinden und zu ihrer Orientierung benutzen können. Auch Menschen haben gelernt, extrem schwache Schwankungen in der Stärke magnetischer Felder zu »empfinden« (die Studie ist am Schluß dieses Buches erwähnt). In der Hierarchie der Synchronisatoren scheinen diese Faktoren aber keinen sonderlich hohen Rang einzunehmen. Auch daß wir hinsichtlich unseres Zeitgefüges von der Umgebung abhängig wären, kann man nicht behaupten.

Einen Achtundvierzig-Stunden-Tag leben?

Aus den meisten Isolations-Studien läßt sich schließen, daß der Mensch über ein angeborenes cirkadianes Schwingungssystem verfügt, das sich in Zyklen von dreiundzwanzig bis achtundzwanzig Stunden einstellen läßt. Der Rhythmus wird vermutlich gesteuert durch soziale Faktoren, durch Licht, elektrische Felder und wahrscheinlich noch weitere Periodizitäten unserer Umgebung. Wegen der Tendenz zu längeren Zyklen in der Isolation haben sich viele Leute gefragt, ob wir auf einem cirkadianen Rhythmus beschränkt oder nicht ebensowohl einen Achtundvierzig-Stunden-Zyklus leben könnten. Mehrere Wissenschaftler haben selbst versucht, oberirdisch einen Achtundvierzig-Stunden-Zyklus zu leben; sie vermochten sich jedoch nicht anzupassen. In den Jahren 1966 und 1968 scheinen drei Franzosen vorübergehend einen Achtundvierzig-Stunden-Zyklus gelebt zu haben; während mehrerer Monate in tiefen Höhlen arbeiteten sie etwa sechsunddreißig Stunden und schliefen zwölf bis vierzehn Stunden. Bei einem von ihnen ergab sich ein Temperatur-Zyklus von 24 Stunden und 44 Minuten, obwohl er einen weit längeren Tag lebte. Die Zeitungen beschäftigten sich ausführlich mit diesem Unternehmen; aber im Jahre 1970 waren die Daten noch nicht voll ausgewertet, und zwei der Versuchspersonen berichteten bei der Rückkehr, daß sie sich fast ständig schlaftrunken gefühlt hätten, als befänden sie sich in einem winterschlafähnlichen Zustand.

Die cirkadiane Periode hat sich bei gesunden Tieren nicht über längere Zeiträume hinweg erfolgreich ändern lassen, und Versuchspersonen in Höhlen, die vorübergehend einen Achtundvierzig-Stunden-Rhythmus lebten, haben das Ausmaß der zeitlichen Flexibilität des Menschen nicht erwiesen. Man kann nur sagen, daß Menschen sich am wohlsten zu fühlen und am besten zu funktionieren scheinen, wenn sie einen Zyklus leben, in dem die inneren Funktionen ein bestimmtes Phasenverhältnis zu Aktivität und Schlaf beibehalten. Im Verlauf unserer langen Evolution auf einer sich drehenden Erde haben wir vermutlich eine angeborene Rhythmizität im Rahmen des Mond-Sonnen-Tages erworben; überdies sind wir von sichtbaren und unsichtbaren Kräften umgeben, die unser Nervensystem rhythmisch beeinflussen und einen cirkadianen Rhythmus fördern. Wir können versuchen, unseren Aktivitäts-Zyklus zu ändern, um uns dem gesellschaftlichen Leben anzupassen, und wir können zu guter Letzt Medikamente einnehmen, um einen Achtundvierzig-Stunden-Tag leben zu können, oder unser Gehirn mit Hilfe elektrischer Reize zu sofortiger Phasenverschiebung veranlassen. All das sind Möglichkeiten auf der Werkbank des Wissenschaftlers.

Raumforschung

Die Zeitstruktur im Raum ist eine andere Sache. Unsere erfolgreichen Vorstöße über die Erdatmosphäre hinaus haben uns die Zuversicht gegeben, daß der Mensch zumindest kürzere Zeiträume im erdnahen Raum überleben kann. Wenn Menschen tiefer in den Raum vordringen und sich dort Monate und Jahre aufhalten, wird es nötig sein, daß wir den Mechanismus ihrer Zeitstruktur begreifen, um verträgliche Teams auswählen und Bedingungen schaffen zu können, die ihnen innere Synchronisation und Wohlbefinden ermöglichen. Wie diese Bedingungen aussehen, wissen wir noch nicht.
Jedermann stellt Spekulationen darüber an, ob sich der Mensch dem Raum anzupassen vermag, aber wir haben noch nicht einmal begonnen, seine Auswirkungen auf Tiere zu studieren. Astronauten auf gefährlichen Missionen sind keine geeigneten Versuchspersonen, sie sind zu beschäftigt und zu stark belastet, um noch weitere Pflichten auf sich zu nehmen und all die Meßgeräte zu tragen, die ihre zahlreichen physiologischen Schwankungen zur Erde übertragen könnten.

Nur in der Erdumlaufbahn können wir erfahren, in welchem Ausmaß irdische Geschöpfe auf die geophysikalischen Eigentümlichkeiten der Erde angewiesen sind. Sowjetische Forscher haben verschiedene Arten von Tieren in eine Erdumlaufbahn geschickt. Die Amerikaner dagegen haben bisher kaum Forschungen über das Leben in Satelliten angestellt. Von der Erde kommen die wichtigsten Synchronisatoren unseres Daseins, nach denen wir uns im Raum orientieren und in der Zeit organisieren — die Schwerkraft und rhythmische Anhaltspunkte, wie der Wechsel zwischen Licht und Dunkelheit. Isolations-Studien haben gezeigt, daß, wenn die Umgebung keine zeitlichen Anhaltspunkte liefert, das cirkadiane System zum Zerfallen neigt und die cirkadianen Rhythmen in Unordnung geraten. Wir wissen noch nicht, ob dieser Zusammenbruch der zeitlichen Organisation eine Belastung darstellt, die zu Dauerschäden führt. Einige Beweise für Schäden ergaben sich bei Tieren, die in ständigem Licht oder ständiger Dunkelheit gehalten wurden, und bei anderen, die wöchentlichen Phasenverschiebungen ausgesetzt waren. Wenn wir längere Expeditionen in den Raum planen, werden wir vielleicht Zyklen schaffen müssen, die die zeitliche Organisation des Menschen wahren — aber seine Zeitstruktur ist noch unbekannt.

Wir sind bereit, unsere Zeitschemata beliebig zu ändern, und Menschen erklären sich ohne weiteres freiwillig damit einverstanden, tagelang ohne Schlaf auszukommen, Marathonrekorde im Wachbleiben aufzustellen oder ihre Zeitschemata rotieren zu lassen. Unsere Gleichgültigkeit mag davon herrühren, daß wir die Zeit noch nicht als festumrissene Dimension unserer physiologischen Gesundheit begriffen haben; ihre Ursache kann auch in einer atavistischen Einstellung zum Schlaf liegen. Indianern und vielen Eingeborenenstämmen macht ein unterbrochener Nachtschlaf nichts aus. Die Waika-Indianer im venezolanischen Dschungel schlafen unregelmäßig. Ihre Nächte sind aus dem gleichen Grund unterbrochen, aus dem sie auch für den Tapir und andere Dschungeltiere unterbrochen sind. Die Nacht ist voll natürlicher und übernatürlicher Gefahren. Im Gegensatz zum modernen Menschen gleicht der Indianer eine unterbrochene Nacht jedoch wieder aus, indem er einen Teil seines Tages in einer Hängematte verbringt. Welche Bedeutung hat ein unterbrochener Nachtschlaf für den modernen Menschen, wie natürlich ist er für ihn? Wir wissen es noch nicht.

3. Schlaf, Träume und die biologische Stunde

Schlaf, Ruhe aller Dinge, liebenswerte Gottheit, der Seele Frieden, tötest du den Kummer, erfrischst den müden Leib und linderst.
Ovid

Die Wachenden haben eine Welt gemeinsam; von den Schlafenden zieht sich jeder in seine eigene Welt zurück.
Heraklit

Er befeuchtet und mästet den Körper, plant und fördert die Verdauung (wie wir bei der Haselmaus sehen und bei den Mäusen der Alpen, die den ganzen Winter hindurch schlafen) ... wenn man sie mitten im Winter unter dem Schnee schlafend vorfindet, so fett wie Butter. Er vertreibt Sorgen, gibt der Seele Frieden, erfrischt die müden Glieder nach langer Arbeit.
Robert Burton, *The Anatomy of Melancholy*

Niemand weiß genau, weshalb wir ein Drittel unseres Lebens schlafend verbringen. Wir verschlafen rund zwanzig Lebensjahre, eine beachtliche Zeitspanne, wenn man bedenkt, daß wir sie fast unbeweglich liegend verbringen, fern von der wachen Welt, in steigenden und fallenden Wellen emotioneller Erfahrungen, die man zumeist vergißt. Es ist erstaunlich, daß wir uns dem Schlaf mit so wenig Neugierde anvertrauen. Wir überlassen uns den Stunden der Ruhe und gestatten passiv den Triebkräften unserer Persönlichkeit und den regenerativen Zyklen unseres Körpers, uns auf die tägliche Neugeburt vorzubereiten, unseren wachen Geist und unser Gedächtnis mit den unverlierbaren Schatten der Menschen zu befruchten, die wir wirklich sind. Die gesamte Menschheit hat teil an diesem mysteriösen Rhythmus, indem sie sich des Nachts für fünf bis neun Stunden niederlegt.

Wie die Gezeiten des Meeres kehrt der Schlaf täglich wieder; das läßt darauf schließen, daß er für uns von rhythmischer Bedeutung ist; und dennoch hofft ständig jemand, feststellen zu können, daß man ohne Schlaf auskommen kann. Jahr für Jahr berichten die Zeitungen, daß ein alter Mann oder eine alte Frau, gewöhnlich in einer entlegenen Ecke Indiens oder Spaniens, niemals geschlafen habe. Fachwissenschaftler, die der Sache nachgingen, haben den Menschen, der ohne Schlaf auskam, noch nie gefunden. Es ist leichter, mehrere Wochen ohne Nahrung auszukommen als ohne Schlaf. Schon nach achtundvierzig Stunden ohne Schlaf fühlen sich die meisten Menschen außerstande, aufmerksam zu bleiben oder sich an das zu erinnern, was sie eben hörten, und in ihr waches Tun beginnen sich Fragmente von Bildvorstellungen oder Phantasiegebilde einzuschleichen. Schallplatten-Jockeys verfielen bei öffentlichen Dauerveranstaltungen nach zweihundert Stunden ohne Schlaf in Zustände, die Psychosen glichen, während sorgfältig ausgewählte und gutgenährte junge Männer bei Krankenhausexperimenten nach dem gleichen Schlafverlust nur geringe Beeinträchtigungen zeigten. Unter gewöhnlichen Umständen empfindet ein Mensch Schlafverlust jedoch nicht als ständig wachsende Erschöpfung. Statt dessen durchläuft er Wellen von Schläfrigkeit, Zyklen der Wachheit und des Wohlbefindens und Zyklen undefinierbarer, unbestimmter Erschöpfung und Zerstreutheit. Diese subjektive Erfahrung deutet das Wesen des Schlafs an und weist auf die rhythmischen Veränderungen hin, die bei Tag und Nacht in unserem Nervensystem, unseren Drüsen und Zellen vor sich gehen.

Die Menschen haben die rhythmischen Wellen von Erschöpfung, Aufmerksamkeit und Phantasievorstellungen schon immer gekannt, ihr Modell ist jedoch erst während der letzten fünfzehn Jahre sichtbar geworden, als die Wissenschaftler den Nachtschlaf in Laboratorien untersuchten. Ein promovierter Student, Eugene Aserinsky, und sein Lehrer, der Physiologe Nathaniel Kleitman, begannen im Jahre 1953 als erste, die Hirnwellen-Aufzeichnungen schlafender Menschen Nächte hindurch zu studieren. Aserinsky hatte wiederkehrende Perioden rascher Augenbewegungen beobachtet, die bei Kindern und Erwachsenen den Anschein erweckten, als verfolgten sie etwas hinter geschlossenen Lidern. Die Hirnwellen-Aufzeichnungen während dieser raschen Augenbewegungen *(rapid eye movements* — durchweg als REM bezeichnet) ähnelten denen im Wachzustand oder bei ganz leichtem Schlaf, und Menschen, die man zu diesem Zeitpunkt weckte, entsannen sich fast stets ihrer Träume. Wenn sie aus anderen Schlafstadien erwachten, war ihr Gedächtnis weniger sicher. Die Suche nach einer »Handhabe« zum Wiederfinden der Träume des Menschen hat eine ganze Generation von Wissenschaftlern bewegt. Das Bild, das wir heute vom Schlaf haben, stammt von mehr als zehntausend Versuchspersonen, die in Laborräumen geschlafen haben, während einiger oder bis zu fünfzig Nächten an einen Elektroenzephalographen angeschlossen. Jede Nacht liegt in mehreren Dutzend Krankenhäusern der Vereinigten Staaten eine große Zahl von Versuchspersonen mit winzigen Metallelektroden an Schädel, Gesicht und Körper im Bett, in die Drähte von einem Kabel in ihrem Schlafzimmer eingestöpselt sind. Das ständig schwankende elektrische Potential ihrer Körper und Hirne wird auf den EEG-Polygraphen übertragen, einen Verstärker, der bei einer Schwankung zur negativen Polarität einen Stift aufwärts- und, wenn die Verschiebung positiv ist, abwärtsschwingen läßt. Wenn ein Blatt Zeichenpapier stetig seitlich weggleitet, ergeben die Auf- und Abwärtsbewegungen des Stifts eine Wellenlinie – deshalb bezeichnet man die EEG-Aufzeichnungen häufig als Hirnwellen. Heute zeichnet man die EEGs und Schwankungen von Blutdruck, Puls, Temperatur, Muskelspannung oder Atmung auch auf Magnetband auf, um sie vom Computer analysieren zu lassen. Wie diese Hunderttausende von Aufzeichnungen beweisen, gleiten wir jede Nacht durch mehrere deutlich voneinander unterschiedene Bewußtseinsebenen; zusammen ergibt das vier oder fünf komplette Zyklen. Zu bestimmten Zeiten im Verlauf dieser Zyklen setzen wir gewisse Hormone frei, erleben wir verschiedene Abstufungen von Gedanken, Phantasien oder Träumen. Spezialisten, die die Hirnwellen-Aufzeichnungen eines Nachtschlafs untersuchen, können vieles über die betreffende Person aussagen. Sie können Schlüsse ziehen hinsichtlich des Stadiums der Hirnreife bei einem Säugling, können feststellen, ob ein Erwachsener mehrere Glas Alkohol getrunken oder Schlaftabletten genommen hat, ob der Schlafende unter starken Angstzuständen oder schwerer Depression leidet oder ob er gerade von seiner üblichen Schlafenszeit abgewichen ist. Aufzeichnungen der Hirnwellen lassen erkennen, ob ein Mensch besonders lebhaft träumt, ob er schlafwandelt, das Bett näßt, redet, mit den Zähnen knirscht oder die unterdrückten Schreie nächtlicher Alpträume ausstößt. Die Schlafrhythmen haben Informationen geliefert, die praktisch anwendbar sind bei der Behandlung von Krankheiten, bei Diagnosen, bei gezielter Anwendung von Medikamenten und verbesserten Methoden, Leute von den üblichen Drogen zu entwöhnen. Der zivilisierte Mensch der Zukunft wird ohne Frage von seinem

Schlaf Gebrauch machen und ihn auf andere Art genießen. Bereits heute bietet eine unübersehbare Literatur auf dem Gebiet der Schlafforschung für diejenigen Leute eine Nacht-Karte an, die sich darin üben wollen, die beste Zeit zum Einschlafen herauszufinden, von selbst aufzuwachen, aus Träumen zu erwachen und so Zugang zu gewinnen zu der geheimen Welt, in der die Seele nur zu sich selbst spricht. Da Schlaf zyklisch und regelmäßig ist, kann ein Mensch lernen, wann er von völliger Abwesenheit zu leichterem Schlaf wechselt. Probleme lassen sich lösen, während man schläft, und der westliche Mensch kann — wie einige Indianerstämme — dahin gelangen, daß er sein Tag-Selbst mit der Quintessenz seines Selbst zur Nacht zu einem Ganzen verschmilzt, indem er sich bemüht, sein Traumdenken kennenzulernen. Nie mehr werden wir glauben können, der Schlaf gliche einer Decke des Schweigens, gelegentlich unterbrochen von Träumen oder Erwachen.
Eine kurze Beschreibung der Schlaf-Stadien mag das rhythmische Orchester von Ereignissen veranschaulichen, das wir als Eigenart oder Struktur des Nachtschlafs bezeichnen.

Die Stadien des Schlafs

Im Wachzustand gleichen die Hirnwellen einem gedrängten, unregelmäßigen Gekritzel, das rapide, unregelmäßige Schwankungen von geringer Voltstärke im Hirn kennzeichnet. Wenn ein Mensch sich im Bett entspannt und Atmung und Puls regelmäßig werden, sinkt die Temperatur langsam ab, und er hängt, am Rande des Schlafs, ziellos Gedanken nach. Jetzt ist das Gekritzel nicht mehr ganz so gedrängt, ein gleichmäßiger Rhythmus von neun bis dreizehn Zyklen pro Sekunde tritt auf, der als Alpha-Rhythmus bezeichnet wird. Der Mensch ist ruhig und entspannt, seine Gedanken treiben dahin wie ein Floß auf dem Wasser. Nach einigen Minuten ändert sich der Alpha-Rhythmus, die Augen beginnen langsam zu rollen, und er schickt sich an, mit Bildern oder unklaren Gedanken die Pforten des Bewußtseins zu durchschreiten. Ein plötzlicher Krampf — eine Muskelzuckung — kann ihn für einen Augenblick erwachen lassen: sie ist ein normales Anzeichen für den Übergang der Hirnfunktionen vom Wachen zum Schlaf. Auch wenn er sich wach »fühlt«, wäre er mit geöffnet festgeklebten Lidern (wie sich bei Experimenten gezeigt hat) praktisch blind. Er befindet sich im ersten, leichten Stadium des Schlafes. Von diesem Zeitpunkt an gewinnen die raschen Hirnwellen an Voltstärke oder Amplitude, eingestreut sind Ausbrüche, die Drahtspindeln gleichen. Mit Bildvorstellungen und Traumfragmenten gleitet er in Stadium II. Seine Hirnwellen werden allmählich größer und langsamer, er entfernt sich weiter von der Welt. Etwa zwanzig Minuten nach dem Einschlafen zeigen sich große, langsame Wellen, etwa eine pro Sekunde – Stadium III. Diese Wellen sind etwa fünfmal so stark wie die Alpha-Wellen – etwa 300 Mikrovolt. Nach wenigen Minuten in Stadium III versinkt der Schläfer in das unergründliche Vergessen, das man als Stadium IV bezeichnet. Natürlich sind diese Schlafstadien von der Klassifizierung der Hirnwellen etwas willkürlich abgeleitet – aber es hat sich herausgestellt, daß sie sich deutlich voneinander unterscheiden und daß sich in jedem Stadium etwas anderes ereignet.

Stadium IV und das Wachstumshormon

Während der langsamen Hirnwellen des Schlafstadiums IV ist ein Mensch überaus schwer zu wecken. Rüttelt man ihn wach, kann es geschehen, daß er einen Augenblick lang völlig verwirrt ist. Er kann sich nur selten erinnern, an was er da drunten gedacht hat; er wird behaupten, sein Hirn sei völlig leer. Stadium IV ist es, in dem Kinder dazu neigen, das Bett zu nässen, zu schlafwandeln oder in Alpträumen aufzuschreien, deren sie sich beim Erwachen nicht entsinnen. Es ist der Schlaf der Müden. Geht jemand früh zu Bett, fällt der größte Teil des Schlafs in Stadium IV in die Zeit vor Mitternacht – was Großmutters Behauptung, der Schlaf vor Mitternacht sei der gesündeste, erklären mag. Kinder und junge Leute verbringen einen Großteil der ersten Nachtstunden in diesen Tiefen, aber dieser Tiefschlaf verschwindet, sobald man die Dreißig überschritten hat. In diesem Stadium kann man ein Kind nach einem späten Essen schlafend nach Hause bringen, ohne daß es aufwacht. Auch wenn ein Mensch in diesem Stadium nicht auf Geräusche zu reagieren scheint, zeigt das EEG doch an, daß sein Hirn auf äußere Reize reagiert – nur scheint der Nervenmechanismus, der Geräusche in bewußte Erfahrung umwandelt, anders zu arbeiten als sonst.
Subjektiv gesehen, bedeutet das Vergessen während dieses Schlafs

einen Restaurationsprozeß. Erst kürzlich haben Wissenschaftler entdeckt, daß dieser Schlaf auch eine hormonale Komponente hat, die eine wichtige Phase unseres Stoffwechsels darstellt. Wurde ein Mensch ganz und gar am Schlafen gehindert, wird er als erstes Stadium IV nachholen. Verkürzt er seinen Schlaf auf zwei Stunden pro Nacht, so verbringt er einen großen Teil dieser Zeit in Stadium IV. Ein Team von Psychiatern und Psychologen an der Universität von Florida, bestehend aus Wilse W. Webb, Robert Williams und Harmon Agnew, hinderte eine Gruppe von Versuchspersonen daran, in das Schlafstadium IV zu gelangen. Webbs Team drängte die Versuchspersonen mit Hilfe winziger Elektroschocks immer wieder in leichteren Schlaf. Nach einigen wenigen Nächten klagten sie über Unpäßlichkeit, Apathie und Depression. In gewisser Hinsicht fühlten sie sich wie Leute mit einer Schilddrüsen-Unterfunktion, die nur wenig Schlaf im Stadium IV haben.

Kürzlich stellten zwei Forscherteams fest, daß das Wachstumshormon des Menschen (STH) zur Zeit des Schlafs in Stadium IV seine stärkste Konzentration im Blut hat. Das eine Team in St. Louis wurde von Dr. Y. Takahashi geleitet, während Dr. J. F. Sassin und seine Gruppe in San Diego arbeiteten. Mit Hilfe eines winzigen, in die Armvene eingesetzten Katheters konnten sie alle zwanzig Minuten Blut entnehmen, ohne die schlafende Versuchsperson zu stören. Sie stellten fest, daß sich das Wachstumshormon im Rhythmus des Schlafs der langsamen Wellen vermehrte.

Um zu beweisen, daß zwischen der Menge des Wachstumshormons und dem Schlafstadium IV eine mehr als nur zufällige Beziehung besteht, stellten die Forscher folgendes Experiment an. Sie ließen ihre Versuchspersonen wie üblich schlafen gehen, weckten sie jedoch nach ein paar Stunden wieder und hielten sie dann mehrere Stunden lang wach. Nachdem sie sich mit Unterhaltung und Spielen die Zeit vertrieben hatten, durften die Versuchspersonen endlich wieder schlafen gehen. In solchen Nächten begannen die Versuchspersonen ihren Nachtschlaf praktisch zweimal, und das Wachstumshormon zeigte zwei Gipfelpunkte, einen in jeder der getrennten Schlafperioden.

Interessant ist, daß ein hoher Gehalt an Wachstumshormonen mit dem Stadium IV verknüpft ist, das im Schlaf von Kindern eine weit größere Rolle spielt als in dem Erwachsener. Das Wachstumshormon kommt aus der Hypophyse*, der Hirnanhangdrüse. Es reguliert Körperwachstum, Größe und Gewicht. Auch beim Stimulieren der Milchsekretion und bei der Aktivität der Geschlechtshormone spielt es eine Rolle. Mit Hilfe noch nicht durchschaubarer Mechanismen beschleunigt das Wachstumshormon die Heilung von Knochenbrüchen, senkt den Cholesterinspiegel im Blut und regt das Zellwachstum an, indem es die Geschwindigkeit der Protein-Synthese beeinflußt. Obwohl noch nicht genau feststeht, welche Rolle das Wachstumshormon beim Erwachsenen spielt, scheint es sich doch auf die körperliche Restauration auszuwirken. Möglicherweise ist sie eine der wichtigen Funktionen des tiefen Vergessens in dem durch langsame Hirnwellen gekennzeichneten Schlaf in Stadium IV.

Es gibt noch ein weiteres Schlafstadium, aus dem ein Mensch schwer zu wecken sein kann und erst mühsam zu sich selbst zurückfinden muß, aber es handelt sich hier nur scheinbar um Tiefschlaf. In diesem Teil des Zyklus befindet sich der Mensch in einem, was Nerven und Hormone betrifft, ganz andersartigen Stadium. Nach dem Einschlafen gleitet er nach etwa fünfzehn bis dreißig Minuten in das Stadium IV hinab, verbringt zehn, vielleicht auch zwanzig Minuten auf dem tiefsten Grund und kehrt dann über Stadium III und II zu ganz leichtem Schlaf zurück, fast so, als wolle er erwachen. Etwa siebzig bis neunzig Minuten nach dem Einschlafen fällt der Mensch wieder in ganz leichten Schlaf; dennoch wäre schon ein lautes Geräusch erforderlich, um ihn zu wecken. Seine Augen bewegen sich hin und her, als suche er etwas; er befindet sich im REM-Schlaf.

REM-Schlaf und Träumen

Um die Mitte der fünfziger Jahre, kurz nachdem Aserinsky und Kleitman entdeckt hatten, daß Menschen, die man aus REM-Schlaf aufweckte, sich ihrer Träume entsannen, widmete ein junger Student der Psychiatrie, William C. Dement, seine Nächte buchstäblich monatelang dem Studium der REM-Träume von Versuchspersonen. Er stellte fest, daß jeder Mensch REM-Träume hat und daß sie in regelmäßigen Abständen von 85 bis 110 Minuten eintraten – 90 Minuten im Durchschnitt. In eine Nacht fielen gewöhnlich vier bis fünf Episoden, was für jede Person allnächtlich eine Summe von etwa eineinhalb Stunden REM-Träume ergab. Als Dement den Schlaf von Katzen beobachtete, entdeckte er ein ähnliches Modell der EEG-Schwankungen, und spätere Studien haben bewiesen, daß dieser

Rhythmus allen Säugetieren eigen ist. Beim Menschen beträgt die Periode eines vollständigen Schlafzyklus — von einer REM-Periode zur nächsten — rund 90 Minuten; bei der Katze sind es etwa 30 Minuten, bei der Ratte etwa 12. Derartige Zyklen körperlicher und vermutlich auch seelischer Schwankungen gibt es im Schlaf aller Säugetierarten.

Bei Tieren bezeichnet man den REM-Schlaf im allgemeinen als paradoxen Schlaf. Es ist die Zeit, während der die Skelettmuskeln »abschalten«, der Körper erschlafft und ein Kaninchen die Ohren fallen läßt; ein Katze läßt den Kopf auf die Pfoten sinken, dennoch zucken die Barthaare, die Pfoten beben, und innerhalb des Nervensystems brandet ein Sturm von Aktivität aus dem Hirnstamm in das visuelle System. Auch wenn der Körper schlaff scheint und Mensch oder Tier schwer zu wecken sind, müssen die Antriebszentren des Hirns doch ungewöhnlich aktiv sein, denn bei allen Männern, von der Kindheit bis hinein ins hohe Alter, kommt es in fast jeder REM-Periode zu Penis-Erektionen — auch bei friedlichen Träumen ohne jeden sexuellen Inhalt. Atem und Puls werden unregelmäßig, als fürchte sich der Mensch vor etwas, und im Hirn »träumender« Tiere steigt die Temperatur, was auf eine Stoffwechsel-Beschleunigung schließen läßt.

Trotz der starken Aktivität eines Träumenden wäre eine Person, die man aus dem REM-Schlaf weckt, bevor der Muskeltonus zurückkehrt, praktisch bewegungsunfähig und könnte sich für gelähmt halten. Bringt man am Muskel unter dem Kinn eine Elektrode an mit einem Hebel, der ein Weckerklingeln auslöst, kann man einen Menschen aus dem beginnenden REM-Schlaf wecken, denn in diesem Augenblick erschlafft der Kinnmuskel. Schaltet man jedoch ein Verzögerungselement ein, kann man einen Menschen mitten aus einer REM-Periode wecken, denn die REM-Periode der frühen Nacht dauert zwischen sieben und fünfzehn Minuten, und jeder Mensch hat sein eigenes, individuelles Muster.

Beim Wecken von Versuchspersonen gestörte Traummythen

Während der letzten zwölf Jahre wurden Tausende von Versuchspersonen mitten aus dramatischen Vorgängen, die umfassender waren als jede Wirklichkeit, herausgerissen, damit sie berichteten und Fragen beantworteten. Viele Träume sind farbig, aber die Leute vergessen häufig, die Farbe zu erwähnen, bis man sie danach fragt. Es gibt Blitzträume, die nur den Bruchteil einer Sekunde dauern, aber bei Experimenten hat sich herausgestellt, daß Träume auch in der realen Zeit ablaufen. Wurde einem Menschen der REM-Schlaf längere Zeit vorenthalten, kann er Traumepisoden erleben, die bis zu achtzig Minuten dauern. Wenn sie nichts zu essen und zu trinken bekamen, träumten die Schläfer von Limonaden, Orangensaft, heißen Würstchen und Kuchen. Alter und Lebensumstände wirken sich auf die Träume aus; manche Leute, die ein monotones Leben führen, erleben wilde Nächte, während andere mit einem bewegten Leben Alltagsträume träumen. Einige Versuchspersonen träumten von Themen, die ihnen in hypnotischer Trance eingegeben wurden, andere lösten Probleme, die man ihnen vor dem Einschlafen stellte. Während der REM-Perioden haben Versuchspersonen Geräusche und Empfindungen in ihre Träume einbezogen; so wurde ein ganz leichtes Besprühen ihres Gesichtes mit Wasser in einen Wasserfall umgedeutet. Ein Großteil unserer Traum-Mythologie mag von der Vergänglichkeit der Traum-Erinnerung herrühren. Alle Menschen träumen bei Nacht, aber einige können sich nicht daran erinnern.

Träume verflüchtigen sich in Sekunden, und wenn ein Mensch sich seiner Traumerfahrung erinnern soll, muß er rasch und prompt aus dem REM-Schlaf geweckt werden. Nach mehrfachem derartigem Gewecktwerden im Laboratorium hat eine Reihe von Versuchspersonen gelernt, das REM-Stadium ohne Erwachen zu erkennen, eine Zeitlang zu träumen, dann zu erwachen und über ihre Träume zu berichten. Andere lernten, während des REM-Schlafes einen Summer zu betätigen, wieder andere vermochten zwischen den Traumzuständen in Stadium II und REM-Schlaf zu unterscheiden. Mit einigem Training und hinreichender Willenskraft können Menschen die Progression ihrer eigenen Schlafstadien im Verlauf der Nacht erkennen lernen und zu einer beliebigen Zeit erwachen.

Bis vor kurzem stellten wir uns den Schlaf als etwas vor, das sich erheblich vom Wachen unterscheidet; aber wir haben keine Druckknopf-Gehirne, und viele der Funktionen, die wir bei Nacht beobachten, wirken auch am Tage. Phantasievorstellungen sind nicht auf Träume beschränkt, noch erfolgen die Regeneration von Geweben und die Zellteilung ausschließlich bei Nacht. Es ist eine Sache des Ausmaßes, eine Sache steigender und fallender Zyklen. Schlaf ist eine Phase unseres cirkadianen Zyklus.

Die Schlafqualität wandelt sich im Verlauf der vierundzwanzig Stunden. In der frühen Nacht herrschen die Stadien III und IV vor. Die REM-Episoden sind kurz, sie dauern nur zehn bis zwanzig Minuten, der Inhalt der frühen Träume hat Alltagscharakter und bezieht den eben vergangenen Tag mit ein. Gegen Morgen jedoch kommt es zu Veränderungen in der Physiologie des Menschen, und auch die Schlafqualität ändert sich. Der Schlaf wird leichter; die REM-Perioden sind länger, die Träume bizarrer. Weckt man einen Menschen aus anderen Schlafstadien auf, wird er sich vermutlich an Traumfragmente erinnern. Nachdem die Körpertemperatur in den frühen Morgenstunden abgesunken ist, beginnt sie jetzt bald wieder zu steigen. Der Gehalt an Nebennieren-Hormonen war gering, jetzt beginnen sie wieder ins Blut zu strömen.

In diesen frühen Morgenstunden, in denen REM-Schlaf und Träume vorherrschen, wachen Menschen mit Angina* gelegentlich angst- und schmerzgepeinigt auf, und es fällt ihnen schwer, normal zu atmen. Während des REM-Schlafes bilden sich bei Menschen mit Zwölffingerdarm-Geschwüren außergewöhnlich große Mengen Magensäure. Auch ist dies die Zeit, zu der viele Kinder zur Welt kommen. Es ist eine Zeit, da die Hirntemperatur steigt, die Sauerstoffverwertung rascher vor sich geht und die Zellen in den Lebenszentren des Hypothalamus aktiver werden als irgendwann sonst. Wie Dr. Michel Jouvet und seine Kollegen aufgezeigt haben, wird der REM-Schlaf ausgelöst und genährt von der Brücke, den primitiven Regionen des Hirnstamms, deren Signale in rhythmischen Zyklen in andere Teile des Gehirns fluten.

Beraubt man ein Tier durch Wecken oder Drogen seines REM-Schlafs, dann greift diese Hirnaktivität auf andere Schlafstadien über. Was wir als REM-Schlaf oder paradoxen Schlaf bezeichnen, ist keine Einheit, sondern ein Zusammenspiel von physiologischen Rhythmen und Erlebnissen.

Entzug von REM-Schlaf

Eine der ersten Techniken zur Entdeckung dessen, was REM-Schlaf bedeutet, war die, ihn zu verhindern und zu beobachten, was dann geschah. Jouvet und andere erfanden sinnreiche Methoden, Menschen oder Tiere beim Einsetzen des REM-Schlafs zu wecken, ihnen aber jede andere Art von Schlaf zu gestatten. Bei fortgesetztem Entzug versuchten Menschen und Tiere immer häufiger, zum REM-Schlaf zu kommen. Wurde ihnen ununterbrochener Schlaf gestattet, kam es buchstäblich zu REM-Schlaf-Orgien.

Ratten und Katzen unter REM-Entzug wichen in ihrem Verhalten weit vom Normalen ab. Am REM-Schlaf gehinderte Kater schlichen sich beispielsweise auf aggressive Art an andere Katzen an und bestiegen tote oder betäubte Tiere — ein unerhörter Verstoß gegen das normale Verhalten von Katern. Überdies legten sie eine unkontrollierbare Gefräßigkeit an den Tag. Dement und andere sind der Ansicht, daß Entzug des REM-Schlafs zu einem akuten Erregungszustand in den Antriebszentren des Hirns führt, weil er die normale, zyklische Verarbeitung von Erfahrungen verhindert; überdies führt er zu biochemischer Akkumulation. Normal ausgeruhte Tiere wiesen, wenn sie ein wiederholtes Klicken hörten, das charakteristische EEG-Muster auf, aber ihre EEGs sahen nach dem gleichen Klicken ganz anders aus, wenn man ihnen den REM-Schlaf entzogen hatte. Bei Ratten, die man am REM-Schlaf gehindert hatte, traten beispielsweise Konvulsionen* nach einem elektrischen Schock auf, der normalerweise nicht zu Konvulsionen geführt hätte.

Menschen, denen der REM-Schlaf entzogen wurde — von Dr. Charles Fischer, Dement und zahlreichen anderen —, wurden gelegentlich reizbar und ängstlich. Amphetamine, Hypnotika* und Alkohol haben sämtlich die Tendenz, den REM-Schlaf eines Menschen zu beeinträchtigen. Hört ein Mensch plötzlich mit dem Einnehmen von Barbituraten auf, wird er aller Wahrscheinlichkeit nach rapide (binnen vier bis zehn Minuten) in REM-Schlaf versinken und unangenehme oder sogar Alpträume haben. Leute, die die Gewohnheit, Schlaftabletten oder Amphetamine einzunehmen, »aufgeben«, werden gelegentlich so von Angstträumen geplagt, daß sie rasch wieder zu einer anderen Schlaftablette greifen — ein Weg zur Sucht.

Die Störung der normalen Zyklen des REM-Schlafs bedeutet nicht nur die Störung von Träumen oder spezifischen Ereignissen, sondern die Störung eines Lebensvorgangs. Es wurde behauptet, daß der REM-Schlaf vielleicht eine Art Überlebensrhythmus ist, eine rhythmische Erregung von Körper und Hirn, die es dem schlafenden Geschöpf ermöglichen würde, sich, wenn es not täte, zu verteidigen, ein Zustand, der dem Wachen nahe kommt, aber kein Wachzustand ist.

Der REM-Schlaf — wie überhaupt jeder Schlaf — ist in der Nacht anders als am Morgen, denn die Subrhythmen des Schlafs passen sich dem größeren Zyklus eines Tages an. Die Gewohnheit des nächtlichen Schlafens hat beim Menschen die Funktion eines Synchronisators, der die Harmonie im Körper aufrechterhält. Die Stunden des Schlafens und Wachens bestimmen normalerweise die Phase von Nierenaktivität, Ausscheidungsfunktionen, Steigen und Fallen des Stoffwechsels, Körpertemperatur und vielen anderen mit hineinspielenden Funktionen. Wenn wir unsere Schlafstunden verschieben, verschieben sich auch diese Funktionen. Unglücklicherweise geht die Verschiebung in den verschiedenen Körperteilen mit unterschiedlicher Geschwindigkeit vor sich, so daß sich Herz, Nieren, Leber und Nebennieren verschieden schnell anpassen. Während dieses Übergangs, vielleicht während einer Reise, kann ein Mensch zu den merkwürdigsten Zeiten erwachen, weil er Harndrang spürt, er kann sich am Mittag ungewöhnlich müde fühlen oder Hunger bekommen, wenn alle Restaurants geschlossen sind. Studien über die Funktionen der Nebennieren-Hormone und den REM-Schlaf sind im Begriff, die Empfindungen eines Menschen nach einer Störung seines üblichen Schlafschemas zu klären.

Nebennieren-Hormone und REM-Zyklen

Von ausschlaggebender Bedeutung für unsere Vitalität oder Müdigkeit, unseren Stoffwechsel und unsere Widerstandsfähigkeit gegenüber Infektionen ist eine Gruppe chemischer Verbindungen — Hormone, die man ihrer besonderen Kohlenstoff-Ring-Struktur wegen als Steroide bezeichnet. Sie werden in den Nebennieren produziert und von einer als Nebennierenrinde bezeichneten Zellschicht ausgeschüttet. Man nennt sie adrenokortikale Hormone*; eine ihrer Gruppen, die 17-Hydroxycorticosteroide (gewöhnlich 17-OHCS abgekürzt), hat man besonders gründlich studiert. Diese Hormone tragen zur Regulierung von Stoffwechsel und Energiezufuhr bei und beeinflussen zudem die Weiterleitung von Nervenimpulsen und damit die Schärfe unserer Sinneswahrnehmungen.

Alle vierundzwanzig Stunden steigt und fällt der Spiegel der Nebennieren-Hormone. Ihre Menge im Blut nimmt von Mittag bis Mitternacht ab und steigt vor dem Erwachen wieder an. Früher waren die

Endokrinologen* der Ansicht, es handle sich dabei um eine stetige, gleichmäßige Schwankung. Dann gelang es 1965 dem New Yorker Neurologen* Elliot Weitzman, schlafenden Medizinstudenten in kurzen Abständen die ganze Nacht hindurch Blutproben zu entnehmen. Er stellte fest, daß die Hormone nicht stetig und in gegen Morgen zunehmender Menge ins Blut gelangen; ihre Zunahme erfolgt in plötzlichen Schüben, durchweg zur Zeit von REM-Perioden. Mehrere Jahre später beschäftigten sich Weitzman und seine Kollegen noch eingehender mit diesem Problem, indem sie von zwei gesunden jungen Männern rund um die Uhr alle zwanzig Minuten Blutproben entnahmen. Diese Studie, durchgeführt von Dr. Leon Hellman am Montefiore Hospital, zeigte, daß das Cortisol* in fontänenartigen Schüben ins Blut gelangt und rasch wieder verschwindet. Zwanzig Minuten nach einem solchen Schub ist häufig schon kein Anzeichen des Hormons mehr im Blut nachzuweisen. Überdies fanden an einem ruhigen, mit Lesen und Fernsehen im Hospital verbrachten Tag nur acht Hormonschübe statt — fünf von ihnen während des Schlafs in den Stunden vor dem Frühstück. 75 Prozent der Gesamtzeit waren die Nebennieren ruhig.

Damit scheint festzustehen, daß Tests zur Feststellung des Hormonspiegels im Blut eines Kranken nicht verläßlich sein können, sofern, man nicht vierundzwanzig Stunden lang fast ununterbrochen Blutproben entnimmt.

Überdies hat es den Anschein, als erreiche ein Aktivitätsrhythmus innerhalb der Hirne und Drüsen von normal ruhigen Menschen in den letzten Stunden des Schlafs einen Höhepunkt. Cortisol wird von den Nebennieren nur auf Befehl der Hypophyse ausgeschüttet. Die Hirnanhangdrüse schickt ein Botschafter-Hormon aus, das ACTH (adrenocorticotropes Hormon), das durch das Blut wandert und die Nebennieren stimuliert. Dieses ACTH ist kurzlebig, es verschwindet nach ungefähr fünfundzwanzig Minuten. Einzelheiten interessieren hier nicht. Wichtig an dieser Kette von Ereignissen ist, daß die Hypophyse die Nebennieren jeden Tag nur ganz kurze Zeit aktiv anregt. Da die Hypophyse ihrerseits auf Befehl des Hypothalamus aktiv wird, muß es im Gehirn irgendeinen Rhythmus geben, der es zu dem merkwürdigen Rhythmus der Nebennieren kommen läßt, der dazu führt, daß wir mit der höchsten Konzentration des Tages aus dem Schlaf erwachen.

Ein Hirnrhythmus zur Hormonkontrolle

Seit den fünfziger Jahren haben zahlreiche Neurologen und Endokrinologen festgestellt, daß bei Kranken mit Hirntumoren oder Verletzungen des Hypothalamus auch abnormale cirkadiane Rhythmen der Nebennieren-Hormone auftraten. Ein Jahrzehnt später entdeckten die Doktoren Dorothy und Howard Krieger mögliche Anzeichen für einen Rhythmus im Hypothalamus von Katzen, der sich zu einer kritischen Zeit im Verlauf von vierundzwanzig Stunden mit Drogen blockieren ließ; die Folge davon war eine Blockierung des normalen Nebennieren-Rhythmus der Tiere.

Die Kommandokette vom Hypothalamus im Gehirn zu den Nebennieren im Körper wurde kürzlich geschlossen. Wir wissen jetzt, daß der Hypothalamus eine Substanz (CRF = *corticotropine releasing factor*) ausschüttet, die die Hypophyse anweist, ACTH auszusenden, das seinerseits die Nebennieren zur Ausschüttung von Steroid-Hormonen anregt.

Welchen Einfluß hat unser Verhalten auf diese ganze Hormonaktivität? Was geschieht, wenn wir unsere Schlafenszeiten ändern?

Umkehrung der Schlafenszeit

Wie Dr. Weitzman aufgezeigt hat, ist es für den Körper nicht leicht, sich einer Umkehrung der Schlafenszeit anzupassen. An Versuchspersonen, die wie gewöhnlich bei Nacht im Hospital schliefen, wurden zuerst Basisuntersuchungen angestellt. Danach schliefen sie zwei Wochen lang bei Tage im Laboratorium. Diese Umkehrung der Schlafenszeit hatte einschneidende Veränderungen des normalen Schlafrhythmus im Gefolge. Anfangs fielen die Männer ungewöhnlich schnell in REM-Schlaf; anstatt wie üblich neunzig Minuten nach dem Einschlafen aufzutreten, erschien er bereits nach vier bis fünf Minuten. Zwei Wochen lang trat der REM-Schlaf ungewöhnlich schnell ein. Seltsamerweise traten hinsichtlich des Schlafstadiums IV keine Veränderungen auf; es kam wie üblich in den ersten Stunden des Schlafs.

Die meisten Menschen würden meinen, diese Versuchspersonen hätten genügend Schlaf bekommen, aber es war kein erfrischender und ruhiger Schlaf, denn sie erwachten häufig »gegen Morgen«. Aus ihren

Tagebüchern ging hervor, daß sie sich unruhig und nicht recht wohl fühlten. Erst nachdem sie zwei Wochen bei Tage geschlafen hatten, schienen sie sich anzupassen, und um diese Zeit zeigte auch das EEG wieder die normalen Schlafmuster.

Mitbestimmend bei ihrer anfänglichen Unruhe und ihrem Unbehagen dürfte ein niedriger Spiegel der Nebennieren-Hormone gewesen sein. Bei einigen Versuchspersonen dämpfte die Schlafumkehrung offenbar die Ausschüttung von Nebennieren-Steroiden, und die Ausscheidungen waren ungewöhnlich gering. Viele Nachtarbeiter behaupten, unter schlechtem Schlaf und allgemeinem Unbehagen zu leiden. Ein Teil ihrer Beschwerden mag hormonale Ursachen haben.

Da sich niemand der Schlaf-Umkehrung in zwei Wochen völlig anzupassen vermochte, wurde der Versuch mit drei Wochen Tagschlaf wiederholt. Jetzt stellten die Forscher fest, daß die Körpertemperatur erst Anfang der dritten Woche zu ihrem normalen Rhythmus zurückkehrte, obwohl andere Funktionen sich gleich anpaßten. Der Spiegel der Nebennieren-Hormone entsprach zwei Wochen lang nicht der Norm. Das bedeutete, daß die Versuchspersonen sich anfangs bemühten, die ganze Nacht hindurch bei niedrigem Hormonspiegel und niedriger Körpertemperatur wie wache Menschen zu reagieren. Bezeichnenderweise waren für die Anpassung an die Schlaf-Umkehr zwei Wochen erforderlich — bei der Rückkehr zum Nachtschlaf erfolgte die Anpassung jedoch sofort. Nach zwei oder drei Tagen war der Rhythmus der Körpertemperatur bereits wieder »normal«.

Diese sofortige Rückkehr zu einem habituellen Schema legt die Vermutung nahe, daß Gewohnheiten tief in unsere neuroendokrinen* Systeme einprogrammiert sind und nicht leicht geändert werden können. Auf der anderen Seite kann es sein, daß die langsame Anpassung an den Schlaf bei Tage etwas irreführend ist, denn die Situation im Hospital entspricht nicht der eines begeisterten Weltreisenden, der sich Zeitverschiebungen schneller anzupassen scheint. Möglich ist auch, daß sich die Physiologie des Reisenden in einem Übergangsstadium befindet und völlig desynchronisiert ist — aber er denkt nur daran, sich in einer fremden Stadt umzusehen, und ist viel zu aufgeregt, um auf innere Signale zu achten. Die meisten von uns haben keinen Kontakt zu ihrem Körper und neigen dazu, Notsignale zu ignorieren, bis sie zu dringenden Notfällen geworden sind. Dies dürfte die Situation sein, die schließlich zu den Symptomen der »Jet-Beschwerden« führt.

REM-Schlaf und Lernen

Abgesehen von der Desynchronisation von hormonalen und Stoffwechsel-Rhythmen kann eine größere Abweichung vom normalen Schlaf-Wach-Rhythmus auch seelische Folgen haben. Während des einzigartigen Zustands erhöhter Erregtheit im REM-Schlaf scheint die Hirnrinde so zu arbeiten, als bemühe sich der Mensch um starke Konzentration. Eine ganze Reihe von Schlafwissenschaftlern ist zu dem Schluß gelangt, daß der REM-Schlaf eine Zeit ist, in der wir uns seelisch anpassen. Vielleicht zieht der geschäftige Geist, während wir friedlich schlummern, die Schubladen des Gedächtnisses heraus und packt die Bilder und Gefühle unserer jüngsten Erfahrungen in das für künftige Erinnerung vorgesehene Fach. Die Sprache der sich anpassenden Seele und ihr symbolischer Nexus haben keine Ähnlichkeit mit der logischen Sprache der menschlichen Kommunikation; ihr dürfte eher der vergänglichere, ursprüngliche Ablauf der Träume entsprechen. Es gibt indirekte, aber zwingende Beweise für die Ansicht, daß der REM-Schlaf eine Zeit der Anpassung an die Erfahrungen des Lebens ist. Der Psychologe Johann Stoyva in Denver überredete ein paar tatkräftige und mutige Medizinstudenten, tagsüber verzerrende Brillen zu tragen. Diese Prismengläser wirken so verwirrend, daß es passieren kann, daß man sich die Suppe über die Schulter löffelt und nicht imstande ist, die Hand so zu steuern, daß man einen Gegenstand fassen kann. Die Versuchspersonen mußten beim Überqueren von Straßen ganz besonders vorsichtig sein, aber schließlich paßten sich ihre Gehirne an, und die Studenten konnten sich mit den Prismengläsern normal bewegen. Bis sie sich angepaßt hatten, kam es bei ihnen zu einer weit über das übliche Maß hinausgehenden Menge an REM-Schlaf, sobald sie sich jedoch an die Gläser gewöhnt hatten, normalisierte sich der REM-Schlaf wieder. Stoyva weckte seine Versuchspersonen nicht auf, um festzustellen, ob ihre Träume prismatisch verzerrt waren; ein ähnliches Experiment wurde jedoch in einem New Yorker Laboratorium durchgeführt, wo die Versuchspersonen rotgefärbte Gläser trugen. Dr. Howard Roffwarg und seine Mitarbeiter wollten herausfinden, ob sich jüngste Erfahrungen in REM-Träumen spiegeln. Die Leute, die die roten Gläser trugen, hatten rötlich gefärbte Träume — bis sie sich den Gläsern anzupassen begannen und keine rote Welt mehr sahen. In Boston stellten die Psychiater Ramon Greenberg und Chester Pearlman fest, daß unter

Aphasie* leidende Patienten mehr REM-Schlaf hatten, wenn sie auf Sprechübungen reagierten. Schädigungen der Sprechzentren im Gehirn nach Unfällen oder Schlaganfällen können dazu führen, daß ein Mensch zwar verstehen, aber keine Worte mehr artikulieren kann. Leute, deren Sprechfähigkeit sich nach dem Üben besserte, zeigten vermehrten REM-Schlaf, bei denen jedoch, die keine Fortschritte machten, änderte sich der Schlaf nicht. Entsprechende Experimente mit Tieren lassen gleichfalls vermuten, daß REM-Schlaf für die Gedächtnisspeicherung wichtig ist. Wurde ihnen der REM-Schlaf entzogen, waren Laboratoriumstiere nicht imstande, einfache Aufgaben zu erlernen, die sie mit ausreichend REM-Schlaf mühelos erlernt hatten. Abgesehen von der autonomen Erregung, der Ausschüttung von Hormonen und den Anzeichen für einen beschleunigten Stoffwechsel, dürfte die REM-Zeit eine Periode sein, während der Geschöpfe sich der laufenden Erfahrungen erinnern und sie adaptieren; der ursprüngliche Charakter dieser Aufgabe mag erklären, weshalb sich ein Träumender kaum stören läßt.

Verborgen unter dem, was wir für die normalen Rhythmen des Nachtschlafs halten, liegen zahlreiche Funktionen, die unser Leben im Wachzustand beeinflussen. Eine Veränderung im Rhythmus, eine Verschiebung nur eines der Schlafstadien kann weitverzweigte Folgen haben.

Schlechter Schlaf

Die Aufzeichnung von Schlafrhythmen bietet eine neue Handhabe zur Beurteilung der Auswirkungen von Schlaftabletten und Beruhigungsmitteln, von denen die meisten den REM-Schlaf beeinflussen. Sie gibt uns außerdem neue Möglichkeiten zur Diagnostizierung der mannigfaltigen Störungen, die man als Schlaflosigkeit oder schlechten Schlaf bezeichnet.

Um 1950 stellte der Psychologe Lawrence J. Monroe, damals promovierter Student an der Universität von Chicago, im Laboratorium Vergleiche an zwischen ausgesuchten Gruppen guter und schlechter Schläfer. Ihre Schlafzyklen wichen voneinander ab. Die schlechten Schläfer »verbrauchten« ihren Schlaf in Stadium IV früher in der Nacht und hatten vor und während des Schlafs höhere Rektaltemperaturen als die guten Schläfer. Außerdem gab es bei ihnen Anzeichen, die als Erregung oder Streß gedeutet werden konnten — höhere Pulsgeschwindigkeit während des Schlafs und Verengung der Blutgefäße in den Fingern. Psychologische Tests ergaben, daß sie stärker zu neurotischen und somatischen Beschwerden neigten.

Die Kurven der Körpertemperatur ließen vermuten, daß die schlechten Schläfer mit dem Vierundzwanzig-Stunden-Tag nicht synchron lebten. In den Temperaturkurven guter Schläfer zeigte sich zur Schlafenszeit ein deutliches Absinken, bis gegen Morgen ein Tiefpunkt erreicht war. Etwa ein oder zwei Stunden vor dem Erwachen am Morgen begann ihre Temperatur wieder zu steigen und hatte, wenn sie aufstanden, ihren Normalstand wieder erreicht. Im Gegensatz dazu sanken die Temperaturen der schlechten Schläfer weniger ab und sanken noch immer, wenn sie am Morgen aufstanden. Es ist möglich, daß jemand, der schlecht schläft, ständig den Wunsch hegt, später zu Bett zu gehen und später aufzustehen, als es seiner sozialen Position entspricht, denn seine Körperzeit kann tatsächlich im Vergleich zur Uhrzeit nachgehen (und seine Periode umfaßt mehr als vierundzwanzig Stunden).

Rhythmen im Freilauf, losgekoppelt vom Vierundzwanzig-Stunden-Tag, sind in der Isolation beobachtet worden. Auch als Reaktion auf Streß wurden diese Rhythmen bei Menschen und Tieren beobachtet; daraus mag zum Teil die Schlaflosigkeit geisteskranker Patienten zu erklären sein. Lebt ein Mensch im Freilauf, so kann es geschehen, daß er seine Arbeit während des Wachseins mit einem »schlafenden« Körper tut und daß es infolge der Desynchronisation zu psychosomatischen* und seelischen Störungen kommt. Dafür, wie solche Störungen entstehen, gibt es kaum Beweismaterial, aber daß Menschen, die schlecht schlafen, mit gutem Grund über Beschwerden klagen, steht eindeutig fest.

Elektroschlaf

In der Sowjetunion, in Deutschland und in Israel hat eine Reihe von Klinikern Menschen, die unter Schlafstörungen leiden, mit Elektroschlaf behandelt — einer ganz milden Form elektrischer Hirnreizung. Elektroschlaf ist vermutlich nicht ganz der richtige Ausdruck, denn die Reizung entspannt den Menschen nur, ohne daß er deshalb gleich zu schlafen braucht. Dennoch hat ein israelischer Psychiater Patienten, die unter Depression und Schlaflosigkeit litten, mit außergewöhnlichem Erfolg einer Elektroschlaf-Behandlung unterzogen. In einem Fall handelte es sich um einen stark überreizten Angestellten einer Computer-Firma, der seit Jahren große Dosen barbiturathaltiger Schlafmittel einnahm. Dann verbrachte er jeden Nachmittag eine Stunde (immer die gleiche) in einer nahe gelegenen Klinik. Er lag auf einem Bett mit Elektroden über den Augen (oder der Stirn) und hinter den Ohren. Nun wurde eine Stunde lang ein Gegenstrom appliziert — Querwellen, die auf den Hinterkopf zuliefen —, dessen Kraft und Frequenz seinem eigenen Empfinden angepaßt wurden. Da es vorkommt, daß die Augenlider etwas kribbeln, lassen viele Menschen die Elektroden lieber an der Stirn anbringen. Obwohl dieser Mann nicht einschlief, entspannte er sich und hatte gelegentlich sehr angenehme und lebhafte Bildvorstellungen. Sein Nachtschlaf begann sich zu bessern. Er hörte auf, Medikamente einzunehmen, begann mit mehr Muße zu essen und konnte die folgenden zwei Jahre schlafen und arbeiten, ohne ständig Sedativa* und Narkotika* einnehmen zu müssen.

Russische Kliniker berichteten über ähnliche Erfolge mit Tausenden von Patienten, die unter so verschiedenartigen Krankheiten litten, daß die Berichte der Ärzte bei den skeptischen amerikanischen Wissenschaftlern häufig nur ungläubiges Gelächter auslösten. Die Behandlung schien Erfolg zu haben bei Depression, Schlaflosigkeit, Schwangerschafts-Toxämie*, Hypertonie*, Akne, Neuralgie*, Asthma und Kolitis*, um nur einige wenige zu nennen.

Die Amerikaner sahen im Elektroschlaf ein neues Universalmittel, eine Modetherapie, mit der man jedes nur mögliche Symptom behandelte. Viele russische Kliniker glauben jedoch, daß zahlreiche Beschwerden, die sie als neurovegetativ, wir als psychosomatisch bezeichnen, einen gemeinsamen Ursprung haben. Von ihrem Standpunkt aus müßte eine Beruhigung auf elektrischem Wege bei einer großen Menge von Symptomen helfen, die durch Streß bedingt sind. Wie die elektrische Reizung sich im einzelnen genau auswirkt und welche Hirnregionen sie beeinflußt, ist noch nicht bekannt. Eine Reihe von Wissenschaftlern ist der Meinung, daß diese Elektro-Therapie als Resynchronisator auf gestörte innere Rhythmen wirkt und den Patienten wieder mit seiner Umgebung in Einklang bringt[1].

[1] Ein 1969 in der UdSSR abgehaltenes Symposium über Elektroschlaf wurde veröffentlicht von W. M. Baschtschikow, Joint Publications Research Service, Nr. 50544,

In den Vereinigten Staaten beginnt man gerade erst damit, die Techniken des Elektroschlafs wissenschaftlich zu erforschen; dieser Beginn fand seinen Ausdruck in der Bildung der Neuroelectric Society, die vielleicht den Weg weisen wird zu einem weit umfassenderen Bild der psychosomatischen Erkrankungen und ihrer Behandlung. Zur Zeit ist der Elektroschlaf nicht mehr als eine interessante Möglichkeit, vielleicht eine Technik, die Reisenden bei zeitweiliger Desynchronisation zur Resynchronisation verhilft oder einer großen Zahl von Patienten, die unter Schlafstörungen und Schlaflosigkeit leidet, Hilfe bringt.

Die gestörten Rhythmen der Schlaflosigkeit bei Depression

Mit Hilfe der Kriterien der Rhythmizität ist es heute möglich, die schwereren Formen der Schlaflosigkeit zu identifizieren und zu kategorisieren. Nicht durchschlafen zu können ist eine der klassischen Torturen. Viele Menschen schlafen rasch und mühelos ein, um dann in den dunklen, kalten Stunden vor Anbruch der Dämmerung wieder aufzuwachen, einsam und nicht imstande, weiterzuschlafen. Dieses frühmorgendliche Erwachen ist bei schwerer Depression fast die Regel. Depressive Menschen werden durch Geräusche leichter geweckt als gesunde; sie wachen bei den ersten Geräuschen des Morgens auf.
Es gibt subtilere Formen der Schlaflosigkeit. Menschen, die unter ihr leiden, wird häufig vorgeworfen, sie wollten nur Mitgefühl einheimsen: sie schlafen, fühlen sich aber wach. Die Qualität ihres Schlafs wird nur in EEG-Aufzeichnungen sichtbar; aus ihnen ergibt sich, daß sie unangemessen häufig nahe am Aufwachen sind und sich ständig am Rande des Bewußtseins bewegen. Psychiater an mehreren großen Krankenhäusern haben den Schlaf verschiedener unter Depression leidender Menschen studiert, häufig über Zeiträume bis zu einem Jahr hinweg. Einige Resultate waren allen Untersuchungen gemeinsam. Den Patienten fehlte ein normaler Schlafrhythmus. Einige Patienten hatten wenig oder gar keinen Schlaf in Stadium IV. Der Fortfall des Schlafs in Stadium IV wurde bei aufgeregten Medizinstudenten vor dem Examen festgestellt; es scheint sich dabei auf eine Reaktion auf

---

Mai 1970. Dieses Vierte Symposium über Elektroschlaf und Elektroanästhesie ist erhältlich beim Clearinghouse for Federal Scientific and Technical Information, Springfield, Virginia, 22 151.

starke Belastung zu handeln. Bei einigen depressiven Personen kam es zu unnormal wenig oder unnormal viel REM-Schlaf, aber im Gegensatz zum überschaubaren Rhythmus bei gesunden Menschen ergaben sich bei ihnen sprunghafte, wie durch innere Schwankungen bedingte Muster.

Im Jahre 1963 verglich Dr. William Zung, ein Psychiater an der Duke University, die Schlafaufzeichnungen von normalen mit denen depressiver Personen und wertete sie mit Hilfe einer mathematischen Methode aus, die als Markow-Kettenanalyse bezeichnet wird. Der normale Schlaf zeigt eine konsistente Organisation, aber die EEG-Aufzeichnungen einiger depressiver Patienten waren so verworren, daß sie kaum zu interpretieren waren. Sie wechselten auf typische Weise ungewöhnlich schnell von einer Schlafebene zur anderen, ihre Zyklen waren kürzer als neunzig Minuten, sie erwachten häufig aus dem REM-Schlaf. Während beim normalen Menschen ein Großteil des Vergessens-Schlafs in Stadium IV in die frühen Nachtstunden fällt, kann ein depressiver Mensch anfallsweise schlafen, mehrere Stunden lang wach liegen und in den frühen Morgenstunden in Stadium IV fallen. Im Kontext des Schlafs ist das ebensowenig normal, wie wenn ein Mensch eine Zigarre und Brandy zum Frühstück verlangt und Orangensaft zum Abendessen.

Wenn sich der Zustand depressiver Patienten besserte, besserte sich auch ihr Schlaf, und sie wechselten nicht mehr so rapide von einem EEG-Stadium in ein anderes. Rhythmizität ist ein Teil der Organisation, die wir als geistige Gesundheit bezeichnen, und einige der antidepressiven Medikamente bessern auch den Schlafrhythmus, indem sie die Zyklen verlängern. Zung bewies, daß dies besonders für die Verbindungen gilt, die man ihrer chemischen Struktur nach als trizyklische Antidepressiva* bezeichnet. Als er das Medikament Desipramin (PERTOFRAN®) an normalen jungen Versuchspersonen testete, stellt er fest, daß es den Zyklus von neunzig auf etwa hundertzwanzig Minuten verlängerte und die Menge des Schlafs in Stadium IV vermehrte, während der REM-Schlaf leicht abnahm. Andere Medikamente, die gelegentlich zur Bekämpfung von Depressionen verwendet werden, wie Phenelzin (NARDIL®), haben eine gegenteilige Wirkung und verkürzen den Schlaf-Zyklus. Zungs Arbeit läßt erkennen, daß man die Auswirkung eines Medikaments auf einen depressiven Menschen vorausberechnen kann, indem man feststellt, ob es den Schlaf-Zyklus verlängert oder nicht.

Die Schlafruhe ist, wie sich herausgestellt hat, eine sehr günstige Zeit, um Einzelinformationen über die Zeit-Organisation eines Menschen aufzuzeichnen. Hier findet sich eines der Symptome der Depression, das kein Mensch bei sich selbst sehen und auch kein Arzt an der Oberfläche beobachten kann, denn zeitliche Desorganisation zeigt sich fast nur in den EEGs, in unruhigen, gebrochenen Schlafaufzeichnungen. Da Depression eine Krankheit ist, die desorganisierte Rhythmen mit einschließt, sollte es eines Tages möglich sein, Zeichen der Desorganisation oder Verkürzung auch vieler anderer Zyklen im Körper eines Kranken und in seinem Verhalten bei Tage wie in der Nacht mit geeigneten Instrumenten zu erkennen.

Narkolepsie

Eine relativ seltene Krankheit, die Narkolepsie, hat die Schlafwissenschaftler zum Teil nur deshalb fasziniert, weil ihre Symptome erkennen lassen, daß sich der REM-Schlaf-Rhythmus auch während der Stunden des Wachseins fortsetzt. Narkolepsie nimmt gelegentlich die Form übermäßiger Schläfrigkeit an und überwältigt einen Menschen, während er einkauft, einen Wagen fährt oder liebt. In gewissen Fällen wagen es die Leute nicht einmal, Witze zu erzählen oder ihre Kinder auszuschelten, weil normale Gefühlsregungen wie Erheiterung oder Zorn einen Anfall auslösen können, bei dem sie in Ohnmacht fallen. Bei genauerer Untersuchung durch ein EEG stellt sich heraus, daß es sich um ein Versinken in REM-Schlaf zum unrechten Zeitpunkt handelt; die plötzlich entspannte Muskulatur bringt das Zusammensacken des Menschen mit sich. Eine Studie über narkoleptische Patienten aus jüngster Zeit zeigt, daß derartige Anfälle häufig in einem Abstand von zwei bis drei Stunden auftreten. Wurden die Patienten Tag und Nacht in Dunkelheit gehalten, ergab sich eine unglaubliche Überfülle an REM-Schlaf; zwischen zwei Perioden lag gelegentlich weniger als eine Stunde Abstand. Ihr Schlafrhythmus ähnelte dem eines Neugeborenen.

Die biologische Stunde

Mittlerweile dürften die meisten Leser den unabweisbaren Verdacht hegen, daß die rhythmischen Schwankungen, die sich im Verlauf der Nacht im Nerven- und Drüsensystem beobachten lassen, die regelmäßigen Zyklen von Schlafen und Träumen, nicht auf die dunkle Hülle des Schlafs beschränkt sind, sondern sich auch bei Tage fortsetzen. Lehrer wissen, daß sich bei Kindern im Laufe des Tages Wellen von Unruhe zeigen, und als man in einem Kindergarten diese Wellen verfolgte, ergab sich, daß die Kinder etwa fünfunddreißig Minuten lang unruhig waren und danach fünfunddreißig Minuten lang ruhig — ein Zyklus von siebzig Minuten. Die meisten Leute sind sich des Steigens und Fallens von Aufmerksamkeit, Konzentration und Tagträumen im Laufe des Tages bewußt.

Vor über vierzig Jahren begann Dr. Kleitman mit der systematischen Beobachtung von Schwankungen in Verhalten und Physiologie des Menschen; er beobachtete Temperatur, Leistung, Ruhe und Wachheit. Kleitman entdeckte Anzeichen einer Regelmäßigkeit und sprach von einem »grundlegenden Zyklus von Ruhe und Aktivität«. Er kam zu dem Schluß, daß ein derart fundamentaler Wechsel zwischen Aktivität und Ruhe dem Nervensystem aller homöothermen Tiere — Tieren, deren Körpertemperatur ohne Rücksicht auf das äußere Klima nur geringe Schwankungen aufweist — angeboren ist. Wie Dr. Kleitman erkannte, lebt der menschliche Säugling einen grundlegenden Rhythmus von Ruhe und Aktivität von sechzig Minuten, ruhigen und aktiven Schlaf eingeschlossen.

Die Zyklus-Periode variiert je nach Art, Größe und Alter des Tieres. Im Schlaf erwachsener Menschen ergibt die Zyklus-Periode, von REM-Stadium zu REM-Stadium gemessen, einen Zyklus von neunzig bis hundert Minuten. Der Zyklus einer neugeborenen Katze dauert nur acht Minuten, der eines ausgewachsenen Tieres eine halbe Stunde. Wie die Zyklen von Herzschlag und Atmung scheint die Periode des Zyklus in Beziehung zu stehen zur Größe des Tieres; sie wird möglicherweise zum Teil durch die Geschwindigkeit des Stoffwechsels bestimmt, aber auch durch die äußeren Bedingungen der Sicherheit. Bei einem kleinen Geschöpf wie der Ratte ergeben sich Schlaf-Zyklen von zehn bis dreizehn Minuten, aber der Elefant hat Zyklen von hundertzwanzig Minuten.

Da dieser Rhythmus eine höhere Frequenz hat als ein »Tag«, wird er häufig als »ultradian« bezeichnet. Ultradian nennt man Zyklen von beispielsweise einer Stunde, deren Perioden kürzer sind als cirkadiane, während man Zyklen mit Perioden, die länger sind als ein Tag, wie beispielsweise eine Woche, als »infradian« bezeichnet.

Zeitwahl für Kurzschlaf

Seit etwa 1950 haben Schlafwissenschaftler an Versuchspersonen, die sie bei Kurzschlaf am Tage überwachten, festgestellt, daß dieser Schlaf nicht nach demselben Muster verläuft wie der Schlaf in der Nacht. Webb und Agnew forderten Versuchspersonen auf, in ihrem Schlaflaboratorium am frühen Morgen, am Mittag, am frühen und am späten Nachmittag jeweils drei Stunden lang zu schlafen. Die Schlafenszeit am frühen Morgen bestand zu einem Drittel aus REM-Schlaf, im Schlaf am späten Nachmittag kam er jedoch kaum vor. Während der morgendlichen Schlafenszeit kam Stadium IV nicht vor, wohl aber am späten Nachmittag. Wie die Wissenschaftler bei Nacht festgestellt hatten, werden die Schlafstadien und die mit ihnen verbundenen deutlich erkennbaren Funktionen offensichtlich von einem cirkadianen Rhythmus bestimmt. Stadium IV fällt in den Spätnachmittag und in die frühen Nachtstunden, während der REM-Schlaf normalerweise gegen Morgen zunimmt. Das bedeutet, daß auch die Qualität eines Kurzschlafs abhängig ist von der Tageszeit, und da es schwerer ist, aus Stadium IV zu erwachen, liegt hierin vielleicht der Grund dafür, daß viele Menschen sich nach einem Schläfchen am frühen Abend völlig zerschlagen fühlen.

Anfang der sechziger Jahre fand Gordon Globus zusammen mit anderen jungen Psychiatern Beweise dafür, daß der etwa neunzig Minuten umfassende Schlaf-Zyklus Tag und Nacht gleichermaßen besteht, moduliert durch den cirkadianen Rhythmus, mit dem er gekoppelt zu sein scheint. Ekkehard Othmer fand einen etwa neunzig bis hundert Minuten umfassenden Zyklus von Halbschlaf, häufig mit leichtem Schlaf und REM-Aktivität einhergehend, als er die EEGs von Schülerinnen aufzeichnete, die in düsteren oder hellen Räumen saßen oder lagen. Daniel F. Kripke entdeckte Neunzig-Minuten-Zyklen der physiologischen Funktionen in einer Isolierzelle, in der das Fehlen von Geräuschen, Licht und Tätigkeit einen Zustand ständiger Entbehrung schuf, der sich desorientierend und beängstigend auswirkte. Den Versuchspersonen fiel es schwer, den Instruktionen entsprechend wach zu bleiben — sie schliefen im Abstand von etwa neunzig Minuten immer wieder ein.

Eine Reihe von Psychiatern vermutet, daß der im Schlaf sichtbar werdende Neunzig-Minuten-Zyklus Hand in Hand geht mit einer Anhäufung und Entladung von Urtrieben wie Geschlechtstrieb, Hunger und Aggression. Die für diese Verhaltensweisen verantwortlichen Hirnmechanismen liegen in den tiefen, primitiven Regionen, die man als das Limbische System* bezeichnet. Man bedarf keiner besonderen Kenntnisse, um zu erkennen, daß das Limbische System das Schlafverhalten von Säuglingen bestimmt. Babies im REM-Schlaf saugen, grimassieren, lächeln, haben Penis-Erektionen und geben zahlreichen Gefühlen Ausdruck.

Ein Eß-Rhythmus in der Isolation

Stanley Friedman und Charles Fisher, zwei Psychiater am Mt. Sinai Hospital in New York, gelangten zu der Vermutung, daß bei Erwachsenen ein »Antriebs«-Rhythmus sowohl während des Wachseins wie auch während des Schlafs vorhanden ist. Sie stellten fest, daß sich bei Menschen in der Isolation in der Tat ein oraler Verhaltensrhythmus findet. Mit Hilfe eines Doppelspiegels beobachteten sie Versuchspersonen, die acht oder neun Stunden lesend und Musik hörend in einer kleinen Kabine verbrachten, in der eine elektrische Kaffeemaschine und ein gutgefüllter Kühlschrank eine reiche Auswahl an Imbißmöglichkeiten boten. Jede Einzelheit wurde bewertet; so zählte eine Zigarette beispielsweise drei Punkte, ein Kohlensäuregetränk neun Punkte. Was immer eine der Personen in den Mund steckte, wurde mit dem Zeitpunkt zusammen festgehalten. Essen und Trinken der Versuchspersonen geschahen nicht aufs Geratewohl, sondern in einem steigenden und fallenden Zyklus von fünfundachtzig bis hundert Minuten. Entsprechend den verkürzten Schlaf-Zyklen bei erregten Menschen waren auch die Eß-Zyklen der Versuchspersonen kürzer, wenn sie unter Streß standen. Ein Mann, der während der Vorbereitungen auf ein Examen beobachtet wurde, zeigte einen rund fünfundsechzig Minuten dauernden oralen Zyklus, während dieser Zyklus zuvor fünfundneunzig Minuten gedauert hatte. Das dürfte eine Erklärung dafür sein, weshalb Leute, die unter Streß stehen, an Gewicht zunehmen. Sie essen einfach häufiger. In diesem Fall hatte der Mann seine Oral-Aktivität um 14 Prozent gesteigert. Psychiater bezeichnen diesen verkürzten Oral-Zyklus als regressiv, denn er ähnelt einer Rückkehr zu den kürzeren Zyklen von Kindern.

Möglicherweise ist der Zyklus, den Dr. Kleitman und andere in so ausgeprägter Form im Schlaf festgestellt und an wachen Menschen beobachtet haben, eine Grundeinheit, eine Art biologischer Stunde, die etwa in der Pubertät die Erwachsenen-Stabilität erreicht. Im allgemeinen maskieren Schall und Wahn des sozialen Lebens unsere wesenseigene Rhythmizität; überdies ist es schwierig, über längere Zeit hinweg ständig über Schwankungen Buch zu führen, zumal wenn die Forderungen des Alltags Vorrang haben. Viele Forscher sind jedoch im Begriff, bei ihren Versuchstieren Anzeichen einer biologischen Stunde zu entdecken.

Eine biologische Stunde bei Katzen

Die Doktoren M. B. Sterman und Dennis McGinty haben Katzen beobachtet, die vierundzwanzig Stunden lang nach Belieben fressen durften. Die Katzen legten alle fünfzehn bis dreißig Minuten Freßlust an den Tag — in einem Wachzyklus, der dem Zyklus ihrer REM-Aktivität während des Schlafs entsprach. Zudem schwankte die Körpertemperatur der Tiere in einem Rhythmus von etwa dreißig Minuten.

Nach operativer Entfernung des Gehirns wurden die Funktionen der Katzen vom Hirnstamm gesteuert, dem primitiven unteren Zentrum an der Hirnbasis. Sterman und McGinty entdeckten einen dreißig Minuten andauernden Zyklus der Muskelentspannung im Hals (an den REM-Schlaf erinnernd), dem rhythmische Temperaturhöhepunkte entsprachen. Die im Hirnstamm erzeugte Muskelentspannung wird vermutlich durch Stoffwechsel-Rhythmen beeinflußt. Ist das Großhirn nicht imstande, diese rhythmische Entspannung zu kontrollieren, so kann es zu Narkolepsie-ähnlichen Symptomen kommen. Dieser Rhythmus des Stoffwechsel- und des Nervensystems hat vermutlich erheblichen Einfluß auf das Verhalten. Dr. Sterman ist der Meinung, daß der ultradische Rhythmus wie der Zyklus der Herztätigkeit das ganze Leben hindurch ständig beibehalten wird und daß, wie beim Zyklus der Herztätigkeit, seine Beständigkeit ein Anzeichen von Gesundheit ist.

Individuelle Zyklen von Munterkeit und Schläfrigkeit

Jeder Mensch hat, von seinen Schlafzyklen her betrachtet, eine biologische Stunde, die sich geringfügig von der anderer Menschen unterscheidet, und nur wenige Leute haben ein Gefühl für ihren eigenen Zyklus. Menschen, die rasch einschlafen, verlassen sich vermutlich auf ein inneres Gefühl für die zyklische Schläfrigkeit und das Wiedererwachen. Die meisten Leute fühlen sich am Ende einer Party todmüde; sind sie jedoch nach langem Abschiednehmen schließlich zu Hause angekommen, stellen sie fest, daß sie hellwach sind und nicht schlafen können. Wenn die Schwankungen der Schlafzyklen Wellen von Wachheit und Entspannung bedeuten, müßten sie etwa ein und eine halbe Stunde auf die nächste Welle von Schläfrigkeit warten. Auch während des Tages gibt es vermutlich Rhythmen von Tagträumen. Athleten und Bauarbeiter auf hohen Gerüsten scheinen immer wieder Perioden durchzumachen, während derer sie sich besonders anstrengen müssen, um ein inneres Nachlassen von Spannung, Reflexen und Aufmerksamkeit zu überwinden. Leute, die ihre Arbeit im Sitzen verrichten, und Studenten machen alle zwei bis drei Stunden eine Kaffeepause. Wenn sie diesem Zyklus einige Aufmerksamkeit widmen, sollte es den Menschen gelingen, die Höhepunkte ihrer Wachheit vorherzuberechnen und ein Absinken, das sie zum leichten Einschlafen für ein kurzes Schläfchen benutzen können, zu verspüren. Ein Gefühl für den Zyklus versetzt einen Menschen in die Lage, aus leichtem Schlaf und aus Träumen zu erwachen. Ständig wachsendes Beweismaterial deutet darauf hin, daß ein grundlegender Zyklus von neunzig bis hundert Minuten existiert, der zeit unseres Daseins die langsameren cirkadianen Gezeiten durchläuft. Unruhe, Krankheit, Medikamente wie Schlafmittel und Amphetamine, Streß, Fieber, Hirnverletzungen und Umweltfaktoren können diesen Rhythmus stören.

Schlafen und Wachen in der Antarktis

Es kommt häufig vor, daß sich Männer auf Polarexpeditionen über schlechten Schlaf beklagen. Jay Shurley und Chester Pierce haben bei Männern in der Antarktis eine merkwürdige Veränderung des Schlafs beobachtet. Trotz schwerer körperlicher Arbeit, die normalerweise den Tiefschlaf in Stadium IV zu fördern scheint, hatten diese Männer überhaupt keinen Stadium-IV-Schlaf. Einer der Expeditionsteilnehmer wurde nach seiner Rückkehr in die Vereinigten Staaten noch lange Zeit beobachtet; es dauerte über ein Jahr, bis das Schlaf-Stadium IV wieder in Erscheinung trat. Diese Beobachtungen warfen Fragen auf über die mögliche Auswirkung der elektromagnetischen Umgebung der Erde.

Weltraum

Obwohl der Schlaf im Weltraum nie direkt beobachtet wurde, haben die amerikanischen Astronauten im Weltraum nicht so fest geschlafen wie auf der Erde. Im Hinblick auf die Gefahren, die Erregung und die Notwendigkeit, eine Reihe von Aufgaben zu erfüllen, ist das nicht überraschend. Schon die Schwerelosigkeit ändert den Schlafrhythmus; es kann auch sein, daß sie das Schlafbedürfnis verringert. Der Vestibular-Apparat, das Gleichgewichtsorgan im Innenohr, spielt auch bei den Augenbewegungen des REM-Schlafs eine Rolle. Der Vestibular-Apparat übt eine Kontrolle über die Augen aus und gestattet uns, einen Gegenstand im Auge zu behalten, selbst wenn wir den Kopf drehen. Wäre das nicht der Fall, würden wir bei jeder Kopfdrehung das Gefühl haben, als rotiere die Welt um uns.

Da der Mensch den ständigen Reiz, den die Schwerkraft auf das Vestibulum ausübt, gewohnt ist, ist damit zu rechnen, daß das Fehlen dieses Reizes im Weltraum zur Verminderung des REM-Schlafs oder zur Störung des Zyklus führt. Bei einem bedauernswerten Makak-Affen, den man 1969 im Biosatelliten III in eine Erdumlaufbahn schickte, wurden rascher Wechsel von Schlafen und Wachen, Anfälle von Schläfrigkeit und desorganisierter Schlaf festgestellt. Der Zustand dieses Tieres verschlechterte sich jedoch so sehr, daß seine Reise nach acht Tagen abgebrochen werden mußte. Rascher Wechsel der EEGs wurde beim Flug von Gemini VII auch bei dem Astronauten Frank

Borman beobachtet. Während der ersten vier Tage seiner Mission studierte man seine Schlaf-EEGs. In der ersten Nacht alternierte er zwischen leichtem Schlaf und Erwachen, in der zweiten Schlafperiode jedoch war der Rhythmus schon wesentlich normaler; er schlief drei Zyklen, in denen auch Schlaf in Stadium IV vorkam.

Wenn die ersten Amerikaner im Weltraum schlecht oder nicht genug schliefen, so lag das zum Teil an einem ungünstigen Zeitschema, das einen Wechsel zwischen wenigen Stunden Schlaf und wenigen Stunden Arbeit von ihnen verlangte. Die Männer sollten zu Zeiten schlafen, während derer sie normalerweise wach gewesen wären, und zwar im Sitzen und unter beträchtlicher Geräuscheinwirkung. Die sowjetischen Kosmonauten dagegen behielten auch in der Erdumlaufbahn ihr gewohntes irdisches Schlafschema bei. Als German Titow im Jahre 1961 fünfundzwanzig Stunden in der Erdumlaufbahn verbrachte, schlief er zu seiner gewohnten Zeit mühelos ein, erwachte jedoch früher, als er sich vorgenommen hatte, und sah seine Arme gewichtlos in der Luft hängen und seine Hände schweben. Titow berichtete:

»Der Anblick war unglaublich. Ich zog meine Arme herab und faltete sie über der Brust. Alles war in bester Ordnung — bis ich mich entspannte. Meine Arme schwebten wieder von mir fort, sobald die bewußte Muskelspannung nachließ und ich wieder einschlief. Zwei oder drei Versuche, in dieser Stellung zu schlafen, erwiesen sich als vergeblich. Schließlich steckte ich meine Arme unter einen Gürtel, und binnen weniger Sekunden war ich fest eingeschlafen.

Hat man seine Arme und Beine einmal in die richtige Stellung gebracht, ist der Schlaf im Weltraum herrlich. Man braucht sich nicht von Zeit zu Zeit umzudrehen, wie man es normalerweise in einem Bett tut. Wegen des Zustands der Schwerelosigkeit übt nichts einen Druck auf den Körper aus; nichts wird taub. Es ist wunderbar; der Körper ist verblüffend leicht und scheint zu schweben ... Ich schlief wie ein Baby.«

Wenn man ihnen gestattete, ihr gewohntes irdisches Schlafschema beizubehalten, haben Berichten zufolge auch einige amerikanische Astronauten gut geschlafen.

Willkürliche Herrschaft über Schlafzyklen bei Katzen

Allem Anschein nach können Menschen lernen, die Phase oder sogar die Periode ihres Schlafzyklus bis zu einem gewissen Grade zu ändern. Der Verstand ist der Computer, der den Körper beherrscht. Man hat Katzen darauf abgerichtet, ihre Schlafzeiten zu verlängern, und auch der Mensch kann lernen, seinen Schlaf zu verbessern. Sterman und McGinty haben Katzen in speziellen Käfigen gehalten, in denen sie sich frei bewegen konnten, während ihre Hirnwellen aufgezeichnet wurden. Wann immer sich in den Hirnwellen einer Katze ein besonderer, einer Spindel ähnlicher Rhythmus zeigte, hob sich automatisch eine Klappe und belohnte die Katze mit Milch. Damit kontrollierte das Gehirn der Katze die Klappe, die ihr Belohnung verschaffte. Unter diesen Umständen lernte die Katze rasch, den lohnenden Spindelrhythmus selbst zu erzeugen; das geschah häufig dadurch, daß sie in »Habacht-Stellung« sehr still hielt. Offenbar kam es zu diesem Rhythmus, wenn die Tiere eine gewisse Art motorischer Aktivität unterdrückten. Wenn sie schliefen, zeigte sich die Auswirkung dieses Trainings: der Spindelrhythmus nahm zu. Ihr Schlaf war tatsächlich besser geworden, weil die Muskelzuckungen, die den Schlaf häufig unterbrechen, seltener auftraten. Bei diesen abgerichteten Katzen kam es zu längeren Perioden tiefen, ruhigen Schlafs als bei nicht abgerichteten Kontrolltieren. Außerdem waren die Vorteile von Dauer: zwei Monate später schliefen die abgerichteten Katzen immer noch besser als die Kontrolltiere.

Die Schlafforschung hat eindeutig bewiesen, daß seelische Aktivität und seelische Gewohnheiten den Schlafrhythmus unauslöschlich prägen. Seele und Gehirn, Gehirn und Körper sind nicht voneinander zu trennen. So kann es nicht wundernehmen, daß es von Sorgen geplagten Menschen schwerfällt, einzuschlafen — und daß sie neue seelische Gewohnheiten und Muskelentspannung erlernen müssen. Die Spuren der Unruhe erkennen Schlafforscher in den Aufzeichnungen des EEGs. Kommen Versuchspersonen zur Beobachtung ihres Schlafs in ein Laboratorium, so bleiben die erste oder die ersten beiden Nächte unberücksichtigt, da die Belastung durch die neuen Eindrücke im Laboratorium ihre normalen Rhythmen verzerrt. Wie Streß und Kummer den Schlafrhythmus eines Menschen unwillkürlich verzerren können, so kann ein Mensch seinen Schlaf auch willkürlich ändern. Im Schlaflaboratorium haben einige Leute gelernt, während des

Schlafs zwischen den Traumerlebnissen von Stadium II und denen des REM-Schlafs zu unterscheiden. Das Niveau des Schlafs »fühlt« sich anders an. Anzeichen sprechen dafür, daß der Mensch auch lernen kann, das Schwergewicht des REM-Schlafs vom Ende der Nacht, wo er normalerweise eintritt, auf ihren Beginn zu verschieben.
Möglicherweise kann der Mensch auch lernen, dem desorganisierenden Einfluß von Streß entgegenzuwirken, indem er seine biologische Stunde verlängert. Künftige Generationen werden fraglos ungläubig auf uns zurückblicken. Modifizierte Elektroenzephalographen sind dann zu Instrumenten der Unterrichtung geworden, und gebildete Leute der Zukunft werden wissen, wie und wann sie einschlafen müssen, wie sie ihre Ruhe intensivieren können, wie sie es einrichten, aus interessanten Gedanken oder Träumen oder zu einer von ihnen festgesetzten Zeit ohne Wecker zu erwachen. Wenn man immer wieder darauf hingewiesen wird, wann man eine bestimmte Art von Hirnwellen aussendet, kann man lernen, ein Gefühl für diese vergänglichen Stadien zu entwickeln. Kultivierte Menschen der Zukunft werden, im Wachen wie im Schlafen, auf eine Weise mit sich selbst Kontakt haben, deren sich heute nur ganz wenige erfreuen. Anders als ihre primitiven Vorfahren werden künftige Generationen über ein sinnvolles Gefühl für ihre eigene Rhythmizität verfügen.
Die Schlafforscher der Gegenwart lassen diese Zukunft näherrücken, denn mit ihrer Hilfe lernen wir begreifen, wie sich die Rhythmen von der Kindheit bis ins hohe Alter verändern. Daß wir diese grundlegenden Zyklen begreifen, ist von ausschlaggebender Bedeutung beim Aufziehen von Säuglingen und Kindern, beim Vermeiden von Schlafschwierigkeiten, beim Bewältigen von Altersbeschwerden. Was das Aufziehen von Kindern betrifft, so sollte es möglich sein, sich einiger dieser neuen Erkenntnisse zu bedienen, zumindest aber sollten sie die Konflikte und Erwartungen zwischen Eltern und ihren Kindern abschwächen.

Rhythmen bei Säuglingen

Wenn ein Neugeborenes zu Hause eingetroffen ist, scheint es auf erbitternde Weise unberechenbar. Sein Hunger und seine Bedürfnisse, Momente der Heiterkeit oder des Schreiens, seine Schlafenszeiten — all das richtet sich nicht im mindesten nach dem Rhythmus des Familienlebens. Erst um die sechzehnte Lebenswoche beginnt das Baby, sich jenem Modell des Schlafens während der ganzen Nacht und des Wachseins bei Tage anzupassen, das den Erwachsenen selbstverständlich erscheint und das sie für »normal« halten. Erschöpfte Eltern wissen, daß sich ein Baby weder dazu bringen läßt, zu einer bestimmten Zeit hungrig zu sein, noch gezwungen werden kann, sein Schlafen bei Nacht und sein Schreien bei Tage zu erledigen. Auch die Ausscheidung von Urin und Kot erfolgt »unregelmäßig«; die Entwicklung seines Gehirns bestimmt das Tempo, mit dem es zur »Regelmäßigkeit« gelangt.

Schlaf bei Säuglingen

Vor dreißig Jahren begannen Nathaniel Kleitman und T. G. Engelmann mit der systematischen Beobachtung von Neugeborenen rund um die Uhr. Diese Babies wurden nach einem Plan aufgezogen, den sie selbst bestimmten, das heißt, das Schreien des Kindes, nicht die Uhr, bestimmte den Zeitpunkt des Fütterns und Trockenlegens. Entgegen der weitverbreiteten Ansicht, daß Neugeborene einundzwanzig bis dreiundzwanzig Stunden schlafen, stellten Kleitman und Engelmann fest, daß sie im Durchschnitt etwa acht Stunden wach waren, aber ein großer Teil ihres Wachseins fiel in die Nachtstunden, in denen es normalerweise von niemandem zur Kenntnis genommen wird. Wie diese Pioniere auf dem Gebiet der Schlafforschung berichteten, wechselten die Babies in Zyklen von etwa fünfzig bis sechzig Minuten spontan zwischen Schlafen und Wachen. Arthur C. Parmelee und seine Mitarbeiter haben inzwischen EEGs und andere Aufzeichnungs-Instrumente so weit verfeinert, daß sie Säuglinge während der ersten Lebenstage beobachten konnten. Sie stellten fest, daß sofort nach der Geburt bereits Anzeichen von Individualität erkennbar sind; einige Säuglinge schliefen anfangs fast einundzwanzig Stunden am Tag, andere verbrachten nur zehn bis sechzehn Stunden schlafend; hierin mag ein Schlüssel zum zeitlebens unterschiedlichen Schlafbedürfnis der Menschen liegen.

Unmittelbar nach der Geburt weist der Schlaf des Säuglings, wie aus den EEG-Aufzeichnungen von Parmelee und seinen Mitarbeitern hervorgeht, einen Zyklus von ungefähr vierzig bis fünfzig Minuten auf. Das Kind verbringt etwa einundzwanzig Minuten in einem aktiven,

REM-ähnlichen Schlaf, währenddessen es strampelt, saugt, grimassiert und sogar scheinbar wach sein kann. Dann versinkt es für achtzehn Minuten in tiefen, ruhigen Langsam-Wellen-Schlaf und kehrt danach in eine weitere durch Aktivität gekennzeichnete Phase zurück. Alle drei bis vier Stunden wird das Baby wach. Mit sehr empfindlichen Geräten bei Frühgeburten vorgenommene Aufzeichnungen deuten darauf hin, daß der Wechsel zwischen einer REM-ähnlichen und einer ruhigen Phase bereits lange vor der Geburt einsetzt. Zum Zeitpunkt der Geburt jedoch verbringt das Kind rund fünfzig Prozent seiner Schlafzeit in REM-Schlaf (bei Frühgeburten können es bis zu fünfundachtzig Prozent sein). Träume in unserem Sinne des Wortes kommen bei Kindern im Uterus und unmittelbar nach der Geburt vermutlich nicht vor. Dennoch weiß ein Baby, wenn es geboren wird, wunderbarerweise, wie es saugen und schreien kann. Vielleicht ist dieser pränatale* Zustand REM-ähnlichen Wachens der Zeitpunkt, währenddessen es den Reiz empfängt, Überlebensverhalten wie Strampeln und Daumensaugen zu praktizieren. Fotos von Ungeborenen im Uterus zeigen, wie sie am Daumen saugen, strampeln, grimassieren und neuro-muskuläre Vorbereitungen auf das Überleben nach der Geburt treffen.

REM-Schlaf und Lernen bei Säuglingen

Wir nehmen die Fähigkeiten eines Neugeborenen ohne viel Nachdenken hin, aber das Gehirn wächst durch Aktion, und Verhaltensmuster müssen aus Rudimenten aufgebaut werden: das Stimulieren von Hirnzellen, die Kontraktion von Muskeln und schließlich die glatte Bewegung der Hand zum Mund. Wir wachsen in dem Maße, in dem wir auf Stimuli reagieren, aber im Uterus gibt es nur relativ wenig Stimulation. In dem dunklen Fruchtwasser schwimmend, spürt das Kind vielleicht den Rhythmus des Herzschlags seiner Mutter, laute Geräusche außerhalb ihres Körpers und ihre Bewegungen. Auf Rhythmen eingestellt, vielleicht durch die Hormonzyklen der Mutter, kann der Hirnstamm das limbische und das visuelle System in Tätigkeit versetzen und Antriebszentren und Bewegung im Anfangsstadium eines Aktivitätsrhythmus stimulieren. Bei den ersten Bewegungen dürfte es sich um Anzeichen der ersten Anlage neuro-muskulärer Programme handeln. Auch in den ersten Monaten nach der Geburt verbringt der Säugling viel Zeit mit scheinbar zufälligen Gesten und Grimassen im REM-Schlaf. Wenn die Kennzeichen des REM-Schlafs in irgendeiner Hinsicht das Ausmaß des zu speichernden Lernstoffes reflektieren, dann dürfte es niemand wundern, daß ein normales Kind etwa fünfzig Prozent seiner Schlafenszeit in diesem Stadium verbringt. Bei Säuglingen mit genetischen Defekten wie Mongolismus* oder Phenylketonurie* und anderen zurückgebliebenen Kindern tritt weniger REM-Aktivität auf, und ihre Hirnwellen-Aufzeichnungen unterscheiden sich merklich von denen normaler Kinder, die ruhig schlafen. Schlaf scheint in Beziehung zu stehen zu den Prozessen des zentralen Nervensystems, die das Lernen ermöglichen, Prozesse, die man häufig nach der erworbenen Fähigkeit, den Geist zur Lösung gewisser Arten von Problemen zu nutzen, als Erkenntnisprozeß bezeichnet. Das neugeborene Kind lernt ununterbrochen. In der Computer-Sprache ausgedrückt, könnte man sagen, die Fehlerquellen müssen aus dem System entfernt werden, denn nichts funktioniert richtig. Das Baby muß »lernen« zu schlucken, ohne dabei zu ersticken, zu husten, ohne sich zu ertränken, zu niesen, Ausscheidungen von sich zu geben, sich umzudrehen und auf die überwältigende Flut von neuen Empfindungen, Stimmen, das Gefühl des Gehaltenwerdens und Temperaturschwankungen zu reagieren. Obwohl es sich bis zu einem gewissen Grade im Uterus vorbereitet hat und eine Kontinuität zwischen pränatalem und postnatalem Leben besteht, sind doch die ersten Wochen nach der Geburt gekennzeichnet durch fast unablässiges Lernen. Im Verlauf der Zeit beginnt die Fülle von Signalen aus der Außenwelt eine neue Art von Bedeutung zu gewinnen, denn nun beginnt die Identifikation von Sprachlauten. Die weniger primitive Hirnregion, die Hirnrinde, fängt nun an, sich rapide zu entwickeln.

Ist ein Säugling acht Monate alt, verbringt er doppelt so viel Zeit in ruhigem wie in REM-Schlaf. Seine Schlafzyklen nähern sich dem Neunzig-Minuten-Zyklus der Erwachsenen. Die Zunahme des ruhigen Schlafs mit langsamen Hirnwellen deutet auf eine Reifung des Gehirns hin, da diese langsamen Wellen abhängig sind von der Hirnrinde. Die während des Schlafs gemachten EEG-Aufzeichnungen und das Zeitschema der Aktivität des Kindes geben in verschiedener Hinsicht Aufschlüsse darüber, ob die Hirnreifung normal verläuft oder nicht. Bei voll ausgetragenen Säuglingen zeigen sich regelmäßigere Schlafstadien als bei Frühgeburten. Die Regelmäßigkeit der Schlafzyklen ist ein frühes Anzeichen für die Reifung des zentralen Nervensystems. Ein grundlegender Zyklus von Aktivität und Ruhe kündigt sich bereits lange vor der Geburt an.

Fetale Rhythmen

Bei ungeborenen Tieren hat man die REM-Zyklen zusammen mit den entsprechenden Schwankungen in Pulsgeschwindigkeit und Blutdruck aufgezeichnet. Sterman hat grundlegende Aktivitäts-Zyklen bei Feten* von der zweiundzwanzigsten Woche an bis zum Zeitpunkt der Geburt festgestellt. Er beobachtete acht schwangere Frauen, die bereit waren, mit EEG-Kabeln und einer Elektrode auf dem Leib in seinem Laboratorium zu schlafen. Dabei stellte Doktor Sterman fest, daß es zwei fetale Rhythmen gab. Der eine war ein innerer Aktivitäts-Rhythmus von etwa dreißig bis fünfzig Minuten Dauer, der andere stand in Beziehung zum REM-Schlaf der Mutter und umfaßte achtzig bis hundert Minuten. Bei fortgeschrittener Schwangerschaft mußten die Frauen gelegentlich nachts aufstehen, um zu urinieren, wodurch ihre Schlafzyklen unterbrochen wurden. Dennoch blieb der Aktivitäts-Rhythmus des Fetus bei neunzig bis hundert Minuten stabil. Der stabile REM-Zyklus beim Fetus während des Wachseins der Mutter ließ darauf schließen, daß während des Wachseins irgendwelche Kennzeichen des REM-Zyklus, vielleicht durch Hormone, übermittelt wurden. Bei der Geburt verschwand der Neunzig-Minuten-Zyklus. Der Säugling lebte jetzt in einem Vierzig-Minuten-Zyklus von Atmung, EEGs, Körperbewegung und Augenbewegung. Der REM-Zyklus bei Säuglingen dauert etwa vierzig bis siebenundvierzig Minuten und hat sich, wenn das Kind etwa acht Monate alt ist, auf ungefähr neunzig Minuten verlängert; dabei bleibt es dann zeit seines Lebens. Überdies zeigt der Säugling einen Zyklus von hundertachtzig Minuten, was Hunger und Fütterung angeht.

Entwicklung cirkadianer Rhythmen im Säuglingsalter

Das Neugeborene scheint viel mehr zu schlafen, als es in Wirklichkeit der Fall ist. Es kann vorkommen, daß ein zehn Monate altes Kind nur drei Stunden weniger schläft als kurz nach seiner Geburt, aber

jetzt drängen sich die Stunden seines Wachseins am Tage zusammen, wo die Eltern es beobachten können. Es ißt und näßt auch bei Tage. Obwohl es den Anschein haben mag, als kümmerten sich Neugeborene nur wenig um Tag oder Nacht, werden sie doch, wenn sie auf Verlangen gefüttert werden, mehr Wert auf Tag- als auf Nachtfütterungen legen. Bei Säuglingen tritt der cirkadiane Aktivitäts-Rhythmus um die sechzehnte bis zwanzigste Lebenswoche in Erscheinung. Dennoch weisen nicht alle physiologischen Funktionen des Säuglings Rhythmen auf, die sich mit denen Erwachsener in Phase befinden.
Bei den verschiedenen Systemen des Körpers treten die cirkadianen Rhythmen in verschiedenen Altersstufen auf. Man weiß noch nicht recht, wie man das etappenweise Auftreten von cirkadianer Rhythmizität im Körper deuten soll; möglicherweise spiegelt sich jedoch in ihm die Tatsache, daß die verschiedenen Körpersysteme, wie Herz, Nieren und Nebennieren, verschieden schnell reifen. Das bedeutet, daß man bei einem Kind das routinierte und harmonische Funktionieren eines Erwachsenen noch nicht erwarten kann. Das Eintreten cirkadianer Rhythmen wurde bisher nur bei einigen wenigen Funktionen aufgezeichnet, aber in nicht allzu ferner Zukunft wird in Handbüchern über das Aufziehen von Kindern eine Tabelle zahlreicher physiologischer Funktionen enthalten sein — und die Eltern können dann feststellen, wann damit zu rechnen ist, daß ihr Kind einen cirkadianen Rhythmus der Geschmacksempfindung, der Nebennieren-Corticosteroide, der Müdigkeit und vieler anderer Körperfunktionen zeigt.
Als die Doktoren T. Hellbrügge und J. Rutenfranz dreihundert Säuglinge auf verschiedene Körperfunktionen testeten, fanden sie in der ersten Lebenswoche nur einen Rhythmus, der sich als cirkadian identifizieren ließ. Das war der elektrische Hautwiderstand. Der Widerstand war groß am Morgen und gering am Abend. Die Leitfähigkeit der Haut dürfte in Beziehung stehen zu Schwankungen der chemischen Vorgänge und der Feuchtigkeit in der Haut, die eine Folge von Nervenreizen sind. Somit konnte man die Leitfähigkeit der Haut als ein Anzeichen für die Aktivität des autonomen Nervensystems deuten, das die Überlebensfunktionen reguliert. Allerdings kann auch die Menge von Kalium und Natrium im Urin Hinweise auf Aspekte der Tätigkeit von Nervensystem und Nebennierenrinde geben, und bei ihnen zeigte sich kein Unterschied zwischen Tag und Nacht. Wie Hellbrügge feststellte, gab es bei einem Neugeborenen ein

Modell von Schlafen und Wachen, von Augenaktivität, von Körpertemperatur und Puls und von der Menge des ausgeschiedenen Kalium, Kalzium und Natrium, das mit der Vierundzwanzig-Stunden-Periode der Umwelt nicht synchron lief. Diese zeitliche Diskrepanz dürfte eine der ersten Streß-Situationen im Leben darstellen, da es vorkommen kann, daß ein Kind, das schreit, weil es Hunger hat, naß ist oder sich nicht wohl fühlt, lange warten muß, weil seine Eltern schlafen.

Untersuchungen ließen erkennen, daß die Urin-Ausscheidung in der zweiten und dritten Lebenswoche rhythmische Form annahm: die Ausscheidungen waren bei Tage reichlicher als in der Nacht. Dieser Rhythmus schien jedoch unabhängig von der Flüssigkeitsaufnahme des Kindes, denn es trank bei Nacht fast ebensoviel wie bei Tage.

Die Temperatur eines Erwachsenen schwankt im Verlauf von vierundzwanzig Stunden um einige Zehntelgrad. Dieser ausgeprägt cirkadiane Rhythmus der Körpertemperatur zeigt sich erst relativ spät. Die höhere Temperatur bei Tage ist erst im fünften bis neunten Lebensmonat leicht festzustellen. Etwa um die gleiche Zeit tritt eine feststellbare Periodizität im Blutzucker-Spiegel des Kindes, in den Bestandteilen des Urins und der Urinmenge auf. Im Alter zwischen vier und zwanzig Wochen kommt es zu den ersten Anzeichen eines cirkadianen Rhythmus der Herztätigkeit. Erst viel später, wenn das Kind anderthalb oder fast zwei Jahre alt ist, kommt es zu einem stark cirkadianen Rhythmus bei der Ausscheidung von Chloriden und Kreatinin, einem im Urin enthaltenen Nebenprodukt der Muskeltätigkeit. Es kommt weiterhin zur rhythmischen Ausscheidung von Ionen (geladenen Teilchen) — Phosphate*, Natrium und Kalium —, die vermutlich beim Stimulieren von Nervenzellen eine Rolle spielen. Auch bei Tieren wurden einige dieser Entwicklungs-Modelle festgestellt. Der cirkadiane Rhythmus der Nebennieren-Hormone, der beim Erwachsenen so stark ausgeprägt ist, ist beim Neugeborenen nicht vorhanden. Dr. Robert Franks hat festgestellt, daß bei Kindern unter zwei Jahren der Gehalt von 17-OHCS im Blut nicht den beständigen cirkadianen Rhythmus des Erwachsenen hat. Bei Kindern im Alter zwischen drei und dreizehn Jahren jedoch zeigte sich eine den Erwachsenen vergleichbare rhythmische Schwankung, was darauf schließen läßt, daß es irgendwann um das dritte Lebensjahr zur Entwicklung der Gezeiten der Nebenniere kommt.

Wie aus dem folgenden Kapitel zu entnehmen, reguliert der Gehalt an Nebennieren-Hormonen Sinneswahrnehmungen und Erschöpfung. Da Erwachsene rhythmische Wesen sind, können sie diese subtilen Veränderungen bei sich selbst vorhersehen. Bei einem Kind unter drei Jahren dagegen dürfte das einigermaßen schwerfallen. Die Geschwindigkeit, mit der ein Kind cirkadiane Nebennieren-Rhythmen entwickelt, läßt sich zum Teil durch seine Umgebung beschleunigen.

Stimulation im Säuglingsalter

Tierversuche in den Laboratorien der Doktoren Curt P. Richter, Seymour Levine und Robert Ader haben gezeigt, daß sich die Wachstumsgeschwindigkeit des Nebennieren-Systems bei Ratten durch Manipulation an der Mutter vor der Entbindung oder durch Reizung oder Mißhandlung der Jungen nach der Geburt beeinflussen läßt. Eine neugeborene Ratte hat anfänglich keinen täglichen Rhythmus des Nebennieren-Hormons Corticosteron. Erst wenn das Tier einundzwanzig bis fünfundzwanzig Tage alt ist, wird die Nebennieren-Sekretion rhythmisch. Tiere, die unmittelbar nach der Geburt erschreckt und mißhandelt wurden, reiften schneller. Bei ihnen trat der Rhythmus der Nebennieren-Hormone mit sechzehn Tagen auf, fünf bis zehn Tage früher als bei in Ruhe gelassenen Tieren. Frühe Erfahrungen beschleunigen offenbar den Reifungsprozeß und das Auftreten eines Rhythmus der Nebennieren-Hormone.
Ironischerweise hatten Seymour Levine und Geoffrey Harris damit gerechnet, daß sie bei ihren Ratten Neurosen und psychosomatische Krankheiten hervorrufen würden. Sie waren davon ausgegangen, daß grobe Behandlung im Säuglingsalter die Wurzel von Neurosen sein könne, und sie schüttelten junge Ratten, erschreckten sie und setzten sie dem aus, was man als Test im offenen Feld bezeichnet: ein kleines Geschöpf wird dabei in einem sehr großen Käfig beobachtet oder auf einem Fußboden, der im Vergleich zu dem Nagetier ungeheuer groß ist und keinerlei Schutz bietet. Es waren nicht die derart belasteten Tiere, die ängstlich dahockten und Kot ausschieden. Im Gegenteil, es war das beschützte, in der Isolation aufgewachsene und völlig ungestört gebliebene Tier, das Anzeichen übertriebener Angst und unangebrachter Reaktionen der Nebennieren-Hormone zeigte. Als die Wissenschaftler die Tiere unter physiologischen Aspekten miteinander

verglichen, stellte sich eindeutig heraus, daß die Nebennieren-Systeme der geschützten, isolierten Tiere längst nicht so weit gereift waren wie die derjenigen, die unter »Streß« gestanden hatten. Es hatte den Anschein, als wirkten sich gewisse frühe Anforderungen, Erfahrungen und Belastungen tatsächlich zum Vorteil der Tiere aus; außerdem schienen sie dem Nebennieren-System zu helfen, seine Leistung und seine Reaktionsgeschwindigkeit den Erfordernissen des Lebens anzupassen. Auch für die Entwicklung eines menschlichen Säuglings dürfte Erfahrung wichtiger sein als ein behütetes Leben wie in einem Vakuum.

Beobachtungen an Säuglingen haben gezeigt, daß der Spiegel der Nebennieren-Hormone steigt, wenn Kinder schreien. Zudem scheint auch der cirkadiane Rhythmus von Schlafen und Wachen bei Kindern, die in der mit leichten Belastungen verbundenen Atmosphäre eines Säuglingsheimes aufwachsen, schneller zu reifen. Das entdeckte ein Team von Psychiatern unter Leitung von Dr. Louis W. Sander, das herausfinden wollte, wie sich frühe Erfahrungen und Pflege auf die spätere Anpassung auswirken.

Verträglichkeit zwischen Eltern und Säugling

Eine der Definitionen der Verträglichkeit zwischen Eltern und Kind muß das Ausmaß der zeitlichen Synchronisation sein. Dr. Sander und seine Mitarbeiter studierten die Dauer des Schreiens und die Schlaf-Wach-Modelle einer Reihe von Säuglingen während ihres ersten Lebensmonats; einige von ihnen blieben nach der Geburt in einem Säuglingsheim, wo sie alle vier Stunden versorgt wurden, andere standen unter ständiger Obhut der eigenen oder einer Ersatzmutter. Die Kinder im Säuglingsheim hatten ganz offensichtlich einen Aktivitäts- und Wach-Rhythmus, der mit dem Zeitplan des Säuglingsheims nicht synchron lief, und in den ersten zehn Tagen neigten diese Kinder in zunehmendem Maße dazu, in der Nacht zu schreien, während Kinder, die zusammen mit einer Pflegeperson in einem Zimmer lebten, in zunehmendem Maße bei Tag schrien. Die Aufzeichnungen über das Schreien ließen auch erkennen, daß bei den Ersatzmüttern hinsichtlich der Einfühlsamkeit und Zeitwahl ihrer Reaktionen große Unterschiede bestanden. Aber die Kinder, die ihre ersten zehn Tage im Säuglingsheim verbrachten, entwickelten einen cirkadianen Rhythmus von Schlafen und Wachen wesentlich schneller als diejenigen, die von einer einzigen Person betreut wurden. Die Kinder im Säuglingsheim waren vermutlich stärkerer Belastung ausgesetzt, da ihre Aktivitäts-Perioden nicht mit den Zeiten zusammenfielen, zu denen sie gefüttert wurden. Diese Belastung wirkt sich vermutlich auf das Kind aus; sie sorgt dafür, daß es sich einem Vierundzwanzig-Stunden-Tag annähert und sich somit dem Rhythmus der Pflegepersonen anpaßt.

Dr. Sander und seine Mitarbeiter in Boston bemerkten, daß das Kind im Säuglingsheim seine ersten zehn Lebenstage nicht synchron mit seiner Umgebung lebte, ein nicht sonderlich angenehmer oder erfreulicher Zustand. Da sich das Baby jedoch der Routine seiner Umgebung anpassen mußte, entwickelte es vorzeitig einen cirkadianen Rhythmus; es blieb am Tage längere Zeit hindurch wach und verlegte einen größeren Teil seines Schlafs in die Nacht. Mediziner hielten diesen beschleunigten Reifeprozeß nicht für vorteilhaft, denn sie waren der Ansicht, verlängertes Wachsein könne bei diesen Kindern zur Erschöpfung führen; die Folge wäre, daß sie weniger fähig wären, sich Neuem anzupassen, als Kinder, die von einer einzelnen Person betreut wurden. Andererseits könne der Zeitplan des Erwachsenen ein Kind flexibler machen und es ermöglichen, daß es von mehr als nur einer einzigen Person betreut wird.

Der Zeitplan ist fraglos ein überaus wichtiges Element der ersten Beziehungen zwischen Mutter und Kind; man beginnt gerade mit seiner Erforschung.

Synchronisation bei Mutter und Kind

Ein merkwürdiger Fall von Synchronisation wurde von Dr. Boyd Lester in einem Schlaflaboratorium an der Universität von Oklahoma beobachtet. Als man Mütter und Kinder gleichzeitig die ganze Nacht hindurch in dem Schlaflaboratorium der Medizinischen Fakultät kontrollierte, stellte sich heraus, daß in einigen Fällen Mutter und Kind gleichzeitig zu REM-Schlaf überzugehen schienen — eine Synchron-Erscheinung, die bereits vor der Geburt begonnen haben dürfte, als die Aktivitäts-Zyklen des Fetus mit den REM-Zyklen der Mutter zusammenfielen. Gelegentlich wurde der synchrone Schlafzyklus von Mutter und Kind unterbrochen, wenn die Mutter nach einer emotionellen Erregung, beispielsweise nach einem Streit mit ihrem Mann, in das Laboratorium kam. In dieser und in den darauffolgenden Nächten zeigten sich bei ihr und ihrem Kind keine synchronen Schlafrhythmen. Das kann nicht überraschen, da neuartige Erfahrungen und Streß die Schlafrhythmen verändern.

Rhythmen zur Orientierung

Säuglinge und Kinder reagieren auf Freude und Belastung mit rhythmischer, wiederholter Aktivität. Vom Anschlagen des Kopfes gegen irgendwelche Gegenstände und Sichwiegen des Säuglings bis hin zum Löffelklappern und Marschieren größerer Kinder gibt es genügend Beweise, daß der Rhythmus selbst Freude macht. Vielleicht ist Rhythmus tatsächlich eine der frühesten, zutiefst verwurzelten Methoden zur Orientierung. In der Dunkelheit des mütterlichen Fruchtwassers schwebend, spürt der Fetus die Vibration des Herzschlages seiner Mutter und das Pulsieren ihrer Blutgefäße. Der Pulsgeschwindigkeit tierischer Feten nach zu urteilen, reagiert das Ungeborene auf äußere Geräusche. Nach der Geburt fehlen die vertrauten Rhythmen, dafür gibt es jedoch neue Geräusche, Bewegungen, Gefühle, die dem Kind chaotisch und unüberschaubar vorkommen mögen. Vielleicht hilft das Klapsen und Wiegen durch die Mutter dem Neugeborenen, den Übergang von einer Welt aus simplen Rhythmen zum Chaos des Lebens zu finden. Wenn sie ihr Kind im Arm hält, kann es vorkommen, daß ihre Atmung fast synchron verläuft, und sie kann so die Stimuli von Atmung und Pulsschlag, an denen sich das Kind vor der Geburt orientierte, zum Teil neu schaffen.

Rhythmen in vitro?

In der Zukunft — und für den Seelenfrieden der meisten Menschen wahrscheinlich nicht weit genug in der Zukunft — werden, wie die Erforscher meinen, Embryos *in vitro** ernährt werden. Frauen brauchen keine Kinder mehr auszutragen, und die Kinder selbst werden vermutlich auf besonders wünschenswerte Merkmale wie Intelligenz und angenehme Charaktereigenschaften hin gezüchtet. Diese Embryos, die sich in der chemisch reichen und nahrhaften Umgebung

der Laborflasche entwickeln dürfen, brauchen für ihr wachsendes Nervensystem mehr als nur die richtige Temperatur und die geeignete Mischung von Nährstoffen. Wie sähe ein Kind aus, das in aller Stille heranwächst, ohne die Bewegungen der Mutter, ohne rhythmische Beeinflussung durch Hormone, Geräusche, Herzschlag? Wären solche Babys imstande, Rhythmen zu entwickeln, die ohne Störungen funktionieren können? Wie wirkt sich der Rhythmus der pränatalen Welt überhaupt auf das entstehende Kind aus?
In dieser ersten, intimen Symbiose zwischen Mutter und Kind kann man häufig einen Rapport beobachten, wenn die Mutter rhythmische Laute von sich gibt und damit dem Kind hilft, den Rhythmus des Saugens zu erlernen. In späteren Kindesjahren gibt es kaum einen Akt der Koordination, kein Spiel oder keine Bewegung, zu denen das Kind imstande ist, die sich nicht durch Rhythmus verbessern ließen. Rhythmus ist unser Wort für jede glatte, harmonische Bewegung, und jeder Sport, jedes körperliche Tun läßt sich durch Rhythmizität steigern. Schon im frühen Säuglingsalter gibt es deutliche individuelle Unterschiede in der Rhythmizität von Kindern, von denen einige auf ihre spätere Entwicklung schließen lassen.

»Rhythmische« und »arrythmische« Kinder

Eine aus Dr. Alexander Thomas, Stella Chess und Herbert G. Birch bestehende Forschungsgruppe in New York studierte 141 Kinder (aus 58 Familien) von Geburt an bis zum Alter von zehn Jahren und stellte fest, daß die Regelmäßigkeit oder Unregelmäßigkeit von Essen, Schlafen und anderen Gewohnheiten einen wichtigen Anhaltspunkt für das Temperament und die spätere Anpassungsfähigkeit liefert. Die Kinder unterschieden sich bereits von Geburt an voneinander, und die Forscher fanden drei Grundtypen der Temperamentsveranlagung. Es lohnt sich, ihre Beschreibung in *Scientific American* zu zitieren.
Der eine Typus wird charakterisiert durch positive Stimmungslage, Regelmäßigkeit der Körperfunktionen, eher eine geringe oder bescheidene Intensität als ein Zurückscheuen. Als Säuglinge gelangen die Kinder rasch zu regelmäßigen Schlaf- und Essenszeiten, sie sind im allgemeinen heiter und passen sich neuen Umweltgegebenheiten und neuen Gesichtern rasch an.
Im Gegensatz hierzu fanden wir eine andere Konstellation von Eigen-

schaften, die »schwierige« Kinder kennzeichnete. Die Körperfunktionen dieser Kinder sind unregelmäßig, ihre Reaktionen gewöhnlich heftig, sie neigen dazu, sich angesichts neuer Reize zurückzuziehen, passen sich Veränderungen ihrer Umwelt nur langsam an, ihre Gemütslage ist gewöhnlich negativ gefärbt. Als Säuglinge schlafen und essen sie häufig unregelmäßig, gewöhnen sich nur langsam an neue Nahrungsmittel, brauchen lange Zeit, sich neuen Gegebenheiten oder Tätigkeiten anzupassen, und neigen dazu, viel zu schreien.
Gerade diese Kinder neigten zu Wutanfällen, wenn ihnen etwas mißfiel; ihre Eltern mußten ein ungewöhnliches Maß an Ausdauer und Toleranz aufbringen. Vierzig Prozent der Kinder paßten sich leicht an, zehn Prozent waren schwierig, weitere fünfzehn Prozent schienen langsam zu reagieren.
Typisch für diese Kinder ist ein niedriger Aktivitätsspiegel; sie neigen dazu, sich bei der ersten Begegnung mit einem neuen Reiz zurückzuziehen, passen sich nur langsam an, ihre Gemütslage ist leicht negativ gefärbt, sie reagieren mit einer niedrigen Reaktionsintensität auf neue Situationen.
Etwa fünfunddreißig Prozent der Kinder paßte in keine dieser Kategorien.
Es dürfte kaum überraschen, daß es bei siebzig Prozent der »schwierigen« Kinder zu Verhaltensproblemen kam; bei den »bequemen« Kindern waren es achtzehn Prozent. Viele Faktoren wirken auf geheimnisvolle Weise bei der Entwicklung einer Persönlichkeit zusammen, und von ihnen hat das Verhältnis zwischen Eltern und Kind gewöhnlich die stärkste Formkraft. Das Temperament des Säuglings übt jedoch einen starken Einfluß auf dieses frühkindliche Verhältnis zu den Eltern aus. Das Element der Zeitwahl scheint von größter Wichtigkeit. Vielleicht reagiert das schwierige Kind tatsächlich auf seine eigenen Unregelmäßigkeiten, während sich das regelmäßige Kind mühelos in seine Umgebung einfügt. Kurven der Rhythmizität, die im Verlauf der New Yorker Studie angefertigt wurden, ließen erkennen, daß die regelmäßigen Kinder von Geburt an alle vier Stunden gefüttert wurden. Ihre Ausscheidungen erfolgten regelmäßig, sie schliefen mit sechs Monaten zu einer bestimmten Stunde ein und hielten im Alter von einem Jahr nach dem Essen einen Mittagsschlaf. Vielleicht trugen die Stunden des Fütterns und Pflegens zur Synchronisation dieser Kinder bei, und wie bei den Babys im Säuglingsheim der Bostoner Studie wurde die cirkadiane Rhythmizität beschleunigt. Im

Alter von fünf Jahren schliefen diese »rhythmischen« Kinder ein, sobald sie ins Bett gebracht worden waren, ihre Stuhlentleerungen erfolgten regelmäßig; mit zehn Jahren schliefen sie jede Nacht gleich lange und aßen nur zu den allgemeinen Essenszeiten. Das unregelmäßige Kind wachte im Alter von zwei Monaten jeden Tag zu einer anderen Zeit auf, mit sechs Monaten waren Nahrungsaufnahme und Dauer des Schlafs bei Tage unterschiedlich, und es brauchte mit zwei Jahren — und selbst noch mit fünf Jahren — über eine Stunde zum Einschlafen. Noch mit zehn Jahren schwankte die Nahrungsaufnahme, und das Kind schlief jeden Abend zu einer anderen Zeit ein.
Einem Kind, dessen eigener Körper unberechenbar ist und das nicht absehen kann, was er als nächstes tun wird, muß es mehr oder minder schwerfallen, auch nur die einfachsten Formen der Selbstbeherrschung zu erlernen. Dieses Kind ist fast dazu verurteilt, Schwierigkeiten in der Schule zu haben. Es ist sogar möglich, an Hand der Rhythmizitätskurve des Säuglings den schlechten Schlaf, die Schlafstörungen und die psychosomatischen Leiden späterer Jahre vorherzusehen. Glattes Funktionieren des Körpers setzt eine Harmonie der cirkadianen Zyklen voraus, und diese Kinder beginnen ihr Leben mit einem Handikap, auf dem ein Teil ihrer schlechten Launen, ihrer Wutanfälle und ihres Zurückscheuens beruhen dürfte. Kann man ihnen helfen, indem man sie von Geburt an regelmäßig füttert und betreut? Es wäre gewiß möglich, in Zukunft alle Säuglinge schon bei der Geburt auf ihre Rhythmizität hin zu untersuchen. Vielleicht kann man sie durch planmäßiges Füttern, Beleuchtung und Stimulation steuern. Allerdings steht noch nicht fest, ob bei diesen unregelmäßigen Kindern physiologische Defekte vorliegen, die zu minimal sind, als daß man sie entdecken könnte (wie etwa die sehr weit verbreitete subklinische Epilepsie, die Dr. Milton Tobias bei vielen Schulkindern in Los Angeles feststellte), und die den Zeitwahl-Mechanismus des Nervensystems stören. Weshalb diese Kinder unregelmäßig sind, wissen wir nicht; das herauszufinden, dürfte eine wichtige Aufgabe der Forscher sein. Wir wissen noch nicht, wieviel von unserer cirkadianen Rhythmizität erlernt, durch Umweltgegebenheiten, durch Licht und Dunkelheit geprägt ist. In welchem Ausmaß ist unsere Rhythmizität ererbt? Für eine beträchtliche und geplagte Prozentzahl der Bevölkerung sind das dringende Fragen, deren Beantwortung möglicherweise lebenslanges Leiden zu verhindern vermag.
Fest steht, daß das Zeitschema des Säuglingsheims hilft, die Rhythmen

des Kindes zu formen. Dennoch muß die Rhythmizität zum Teil auch ererbt sein, denn es ist unwahrscheinlich, daß ein Menschenkind selbst in der Isolation einen Tag von neunzehn oder fünfundzwanzig Stunden leben würde. Es würde eher, als wäre es vorgeformt, einem äußeren Rhythmus von rund vierundzwanzig Stunden folgen.

Nicht-cirkadiane Zyklen bei Ratten

Es wäre inhuman, die Elastizität des cirkadianen Aktivitätszyklus an Säuglingen zu testen; dafür hat eine Reihe namhafter Wissenschaftler Generationen von Tieren von jedem zeitlichen Anhaltspunkt isoliert aufgezogen; sie hofften herauszufinden, ob sich bei ihnen nicht-cirkadiane Zyklen entwickelten. In einigen Fällen wurde Rattenjungen eine Stiefmutter beigegeben, die unter einem anderen Lichtzyklus gehalten worden war als ihre natürliche Mutter und deshalb einen anderen Aktivitätsrhythmus hatte. Man stellte fest, daß Nagetiere überwiegend in den Stunden des Lichts gesäugt und bemuttert werden. Indem man eine Barriere in einem sorgfältig ausbalancierten Käfig errichtete, wobei die Jungen auf der einen Seite und die Mutter auf der anderen gehalten wurden, konnte man feststellen, zu welcher Zeit die Mutter die Barriere übersprang, um zu ihren Jungen zu gelangen und sie zu füttern und zu putzen. Hatte man Rattenmütter nach einem Schema von sechs Stunden Licht und sechs Stunden Dunkelheit aufgezogen, kehrten sie dennoch bei der Ausübung ihrer Mutterpflichten zu einem cirkadianen Zyklus zurück und erledigten den größten Teil ihrer Arbeit während einer Lichtperiode im Verlauf von vierundzwanzig Stunden. Forscher versuchten die Tiere zu verwirren, indem sie das Lichtschema der Mutterratte umkehrten. Die Phase ihres Hegerhythmus verschob sich zwar, aber sie behielt einen cirkadianen Rhythmus bei. Dr. Robert Ader und seine Mitarbeiter an der University of Rochester Medical School haben das Hell-Dunkel-Schema ihrer Tiere vielfach abgewandelt. Wurden die Tiere einem bestimmten Schema unterworfen (beispielsweise acht Stunden Licht und acht Stunden Dunkelheit), entwickelten sie keinen Aktivitätsrhythmus von sechzehn Stunden, sondern kehrten zu einem cirkadianen Zyklus zurück. Viele von ihnen wirkten krank und wurden inaktiv. Allem Anschein nach haben Säugetiere rund vierundzwanzig Stunden umfassende potentielle Schwankungen ererbt, einen Rhythmus, der sich durch Licht, Dunkelheit und soziale Gegebenheiten steuern läßt. Bisher spricht das in den Laboratorien gefundene Beweismaterial gegen die Wahrscheinlichkeit, daß künftige Generationen in Zyklen leben werden, die nicht cirkadian sind, es sei denn, es handelt sich um ein Vielfaches oder Bruchteile des Vierundzwanzig-Stunden-Tages, die einen zugrunde liegenden cirkadianen Rhythmus nicht beeinträchtigen.

Alter und Schlaf

An dem einen Ende des Spektrums schlafen und wachen Säuglinge in einem Rhythmus kurzer Schlafperioden, und am anderen Ende neigen alte Leute dazu, zu diesem vielphasischen Wechsel zwischen Schlafen und Wachen zurückzukehren. Die während des Schlafs bei jungen Menschen gemachten Aufzeichnungen unterscheiden sich deutlich von denen älterer Leute. Der Tiefschlaf von Stadium IV tritt in den EEGs der Älteren nicht in Erscheinung. Für Kinder zwischen drei und sieben Jahren ist es typisch, daß sie die ersten Nachtstunden überwiegend in diesem Zustand völligen Vergessens verbringen. Es kommt häufig vor, daß Kinder nach einer Party von ihren Eltern hochgenommen werden und dabei nur so weit erwachen, um ein oder zwei Mal zu knurren. Stellt man einen Zwei- oder Dreijährigen in diesem Zustand auf die Beine, kann es geschehen, daß er zusammensinkt oder sich wie ein Schlafwandler verhält; in diesen ersten Nachtstunden des Tiefschlafs kann es zu Schlafwandeln kommen, zu Sprechen im Schlaf, Bettnässen und Alpträumen. Ein Achtjähriger verbringt mehr als drei Stunden in diesem Stadium, bei einem Jugendlichen sind es zweieinhalb Stunden. Diese Schlafphase fehlt bei älteren Leuten, denn zu den Kennzeichen des Alterns scheint eine allgemeine Abnahme der EEG-Amplitude zu gehören.
Jeder ältere Mensch kennt die subjektiven Anzeichen dieser Veränderung, denn er schläft nicht mehr so tief. Der durch nichts zu erschütternde Schlaf der Kindheit verschwindet in den mittleren Lebensjahren. Der Anteil des REM-Schlafs im Schlafzyklus dagegen bleibt das ganze Leben hindurch unverändert, es sei denn, cardiovaskuläre* oder andere Krankheiten hätten bei einem Menschen zu Hirnschädigungen geführt. Einige Veränderungen im Schlafrhythmus weisen auf Krankheiten im reifenden und alternden Gehirn hin,

andere jedoch können lediglich andeuten, daß die Beschränkungen der Gesellschaft ihre Macht über einen Menschen, der den täglichen Pflichten in Beruf und Familie nicht mehr nachzukommen braucht, verloren haben. Ein Mensch, der im Ruhestand lebt, kann schlafen, wann immer er Lust dazu verspürt. Ältere Patienten, die über Schlaflosigkeit klagen, machen häufig ein Schläfchen bei Tage. Der Tagschlaf älterer Leute kann anfangs den polyzyklischen Schlafmodellen des Säuglings gleichen, aber Untersuchungen des 17-OHCS-Spiegels im Blut alter Menschen in Krankenhäusern und Altersheimen zeigten keinerlei abnorme Rhythmen. Allerdings waren diese Leute durch die Institutionen, in denen sie lebten, zu einem normalen Tag-Nacht-Schema gezwungen.

Cirkadiane Rhythmen bei alten und jungen Menschen

In einer Vorstudie haben die Doktoren Harold A. Cahn, Edgar Folk jr. und Paul E. Huston die cirkadianen Rhythmen einer Gruppe junger und einer Gruppe älterer Männer miteinander verglichen. Sie hatten sich die schwierige Aufgabe gestellt, rund um die Uhr in kurzen Abständen Messungen vorzunehmen. Über einen Zeitraum von dreißig Stunden hinweg machten sie jede Stunde ihre Aufzeichnungen.

Im folgenden Kapitel wird sich erweisen, daß nicht alle Körperfunktionen zur gleichen Zeit den Höhepunkt ihrer Aktivität erreichen, daß sie jedoch koordiniert sind. In diesem Fall wählten die Forscher solche Indizien aus, die ihnen über die Koordination von Stoffwechsel, Nierentätigkeit und Herzfunktion Hinweise vermittelten. Sie entschieden sich mit Bedacht für Funktionen, deren Höhepunkte normalerweise dicht beieinander liegen. Da die Höhepunkte von Körpertemperatur, Urinmenge, Herzfrequenz und Ausscheidung von Kalium normalerweise in die gleiche Zeitspanne von vier Stunden fallen, wäre es möglich, Verschiebungen zu erkennen, wenn sich einer oder mehrere dieser Höhepunkte außerhalb ihrer gewohnten Phase befinden. Es wurden drei Gruppen von Versuchspersonen studiert: junge Männer in den Zwanzigern und Dreißigern, eine Gruppe gesunder älterer Männer Ende Fünfzig und Sechzig, und eine Gruppe von depressiven Männern aus der psychiatrischen Klinik im Alter zwischen Ende Vierzig und Ende Sechzig. Jede Versuchsperson wurde für sich in einer unter ständiger Kontrolle stehenden Experimentierkammer studiert, in der das Licht nach Plan ein- und ausgeschaltet wurde, Nahrung und Wasser genau abgemessen und alle störenden Faktoren ferngehalten wurden.

Von den elf jungen Männern ergab sich bei allen bis auf zwei vollkommene innere Synchronisation, bei den zweien war ein Rhythmus leicht außer Phase. Bei den sechs älteren Männern traten bei dreien Phasentrennungen auf, das heißt, es zeigten sich keine säuberlichen Parellelen zwischen den Höhe- und Tiefpunkten der vier gemessenen Funktionen. So konnte beispielsweise der Höhepunkt der Urinmenge am Nachmittag auftreten, der Höhepunkt der Kalium-Ausscheidung lag weit außer Phase und fiel in die Nacht, in der nur wenig Urin ausgeschieden wurde. Bei vier von fünf depressiven Patienten zeigten sich getrennte Phasen.

Da Kalium die Funktionen des Nervensystems zu beeinflussen vermag, kann die Verschiebung des Ausscheidungs-Gipfelpunktes außer Phase mit den anderen Funktionen symptomatisch für eine Erkrankung sein. Den Wissenschaftlern stellte sich die Frage, ob diese Desynchronisation eines der Anzeichen für einen vorzeitigen Wandel des Zeitgefühls ist, der zu Depression führen kann. Insofern könnte diese Studie einen ersten Hinweis auf die Tendenz zu verschobenen Rhythmen bei älteren Leuten, besonders bei depressiven älteren Leuten, liefern. Eine Verschiebung physiologischer Rhythmen kann viele Ursachen haben — organische Krankheiten, den Fortfall sozialen Drucks und zeitlichen Gebundenseins, unregelmäßige Gewohnheiten, Viren, Fieber, Schock und starke emotionelle Belastung. All das kann zu der ständig wachsenden Last seelischer und körperlicher Beschwerden beitragen, unter denen ein Mensch leidet, wenn er älter wird.

Rhythmen und sozial bedingte Zeitschemata können bei der Behandlung geriatrischer* Krankheiten eine große Rolle spielen. Es ist durchaus möglich, daß es zu inneren Verschiebungen kommt, wenn das Schlaf- und Aktivitätsschema eines Menschen nicht die Kraft hat, ihn zur Befolgung einer stetigen Routine von Schlafen und Wachen zu zwingen. Die typische Schlaflosigkeit älterer Menschen verschlimmert sich, wenn sie nicht nach einem festen Schema leben und den ganzen Nachmittag verschlafen. Ein größeres Wissen um ihre physiologischen Rhythmen würde es leichter machen, den richtigen Zeitpunkt für Mahlzeiten und Handreichungen zu finden und sie in der ihnen angemessenen Gangart zu betreuen.

Rhythmen und das Aufziehen von Kindern

Sein ganzes Leben hindurch behält ein Individuum ein Alternieren zwischen Arbeit und Erholung, zwischen Ruhe und Leistung bei, dessen Geschwindigkeit weitgehend von seiner Kultur beeinflußt ist. Kinder entwickeln diesen Zeitsinn bereits frühzeitig, sie passen sich dem Beispiel ihrer Kultur an, jedoch eher aufs Geratewohl als in bewußter Absicht.

Wie Erwachsene gibt es auch Kinder, die nur langsam aus dem Schlaf erwachen und erst um Mittag regelrecht zu funktionieren beginnen. Vermutlich wird sich eines Tages herausstellen, daß sich die physiologischen Kurven von Stoffwechsel und Hormonspiegel bei den sogenannten Eulen und Lerchen in Gefälle und Phase ebenso unterscheiden wie die Temperaturkurven von guten und schlechten Schläfern. Heutzutage muß jeder, der nicht zu den früh erwachenden Lerchen gehört, damit rechnen, daß er unter seiner Natur zu leiden hat. Kinder können nicht wählen, ob sie früh oder spät am Tage zur Schule gehen wollen, und viele Schüler, die in den ersten Stunden noch nicht hellwach sind, werden für dumm oder unaufmerksam gehalten. Unruhe und Träumen werden bestraft, obwohl es richtiger wäre, die Dauer der Unterrichtsstunde der Zeitspanne der Aufmerksamkeit anzupassen. Ebenso wie die Entdeckungen der Psychologie Millionen von Menschen davon erlöst haben, unter Schuld- und Elendsgefühlen ihre Probleme für einmalig zu halten, wird das Studium der Zeitstruktur die Selbstvorwürfe von Kindern und Erwachsenen beseitigen, die sich verbissen bemühen, sich der stetigen Gangart, der stetigen Aufmerksamkeit und der stetigen Aktivität anzupassen, die »verlangt werden« — den regelmäßigen Schwankungen ihrer Körper zum Trotz.

Über die sich entwickelnden Rhythmen ist noch wenig bekannt; dennoch wurde bereits genug publiziert, um die zahlreichen Konflikte zwischen Eltern und Kindern in einem neuen Licht erscheinen zu lassen. Beim Kleinkind unter drei Jahren gibt es noch keinen cirkadianen Rhythmus der Nebennieren-Hormone, was bedeutet, daß der Zeitpunkt seines Müdewerdens oder seine sensitivsten Augenblicke in bezug auf Geschmack, Geruch und Gehör nicht vorhersehbar am Ende des Tages auftreten, wie das beim Erwachsenen der Fall ist. Wie aus den Studien von Dr. Thomas und seinen Mitarbeitern deutlich hervorgeht, ist es für Eltern sehr schwierig, das arrhythmische Kind, das Kind, dessen Schlafenszeiten, Nahrungsaufnahme und Stuhlentleerungen unregelmäßig sind, zu erziehen. Es liegt auf der Hand, daß die sprichwörtliche Erziehung zur Sauberkeit bei einem Kind, das mit fünf noch keine regelmäßigen Ausscheidungen hat, auf erhebliche Schwierigkeiten stößt.

Rhythmizität des individuellen Temperaments

Eine Reihe von Studien läßt nur einen unausweichlichen Schluß zu. Die zeitliche Organisation — die innere Harmonie — eines Neugeborenen ist von ausschlaggebender Bedeutung für seine Anpassung im späteren Leben. Sie bestimmt den Synchronismus oder Asynchronismus, das friedfertige oder nervenzerreibende Wesen, die Fügsamkeit oder Auflehnung gegenüber Eltern oder Pflegepersonen. Sie bestimmt, wie groß der Teil seiner psychischen Energie ist, der auf die Beherrschung seines unberechenbaren Selbst verwendet werden muß. Indem man die zeitliche Harmonie bessert und ein Kind mit der Vierundzwanzig-Stunden-Welt, die es umgibt, resynchronisiert, dürfte es möglich sein, das Leben jener Menschen umzugestalten, die bis zu diesem Punkt der Geschichte verdrossen oder erbittert als Kinder mit schwierigem Temperament behandelt wurden, als widersprüchliche Geschöpfe, deren Dasein eine ständige Qual für ihre Eltern war. Sollte das Zeitproblem ein wichtiger Faktor dieses schwierigen Temperaments sein, dann müßte man die Erforschung der Ursachen dieser Unregelmäßigkeiten mit Vorrang betreiben. Wenn das Zeitproblem das entscheidende Element einer unglücklichen Kindheit ist, dann ist das Temperament womöglich keine axiomatische Veranlagung, die man als gegeben hinnehmen muß. Zeitliche Unstimmigkeiten sollten als ebenso regelwidrig begriffen werden wie die Unfähigkeit des Körpers, ausreichend Insulin* zu produzieren, und wie von einem Auto mit einem nicht richtig regulierten Motor kann man von einem Kind, das sich mit der Welt nicht in Einklang befindet, nicht erwarten, daß es reibungslos funktioniert. Die Tatsache ist so offensichtlich, daß sie fast eine Tautologie darstellt. Immerhin gibt sie Eltern eine neue Methode an die Hand, ihre Kleinkinder neu zu beurteilen und ihre eigene Art, mit den Kindern fertig zu werden, neu zu durchdenken. Wenn weitere Studien auf dem Gebiet der »Chrono-Pädiatrie« erschienen sind, wird das Pendel des Aufziehens von Kindern vermutlich vom Füttern auf Verlangen wegschwingen und hin zu einer Routine, die die Entwicklung der Körperzyklen fördert und die Fähigkeit eines Kindes steigert, mit Heim und Schule synchron zu leben.

Planung des Lebens von alten und jungen Menschen

Das zeitliche Rahmenwerk, die Planung des täglichen Lebens, dürfte bei der Erziehung ganz junger Menschen eine wichtige Rolle spielen; gleichermaßen wichtig ist es, wenn es darum geht, ganz alte Menschen an ein cirkadianes Schema zu binden. Ältere Menschen neigen dazu, dem Trubel der Welt zu entgleiten, indem sie zwischendurch ein Schläfchen machen, unregelmäßig essen und lange, einsame Nächte durchstehen, in denen sie nicht schlafen können. Folgen sie jedoch, wie in einem Altersheim, einem festen Zeitschema, kommt es nicht zu derartiger Schlaflosigkeit. Ältere Menschen neigen dazu, zur biologischen Stunde zurückzukehren, indem sie rund um die Uhr schlafen und wach sind. Diese Zeitspanne zwischen Wachwerden und Entspannen beträgt beim Erwachsenen zwar ungefähr neunzig bis hundertzwanzig Minuten, die Zeitspanne zwischen Rastlosigkeit und Aufmerksamkeit beim Kind ist jedoch kürzer. Die Unterrichtsstunden, die für jüngere Kinder bestimmt sind, dürften vermutlich die fünfunddreißig Minuten dauernde Zeitspanne des Wachseins nicht überschreiten. Da die Uhren und Kalender der Schulen wie überhaupt fast der gesamten Gesellschaft auf Bequemlichkeit (und Wirtschaftlichkeit) abgestimmt sind, ist es für den einzelnen wichtig, seine eigenen Zyklen erkennen zu lernen und sein Leben zeitlich so zu planen, daß er sich seine eigene Gesundheit erhält.

Kinder Zeitsinn lehren

Kinder erwerben das, was man als Zeitsinn bezeichnet, und sie lernen, mit dem Beispiel ihrer Kultur in Schritt zu fallen; aber dieses Lernen hat mehr zufälligen als bewußten Charakter. Die Kinder empfinden schon frühzeitig die zyklischen Veränderungen in ihrer Umgebung. Eine Zeitlang leben sie fast ausschließlich im Zyklus eines Tages. Jeder Tag ist sein eigenes Jahr. Innerhalb jedes Bruchteils eines Tages ist die Aufmerksamkeit des noch sehr kleinen Kindes auf die grundlegenden biologischen Funktionen gerichtet, auf das Gefüttertwerden, das Einnässen, das Umgezogen- und Gebadetwerden und das Herumkrabbelndürfen auf dem Fußboden. Erwachsene helfen Kindern nur selten, die in ihnen vorgehenden zyklischen Veränderungen vorherzusehen. Man könnte sie lehren, Ausscheidung und Hunger vorherzusehen und die mit dem Einschlafen verbundenen Veränderungen eher zu genießen als zu fürchten. Anstatt sich diesen nächtlichen Vorgängen zu widersetzen, könnten sie lernen, sich an dem Meer von Bildern und Empfindungen zu freuen und an dem konvulsivischen Zucken und dem plötzlichen Gefühl des Fallens; all das läßt sich heute vorhersehen und als normale Veränderung im Nervensystem erklären, die jeder Mensch an der Schwelle zum Schlaf erfährt. Man hat begonnen, den unbekannten Abgrund des Schlafs zu kartographieren, ihn mit wissenschaftlichen Leitlinien zu durchziehen. Man kann einem Kind im voraus erklären, wie seine Nacht aussieht. Es kann lernen, wann es mit Träumen zu rechnen hat; dementsprechend können seine Eltern wissen, daß Schlafwandeln und Sprechen im Schlaf nicht selten vorkommen, das Phänomen des Schlafs im Stadium IV jedoch sehr häufig ist. Es kann sogar geschehen, daß Eltern ihr Kind unwissentlich zum Schlafwandeln verleiten, indem sie ein zum Bettnässen neigendes Kind in den ersten Stunden des Tiefschlafs auf die Beine stellen, um es ins Badezimmer zu bringen. Wenn man bizarre Verhaltensweisen, Träume und Illusionen, deren zeitlichen Verlauf man jetzt zu verzeichnen beginnt, vorhersehen kann, so bedeutet das, daß man die rhythmischen Ereignisse des Schlafs aus dem Entsetzen über das Unbekannte hinüberleiten kann in die Gemeinsamkeit menschlicher Erfahrung. Und es ist an der Zeit, daß wir dieses neue Wissen mit unseren Kindern teilen.

Seine eigenen Rhythmen kennen

Einem Kind, das man lehrt, seiner eigenen Rhythmizität zu lauschen, gibt man Werkzeuge zur Selbstbeherrschung in die Hand. Es kann lernen, leicht einzuschlafen, aufzuwachen, wann es aufwachen will, und die Schwankungen seiner Fähigkeiten und Stimmungen ungeängstigt hinzunehmen. Wenn es weiß, daß es während des REM-Schlafs Penis-Erektionen hat, daß es während des Tages Zyklen von

Aufmerksamkeit durchläuft, daß es sich im Laufe von Tagen und Wochen ganz langsam ändert, dann werden diese Veränderungen das Kind nicht erschrecken. Leider lehrt man Kleinkinder häufig bereits auf der untersten Ebene eher, ihre Rhythmen zu ignorieren, als ihnen Folge zu leisten. Man lehrt sie zu essen, wenn sie nicht hungrig sind, und die Signale von Blase und Darm zu ignorieren, sofern sie ungelegen kommen. Ein Kind, das den Schlag seiner eigenen Trommel hören kann, könnte mit der Welt, die es umgibt, in Einklang leben, es wäre in der Lage, die Stunden seiner Leistungsfähigkeit oder Schläfrigkeit im voraus abzusehen. Es würde bei sich nicht das Gleichmaß einer Maschine erwarten und seine inneren Schwankungen nicht gleich der Welt, die es umgibt, zum Vorwurf machen.

Das Kind der Zukunft wird weit mehr über sich selbst wissen als seine Eltern, und sein Leben wird eher den Charakter einer Ganzheit haben. Ebenso, wie wir eine Art Kontinuität zwischen der pränatalen Entwicklung und den Rhythmen nach der Geburt festgestellt haben, hat die Schlafforschung uns wiederholt darauf hingewiesen, daß auch zwischen Schlafen und Wachen eine Kontinuität besteht, die wir einfach nicht erkennen und nutzen. Die strengen Diskontinuitäten, die wir uns selbst auferlegt haben, erschweren das wissenschaftliche Denken und hindern die Menschen daran, im vollen Bewußtsein ihrer biologischen und psychologischen Natur heranzuwachsen. Die Rhythmizität ist ein gutes Beispiel. Die meisten Menschen wissen nicht, wie regelmäßig sie in ihren grundlegenden Funktionen wie Nahrungsaufnahme, Schlafenszeit, Ausscheidungen, Stimmungen, Durst und Müdigkeit sind. Den meisten Menschen wird nicht bewußt, daß sie jede Nacht in regelmäßigen Abständen träumen und daß sie diesen inneren Stimmen gestatten können, in ihr waches Bewußtsein vorzudringen. Sie können lernen, aufzuwachen und sich der Vielfalt ihrer Träume zu erinnern, denn diese flüchtigen Bilder sind wichtig für unser Handeln bei Tage.

Lernen in Schlaf und Traum

Von den Senoi in Malaia heißt es, sie hätten ganz außerordentliche Beziehungen zwischen dem Leben im Schlafen und im Wachen hergestellt. Da sie meinen, in den Träumen spiegele sich das Bemühen des Menschen um Reife und Anpassung an das Leben, messen sie den

Träumen große Bedeutung für das Verhalten während des Wachseins zu; es ist wichtig, daß andere an ihnen teilhaben. In den Familien wird am Morgen über die Träume diskutiert. Erinnert sich ein Kind, im Traum seinen besten Freund geschlagen zu haben, gibt ihm sein Vater vielleicht ein Geschenk, damit es es seinem Freund gibt, bevor die potentielle Feindseligkeit der Freundschaft Abbruch tun kann. Umgekehrt sollen sich die Senoi auch hypnotischer Trancezustände bedienen, mit deren Hilfe sie den Inhalt von Träumen anregen und beeinflussen, denn sie meinen, ein Kind, daß in einem Alptraum seine Furcht vor einem Ungeheuer überwindet, werde mit einem größeren Gefühl der Überlegenheit erwachen. Da sie ihre Träume miteinander teilten, waren die Senoi in der Lage, auch innere Erfahrungen in einem Ausmaß miteinander zu teilen, das für die meisten Amerikaner unvorstellbar wäre. Dennoch kann ein größeres zwischenmenschliches Verständnis nicht ausbleiben, wenn wir beginnen, einen besseren Kontakt zu uns selbst herzustellen.

Die Schlafforschung hat uns gelehrt, daß wir aus den etwa alle neunzig Minuten eintretenden Perioden rascher Augenbewegungen erwachen und uns unserer Träume erinnern können. Wir können durch Anregungen, die wir uns im Wachzustand geben, den Inhalt unserer Träume ändern. Obwohl das bisher vorliegende Material über Lernen im Schlaf nach Tonbandaufnahmen nicht sehr beeindruckend ist, sollte man es doch noch einmal prüfen, denn erfahrene Yogis können sich erinnern, was man im tiefen Schlafstadium der langsamen Wellen zu ihnen sagte, und viele Chirurgen mußten verärgert feststellen, daß völlig anästhetisierte Patienten sich der Gespräche entsannen, die über ihren Körper geführt wurden, während sie auf dem Operationstisch lagen. Für Lernen im Schlaf gibt es bisher nur ganz minimale Beweise, aber das Lösen von Problemen findet im Schlaf zu allen Zeiten statt. In mehr oder minder großem Umfang lösen wir alle im Schlaf Probleme, und einige Menschen haben sogar große schöpferische Entdeckungen gemacht. Eines der berühmtesten Beispiele hierfür ist der Nobelpreisträger Otto Loewi, der entdeckte, daß die Übermittlung von Nervenimpulsen im Körper durch chemische Substanzen erfolgt. Der Gedanke hatte ihn bereits seit langem beschäftigt, aber er hatte noch keinen Weg gefunden, um seine Theorie zu beweisen.

»In der Nacht vor dem Ostersonntag jenes Jahres (1920) erwachte ich, schaltete das Licht ein und machte mir auf einem winzigen Fetzen dünnen Papiers einige Notizen. Dann schlief ich weiter. Um sechs Uhr morgens fiel mir ein, daß ich in der Nacht etwas überaus Wichtiges geschrieben hatte, aber ich war außerstande, das Gekritzel zu entziffern. In der nächsten Nacht um drei Uhr kehrte der Gedanke wieder. Es war der Plan für ein Experiment, mit dem ich feststellen konnte, ob die Hypothese von der chemischen Übermittlung, die ich siebzehn Jahre zuvor aufgestellt hatte, korrekt war oder nicht. Ich stand sofort auf, ging ins Labor und stellte ein einfaches Experiment mit einem Froschherzen an ...«

Die Ergebnisse waren eindeutig und für die gesamte seitherige Physiologie und Medizin von ausschlaggebender Bedeutung. Die Nerven beeinflussen das Herz nicht direkt, sondern entsenden von ihren Endpunkten chemische Übermittler, die die Muskeln zur Konzentration veranlassen. Sind die Taggedanken eines Menschen auf ein interessantes Problem gerichtet, so können seine Nächte zu einer Zeit der Gärung und des Schöpfertums werden. Träume bringen zwar keine Genies hervor, aber jedermann kann im Schlaf Probleme lösen, und vermutlich werden die Menschen in der Zukunft ihren Schlaf bewußter zum Lösen von Problemen nutzen.

Kontrolliertes Erwachen – Zeitsinn

Es steht fest, daß der Schlaf kein einheitlicher, vom restlichen Bewußtsein scharf getrennter Zustand ist, sondern ein Zusammenfluß von Rhythmen, der uns viele Ebenen unterschiedlicher Bewußtheit durchlaufen läßt. In der Zukunft werden die Menschen in der Rhythmizität ihres Schlafs ein Anzeichen ihrer Gesundheit sehen und vielleicht vorsichtiger sein in der Anwendung von Medikamenten, die die Phase der Nebennieren-Rhythmen verschieben und am Tag darauf noch nachwirken. Erfahrenen Wellenreitern vergleichbar, werden die Menschen die Zyklen ihrer inneren Wellen kennenlernen, werden spüren, wann sie warten müssen, wann sie auf der Krone reiten können, wann sie rasch einschlafen, wann sie am Ende eines Zyklus aus leichtem Schlaf auftauchen und erwachen können. Der rund neunzig Minuten umfassende Zyklus von Ruhe und Aktivität, von REM und ruhigem Schlaf, gleicht den Zeigern einer inneren Uhr. Einige Menschen scheinen Kontakt zu diesen Zeitgebern zu haben; vielleicht reagieren sie besonders empfindlich auf diese ganz feinen Modelle des Empfindens, denn sie können ohne Wecker aus dem Schlaf aufwachen und wissen, ohne auf die Uhr zu schauen, genau, wie spät es ist.

Erst kürzlich testete Dr. Charles Tart zehn Studenten, die versuchten, zu vorgegebenen Zeiten, die aufs Geratewohl über die ganze Nacht verteilt worden waren, aus normalem Schlaf zu erwachen. Danach wurden die drei, die am pünktlichsten erwachten, im Schlaflaboratorium des Davis-Institutes der University of California beobachtet. Gelegentlich erwachten sie mit geradezu unheimlicher Präzision auf die Minute genau. Einen der Studenten, der die Anweisungen mißverstanden zu haben schien, hörte man im Schlaf murmeln »2.23 Uhr erwache«, und er erwachte um 2.22 Uhr. Er war angewiesen worden, eine Stunde früher zu erwachen, deshalb blieb seine Nacht bei der Analyse unberücksichtigt. Dennoch ergab sich eindeutig, daß manche Menschen imstande sind, auf die Minute genau zu einer vorgegebenen Zeit aus dem Schlaf zu erwachen. Das Schlafstadium hatte auf das Erwachen jedoch keinen Einfluß, manche erwachten ungezielt ebenso wie aus anderen Stadien. Diese Menschen schienen sich, wie Dr. Tart feststellte, auf eine Uhr in ihrem Gehirn zu verlassen, die feiner und verläßlicher war, als mit den bisher bekannten Schlafrhythmen vereinbar ist. Merkwürdigerweise hat man die Fähigkeit, von selbst aufzuwachen, noch nicht sehr gründlich studiert, obwohl sie uns helfen könnte, die Vielschichtigkeit der Bewußtseinszustände im Schlaf, die Zeitschätzung und die subjektiven Ansichten, die man hinsichtlich der Qualität des Schlafs und seiner zeitlichen Dauer hegt, zu begreifen.

Wenn wir unseren inneren Zyklen mehr Aufmerksamkeit widmen, muß auch unser Gefühl für die innere Zeit exakter werden. Unsere Rhythmizität ist ein wichtiges Organisationsprinzip für Verhalten und Gesundheit, und ein Verhältnis zwischen Regelmäßigkeit und leichter Anpassung ist schon bei Säuglingen deutlich erkennbar.

Unsere Gewohnheiten sind Teil unserer Gesundheit, denn wir »stellen« den gesamten Körper durch die Zeit, zu der wir abends schlafen gehen. Regelmäßige Gewohnheiten helfen uns zusammenzuhalten — im buchstäblichen Sinne des Wortes. Regelmäßige Schlafenszeit sorgt für Harmonie mit uns selbst, und die Stunde, die wir zum Schlafengehen wählen, paßt unseren Tag in die Vierundzwanzig-Stunden-Welt unserer Gesellschaft ein. Diese Einheit von vierundzwanzig Stunden ist nur eine der in unserem Verhalten zum Ausdruck kommenden Perioden, aber sie ist unsere wichtigste Zeiteinheit im sozialen Bereich. Während die Stunden eines jeden Tages vergehen, ändern wir uns sichtlich. Unser geistiger Scharfsinn, die Schärfe unserer Sinneswahrnehmungen, unsere Anfälligkeit gegenüber Streß und Infektionen, selbst das kaum spürbare Entfalten von Vitalität und Eigenheiten — sie alle zeigen einen cirkadianen Rhythmus. Schlafen wir am Vormittag, kommt es vermutlich zu REM-Schlaf, am späten Nachmittag neigen wir eher dazu, in Stadium IV zu schlafen. Während sich das Rad des Bewußtseins vom Tag in die Nacht dreht, vom Wachsein in tiefen Schlaf, können wir erkennen, wie sehr wir uns im Verlauf von jeweils vierundzwanzig Stunden verändern. Am Nachmittag sind wir hellwach, aber auf einen Telefonanruf, der uns mitten aus dem Schlaf reißt, reagieren wir benommen und schwachsinnig, unfähig, uns an das zu erinnern, was gesagt wurde, oder mehr zu antworten als Belanglosigkeiten. Der Gegensatz zu unseren wachsten Augenblicken und dem völlig gedankenleeren Vergessen ist nur ein Beispiel für die rhythmischen Schwankungen, die alle vierundzwanzig Stunden in unserer Physiologie vor sich gehen.

4. Tägliche Schwankungen

Diese Zeitspanne von vierundzwanzig Stunden, die entsteht durch die regelmäßige Drehung der Erde, an der all ihre Bewohner teilhaben, tritt im Körperhaushalt des Menschen besonders deutlich zutage ... Sie ist gewissermaßen die Einheit unserer natürlichen Chronologie.
C. W. Hufeland, *Makrobiotik oder die Kunst, das menschliche Leben zu verlängern*

Die Zeit sagt mir, was ich bin. Ich wandle mich und bleibe doch der gleiche.
Mark Strand

Jeden Tag weisen unser Fühlen und Verhalten, unsere Sinne und unsere Physiologie ein Muster an Schwankungen auf, als folgten sie einer Partitur, die sich alle vierundzwanzig Stunden wiederholt. Unser Körper bewegt sich in einem ausgeprägten Rhythmus des Schlafens, Essens, Arbeitens rasch von Tag zu Tag. Könnte man in diesen Körper hineinblicken, so sähe man ein sich ständig wiederholendes Muster. Man sähe, daß einige Zellen im Schlaf größere Aktivität entwickeln, andere im Wachzustand; einige Hormone wären morgens deutlicher zu erkennen, andere erschienen am frühen Abend. In dieser vielfach ineinander verwobenen Struktur stellen sich die normalen Phasen-Relationen der inneren Körper-Rhythmen dar. Das vertraute Muster würde mehr oder minder gleichbleiben, es sei denn, man fiele einem Virus zum Opfer oder änderte plötzlich die Stunden des Schlafens und Wachens. Dann gäbe es wie bei einem aus dem Takt geratenen Orchester ein paar Takte des Durcheinanders, während sich der Rhythmus neu einstellte und zu seinem früheren Muster zurückkehrte.

Durch unser Tun und unsere Gewohnheiten können wir — wie die Studien der Schlafumkehrung beweisen — die gewohnte Phase und Harmonie der inneren Rhythmen beibehalten oder sie auf eine Weise stören, die letzten Endes unserer Gesundheit schadet. Auch wenn man es in der Jugend nicht glauben will: Lebensmuster neigen auf heimtückische Art dazu, in den mittleren Jahren ihren Widerhall spürbar werden zu lassen. Gegenwärtig kann nur jedes Individuum für sich seinen täglichen Schwankungen lauschen und auf Regelmäßigkeiten und Harmonie seiner Aktivität und Physiologie als Ganzes achten. Noch stellt das Überhören des inneren Rufs nach Ruhe oder Stabilität keine akute Gefahr dar. Kein Mensch stirbt, wenn er Schlaf ausfallen läßt oder ein ungeregeltes Leben führt. Aber die Auswirkungen sind offensichtlich kumulativ; die Folgen können sich später zeigen, wenn der Betreffende durchaus nicht mit ihnen rechnet. Warum und wie dies geschieht, ist das Thema der folgenden drei Kapitel. Am Anfang steht die Einheit eines Tages. Er ist unsere primäre soziale Einheit und spielt in unserer Physiologie eine entscheidende Rolle. Rund um die Uhr durchgeführte Untersuchungen an gesunden Menschen haben erste überzeugende Beweise dafür geliefert, daß es in unserem Körper eine Art cirkadianen Fahrplan gibt. Was wir bisher in Händen haben, sind nur die ersten Fragmente eines riesigen Puzzlespiels. Einiges Material ist unvollständig, anderes muß einfach akzeptiert werden, weil man es noch nicht erklären kann. Immerhin lassen diese vorläufigen Fragmente die Umrisse einer Zeitstruktur in unserem Innern erkennen. So folgt zum Beispiel unsere tägliche Ausscheidung von Salz, Kalium und den Metaboliten* der Hormone einer bestimmten Ordnung; diese geordnete Abfolge der Ausscheidungsmaxima setzt eine entsprechende Ordnung der Aktivitätsmaxima des Drüsensystems, das sie produzierte, voraus. Vielleicht hat das Empfinden, das uns überkommt, wenn wir uns wirklich wohl fühlen, seine Wurzeln in der Tatsache, daß unsere vielfältigen Funktionen nicht alle gleichzeitig den Höhepunkt ihrer Aktivität erreichen und auch nicht gleichzeitig wieder absinken. Sie treten weder zufällig noch regellos ein, sondern stehen sämtlich in bestimmten Phasen-Relationen zueinander wie die Musiker in einem Orchester.

Ein Blick auf die cirkadianen Zyklen unseres Körpers liefert uns die physiologische Grundlage für die täglichen Schwankungen, die wir in Form von Vitalität, Müdigkeit, Stimmungen und Hunger erleben, und läßt erkennen, auf welche Weise unser Tun in unserem Körper sein Echo findet.

Körpertemperatur

Jedermann scheint zu wissen, daß die Körpertemperatur jeden Abend sinkt, im Laufe der Nacht um einige Zehntelgrade fällt und am Morgen wieder einen Stand erreicht, den sie im Laufe des Tages beibehält. Diesen cirkadianen Tiefstand der Temperatur bei Nacht bezeichnet man häufig als den toten Punkt, eine Zeit, zu der die Menschen in fast jeder Hinsicht schlechte Leistungen vollbringen und viel lieber schliefen. Obwohl eine Schwankung um ein halbes Grad, gemessen an der gesamten Skala eines Thermometers, gering erscheinen mag, stellt sie doch eine erhebliche Schwankung dar und geht vermutlich mit einem beträchtlichen Rückgang des Stoffwechsels einher. Schließlich lebt der Mensch in einem sehr engen Temperaturrahmen. Bei 35 Grad fühlt man sich so starr wie ein Mensch, der erfriert, und wenn das Thermometer über 40 Grad steigt, kommt es zum Delirium, und der Mensch befindet sich in Lebensgefahr. Sind wir gesund, beträgt unsere Temperatur zwischen 36 und 37 Grad, ein sehr knapper Rahmen. Die Körperzellen müssen eine Menge Sauerstoff verbrennen, um die Körpertemperatur am Morgen auch nur um ein Viertelgrad ansteigen zu lassen.

Man könnte vermuten, Körpertemperatur und Stoffwechsel gingen zurück, weil wir während der Nacht stilliegen und schlafen, aber das ist nicht der Fall. Ob Schlaf oder nicht, der Rhythmus bleibt bestehen. Er läßt sich weder durch die bei Muskeltätigkeit entstehende Wärme, die fast auf den Nullpunkt absinkt, während wir schlafen, noch durch die Essenszeiten erklären. Physiologen haben diese Vermutungen getestet, indem sie ihre Versuchspersonen zu unterschiedlichen Zeiten essen ließen, sie in einigen Fällen auf Ergometern* trainieren ließen, in anderen jede körperliche Betätigung überhaupt verboten. Sie ließen Leute, von allen zeitlichen Anhaltspunkten isoliert, im Bett liegen; in jedem Fall blieb der Rhythmus der Körpertemperatur bestehen. Nur bei Menschen, die schwer an Enzephalitis*, Krebs oder fieberhaften Erkrankungen leiden, treten Verzerrungen dieses Rhythmus auf.

Sogar bei Versuchspersonen, die wochen- oder monatelang in der Isolation in tiefen Höhlen lebten und ihren Tag so ausdehnten, daß sie vierundzwanzig Stunden wach waren und zwölf Stunden schliefen (ein Sechsunddreißig-Stunden-Tag), zeigte die Aufzeichnung der Körpertemperatur einen Zyklus von annähernd vierundzwanzig Stunden. Eine gleichbleibende Temperatur ist von den Stoffwechselvorgängen abhängig, sie wird jedoch auch durch den Hypothalamus kontrolliert. Dieses wichtige Gebilde, das tief in den primitiven Regionen des Zwischenhirns liegt, spielt bei der Regulierung der Körpertemperatur eine wichtige Rolle; wenn diese Hirnregion verletzt ist, kann der betreffende Mensch unter plötzlichen, heftigen, immer wiederkehrenden Fieberanfällen leiden. Es steht jedoch noch keineswegs fest, daß die Auslösung der cirkadianen Temperatur-Rhythmen im Hypothalamus oder an einer anderen bestimmbaren Stelle stattfindet. Der Rhythmus der Körpertemperatur ist überaus verläßlich und durch ein Rektal- oder Oral-Thermometer so leicht zu messen, daß sie ein sehr bequemer Anzeiger für die »Zeit im Körper« geworden ist.

Urin

Neben den Rhythmen der Temperatur und des Nachtschlafs stellt das tägliche Modell unserer Urin-Ausscheidung den am leichtesten faßbaren cirkadianen Rhythmus dar. Die meisten Leute erkennen nicht, daß der Urinfluß rhythmisch ist, solange sie nicht des Nachts zur Toilette gehen müssen und sich darüber ärgern. Seltsamerweise schlafen wir fast alle jede Nacht durch, obwohl wir am Abend nicht weniger trinken als im Laufe des Tages. Man muß Kindern zwar beibringen, ihre Blase vor dem Schlafengehen zu entleeren, am Morgen jedoch tun sie es von selbst, ohne daß man sie dazu auffordern müßte. Im Jahre 1890 unternahm ein deutscher Forscher namens Lahr einen Selbstversuch, indem er im Bett blieb und rund um die Uhr Flüssigkeit zu sich nahm. Er berichtete, daß sein Urinfluß rhythmisch blieb und während der acht Stunden, die er normalerweise schlafend verbracht hätte, einen Tiefstand erreichte.

Der englische Physiologe Dr. John Mills gehörte zu den ersten Forschern, die darauf hinwiesen, daß rund um die Uhr große Veränderungen der Nierenfunktion vor sich gehen. Er und seine Mitarbeiter versuchten die Einflüsse zu erkennen, die den Rhythmus des Urinflusses und seiner chemischen Bestandteile steuern. Sie studierten Leute, die fasteten, und andere, die ihre Mahlzeiten gleichmäßig rund um die Uhr zu sich nahmen. Sie ließen Leute im Bett bleiben und beobachteten Arbeiter bei ungewöhnlichen Schichtwechseln zwischen Arbeit und Ruhe. Indem sie die Bestandteile des Urins, von dem sie zu verschiedenen Tag- und Nachtstunden Proben erhielten, analysierten, konnten sie feststellen, daß die Niere selbst zu verschiedenen Stunden verschieden funktioniert, und zwar in einem cirkadianen Rhythmus.

Die Nieren, zu beiden Seiten der Wirbelsäule gelegen, sind Entgiftungsorgane, eine Art Filter- und Ausscheidungssystem. Ein Maßstab für die Nierenfunktion ist die Geschwindigkeit, mit der sie die Metaboliten und unerwünschte Abbauprodukte aus dem Blut herausfiltern und in den Urin ausstoßen. Was wir essen und trinken, wird aufgespalten und in Energie oder Gewebe umgewandelt oder gespeichert. Viele der übriggebliebenen Stoffwechselprodukte werden über den Urin ausgeschieden; damit ist der Urin eine Art »Journal« für viele Körperfunktionen. Das im Urin vorkommende Kreatinin ist ein Nebenprodukt, das bei der Spaltung von Kreatin-Verbindungen, die die Energie für Muskelkontraktionen liefern, entsteht. Es ist ein letzter Überrest der Muskeltätigkeit.

Im alten Griechenland und im Mittelalter galt der Urin als Quelle wertvoller Informationen über den Körper. Im 15. und 16. Jahrhundert, ja sogar vor noch nicht allzu langer Zeit, roch ein guter Arzt bedächtig am Urin seines Patienten, um die Ursache der Störung herauszufinden. Die meisten der Stoffwechselprodukte im Urin haben keinen starken Geruch; allerdings kann fast jeder an dem ammoniakähnlichen Geruch erkennen, daß der Betreffende Spargel gegessen hat. Heute verfügen wir an Stelle der feinen Nasen über eine gewaltige Batterie chemischer Prüfmittel. So getestet, sieht der Urin in jeder Phase von Tag und Nacht anders aus.

Der Urin enthält Askorbinsäure, die von den Nebennieren in Streß-Situationen und nach Einnahme von Drogen in großer Menge ausgeschieden werden kann. Die am häufigsten gemessenen Elemente im Urin sind Elektrolyte — Natrium, Kalium, Kalzium und Magnesium. Diese Elemente können elektrisch geladen sein und heißen dann Ionen; als solche beeinflussen sie die Tätigkeit des Nervensystems. Natrium, Kalium und Kalzium sind vermutlich überaus wichtig zur Steuerung der Eigenschaften der Nervenzellenmembranen, weil sie die Erregbarkeit der Zellen und ihre Reaktionsweise beeinflussen. Andere Zellen brauchen Natrium und andere Chloride auch zur Wasser-Retention*.

Die Nieren beseitigen normalerweise die Abbauprodukte des Stoffwechsels unserer zahlreichen Systeme wie Zellwachstum, Protein-Verwertung und Hormonproduktion; sie beseitigen überdies die biochemischen Abbauprodukte, die das indirekte Resultat unserer Emotionen sind. Da man von einem Menschen Urin bekommen kann, ohne ihm weh zu tun oder seine Freiheit zu beschneiden, ist die Urin-

Analyse zu einem Mittel geworden, die Tätigkeit des Nervensystems indirekt zu beobachten. Viele Wissenschaftler, die an den Konsequenzen von Streß interessiert sind, ihre Versuchspersonen jedoch nicht durch Blutentnahme belästigen wollen, sind zur Untersuchung von Urin-Proben übergegangen, gelegentlich im Abstand von vier Stunden, im allgemeinen jedoch nur einmal am Tage.

Hormone im Urin

Die meisten Drüsen — wie die Hirnanhangdrüse, die Schilddrüse, die Keimdrüsen und Mark und Rinde der Nebennieren — hinterlassen Spuren ihrer Tätigkeit im Urin. Allein die Nebennieren scheiden mehr als vierzig verschiedene Substanzen aus. Einige von ihnen gelten als Hormone. Andere sind Vorläufer, die Bausteine von Hormonen oder ihre Metaboliten, die als Abbauprodukte der Hormontätigkeit entstehen.

Eine kurze Aufzählung einiger dieser Hormone zeigt, was für verschiedenartige Rollen sie spielen. Adrenalin wird in Augenblicken der Angst oder Gefahr vom Mark der Nebennieren ausgeschüttet. Ein plötzliches explosionsartiges Geräusch, ein gerade noch verhinderter Sturz oder ein plötzlicher entsetzlicher Gedanke können ein Gefühl der Angst auslösen und Energie freisetzen — mit Hilfe des Adrenalins schlägt das Herz schneller, atmet man rascher.

In Streß-Situationen, besonders in länger andauernden, liefern die Hormone aus den äußeren Schichten der Nebennieren, der Rinde, die für stete Spannung erforderliche Energie. Eine Botschaft aus der Hirnanhangdrüse (Hypophyse) weist die Nebennieren-Rinde an, die Produktion und Ausschüttung solcher Hormone wie Cortison* und Cortisol* zu beschleunigen. Sie mobilisieren Körper und Gehirn, beeinflussen die Übermittlung von Nervenimpulsen und setzen zusätzlichen Blutzucker frei.

Andere Hormone (wie das Aldosteron*) regulieren die Menge von Salz und Wasser im Körpergewebe. Zu den Steroid-Hormonen (den 17-Ketosteroiden) gehören auch die männlichen Geschlechtshormone Testosteron und Androsteron, die außerdem noch von den Hoden produziert werden. Da die Signale zur Ausschüttung dieser Hormone vom Gehirn ausgehen, sieht man in ihren Abbauprodukten sehr indirekte Anzeichen von Emotionen.

Rhythmus der Urinmenge

Unsere Urin-Ausscheidung erfolgt nicht gleichmäßig, sondern in einem cirkadianen Rhythmus: morgens und mittags scheiden wir mehr aus als in der Nacht.

Den Eltern von Säuglingen mag es vielleicht schwerfallen zu glauben, daß es einen solchen Rhythmus gibt, denn die Babys nässen ihre Windeln bei Tag und Nacht, und einige Kinder nässen noch mit fünf oder sechs Jahren das Bett. Für das Bettnässen gibt es offenbar zahlreiche Gründe, tatsächliche Probleme hinsichtlich Blasenvolumen und -beherrschung, psychologische Widerstände und sogar ein Widerstreben, auf einige der speziellen Freuden frühkindlichen Daseins zu verzichten. So hörte man einmal einen Siebenjährigen zu seinem gutgeschulten fünfjährigen Bruder sagen: »Wieso magst du das eigentlich nicht? Es fühlt sich doch so schön warm an!« Weder Kinder noch ältere Leute schätzen es, von ihrer Blase geweckt zu werden; dennoch ist die Urinmenge während der Nacht geringer. Die größere Urinmenge bei Tage und ganz allgemein der cirkadiane Zyklus dürften eine Folge verschiedener anderer Rhythmen sein.

Die Konzentration eines jeden der vielen Urin-Bestandteile steigt und fällt rhythmisch, erreicht jedoch ihre Höhepunkte zu verschiedenen Zeiten. Im allgemeinen scheidet eine Person, die um 23 Uhr schlafen ging und um 7 Uhr wieder aufstand, zwischen 10.30 und 14.30 Uhr die Hauptmenge an Kalium aus. Kalium ist deshalb besonders leicht zu beobachten, weil seine Konzentration so auffällig schwankt. Außerdem wird die Kalium-Ausscheidung rasch wieder normal, wenn ein Mensch verreist oder sein Schlaf-Wach-Schema ändert. Wenn sich einige der Studien über Natrium- und Kalium-Rhythmen zu widersprechen scheinen, so liegt das daran, daß die Versuchspersonen nicht bei einheitlicher Diät und Routine lebten. Im allgemeinen werden Natrium und Kalium jedoch hauptsächlich mittags und nachmittags ausgeschieden.

Diese Substanzen können anzeigen, wie sich ein Mensch Phasenverschiebungen und dem Leben in nicht-cirkadianen Zeiträumen anpaßt. In den fünfziger Jahren reiste Mrs. Mary Lobban mit ihren Mitarbeitern und einer Gruppe von Versuchspersonen nach Spitzbergen in Norwegen, wo sie in der stetigen Sommerhelle in isoliertem Lager in einer unbewohnten Gegend lebten und keine Möglichkeit hatten, die Tageszeit zu schätzen. Mit Hilfe von »betrügerischen« Armbanduhren wurden die Versuchspersonen verleitet, einen Einundzwanzig- oder Siebenundzwanzig-Stunden-Tag zu leben. Das Phasen-Verhältnis zwischen Körpertemperatur und bestimmten Bestandteilen des Urins lieferte Aufschlüsse über die Anpassung. Nach Verlauf von sechs Wochen schienen sich einige Funktionen zwar angepaßt zu haben, die Kalium-Ausscheidung behielt jedoch beharrlich einen Vierundzwanzig-Stunden-Rhythmus bei — ein Anzeichen dafür, daß sich eine innere Disharmonie herausgebildet hatte. Was dies ganz allgemein für Wohlbefinden und Gesundheit zu bedeuten hatte, vermochte niemand zu sagen. Die Phasentrennung des Kalium war möglicherweise einfach ein Hinweis darauf, daß sich irgendein wichtiger Teil der Physiologie der Versuchsperson dem neuen »Tag« nicht angepaßt hatte, was vielleicht zu Weiterungen führen mochte.

Zwar spüren wir die chemischen Veränderungen, die in unserem Urin vor sich gehen, nicht; dennoch kann man an ihnen die Geschichte der Gefühlschwankungen und der Drüsenreaktionen auf die Ereignisse des Tages ablesen. Es handelt sich bei ihnen um biochemische Spuren unseres Fühlens, die den Zyklus der Veränderungen in unserem Körper überlagern.

Blut und Hormone

»Rund um die Uhr« ist auch das Knochenmark des Menschen, das die Blutzellen produziert, sowie das Blut selbst Schwankungen unterworfen. Das gesamte Blut besteht aus vielerlei verschiedenen Zellen, die wir in weiße und rote unterteilen. Ihre relative Anzahl, die Menge bestimmter Arten von weißen Zellen im Verhältnis zu roten Zellen, kann Aufschluß geben über die Funktion von Leber und Nebennieren und über Gesundheit oder Infektion. Indem man Blutproben in ihre Bestandteile zerlegte und die verschiedenen Arten von Zellen unter dem Mikroskop zählte, war es Forschern möglich, das Verhältnis der Zellen, aus denen sich das Blut eines normalen Menschen zusammensetzt, zu verschiedenen Tageszeiten abzuschätzen. Die Anzahl der Blutzellen kann indirekt anzeigen, was in der Nebennieren-Rinde vor sich geht. Bevor es möglich wurde, mit spezifischen Methoden die Nebennieren-Hormone selbst zu messen, nahm man bei Patienten, bei denen man Erkrankungen der Nebennieren vermutete, Blutuntersuchungen vor: die als Eosinophile bezeichneten weißen Zellen wurden vor und nach Injektionen von Cortison gezählt. Ergab sich eine hohe Zahl weißer Zellen, so war, wie man feststellte, der Gehalt an Cortison und Cortisol gering; umgekehrt war es entsprechend.

Rhythmen der Bluthormone bei Tieren

Anfang der fünfziger Jahre begann Dr. Franz Halberg an der Universität von Minnesota aufzuzeigen, weshalb diese diagnostischen Tests häufig falsch waren. Er wies nach, daß die Zahl der Eosinophilen im Blut in einem cirkadianen Rhythmus stieg und fiel, mit dem niemand gerechnet hatte, da man glaubte, der menschliche Körper funktioniere stetig. Halberg führte Hunderte von Experimenten an Ratten und Mäusen durch. Er bewies, daß Licht und Dunkelheit auf die Synchronisation der inneren Rhythmen der Tiere einen kaum zu überschätzenden Einfluß ausübten; er hielt seine Versuchstiere deshalb nach starren Lichtschemata in einer sorgfältig kontrollierten Umgebung. Sie wurden zu Standardmaßnahmen bei der Untersuchung von Rhythmen bei Tieren. Bei Ratten konnte man einen gleichbleibenden Zyklus von zwölf Stunden Licht und zwölf Stunden Dunkelheit herstellen und dabei so regelmäßige Hormonrhythmen beobachten, wie man sie beim Menschen nicht wahrnehmen kann. Im Verhältnis zu seiner Aktivität gesehen, ist der Nebennieren-Rhythmus dieses Nagetiers dem unseren sehr ähnlich. Aber Ratten sind Nachttiere, und deshalb erreichen die adrenocortikalen Hormone ihren Höhepunkt bei Anbruch der Dunkelheit, bevor die Aktivitäts-Periode der Ratte beginnt. Unter kontrollierten Bedingungen war der Rhythmus so regelmäßig, daß man ihn als Anhaltspunkt benutzen konnte. Wenn man wußte, an welchem Punkt seines Hormonzyklus sich das Tier befand, konnte man voraussagen, wie es auf alle möglichen Reize reagieren würde — auf Streß, Cortison und Drogen. Wurde das Schema von Licht und Dunkelheit um einige Stunden verschoben, folgte der Nebennieren-Rhythmus des Tieres nach; die Anpassung dauerte etwa vier Tage. Nach Schlafumkehrung dauerte es wie beim Menschen auch bei Nagetieren neun Tage, bis nach einer Umkehr von Licht und Dunkelheit der Hormon-Rhythmus zu seiner üblichen Phase zurückgekehrt war.

Rhythmen von Blutbestandteilen bei Tieren

Studien von Dr. John Pauly und Dr. Lawrence Scheving und ihren Mitarbeitern lassen erkennen, daß sich unser Blut mit großer Wahrscheinlichkeit zu den verschiedenen Stunden des Tages und der Nacht nicht gleichbleibt. In Tierversuchen bewiesen sie im Jahre 1966, daß die Eigenschaften des Blutes weitreichenden zyklischen Schwankungen unterworfen sind. Die Tiere lebten unter sorgfältig kontrollierten Bedingungen. Eine der Tatsachen, die sie herausfanden, dürfte nicht nur Hämatologen* und Ärzte interessieren, sondern alle Leute, besonders Lehrer und Mütter. Sie stellten fest, daß das Blut zu einer bestimmten Tageszeit rascher gerinnt als zu anderen. Bei Ratten trat die kürzeste Gerinnungszeit am Ende ihrer Aktivitätsperiode auf, etwa um die Zeit, zu der das Licht eingeschaltet wurde. Das Licht wurde um 6 Uhr morgens eingeschaltet, die kürzeste Gerinnungszeit lag bei 7.30 Uhr. Um die Mitte der Aktivitätsperiode, um 1.30 Uhr, brauchte das Blut zur Gerinnung 50 Prozent mehr Zeit. Sofern sich das auf den Menschen übertragen läßt, würde die längste Gerinnungszeit um Mittag liegen, die kürzeste bei Anbruch der Nacht.

Einige Blutrhythmen beeinflussen die Immunität gegenüber Infektionen. Blut, das man in seine Bestandteile zerlegt hat, enthält eine Reihe von Proteinen. Die meisten Antikörper gegen Viren, Bakterien und andere fremde Proteine enthält das Gamma-Globulin*, ein Bestandteil des Blutserums. Scheving und seine Mitarbeiter haben festgestellt, daß der Gehalt an Mucoproteiden* jeden Tag um 41 Prozent, der Gehalt an Gamma-Globulin um 28 Prozent schwankt. Bei Ratten zeigte der Rhythmus des Gamma-Globulin während der letzten Stunden der Dunkelheit einen Höhepunkt und einen Tiefpunkt während der ersten Stunden der Dunkelheit. Während der letzten sechs Stunden ihrer cirkadianen Aktivitätsperiode scheint bei den Tieren der Gehalt an Gamma-Globulin am größten. Sollte dieses Modell auch auf den Menschen zutreffen, so würden wir feststellen können, daß wir gegen Ende des Tages Infektionen gegenüber stärker immun sind als in den letzten Nachtstunden oder am frühen Morgen.

Bleiben wir bei Partys lange auf oder kehren wir bei Ost-West-Reisen unser Schlafschema um, so setzen wir uns Viren und Infektionen zu genau der Zeit aus, zu der das Gamma-Globulin und unsere Widerstandskraft ihren tiefsten Punkt erreicht haben. Dies mag einen

Teil der Klagen über Erkältungen und Infektionen erklären, die man von Reisenden, Studenten bei Vorbereitungen auf ein Examen und Leuten, die in rotierenden Schichten arbeiten, häufig hört.

Energie und die Leber

Die Schwankungen der Blutbestandteile werden durch die Rhythmen eines wichtigen Organs, der Leber, stark beeinflußt. Aristoteles hielt die Leber für den Sitz der Gefühle. Ihre indirekten Auswirkungen auf unser Verhalten können so dramatisch sein, daß man begreift, wie er auf diesen Gedanken kommen konnte. Die Leber entgiftet die Metabolite zahlreicher Nahrungsmittel und Medikamente. Durch die Rolle, die sie im Stoffwechsel der Kohlenhydrate und Proteine spielt, ist die Leber imstande, auf das Gehirn einzuwirken. So handeln beispielsweise Menschen, die an einer Zirrhose* leiden, gelegentlich sprunghaft und absurd. Ist die Leber stark beschädigt, kann der Stickstoff, der in Fleisch und anderen Proteinen enthalten ist, Ammoniak bilden, und in Verbindung mit anderen Veränderungen kann dieser Vorgang den Hirnstoffwechsel stören und Schläfrigkeit, Koma* oder sogar zeitweise psychotisches Verhalten verursachen.

Blutzucker und die Leber

Eine vertrautere Schwankung im Zusammenhang mit dem Stoffwechsel sind die bei zu niedrigem Blutzuckerspiegel — Hypoglykämie — auftretenden Störungen. Ehepaaren fällt gelegentlich auf, daß sie zu bestimmten Zeiten besonders leicht in Streit geraten: Auseinandersetzungen beginnen, wenn das Abendessen verspätet auf den Tisch kommt, oder in den frühen Morgenstunden — Zeiten, in denen wenig Blutzucker vorhanden ist. Einige Psychiater vermuten einen Zusammenhang zwischen Energie-Stoffwechsel und Geisteskrankheiten, und es liegen Berichte vor über plötzliche Änderungen im Eßverhalten von zeitweise psychotischen Patienten. Unmittelbar vor dem Umschwung von normaler Verhaltensweise in eine akute Psychose werden sie unruhig und ängstlich, und an die Stelle ihrer normalen Ernährung mit Fleisch und Gemüse treten Süßigkeiten, Eiscreme, Kartoffeln, überhaupt Zucker und Kohlenhydrate in jeder Form. Hypoglykämie tritt gelegentlich bei depressiven Menschen auf, aber durch den instinktiven Versuch, ihre Begierde mit Süßigkeiten, stärkereichen Nahrungsmitteln und einseitiger Ernährung zu stillen, verschlimmern sich die Symptome nur weiter. Da wir nicht rund um die Uhr essen, muß die Glukose* gespeichert werden.

Die meisten Zellen unseres Körpers bilden Glykogen*, eine Grundsubstanz, die in Glukose umgewandelt wird, ein Glykogen-Depot gibt es jedoch nur in Leber und Muskeln. Die Leber ist es, die den Nachschub an Blutzucker reguliert. Glukose wird zu allen Zeiten gebraucht. Wenn ein Mensch verhungert, wird das Glykogen von der Leber geliefert und in für das Hirn brauchbare Energie umgewandelt. Dieses Glykogen-Depot in der Leber gewinnt in der Nacht, wenn Glukose aus der Nahrung nicht verfügbar ist, besondere Bedeutung.

Unser Glykogenspiegel beginnt am späten Nachmittag abzusinken. Die zuerst bei Tieren festgestellten cirkadianen Rhythmen wurden inzwischen auch beim Menschen nachgewiesen. Am frühen Morgen (zwischen 3 und 6 Uhr) hat die Leber den größten Teil ihres Glykogens verbraucht. Wie wichtig es ist, diesen Rhythmus zu kennen und im voraus zu berücksichtigen, zeigt sich besonders deutlich bei Diabetikern. Sie nehmen Insulin ein, ein Hormon, das die Verfügbarkeit von Blutzucker steigert. Würden sie zu einer Zeit, da in der Leber nur eine geringe Reserve vorhanden ist, Insulin einnehmen und damit die Verfügbarkeit von Glykogen beschleunigen, könnte es zum Schock kommen. Wird der Blutzucker zu plötzlich reduziert, beginnt die betreffende Person zu schwitzen, Angst- oder Schwindelgefühle treten auf, und es kommt zu krampfhaften Zuständen und schließlich zum Kollaps, sobald dem Nervensystem der stetige Zufluß an Energie fehlt, deren es bedarf, um funktionsfähig zu bleiben.

Obwohl der Glykogen-Rhythmus für den Stoffwechsel in Körper und Gehirn von großer Wichtigkeit ist, weiß man noch nicht, welcher unsichtbare Zeitgeber seinen cirkadianen Rhythmus bestimmt. Halberg und seine Mitarbeiter haben den cirkadianen Glykogen-Rhythmus bei Tieren verfolgt, bis der Tod eintrat. Sie stellten fest, daß der Glykogen-Rhythmus der Leber nicht von Essen und Trinken abhängig war, sondern in den Lebern von Vögeln sogar so lange fortdauerte, bis die Tiere vor Hunger und Durst starben. Der absolute Glykogen-Gehalt sank natürlich ab, die Schwankungen in einem cirkadianen Rhythmus blieben jedoch bestehen.

Stoffwechsel und Hunger

Wenn ein Mensch ein oder zwei Tage fastet, spürt er diesen cirkadianen Rhythmus und daneben Subrhythmen von Hungerschmerzen, die alle vier bis sechs Stunden auftreten. Die Organisation unseres Stoffwechsels, die möglicherweise zu dem Ansteigen und Absinken unserer Aufmerksamkeit in Beziehung steht, offenbart sich in Hungerperioden. Die kürzeste umfaßt zwei bis drei Stunden. Wir neigen dazu, von Hunger im Magen zu sprechen, aber Untersuchungen über Appetit und Fettleibigkeit lassen erkennen, daß Hunger mit dem Verdauungsapparat wenig, mit dem Gehirn jedoch viel zu tun hat. Gruppen von normalen und von fettleibigen Versuchspersonen mußten ein kleines Instrument schlucken, das Magenkontraktionen anzeigte; dabei stellten Dr. Albert J. Stunkard und seine Mitarbeiter an der University of Pennsylvania fest, daß die normalen Menschen auf ihre periodischen Kontraktionen reagierten, die fettleibigen jedoch nicht. Ihnen dienten die rhythmischen Signale ihres Körpers nicht mehr als Richtschnur für das Essen.

Der Hypothalamus erzeugt Signale, die wir als Appetit empfinden und die uns veranlassen, zu essen oder mit dem Essen aufzuhören. Tiere, deren Hypothalamus geschädigt ist, können sich grundlos überfressen und maßlos fett werden, oder sie können völlig mit dem Fressen aufhören, wenn die Schädigung eine dicht danebenliegende Stelle betrifft. Normalerweise liefert der Glukosespiegel des Blutes dem Gehirn das Signal, ob wir mehr essen müssen. Der Hypothalamus reagiert unmittelbar (durch das im Hirn zirkulierende Blut) auf den Blutzuckerspiegel. Da wir, wenn dieser niedrig ist, von dem Glykogen in der Leber als Energie-Reservoir abhängig sind, kann der Rhythmus der Leber indirekt unseren Appetit beeinflussen.

Glukose und ATP

Der tägliche Rhythmus der Glukose-Verwertung ist ein wichtiger Aspekt unseres reibungslosen Funktionierens. Energie ist in der Form, in der sie vom Körper verbraucht wird, schwer zu messen. Tierstudien lieferten jedoch Hinweise darauf, daß in der Produktion und Aufspaltung der grundlegenden Energie-Einheit unseres Körpers ein Rhythmus vorhanden ist. Diese Energie-Einheit ist ATP

— Adenosintriphosphat. Bei der Spaltung von Glukose wird Energie frei, die zur Bildung von ATP dient. Verfügbare Energie ist die *conditio sine qua non* unserer Existenz; sie bestimmt das Tempo, mit dem unser Gehirn arbeitet, unser Körpergewicht, unsere Ausdauer und unsere Stimmungen. Braucht eine Zelle Energie, dann sprengen die Enzyme die Fesseln, die das ATP-Molekül zusammenhalten, indem sie in einem als Hydrolyse bezeichneten Prozeß Wasser bilden. Im Verlauf der Hydrolyse wird ein Phosphat abgespalten; dabei entsteht ADP — Adenosindiphosphorsäure, und Energie wird freigesetzt.
Der Biologe Dr. Colin Pittendrigh und seine Mitarbeiter studierten diesen Prozeß der Energie-Freisetzung an Hamstern, also Nachttieren. Sie stellten fest, daß die Umwandlung von ATP zur Freisetzung von Energien um 25 Prozent rascher vor sich ging, wenn die Tiere tagsüber aktiv waren, als wenn sie ruhten. Das überrascht nicht. Immerhin bedeutet es nicht, daß ein Tier bei ständiger Nahrungszufuhr ständig Energie in diesem Tempo verbrauchen könnte, ohne zwischendurch auszuruhen.
Betrachtet man die verschiedenen Aspekte des Energie-Stoffwechsels im Körper, so scheint klar ersichtlich, daß die reibungslose Regulierung von Energie- und Nahrungsnachschub durch eine Art rhythmisches Zusammenspiel von Funktionen bewerkstelligt wird und daß der Schlaf, eine Zeit, in der der Energieverbrauch gewöhnlich nachläßt, einen wichtigen Teil dieses Rhythmus darstellt. Die richtige Zeitwahl bei den Mahlzeiten ist ein weiteres Teil des allumfassenden täglichen Energiesystems, denn die Nahrung wird nicht zu allen Stunden des Tages und der Nacht gleichmäßig ausgenutzt.

Protein-Stoffwechsel beim Menschen — Tyrosin

Menschen, die Diät leben, wird häufig nahegelegt, das Frühstück zur gewichtigsten Mahlzeit des Tages zu machen, und wer auf sein Gewicht achten muß, sollte ernsthaft über die Zeiten seiner Nahrungsaufnahme nachdenken. Untersuchungen aus jüngster Zeit sind ein erster Schritt in Richtung auf einen Fahrplan der Nahrungsverwertung, der anzeigt, wann Eiweiß und Kohlenhydrate am wirkungsvollsten ausgenutzt werden. Schon in diesem sehr frühen Stadium der Forschung deutet vieles darauf hin, daß das Frühstück die Mahlzeit ist, die am besten verwertet wird.

Aminosäuren sind die Moleküle, aus denen sich die Bausteine der Proteine zusammensetzen. Anfang der sechziger Jahre fanden Biologen und Endokrinologen die ersten Anzeichen dafür, daß der Spiegel von Aminosäuren, wie beispielsweise Tryptophan, im Blut in einem Vierundzwanzig-Stunden-Rhythmus schwankt. Das war bei Hühnern und Mäusen der Fall, und der gleiche Rhythmus ließ sich auch beim erwachsenen Menschen feststellen. Tyrosin, eine der vielen in der Leber vorkommenden Aminosäuren, wird bei der Produktion von Proteinen und Hormonen gebraucht. Auch bei der Produktion von Melanin, einer Substanz, die die Hautfarbe bestimmt, spielt Tyrosin eine wichtige Rolle. Es ist überdies ein Bestandteil des Thyroxin, des Schilddrüsen-Hormons, das bei der Regulierung des Körperstoffwechsels mitwirkt. Im Prozeß der Umwandlung von Fetten oder Proteinen in Zucker zur Energieversorgung des Körpers kann Tyrosin ebenfalls eine Rolle spielen.

Der Endokrinologe Richard Wurtman beobachtete den Rhythmus des Tyrosin-Gehalts an sechs gesunden Studenten des Massachusetts Institute of Technology. Ihnen wurden in drei- bis fünfstündigem Abstand rund um die Uhr Blutproben entnommen, und die Analyse ergab, daß die Tyrosin-Konzentration gegen 10 Uhr morgens ihren Höchststand erreichte und ihren Tiefststand zwischen 2 und 4 Uhr morgens. Um die Auswirkungen körperlicher Tätigkeit beurteilen zu können, ließ man zwei Versuchspersonen von 16.00 bis 16.45 Uhr auf einem Ergometer trainieren; der Tyrosin-Gehalt stieg um acht Prozent. Obwohl die absolute Tyrosin-Menge im Blut offensichtlich von der mit der Nahrung aufgenommenen Protein-Menge abhängig ist, ist das bei der rhythmischen Schwankung nicht der Fall. Als acht Männer zwei Wochen lang auf eine sehr eiweißarme Diät gesetzt wurden, sank der Tyrosinspiegel beträchtlich ab, aber das rhythmische Steigen und Fallen blieb offensichtlich bestehen. Der Gehalt an Aminosäuren stieg am stärksten an, wenn die Männer schliefen.

Die unverarbeiteten Proteine, die wir mit der Nahrung aufnehmen, werden in den Eingeweiden in Aminosäuren aufgespalten. Von dort gelangen sie in die Leber, wo sie in Verbindungen, die der Körper verwerten kann, umgewandelt und an das Gewebe weitergeleitet werden. Eine Methode, die Verwertung von Proteinen zu studieren und die zeitliche Abfolge zu begreifen, besteht darin, die Aktivität eines Enzyms, das eine bestimmte Aminosäure umwandelt, zu untersuchen. Die Aktivität der Enzyme in der Leber ist rhythmisch.

Tyrosin-Transaminase bei Ratten

Wurtman begann sich für ein Leber-Enzym zu interessieren, das auf Tyrosin einwirkt — Tyrosin-Transaminase. In früheren Jahren seiner Laufbahn hatte er mit Dr. Jules Axelrod am National Institute of Mental Health zusammengearbeitet. Dort hatten sie beim Beobachten von Ratten entdeckt, daß das Enzym nach Einbruch der Nacht viermal so aktiv war wie am Morgen. Die Geschwindigkeit, mit der Aminosäuren von den Zellen aufgenommen werden, läßt sich durch Hormone aus der Nebennierenrinde steigern. Es ist vermutlich kein Zufall, daß die Aminosäuren ihren Tiefstand im Blut dann erreichen, wenn diese Hormone sich auf ihrem täglichen Gipfelpunkt befinden. Die Tyrosin-Transaminase der Leber wurde erheblich aktiver, wenn man Tieren Nebennieren-Hormone verabreichte. Ihr täglicher Rhythmus blieb jedoch auch dann bestehen, wenn man die Nebennieren von Tieren herausoperiert hatte. Das Enzym war nur aktiv, wenn die Tiere Proteine mit der Nahrung zu sich genommen hatten.

Wurtman stellte fest, daß er den Höhepunkt der Enzym-Aktivität schneller herbeiführen konnte, indem er die Eingeweide aus dem Stoffwechsel-Prozeß ausschaltete, das heißt, indem er den Tieren anstelle von Proteinen gleich Aminosäuren gab. Ferner erforschte Wurtman die eng miteinander verflochtenen Vorgänge, die in dem täglichen Rhythmus gipfeln, in dem Tyrosin dem Blut entzogen und seinen vielfachen Verwendungszwecken zugeführt wird.

Aller Wahrscheinlichkeit nach wird der Zeitfaktor bei der Verwertung von Protein die Forschung über Ernährung oder Stoffwechsel-Erkrankungen erschweren. So könnte beispielsweise ein Forscher feststellen, daß ein Enzym seine Aktivität vervierfacht, und vermuten, daß er den Effekt herbeigeführt hat, ohne zu wissen, daß bei einem Tier, das nicht behandelt wurde, die gleiche Steigerung zur gleichen Zeit eingetreten ist. Wurtman schrieb dazu:

»... zeitabhängige Schwankungen der Enzym-Aktivität lassen auf das Vorhandensein entsprechender Schwankungen schließen, die jeweils der Gattung eigen sind. Derartige Schwankungen könnten wiederum erklären, weshalb Medikamente zu einer bestimmten Tageszeit stärker oder toxischer wirken als zu einer anderen; sie könnten uns helfen, die günstigsten Zeiten der Nahrungsaufnahme herauszufinden, damit die Verwertung des größten Teils ihres Protein-Gehalts zur Synthese der Körper-Proteine gewährleistet ist.«

Essenszeiten

Der Spiegel an Aminosäuren allein ist nicht ausschlaggebend. Er sagt uns nichts über den Kohlenhydrat-Stoffwechsel. Auch zu dem die Körpertemperatur regulierenden Stoffwechsel steht er in keiner Beziehung. Die Aminosäuren sind lediglich ein Merkmal, ein Anzeichen dafür, daß die Eingeweide das Protein in verwertbare Untereinheiten aufgespalten haben oder vielleicht auch dafür, daß gespeichertes Fett abgebaut wurde. Dennoch bietet der Spiegel an Aminosäuren eine gute Möglichkeit zur Beobachtung der Beziehungen zwischen Essenszeiten, Schlaf und Stoffwechsel.

Dr. Ralph Feigin und seine Mitarbeiter maßen den Spiegel an Aminosäuren bei sechs gesunden Männern, die sich in der Stoffwechsel-Abteilung eines Heeres-Forschungskrankenhauses aufhielten, in der Diät, Schlaf und Aktivität sorgfältig kontrolliert wurden. Sie stellten fest, daß die Aminosäure Methionin am Abend um 100 Prozent anstieg. Methionin kommt in Eiern und anderen Proteinen vor und ist an dem Vorgang beteiligt, der eine übermäßige Ansammlung von Cholesterin verhindert. Alle gemessenen achtzehn Aminosäuren zeigten cirkadiane Rhythmen. In einer Phase der Untersuchung verzehrten drei der Männer stark eiweißhaltige Testmahlzeiten zu verschiedenen Zeiten des Tages. Vor der Testmahlzeit wurden Blutproben genommen, ebenso mehrfach im Verlauf der nächsten sechs Stunden.

500 Gramm Leber, um 8.00 Uhr morgens verzehrt, führten zu einem sehr raschen Anstieg des Aminosäurespiegels im Blut, die gleiche proteinhaltige Mahlzeit, um 20.00 Uhr am Abend eingenommen, ließ ihn jedoch nicht über die beim Fasten gemessenen Werte ansteigen! Es kam sogar zu einem Absinken. Eine stark proteinhaltige Mahlzeit am Abend verhinderte das übliche Abfallen des Aminosäurespiegels im Blut nicht. Abwandlungen der Diät zeigten, daß es keine Rolle spielte, ob eine Person ihre Protein-Aufnahme auf zehn Prozent der normalen Menge reduzierte oder sie verdoppelte. Der Rhythmus der Aminosäuren im Blut blieb sich bei jeder der Versuchspersonen ungefähr gleich. Auch ein Fastentag hatte keine erkennbaren Auswirkungen, weder auf die Konzentration der Aminosäuren noch auf ihre Periodizität.

Im allgemeinen schliefen die Versuchspersonen bei Nacht, und der höchste Aminosäurespiegel wurde zwischen Mittag und 20.00 Uhr abends im Blut gemessen. Kehrten sie ihre Schlafstunden um, paßte sich der Rhythmus der Aminosäuren dieser Phasenverschiebung sehr rasch an. Bei einigen der Männer dauerte es jedoch sechs Tage, bevor sich ihre Körpertemperatur wieder in normaler Phase mit ihrem Aktivitäts-Rhythmus befand — der Rhythmus der Aminosäuren dagegen hatte sich sofort angepaßt. Das läßt vermuten, daß der grundlegende Stoffwechsel-Mechanismus für den Rhythmus der Körpertemperatur sich von dem der Aminosäuren unterscheidet.

Man versuchte, den Ursprung des Rhythmus der Aminosäuren zu finden, indem man die Versuchspersonen auf eine eiweißarme Diät setzte und sie sich körperlich betätigen ließ, aber im rhythmischen Steigen und Fallen der Aminosäuren im Blut waren keine Veränderungen zu entdecken. Fest stand jedoch, daß es hinsichtlich des Aminosäurespiegels nicht auf die Menge des aufgenommenen Proteins ankam, sondern auf die Zeit, zu der es verzehrt wurde.

Bei der Untersuchung der Blutbestandteile, die möglicherweise für den Rhythmus der Aminosäuren verantwortlich waren, gelangten die Forscher zu der Ansicht, daß das Schilddrüsen- und das Wachstumshormon eine Rolle spielen könnten. Das Wachstumshormon wird zu Beginn des Nachtschlafs — im tiefen Schlaf von Stadium IV — von der Hirnanhangdrüse freigesetzt. Vielleicht kann das Fehlen dieses Hormons bei Schlafentzug die Tatsache erklären helfen, weshalb Menschen, die nicht ausreichend Schlaf bekamen, mehr Proteine brauchen.

Schlafverlust und Proteinbedarf

Im Jahre 1965 untersuchte Dr. N. S. Scrimshaw den Proteinbedarf von neunzehn Studenten des MIT bei Schlafumkehr und Schlafverlust. Die Protein-Verwertung wurde an der Menge des im Urin ausgeschiedenen Stickstoffs gemessen. Das Essen wurde den Studenten so zugeteilt, daß sie viermal am Tag die gleiche Menge zu sich nahmen. Nach achtundvierzig Stunden ohne Schlaf entsprach die Stickstoff-Ausscheidung einer Zunahme ihres Proteinbedarfs um zwölf Prozent. Bei einigen Studenten stieg die Stickstoff-Ausscheidung um zwanzig Prozent an. Auch Schlafumkehr vergrößerte den Stickstoff-Verlust.

Die Wirksamkeit, mit der die aufgenommene Nahrung verwertet wird, scheint mit der Regelmäßigkeit des Schlafens und Wachens in

Beziehung zu stehen. Da Protein nicht gleichmäßig rund um die Uhr verwertet wird, müssen manche Leute stärker ausgleichen als andere. Menschen, die in rotierenden Schichten arbeiten, brauchen unter Umständen mehr Eiweiß, und viele beklagen sich darüber, daß sie zuviel essen, wenn sie nachts arbeiten müssen, und dann zum Dickwerden neigen. Viele Schlafforscher haben sich über diesen Nachteil der Nachtwachen in Laboratorien geäußert. Die Gewichtszunahme gründet zwar nicht in erhöhter Proteinzufuhr, aber da die gewohnte Nahrung nachts nicht zur Verfügung steht, neigen sie dazu, das zu essen, was sie gerade zur Hand haben — Süßigkeiten und Kohlenhydrate.

Cirkadiane Rhythmen bei Geschmack, Geruch und Gehör

Obwohl es sinnvoller sein dürfte, ein großes Frühstück zu sich zu nehmen, scheinen die Leute überall auf der Welt einer großen Mittagsoder Abendmahlzeit als dem gesellschaftlichen und kulinarischen Ereignis des Tages den Vorzug zu geben. Vielleicht geht auch das auf die Funktion von Nebennieren-Hormonen zurück, die einen täglichen Rhythmus besonders starker Geschmacks- und Geruchsempfindungen bewirken. Möglicherweise ist es kein Zufall, daß das Abendessen so gut riecht, daß die Spiele der Kinder am Abend, wenn die Menschen nicht mehr so viel Lärm ertragen als am Morgen, lauter zu sein scheinen oder daß die Lichter als aufreizend hell empfunden werden; die Sinneswahrnehmungen schwanken im Verlauf des Tages.

Den Untersuchungen einer Gruppe von Endokrinologen nach zu urteilen, die unter Dr. Robert I. Henkin am National Heart Institute arbeiteten, schwankt die Schärfe unserer Sinneswahrnehmungen vermutlich in einem cirkadianen Rhythmus. Bei ihrer Arbeit ging es ursprünglich um die Eigenheiten von Patienten, die infolge von Addisonscher Krankheit* und anderen Drüsenstörungen unter einem Mangel an Hormonen aus der Nebennierenrinde litten. Solche Menschen leiden häufig unter übermäßiger Erschöpfung und haben gelegentlich ein heftiges Verlangen nach Salz. Im Lichte einer anderen, früheren Untersuchung betrachtet, ist das merkwürdig. Der Physiologe Curt P. Richter hatte festgestellt, daß Ratten ohne Nebennieren eine Salzlösung, die normale Ratten ohne weiteres trinken, verweigerten. Er entdeckte, daß ihnen das Salz nicht zuwider war, daß sie aber so sensitiv geworden waren, daß ihnen schon eine ganz minimale Salzmenge zuviel war. Damit schien erwiesen, daß ein Mangel an Nebennieren-Hormonen die Geschmacksempfindlichkeit steigern konnte.

Im Jahre 1962 verglichen Henkin und seine Mitarbeiter die Feinheit des Geschmacks bei gesunden Leuten und bei Patienten mit Addisonscher Krankheit. Nachdem sich die Versuchspersonen am Morgen den Mund ausgespült hatten, wurden ihnen Tropfen destillierten Wassers auf die Zunge gebracht. Das Wasser enthielt winzige, aber ständig steigende Mengen salziger, bitterer, süßer oder saurer Substanzen. Wie viele Teilchen einer Geschmackssubstanz waren erforderlich, bis die Versuchsperson entdeckte, daß es sich nicht um reines destilliertes Wasser handelte? Die Ergebnisse waren eindeutig. Ohne Medikation waren die Patienten mit Nebennieren-Insuffizienz* mindestens einhundertfünfzigmal so empfindlich wie gesunde Menschen. Gab man ihnen ein Kontrollhormon (Doca), so wirkte sich das nicht auf die Geschmacksempfindlichkeit aus; nach einer Behandlung mit Cortison* jedoch reagierte ihr Geschmackssinn wieder normal.

Bei einem Menschen, der unter der Addisonschen Krankheit leidet, sind nicht nur Geschmack und Geruch empfindlicher, er hört auch Geräusche, die ein normaler Mensch nicht wahrnehmen kann. Ein »durchschnittlicher« Mensch hört tiefe Töne von etwa fünfzig Schwingungen pro Sekunde, ein rumpelndes Geräusch, und hohe Töne mit 15 000 Schwingungen pro Sekunde, etwas niedriger als eine Hundepfeife. Mit zunehmendem Alter verengt sich dieser Rahmen, und die meisten älteren Leute hörten nur selten Töne, die über 10 000 Schwingungen pro Sekunde liegen. Menschen mit Addisonscher Krankheit jedoch nehmen Töne wahr, die leiser sind als die von gesunden Menschen vernehmbaren, und ältere Patienten hören Töne von weit höherer Frequenz als ihre gesunden Altersgenossen. Kurzum, der Mensch, dessen Nebennierenrinde zu wenig Steroide produziert, scheint auf Sinnesreize überaus empfindlich zu reagieren. Addison-Patienten fühlen sich durch Geräusche leicht belästigt; in einem von normalen Geräuschen erfüllten Raum ist ihnen unbehaglich zumute. Die Spannweite ihres Hörens und der Wahrnehmung leiser Geräusche nahm jedoch normale Formen an, sobald sie kohlenhydrat-aktive Steroide wie Cortison eingenommen hatten.

Eine merkwürdige Diskrepanz bestand zwischen der Schärfe der

Sinneswahrnehmung von Patienten mit Addisonscher Krankheit und ihrer Unfähigkeit, sie zu beurteilen. Forderte man diese Patienten auf, die Stärke verschiedener Geräusche abzuschätzen oder durch einen verzerrenden Filter gesprochene Listen von Worten zu wiederholen, zeigten sie ganz schlechte Leistungen. Sie konnten Wortlisten nicht verläßlich wiederholen, verzerrte Worte nicht erkennen, die Lautstärke nicht beurteilen und auch nicht wie gesunde Menschen zwischen einem stetigen und einem vibrierenden Ton unterscheiden. Der Mangel an Nebennieren-Hormonen schärfte zwar ihre Sinne hinsichtlich der Wahrnehmung von Tönen; ihnen fehlte jedoch ein richtungsanzeigender Gehörsinn, und sie konnten Geräusche nicht genau lokalisieren. All das kehrte zum Normalzustand zurück, nachdem sie mit kohlenhydrat-aktiven Steroiden behandelt wurden. Offenbar beeinflussen diese Steroide das Nervensystem auf eine Art, die sich auf die Integration von Sinnesreizen auswirkt.

Dr. Henkin und seine Mitarbeiter stellten bald fest, daß diese Nebennieren-Steroide im Hirngewebe und im Rückenmark in einer Konzentration vorhanden waren, die imstande war, kräftig auf die Nervenaktivität einzuwirken. Als sie bei Katzen die Nebennieren entfernten, sank der Gehalt an Steroiden im Gehirn. Hatten die Nebennieren-Hormone einen Einfluß auf die Nervenleitungsgeschwindigkeit? Katzen, gesunde Menschen und Patienten mit Nebennieren-Insuffizienz erhielten einen leichten Schock am Ulnar-Nerv am Ellenbogen; die Zeit, die bis zur Muskelreaktion in der Hand verging, wurde gemessen. Überraschenderweise reagierten Tiere ohne Nebennieren und Patienten weit rascher als die gesunden Versuchspersonen, nach Behandlung mit kohlenhydrat-aktiven Steroiden jedoch reagierten Addison-Patienten ebenso wie die Gesunden.

Damit hatte sich abermals herausgestellt, daß ein Mangel an Nebennieren-Corticosteroiden die Impuls-Übermittlung durch die Nerven zu beschleunigen schien. Sobald man Addison-Patienten wieder auf das Normalmaß an Nebennieren-Hormonen gebracht hatte, verlangsamte sich die Reaktion des Ulnar-Nervs. Diese Feststellung schien anfangs paradox, möglicherweise sogar fehlerhaft.

Weitere Untersuchungen bestätigten, daß die Impuls-Übermittlung in den Ganglien* oder in den Nervenfasern von Katzen, deren Nebennieren man entfernt hatte, schneller vor sich ging als bei unversehrten Tieren. Die Übermittlung über die Synapsen*, die winzigen Lücken zwischen den Kontakten von einer Nervenzelle zur anderen, ging jedoch langsamer vor sich. Mikroskopisch kleine Elektroden zu beiden Seiten der Synapse ließen erkennen, auf welche Weise Nebennieren-Hormone die Geschwindigkeit der Impuls-Übermittlung ausgleichen. Bei einer normalen Katze wurde der Nervenimpuls im richtigen, die Verarbeitung der Botschaft gewährleistenden Tempo weitergeleitet. Waren die Nebennieren der Katze entfernt worden, leiteten die Ganglien rascher und die Synapsen langsamer als normal; damit konnten die Signale nicht in der für die Kommunikation von Zelle zu Zelle angemessenen Geschwindigkeit weitergeleitet werden. Das könnte eine Erklärung dafür sein, weshalb Addison-Patienten überempfindlich auf Geschmacks-, Geruchs- und andere Sinnesreize reagieren, jedoch Schwierigkeiten haben, diese Sinnesinformationen zu beurteilen, zu unterscheiden und zu integrieren. In einem sehr viel geringeren Maße ist das täglich bei jedem normalen Menschen der Fall, wenn der Spiegel seiner Nebennieren-Hormone in cirkadianem Rhythmus steigt und fällt.

Alle vier Stunden, drei Tage lang rund um die Uhr, testete die Forschergruppe des National Heart Institute Geschmack, Geruch, Gehör und die Geschwindigkeit der Impuls-Übermittlung bei gesunden Versuchspersonen. Die Schärfe der Sinneswahrnehmungen erreichte ihren Höhepunkt gegen 3.00 Uhr morgens (dem Zeitpunkt des niedrigsten Cortisol-Gehalts) bei Leuten, die gegen 23.00 Uhr schlafen gegangen waren. Nach 3.00 Uhr — der Schlafroutine der Versuchspersonen entsprechend — fiel die Sinnesschärfe plötzlich ab, als der Steroidspiegel zu steigen begann und während des REM-Schlafs Hormone ins Blut schossen. Im Verlauf des Tages sinkt der Steroidspiegel. Etwa zwischen 15.00 Uhr und 17.00 Uhr nimmt die Sinnesschärfe zu, das Unterscheidungsvermögen ab. Das Essen mag besser schmecken, aber das Absinken des Hormonspiegels wird gleichzeitig als Müdigkeit empfunden. Überbewertungen durch das Nervensystem scheinen laute Musik oder das Kreischen von Kinderstimmen am Abend direkt ins Gehirn zu leiten; deshalb kann die Schärfe der Sinneswahrnehmungen mit Reizbarkeit verbunden sein. Das tägliche Fallen und Steigen dieser Substanzen in unserem Körper, die die Gefühlsreaktionen beeinflussen, vermittelt eine erste Ahnung davon, auf welche Weise eine unsichtbare Zeitstruktur des Körpers Modelle des Verhaltens und der Gewohnheit zu entwerfen beginnt.

Aber die abendliche Müdigkeit und die Schwankungen unserer Fähigkeiten haben ihre Ursache nicht ausschließlich im Vorhandensein von Nebennieren-Hormonen. Viele rhythmische Schwankungen im Verlauf des Tages kommen aus dem Nervensystem.

Cirkadiane Rhythmen im Gehirn: EEGs

Einige andere Schwankungen dieser Art wurden durch ständige Messung der Hirnwellen-Tätigkeit beobachtet. Bestimmte Hirnwellen-Modelle kommen sowohl im Wachen wie im Schlafen vor, als handle es sich bei ihnen um eine Art »Hintergrund-Zustände« des Bewußtseins. Sehr langsame Wellen von hoher Amplitude, die eine gewisse Ähnlichkeit mit Himalaja-Gipfeln haben, sind typisch für den Tiefschlaf, kommen gelegentlich aber auch im Wachzustand vor. Sie treten hauptsächlich am späten Nachmittag und in den ersten Nachtstunden in cirkadianen Zyklen auf. Dr. Halberg ließ die Hirnwellen von Rhesusaffen über längere Zeit hinweg aufzeichnen und fand in ihren EEGs ausgeprägte Rhythmen. Aufzeichnungen beim Menschen außerhalb der EEG-Station eines Krankenhauses stoßen auf Schwierigkeiten, da es eine Miniatur-Apparatur, die Hirnwellen auf ein Empfangs- und Aufzeichnungsgerät übertragen könnte, während ein Mensch sich normal bewegt, noch nicht gibt.
Im Jahre 1965 veröffentlichten sowjetische Forscher unter Leitung von Dr. D. Iwanow eine Biotelemetrie*-Studie; hier wurden die EEGs von Versuchspersonen ständig aufgezeichnet, während sie ihrem gewohnten Leben mit Arbeit und Erholung nachgingen. Bei der Analyse fanden die sowjetischen Forscher eine cirkadiane Schwankung von Frequenz und Amplitude (die bioelektrische Intensität) der Hirnwellen-Rhythmen. Obwohl Alpha-Rhythmen (neun bis dreizehn Zyklen pro Sekunde) rund um die Uhr auftreten, sind sie nicht gleichmäßig über den Tag verteilt, und auch ihre Frequenz bleibt sich nicht völlig gleich. Die absoluten Zahlen ergaben, daß die Alpha-Rhythmen im Schlaf häufiger sind als im Wachzustand; außerdem stellten die sowjetischen Forscher fest, daß der Rhythmus gegen 17.00 Uhr schneller war als in den frühen Morgenstunden. Während sich einige Wissenschaftler mit den Modellen der Hirnwellen beschäftigten oder mit der Aktivität einzelner Nervenzellen im Gehirn, haben andere sich um Einblicke in unsere Zeitstruktur bemüht, indem sie den langsamen Schwankungen der chemischen Vorgänge in den verschiedenen

Hirnregionen nachgingen. In den Mittelpunkt ihrer Untersuchungen stellten sie bestimmte Substanzen, die weitreichende Auswirkungen auf Verhalten und Emotionen haben.

Chemische Vorgänge im Gehirn

Noradrenalin, Serotonin, Dopamin und Histamin werden häufig biogene Amine genannt, das heißt, biologisch potente Moleküle aus der Familie der Amine – Stickstoffverbindungen, die ihrer Struktur nach mit dem Ammoniak und den proteinbildenden Molekülen der Aminosäuren verwandt sind. Serotonin scheint zu den Aminen zu gehören, die helfen, den Schlaf herbeizuführen. Noradrenalin ist mit dem Adrenalin verwandt; man vermutet, daß es im gesamten Nervensystem produziert wird. Die Rolle, die das Histamin im Gehirn spielt, ist noch unbekannt; es könnte sein, daß es den Wachzustand unterstützt. Noradrenalin ist überall vorhanden, es wirkt als eine Art Bote in den winzigen Synapsen zwischen einer Nervenzelle und der nächsten. Die Nervenzellen entsenden aus ihren zahlreichen Fasern ein chemisches Molekül, das die Aufgabe hat, die synaptischen Zwischenräume zu den Empfängern in den anderen Zellen zu überqueren und so auf die rezeptorischen Nervenenden einzuwirken. Ist dieser Auftrag erledigt, wird der chemische Übermittler wieder abgebaut.

Im zentralen Nervensystem eines erwachsenen Menschen gibt es etwa zehn Billionen Neuronen[*]. Jede Zelle besitzt etwa hundert empfangene Synapsen und hundert Fortsätze, die an andere Zellen angrenzen. Dieses astronomische Netzwerk ist der Schlüssel zu alledem, was wir als Leben begreifen, zu unseren Überlebensfunktionen und unseren Gefühlen. Ob die Übermittler in den Nervenzellen lediglich den Pfad für einen bioelektrischen Code von Impulsen bahnen oder ob sie die Frequenz und das Ausmaß der Impuls-Übermittlung regulieren, ist nicht bekannt. Wie sie ihre Rolle jedoch auch spielen mögen, auf jeden Fall üben sie ihre Wirkung überall im Gehirn und im peripheren Nervensystem aus.

Um die Mitte der sechziger Jahre begannen einige Forscher zu erkennen, daß der Spiegel an wichtigen Hirn-Aminen auf überschaubare Art schwankte. Die Doktoren Alexander Friedman und Charles A. Walker entnahmen Nagetieren rund um die Uhr Gehirnproben und fanden dabei Beweise für eine cirkadiane Rhythmizität. In dem als Mittelhirn bezeichneten Gebiet erreichen Noradrenalin und Histamin während der Aktivitäts-Periode der Tiere ihren höchsten Stand; gleichzeitig war der Gehalt an Serotonin auf dem Tiefstand. Serotonin erreichte seinen Höhepunkt während der Schlaf-Periode der Tiere, was darauf schließen läßt, daß diese Substanzen bei der Regulierung der Bewußtseinsstadien unterschiedliche Rollen spielen. Die vielfältige Rolle von chemischen Substanzen bei der Regulierung des Bewußtseins wurde erkennbar, als einige Wissenschaftler gemeinsam an einem Zeitplan der chemischen Vorgänge im Gehirn arbeiteten. Eine New Yorker Gruppe unter der Leitung von Dr. Donald Reis lieferte einen beachtlichen Überblick über fünfundzwanzig Regionen des Gehirns und Rückenmarks von Katzen. Sie stellten fest, daß jede Region sehr spezifisch war. Einige Regionen wiesen cirkadiane Rhythmen auf, andere Regionen jedoch Zwölf-Stunden-Rhythmen. Überdies kam es vor, daß eine Substanz gleichzeitig ihren Höhepunkt in einer Region und ihren Tiefpunkt in einer anderen hatte. Gewöhnlich wiesen entweder Noradrenalin oder Serotonin einen Zyklus an einem gegebenen Ort auf, aber nicht beide; wo in einigen wenigen Fällen beide Amine fluktuierten, befanden sie sich außer Phase. Dieser reziproke Rhythmus war in Regionen des Hypothalamus sichtbar, die die Regulation der Körpertemperatur kontrollieren und möglicherweise einen Hinweis auf unseren täglichen Temperatur-Rhythmus liefern könnten. Die spezifischen regionalen Rhythmen dieser Substanzen lassen vermuten, daß die Rhythmen der Hirnregionen unabhängig voneinander reguliert werden und rhythmische Schwankungen in der Aktivität von Zellen und im Ausmaß der Übermittlung von Nervenimpulsen beeinflussen.

Welche Organisation verschmilzt diese vielen rhythmischen Veränderungen zu der Harmonie, die wir als ständiges Daseinsbewußtsein erfahren? Wir wissen es noch nicht. Dennoch gibt es ein grandioses, subtiles System, das es uns ermöglicht, jeden Tag allmählich ohne ruckartige Übergänge zwischen Schlaf und Aktivität zu wechseln. Hand in Hand mit diesem Wechsel zwischen Aktivität und Schlaf gehen kontinuierliche Lebensfunktionen, die Anzeichen ihres allmählichen Schwankens in Blut und Urin, im Hormon-Spiegel und in der Verwertung der Nahrung hinterlassen. Nebennieren-Steroide und Wachstumshormon, Zyklen der Enzym-Tätigkeit des Energie-Stoffwechsels, Zellteilung und Geweberegeneration nehmen auf eine Art zu und ab, die mit Schlafen und Wachen ebenso integriert ist wie mit den grundlegenden Rhythmen einer psychologischen Funktion wie den bizarren und flackernden Zyklen nächtlichen Träumens, das für das Speichern von Erinnerungen und unsere Fähigkeit zu bestehen so wichtig ist. Eine meisterliche Organisation verknüpft diese zahlreichen Funktionen mit unserem Zeitschema von Aktivität, steigender Körpertemperatur, Hirn-Stoffwechsel und Energie bei Tage, verhindert aber zugleich die Bestürzung, die uns überfiele, wenn Traumperioden zur Unzeit in unser waches Bewußtsein einbrächen. Das ist das empfindliche Gleichgewicht unserer körperlichen und seelischen Gesundheit.

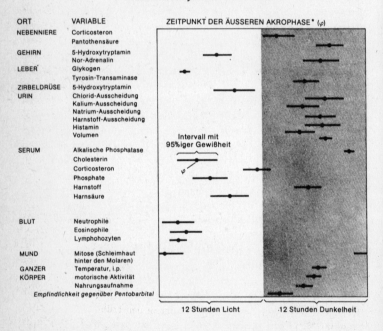

Verschiedene biochemische und physiologische Funktionen erreichen ihren täglichen Höhepunkt (durch Punkte dargestellt) zu verschiedenen Zeiten. Dieses Diagramm zeigt ihre Verteilung bei einer Ratte, die im Laboratorium nach einem Zeitplan von zwölf Stunden Licht (dargestellt durch den unschattierten Teil) und zwölf Stunden Dunkelheit (dargestellt durch den schattierten Teil) lebte. Da die Ratte bei Nacht aktiv ist, der Mensch jedoch bei Tage, sollte man annehmen, daß die Höhepunkte beim Menschen in bezug auf Tageslicht und Dunkelheit umgekehrt eintreten.

Folgerungen für das tägliche Leben

Körperliche und seelische Gesundheit ist abhängig von einer Harmonie im Netzwerk von Körper und Gehirn. In diesem Kapitel wurde auf einige wenige der cirkadianen Rhythmen hingewiesen, die möglicherweise auf unser Fühlen und Verhalten Einfluß haben. Der tägliche Rhythmus der Nebennieren-Hormone ist vermutlich von zentraler Bedeutung: er reguliert unsere Fähigkeit, auf Streß zu reagieren, und unsere Sinneswahrnehmungen. Die gesellschaftliche Gepflogenheit, spät am Tage zu essen, dürfte mit erhöhter Geschmacksempfindlichkeit zum Zeitpunkt sinkender Steroid-Mengen im Blut in Beziehung stehen. Dies ist jedoch nicht die Zeit, feine Unterschiede zu erkennen, denn die Fähigkeit des Menschen, seine Sinneswahrnehmungen zu integrieren, nimmt mit dem Steroid-Gehalt ab. Eine umfangreiche Literatur macht deutlich, daß die besten Leistungen in die Zeit fallen, in der die Körpertemperatur hoch ist. Die meisten Menschen spüren das. Manche Leute sind jedoch der absurden Ansicht, sie müßten zu allen Stunden des Tages unverändert lächelnde, unverändert gut funktionierende Maschinen sein. Aber wir ändern uns im Laufe des Tages.

Die Beziehungen zwischen Schlafgewohnheiten, Streß und Nahrungsbedürfnis sind für die meisten heutigen Menschen von Interesse. Das wenige Material, das bisher vorliegt, läßt vermuten, daß Schlafverlust, Streß und Phasenverschiebung einen Menschen veranlassen können, mehr Protein zu sich zu nehmen — aber gerade Eiweiß essen die meisten Leute nicht, wenn sie lange aufbleiben. Weiterhin hat es den Anschein, daß die Nahrung früh am Tag am besten ausgenutzt wird; dennoch nehmen die Amerikaner fast 80 Prozent ihrer Nahrung nach 18.00 Uhr ein. Die Nahrung wird überdies leichter verwertet, wenn man sie in kleinen Mengen zu sich nimmt, aber die meisten Leute ziehen große Mahlzeiten vor, die größte am Abend. Der Aminosäurespiegel richtet sich, wie wir gesehen haben, nicht nach der Menge des mit der Nahrung aufgenommenen Proteins, sondern nach dem Zeitpunkt. Zu einer Zeit, da sich die Leute sehr genau überlegen, was sie bei Krankheiten wie Arteriosklerose* essen sollten und welche Rolle die Ernährung bei ihnen spielt, dürfte es auch von Nutzen sein, die Verteilung der Mahlzeiten auf den Tag neu zu durchdenken.

Wir brauchen nicht zu warten, bis genügend Material zur Aufstellung einer Zeitkarte für den Körper vorliegt, denn jeder Mensch, der nur ein wenig in sich hineinhorcht, kann lernen, seinen eigenen inneren Zeitplan zu empfinden — Hungerkontraktionen, das Frösteln bei absinkender Temperatur, das Gefühl frischer Kraft, das Aufwallen von Gefühlen oder Unruhe und Reizbarkeit. Eine stündlich vorgenommene Bewertung von Stimmung, Tatkraft und Empfindungen wird jedem Menschen allmählich das Ausmaß seiner täglichen Schwankungen verdeutlichen. Man kann die Rhythmen der Verdauungs-Enzyme, der Drüsen, der Ausscheidung von Abfallprodukten und der Empfänglichkeit der Sinnesorgane spüren und allmählich erkennen lernen, wie selbst die harmlosesten Eß- und Schlafgewohnheiten dieses riesige physiologische Labyrinth in uns zu beeinflussen vermögen. Vielen Menschen hat man beigebracht, keinerlei Verwandtschaft mit der physiologischen Organisation, die uns in unserem Innern beachtliche Dienste leistet, zu empfinden, und viele Leute erschrecken beim Anblick von Blut und inneren Organen. Aber schließlich kann man der eigenen täglichen Runde der Schwankungen lauschen, ohne den Körper öffnen und nachsehen zu müssen.

Wenn wir gesund sind, verändern wir uns mit Hilfe cirkadianer Zyklen. Auch unsere Reaktionen auf Medikamente und Streß, die Schmerzempfindlichkeit bei Krankheit und Symptome von Allergien und Erkrankungen sind rhythmisch und werden zum Teil durch die normalen Zyklen unserer Physiologie bestimmt. Die cirkadiane Rhythmizität des Körpers läßt ein neues Licht auf Stoffwechsel-Krankheiten wie Diabetes und auf Krebs fallen. Was sagt sie uns über Allergie, Medikamente oder die Art und Weise, auf die seelische und körperliche Krankheiten entstehen? Die folgenden drei Kapitel beschäftigen sich mit der Rolle, die der Zeitfaktor bei der Entwicklung, den Symptomen, der Diagnose und der Behandlung von Krankheiten spielt.

5. Rhythmen von Symptomen und Zellen

> Zermalmt nicht wie das Chaos und entstellt,
> sondern in Harmonie verworren wie die Welt:
> wo wir die Ordnung sehn, die Vielfalt meint,
> wo nichts sich gleich und doch sich alles eint.
>
> Alexander Pope

So hält an einer Stelle das Blut inne, fließt träge an einer anderen, an einer dritten rascher. Strömt das Blut unregelmäßig durch den Körper, stellen sich alle möglichen Unregelmäßigkeiten ein.

Hippokrates

Wenn Sie ein Magengeschwür haben und vergessen, zum Schutz Ihres Magens etwas zu essen oder zu trinken, können Sie damit rechnen, daß jeden Tag um die gleiche Zeit Schmerzen auftreten. Nur wenige Leute, die unter Magengeschwüren leiden und diese Erfahrung gemacht haben, wissen, daß das ein gutes Zeichen ist. M. Arborelius, ein schwedischer Arzt, stellte fest, daß Patienten mit Geschwüren oder Magenkrebs über Beschwerden klagten, die dem Hungerschmerz ähnelten und die sich durch eine Mahlzeit beheben ließen. Bei Patienten mit Magengeschwüren schien dieser Schmerz jedoch regelmäßig aufzutreten, während er bei Patienten mit Magenkrebs regellos zu allen Zeiten vorkommen konnte. Arborelius stellte an Hand der Untersuchung von zweihundert Patienten fest, daß fast sämtliche Krebspatienten Natriumchlorid in einem unregelmäßigen Rhythmus ausschieden, von den Geschwürpatienten dagegen keiner. Diese Unregelmäßigkeit schien einen möglichen Anhaltspunkt für Krebs zu liefern. Ein Arzt, der sich auf die Röntgen-Diagnose verläßt, hätte diese Patienten nie so exakt voneinander trennen können wie ein anderer, der lediglich ihre Beschwerden anhört und die Zeit dieser Beschwerden notiert: denn bei den Geschwür-Patienten treten die Schmerzen regelmäßig auf, die Schmerzen der Krebs-Patienten dagegen sind unberechenbar.

Krankheitssymptome können sich gelegentlich in Übersteigerung oder Veränderung eines normalen Rhythmus spiegeln. Zum Beispiel scheint es guten Grund zu haben, wenn Menschen, die unter einer Erkrankung der peripheren Arterien leiden, mit heftigen Schmerzen aus dem Schlaf erwachen. Wie Dr. V. Bartoli festgestellt hat, weist der Blutkreislauf in ihren Armen und Beinen einen ausgeprägt cirkadianen Rhythmus auf, der zwischen Mitternacht und 4.00 Uhr morgens seinen Tiefpunkt erreicht. Zu diesem Zeitpunkt herrscht bei ihnen akuter Sauerstoffmangel im Gewebe, der unweigerlich Schmerzen verursacht.

Große Kliniker von Hippokrates bis zur Gegenwart haben stets auf die Regelmäßigkeit oder Unregelmäßigkeit von Symptomen geachtet. Einer der ersten modernen Ärzte, der die Symptome seiner Patienten in Zeitdiagrammen festhielt, dürfte Dr. Werner Menzel in Hamburg gewesen sein. Er verzeichnete die Höhe- und Tiefpunkte von Körpertemperatur, Urinbestandteilen und Beschwerden. Dabei stellte er fest, daß zahlreiche Krankheiten mit Unstimmigkeiten im Zeitgefüge einhergingen. So hatte ein Kind mit einer Lympherkrankung an Stelle eines Vierundzwanzig-Stunden-Rhythmus der Körpertemperatur einen Zwölf-Stunden-Rhythmus. Bei Leuten mit Lebererkrankungen lag der Höhepunkt der Urin-Ausscheidung und der Temperatur häufig in der Nacht anstatt am Morgen. Ein stark depressiver Asthma-Patient hatte zwei Höhepunkte der Körpertemperatur, um 6.00 Uhr morgens und gegen Mittag, der Höhepunkt der Urin-Bestandteile war dem normalen Rhythmus genau entgegengesetzt. Dr. Menzel, seiner Zeit und der medizinischen Technologie weit voraus, begann zu vermuten, daß eine Desynchronisation der cirkadianen Körpersysteme eine Erklärung für ständig wiederkehrende Symptome liefern konnte.

Streß-Krankheiten

Eine Anzahl weitverbreiteter Krankheiten — Geschwüre, Hypertonie, Arteriosklerose, Asthma, Depression und sogar Arthritis* — werden gelegentlich als »Streß«-Krankheiten bezeichnet; das sind nur einige wenige aus einer langen Reihe von Streß-Krankheiten. Dieser Begriff wurde Anfang der fünfziger Jahre von Hans Selye geprägt; Selye wies darauf hin, daß der Körper eines Säugetiers auf starke Belastung durch Mobilisierung eines Verteidigungssystems reagiert, an dem die

Hirnanhangdrüse und die Nebennieren maßgeblich beteiligt sind. Die Hormone der Nebennieren unterdrücken Entzündungen und verhindern Gewebeschädigungen, steigern den Stoffwechsel und stellen dem Körper zusätzliche Energie zur Verfügung. Anlaß zu einer Aktivierung der Nebennieren können Verbrennungen sein, extreme Temperaturen, Krankheiten und Medikamente, aber auch eine Fülle von Situationen, die sich auf die Emotionen auswirken, wie Angst, Unruhe, Menschengedränge, laute Geräusche oder einfach der Umstand, einer neuen Situation gegenübertreten zu müssen. Das Tier in einem neuen Käfig, das Kind in einer neuen Schule, der Fremde bei einer Party — sie alle orientieren sich gleich still und intensiv über die neue Umgebung und lassen dabei Anzeichen von Spannung erkennen. Botschaften aus dem Hypothalamus zur Hypophyse und von der Hypophyse zu den Nebennieren stimulieren die Synthese und Ausschüttung von Glukocorticoiden*. Sind schließlich genügend Hormone im Blut vorhanden, reagiert der Hypothalamus, indem er die Hirnanhangdrüse anweist, ihre Botschaften an die Nebennieren einzustellen. Diese Anpassungs-Reaktion, ein gewöhnlich als *feed-back* bezeichneter Rückkopplungs-Mechanismus, tritt in Erscheinung, wenn sich jemand Sorgen macht, wenn ein Kind krank ist oder wenn man daran denkt, eine andere Stellung anzunehmen. Diese Art von Streß braucht nicht unangenehm zu sein. Es kann sich um die Erregung handeln, die Erwartung, Heiterkeit oder ein spannender Film auslösen. In einem Leben, das erfüllt ist von ständigem Wechsel und ständiger Konfrontation mit Menschenmassen oder neuen Erfahrungen, kann es jedoch geschehen, daß irgendwann Mängel in diesem Anpassungssystem auftreten. Die Folge ist eine Erkrankung mit Gewebsschädigungen; ein seelischer Zusammenbruch kann hinzukommen. Wie kommt es zum Zerfall dieser gesunden Anpassungs-Reaktion? Eine Möglichkeit ist, daß die Körperrhythmen nicht mehr synchron verlaufen, oder daß einer oder mehrere mit dem Aktivitäts-Zyklus des Patienten außer Phase geraten. Die Zeitstruktur kann sich verschlechtern und wie ein undiszipliniertes Orchester einen Teil ihrer Präzision verlieren.

Nächtelange Beobachtungen haben kürzlich gezeigt, daß die abnorme Magensekretion* von Geschwür-Patienten zu einer überaus ungünstigen Zeit erfolgt: nämlich wenn der Magen leer ist. Sie fallen zeitlich mit der zunehmenden Ausschüttung von Nebennieren-Corticosteroiden zusammen. Die Nebennieren-Hormone gelangen in einen Rhythmus, der sich fast in Phase mit dem REM-Schlaf befindet, in das Blut schlafender Menschen.

Anthony Kales und seine Mitarbeiter stellten diese Periodizität der Magensekretion bei Patienten mit Zwölffingerdarm-Geschwüren fest. Die alle fünfzehn bis dreißig Minuten mit Magensonden entnommenen Proben ließen erkennen, daß die Sekretion bei Geschwür-Patienten drei- bis zwanzigmal so stark war wie bei gesunden Menschen. Überdies befand sie sich überwiegend in Phase mit dem REM-Schlaf, während normale Sekretion keinen erkennbaren Rhythmus hat. Möglicherweise repräsentiert der REM-Schlaf einen Erregungs-Rhythmus innerhalb des Hypothalamus. Interessant ist, daß sich auch einige andere bei Nacht auftretende Symptome wie beispielsweise Migräne-Kopfschmerzen um den REM-Schlaf zu scharen scheinen. Zahlreiche Wissenschaftler haben sich bei dem Versuch, Krankheiten zu verstehen, die infolge starker emotioneller Belastung auftreten, mit der Erforschung des Systems der Nebennieren-Hormone beschäftigt.

Bis gegen Ende der vierziger Jahre hielten die meisten Endokrinologen den Körper für homöostatisch und waren überzeugt, daß er sich normalerweise in einem Zustand echter Beständigkeit befinde — eine Annahme, die noch heute die Normen der Diagnose, der Behandlung und eines beträchtlichen Teils der Laboratoriums-Forschung beeinflußt. Im Verlauf der fünfziger Jahre stellte sich in Halbergs Laboratorium eindeutig heraus, daß bei einem gesunden Menschen mit regelmäßigem Schlafschema oder bei einem Tier mit kontrolliertem Licht- und Fütterungsschema ein unverkennbar cirkadianer Rhythmus der Nebennieren-Hormone festzustellen ist. Die Untersuchungen dieses Teams zeigten auch, in welchem Verhältnis die Phasen zahlreicher innerer Rhythmen zueinander stehen. So liegt zum Beispiel zwischen dem täglichen Höhepunkt der Körpertemperatur eines Menschen und dem frühmorgendlichen Höhepunkt der Nebennieren-Hormone (17-Hydroxycorticosteroide) im Blut eine Zeitspanne von etwa neunzig Minuten. Träte der Temperatur-Höhepunkt zur gewohnten Zeit auf, der Nebennieren-Höhepunkt jedoch erst zwei Stunden später, so könnte man sagen, daß sich die beiden Rhythmen außer Phase befänden — daß der Mensch innerlich desynchronisiert wäre. Bei depressiven Menschen kann eine derartige Desynchronisation beträchtliche Beschwerden hervorrufen.

Depression

Es gibt eine Menge verschiedener Arten von Depressionen. Zusammengenommen stellen sie eines der trübseligsten und bedauernswertesten Leiden der Menschheit dar. Unter Leuten mittleren und fortgeschrittenen Alters ist sie besonders verbreitet. In jedem Jahr befinden sich 90 000 bis 125 000 Amerikaner als schwere Fälle in Krankenhäusern, während weitere 200 000 in Sanatorien und zu Hause behandelt werden. Für diese Schwerkranken gleicht das Leben einem hoffnungslosen Gefängnis, und sie selbst halten sich für wertlos und ungeliebt. Sie sind erregt und unruhig oder stumpf und apathisch, und viele von ihnen versuchen, Selbstmord zu begehen.

Im Jahre 1967 veröffentlichte der Public Health Service die Ergebnisse einer Befragung einer großen Zahl normaler Erwachsener: etwa ein Drittel der Männer und die Hälfte der Frauen erklärten, sie fühlten sich deprimiert. Im Grunde leiden die meisten Menschen, die unserer Kultur angehören, unter depressiven Stimmungen, hervorgerufen durch Mißbehagen bei der Arbeit, finanzielle Fehlschläge oder die Krankheit eines geliebten Menschen. Die Kultur spielt eine wichtige Rolle: bei vielen afrikanischen Stämmen treten derartige Symptome überhaupt nicht auf. Aber es gibt Menschen, die besonders intensiv reagieren und allmählich in eine Hölle hinabsinken, in der sie sich nicht mehr konzentrieren oder das Leben genießen können. Bei ihnen spricht man von einer reaktiven Depression, während man bei vielen anderen annimmt, daß ihr Leiden einer inneren biochemischen Störung entspringt. Kliniker vermuten, daß diese Leute auf einen inneren Streß reagieren, der eine übermäßige Ausschüttung von Nebennieren-Hormonen bewirkt.

Die psychiatrische Literatur bietet zahlreiche Studien zu diesem Thema, gibt jedoch kaum Aufschluß über das Verhältnis zwischen Depression und Nebennieren-Hormonen. Um die Kranken nicht noch mehr zu quälen, verzichteten die Ärzte auf häufige Blutproben; deshalb untersuchte man früher den Urin anstelle des Blutes. In den letzten Jahren haben sich die chemischen Analysen jedoch so entwickelt, daß es heute möglich ist, einen einzigen Blutstropfen zu untersuchen, und mit Hilfe eines winzigen Katheters kann »rund um die Uhr« alle fünfzehn Minuten eine Blutprobe entnommen werden, ohne daß der Patient es merkt. Mit Hilfe solcher Methoden haben Dr. Edward Sachar und seine Kollegen am Montefiore-Hospital in

New York neue Aspekte der Depression ins Licht gerückt. Der Spiegel der Nebennieren-Hormone im Blut kann emotionelle Erregung widerspiegeln; gesteigerte Mengen finden sich bei manchen erregten Patienten, bei gesunden Menschen, die unruhig sind — bei apathisch depressiven Patienten dagegen nicht. In vielen Fällen wies ein hoher Gehalt an Steroiden auf das Ausmaß der Qual und Panik eines Patienten hin und lieferte damit eine Warnung vor beabsichtigtem Selbstmord. Bei depressiven Patienten gibt es einen Rhythmus der Stimmung, der dem Gehalt an Nebennieren-Steroiden parallel läuft. Bezeichnend dafür ist, daß ihnen der Abgrund morgens am tiefsten erscheint. Wenn sie am Morgen erwachen, ist ihre Schwermut undurchdringlich und ihr Denken stumpf und langsam; wenn sie unter körperlichen Schmerzen leiden, sind auch diese dann heftiger.

Blutuntersuchungen, rund um die Uhr an zwei gesunden Menschen und zwei sehr unruhigen Patienten durchgeführt, zeigten auffallende Hormon-Unterschiede. Bei den Gesunden gelangte Cortisol in einem raschen Schub ins Blut; es verschwand ebenso rasch wieder, bis kein Hormon mehr zu entdecken war. Bei den Patienten dagegen war ein »Null«-Gehalt nie festzustellen; in ihrem Blut befanden sich ständig Nebennieren-Hormone. Außerdem schieden sie größere Mengen aus. Die Gesunden schieden die größte Menge Cortisol während der letzten Schlafstunden aus, die Patienten dagegen am Tag und gegen Abend. Depressive Patienten leiden gewöhnlich unter entsetzlicher Schlaflosigkeit. In der Terminologie der Schlafforschung ausgedrückt, besteht diese Schlaflosigkeit aus anomalen Schlafzyklen, unregelmäßigem REM-Schlaf, Fortfall des Schlafs in Stadium IV und häufigem Erwachen. Während dieser Phasen des Erwachens gelangt möglicherweise Cortisol ins Blut.

Blutuntersuchungen aus jüngster Zeit haben gezeigt, daß es bei einigen depressiven Patienten keinen erkennbaren cirkadianen Hormonzyklus gibt. Andere weisen verblüffende Rhythmen auf: bei einem Mann trat der Höhepunkt gegen 23 Uhr ein, zu einer Zeit also, zu der sich ein gesunder Mensch seinem tiefsten Hormonstand nähert. Die Psychiater, die am Montefiore-Hospital zusammenarbeiten, stehen dem gewonnenen Beweismaterial ratlos gegenüber. Selbst nach einer Schock-Behandlung, wenn sich der Patient erholt hatte und wieder wohl fühlte, war der Gehalt an Cortisol im Blut nicht normal. Untersuchte man die Patienten nach ihrer Entlassung aus dem Hospital in einem Zustand subjektiven Wohlbefindens, war der Hormon-

Gehalt noch immer nicht normal. Offenbar dauert es etliche Monate, bis sich das Drüsen-System erholt hat.
Da die Glukocorticoide im Stoffwechsel und bei der Übermittlung von Nerven-Impulsen eine wichtige Rolle spielen, kann man sich vorstellen, daß Regelwidrigkeiten im cirkadianen Rhythmus, von ständig von der Norm abweichenden Zuständen ganz zu schweigen, jeden Aspekt der Funktionsfähigkeit eines Menschen in Mitleidenschaft ziehen, seine Sinne abstumpfen, die Rhythmen der Nahrungsverwertung, der Verteilung von Energie, die Gewebsgeneration und das Gedächtnis stören und sich im Körper auswirken wie ein ständiger Mißklang.
Solange keine weiteren Untersuchungen vorliegen, kann man nur vermuten, daß diese Patienten innerlich desynchronisiert sind. Ist eine Störung des inneren Zeitgefüges der Ausgangspunkt einer solchen Krankheit?

Eine mögliche Ursache der Depression

Ob sich die Relationen der inneren Phasen in einem harmonischen Zustand befinden, läßt sich nur feststellen, wenn »rund um die Uhr«-Proben aus den verschiedenen Körpersystemen entnommen oder die schwankenden Funktionen von Organen wie Herz und Nieren gemessen werden. Die meisten Forscher haben das nicht getan, und die folgende Untersuchung macht deutlich, wie viele Schwierigkeiten bei Zeit-Studien am Menschen auftreten. Wenn der Leser feststellt, daß beispielsweise eine Studie den Höhepunkt der Kalium-Ausscheidung für den frühen Morgen, eine andere für den späten Nachmittag und eine dritte in der Nacht festlegt, ist er auf die Probleme und Verwicklungen einer Wissenschaft gestoßen, die noch keine Methodologie entwickelt hat. Die folgende Studie weist auf einige dieser Widersprüchlichkeiten hin, und man muß bedenken, daß die beobachteten Personen zuvor nach unterschiedlichen Zeitschemata lebten, daß sie nicht einem einheitlichen Zeitschema angepaßt wurden und daß sie untätig und isoliert waren. Immerhin war dies einer der ersten Versuche, die inneren Zyklen auf mögliche Marksteine einer inneren Harmonie oder auf Rhythmen, die zu anderen außer Phase gerieten, zu untersuchen.
Diese Untersuchung wurde an der University of Iowa von Paul

Huston, Edgar Folk jr. und Harold A. Cahn angestellt. Sie verglichen eine Gruppe gesunder junger Männer in den Zwanzigern mit einer Gruppe gesunder älterer Männer und einer Gruppe depressiver älterer Männer. Jede Person wurde, nachdem sie sich in einer Isolierkammer akklimatisiert hatte, dreiunddreißig Stunden lang intensiv beobachtet. Ihre Herzfrequenz wurde durch einen kleinen Sender im Unterhemd gemessen, sie erhielten Nahrung und Wasser in regelmäßigen Abständen. Die cirkadianen Rhythmen von Herzfrequenz, Urinfluß, Kalium-Ausscheidung und Körpertemperatur wurden aufgezeichnet.

Die Nebennieren-Corticosteroide erreichen normalerweise ihren Höchststand im Blut, bevor die Körpertemperatur zu steigen beginnt; hierauf folgen der Höhepunkt der Urin- und Kalium-Ausscheidung. Die Höhepunkte von Temperatur, Herzfrequenz und Kalium-Ausscheidung fallen typischerweise in die Zeit zwischen 5 und 9 Uhr, deren Urinfluß erreicht seinen Höhepunkt etwas danach. Bei einigen Versuchspersonen lagen die Höhepunkte am späten Nachmittag, bei anderen zwischen 19 Uhr und Mitternacht. Da sie alle nach verschiedenen Zeitschemata gelebt hatten, bevor sie in das Laboratorium kamen, befanden sie sich in verschiedenen Phasen. Bei den gesunden Menschen herrschte jedoch ein bemerkenswertes Gleichmaß. Einige von ihnen wurden einen Tag, eine Woche, einen Monat und eine sogar ein Jahr später nochmals untersucht. Es hatte sich nichts geändert. Bei gesunden Menschen weisen die Relationen der Phasen zueinander beachtliche Stabilität auf. Bei den depressiven Patienten dagegen schien sich die Kalium-Ausscheidung mit dem Urinvolumen außer Phase zu befinden — möglicherweise ein Hinweis darauf, daß eine fehlerhafte Zeitstruktur bei Depressionen eine bedeutendere Rolle spielt als der absolute Gehalt an irgendwelchen biochemischen Stoffen.

Was ist Ursache und was Wirkung bei dieser Krankheit Melancholie, die so viele Menschen in einen Zustand unseligen Wahns oder Scheintods verfallen läßt und sie außerstand setzt, am Leben ganz teilzuhaben?

Nebennieren-Hormone und Herzkrankheiten

Es könnte sein, daß ausgerechnet der Computer es den Psychiatern eines Tages ermöglichen wird, zu erkennen, wie sich alle Faktoren von Biochemie und Stimmung zusammenfügen. Depression ist nur eine von vielen Streß-Krankheiten, bei denen es Anzeichen für einen gestörten Rhythmus der Nebennieren-Hormone gibt. Viele Forscher, die sich um das Verständnis von Geschwüren, Kolitis und Hypertonie bemühen, haben die Rhythmen der Nebennieren studiert. Außer den Nebennieren-Hormonen, die den Kohlenhydrat-Stoffwechsel regulieren, gibt es jedoch noch andere Gruppen.

Aldosteron ist ein Steroid-Hormon, das den Körper veranlaßt, Kalium auszuscheiden und Natrium zurückzuhalten; es fördert damit die Wasser-Retention. Übermäßige Aldosteron-Mengen finden sich gelegentlich bei Leuten, die unter zu hohem Blutdruck oder Hypertonie leiden. Dr. Frederick Bartter und Catherine S. Delea haben eine Reihe von Patienten untersucht, die an Herz- oder Kreislaufstörungen litten. Leute, die unter Aldosteronismus* litten, unterschieden sich nur in relativ geringem Ausmaß von Gesunden. In den meisten Kliniken hätte man kaum bemerkt, daß sich die Ausscheidung von Aldosteron im Urin bei ihnen mit dem Ausscheidungs-Rhythmus gesunder Menschen außer Phase befand. In Zusammenarbeit mit Halberg analysierten Bartter und Delea das gesammelte Material mit speziellen Methoden und stellten dabei eine Störung im Zeitgefüge fest, die bei klinischer Beobachtung in den meisten Fällen gar nicht aufgefallen wäre. Sie wiesen darauf hin, wie wichtig neue Methoden klinischer Diagnose sind; häufig sind dabei Messungen rund um die Uhr unerläßlich. So kann ein einmaliges Messen des Blutdrucks bei einem hypertonischen Patienten den Eindruck des Normalzustandes aufkommen lassen. Die Forscher dagegen hatten Patienten, deren Blutdruck um 8 Uhr morgens normal war, aber gegen 18 Uhr, wenn der Blutdruck beim Gesunden seinen täglichen Höhepunkt erreicht, litten sie unter Hochdruck. Jeder Vertrauensarzt einer Versicherung, der einen Menschen nach einer einzigen Messung gegen 10 Uhr beurteilt, kann sich leicht in ihm täuschen.

Cirkadiane Rhythmen sind vermutlich ein wichtiges Kennzeichen für die Integrität des Körpers. Was da in uns fluktuiert, ist möglicherweise ein Überbleibsel aus unseren dunklen Anfängen auf diesem rotierenden Planeten, der für frühere Pflanzen und Geschöpfe Überleben bedeutete. Aber wo auch immer der Ursprung liegen mag, auf jeden Fall liefern die cirkadianen Rhythmen einen Maßstab für die Harmonie der Körperfunktionen — von der relativ auffälligen Schwankung des Blutdrucks bis zu den mikroskopisch kleinen Windungen der Zellen.

Rhythmen der Zellteilung

Daß sich die Zellen des Körpers nicht zu allen Zeiten des Tages mit gleichbleibender Stetigkeit teilen und daß die Zellteilung auch in den verschiedenen Jahreszeiten in unterschiedlichen Raten erfolgt, weiß man bereits seit geraumer Zeit. Im Jahre 1917 stellte ein holländischer Physiologe fest, daß sich die Zellen in der Hornhaut eines zwei Tage alten Kätzchens gegen 22.30 Uhr am raschesten und gegen 10.30 Uhr am langsamsten teilten. Später bemerkte man, daß sich die Zellen in der Vorhaut des Mannes in einem cirkadianen Rhythmus teilen. In einer in den fünfziger Jahren durchgeführten Studie, die zum Vorbild entsprechender Untersuchungen wurde, gingen Halberg und seine Mitarbeiter daran, den cirkadianen Rhythmen der Zellteilung in der Haut des Ohres und im Mundgewebe von Mäusen und Hamstern, die unter kontrollierten Bedingungen gehalten wurden, nachzuspüren.

Der am stärksten ausgeprägte cirkadiane Rhythmus findet sich in Zellen, die einer steten Erneuerung bedürfen, wie das Oberflächengewebe von Haut, Ohren, Mund, Zunge, Augen und Haar, das ständig mit der Außenwelt in Verbindung steht. Jeden Tag beansprucht und beschädigt, müssen diese Zellen schnell ersetzt werden. So teilen sich beim Erwachsenen die Hautzellen beispielsweise vorwiegend zwischen Mitternacht und 4 Uhr morgens, also zu einer Zeit, während der der Mensch gewöhnlich schläft. Möglicherweise ist dies eine der wichtigsten Funktionen des Schlafs mit seiner körperlichen Ruhe und den Schwankungen in Stoffwechsel und Hormonhaushalt. Das Tempo, in dem die neuen Zellen produziert werden, entspricht ungefähr dem Tempo des Zellverlusts. Das kann man beobachten, indem man die Mitose* beobachtet oder radioaktiv gekennzeichnete Zellen zählt, nachdem man eine radioaktive Substanz, von der man weiß, daß sie bei der Zellerneuerung mitwirkt, ins Gewebe injiziert hat (Autoradiographie).

Dr. Lawrence E. Scheving und Dr. J. E. Pauly bedienten sich der Autoradiographie zur Aufzeichnung der cirkadianen Rhythmen der Zellteilung in der Hornhaut von Ratten. Der Höhepunkt der Kennzeichnung und damit der Mitose trat gegen Mittag ein, also etwa zur Halbzeit der Ruheperiode der Tiere. Wurden die Tiere jedoch länger als zwei Wochen in konstantem Licht gehalten, verschwand der Mitose-Rhythmus, und es zeigten sich deutliche Schädigungen, wie das Verschwinden der Stäbchen aus der Netzhaut.

Biologische und physiologische Rhythmen passen sich offensichtlich den Rhythmen der natürlichen Umgebung an, und die biologische Potenz des Lichts ist so wirksam, daß kein Geschöpf als geschlossenes System gelten kann.

Zeitstruktur der Leber

Halberg und seine Mitarbeiter haben herauszufinden versucht, wie sich die Rhythmen der Zellteilung in die organischen Funktionen einfügen. Bei vielen ihrer Untersuchungen benutzten sie Leber-Gewebe, weil die Leber ein großes und wichtiges Organ ist und sich nach operativen Eingriffen rasch wieder regeneriert. Daß es im Glykogen-Gehalt der Leber einen Vierundzwanzig-Stunden-Rhythmus gibt, wußte man seit mehreren Jahren. Indem sie ein radioaktiv markiertes Phosphat, eine zur Zellteilung erforderliche Substanz, injizierten, konnten die Forscher die relative Aufnahme dieses Phosphats beobachten und damit die Geschwindigkeit der Zell-Mitose verfolgen. Stückchen für Stückchen begannen sie die mikroskopisch feine Linie der Produktion freizulegen, die dem cirkadianen Rhythmus des Glykogens und anderer Substanzen in der Leber zugrunde liegt.

Synthese von DNS und RNS

Halberg und seine Mitarbeiter untersuchten die verschiedenen Bestandteile des Lebergewebes bis zu den winzigen Mikrosomen* und den Vorgängen im Kern einer jeden Zelle. Dort, auf fundamentalster Ebene, fanden sie einen Vierundzwanzig-Stunden-Rhythmus bei der Geschwindigkeit, mit der die Zellen DNS und RNS synthetisierten. DNS (Desoxyribonucleinsäure, ein kompliziertes Riesenmolekül in

Form einer Doppelschraube) gilt als die grundlegende Einheit, die das Modell der Chromosomen in sich trägt, Erbfaktoren von einer Generation auf die nächste überträgt und jeder Zelle des Körpers ihren eigenen spezifischen Charakter verleiht. RNS (Ribonucleinsäure, ein weiteres großes Molekül, das sich im Zellkern und im Zytoplasma rings um den Kern findet) reguliert unter anderem vermutlich die Geschwindigkeit, mit der jede einzelne Art von Protein im Gewebe produziert wird.

In Halbergs Laboratorium stellte man fest, daß sich die Rhythmen von RNS und DNS nicht genau in Phase befanden. Daß RNS und DNS dann am aktivsten waren, wenn viele Zellen sich auf die Teilung vorbereiteten, war zu erwarten. Außerdem war nicht damit zu rechnen, daß RNS und DNS gleichzeitig den Gipfelpunkt ihrer Synthese erreichten. Der Phosphor-Aufnahme nach zu urteilen, erreichte die DNS-Aktivität ihren höchsten Stand zu genau dem Zeitpunkt, als die RNS-Aktivität auf ihren Tiefststand abfiel. Seit diese Untersuchungen in dem Laboratorium in Minnesota durchgeführt wurden, haben zahlreiche Forscher weiteres Material über den Rhythmus der Mitose der Nucleinsäuren beigesteuert.

Zellteilung

Im Laboratorium in Minnesota begann man, die Phasen der Synthese von DNS und RNS im Verhältnis zur Phase der Zellteilung aufzuzeichnen. Diese Mitose-Rhythmen wiederum ließen sich zu dem rhythmischen Zu- und Abnehmen des Gehalts an anderen Substanzen wie Fett und Zucker in der Leber in Beziehung setzen. Die Aktivität der Leberzellen junger Tiere ließ einen Zyklus erkennen. Das Stadium, in dem die meisten der sich teilenden Zellen den letzten Schritt taten, dauerte etwa acht Stunden; in dieser Acht-Stunden-Spanne erreichten RNS und Phospholipide* ihren Gipfelpunkt. Darauf folgte ein weiteres Acht-Stunden-Stadium, währenddessen die DNS-Synthese ihren Höhepunkt erreichte. In den ersten vier Stunden dieser Zeitspanne erreichte der Glykogen-Gehalt seinen Tages-Höchststand. Die verschiedenen Stadien des Zellstoffwechsels und der Mitose in der Leber liefen also in einer reproduzierbaren Reihenfolge ab, die sich in Verbindung mit einem Lichtzyklus zeitlich bestimmen und verläßlich nachweisen läßt.

In der Aufzeichnung dieser Rhythmen erkennt man einen biologischen Mechanismus, der durch das Übergreifen eines Prozesses in den nächsten das reibungslose und kontinuierliche Funktionieren eines Organismus gewährleistet. Nicht alle Zellen beginnen gleichzeitig mit der DNS-Synthese; auch die Zellteilung setzt nicht überall auf einmal ein. Statt dessen liefern rhythmische Schwankungen Zellgruppen den Anstoß, sich etwa um die gleiche Zeit auf die gleiche Weise zu verhalten. Allmähliche rhythmische Verschiebungen ermöglichen es dem Körper, sich zu verändern, ohne daß er unter den nachteiligen Folgen der Diskontinuität leiden muß.

Als die Forscher in Minnesota die Zellen von Niere, Nebennierenrinde, Haut, Bauchspeicheldrüse, Dünndarm und Hirnanhangdrüse, Hypothalamus und anderen Regionen des Gehirns in ihre Untersuchungen einbezogen, fanden sie überall eine cirkadiane Rhythmizität. Es gab spezifische Sequenzen des Phasenverhältnisses im Zellrhythmus eines Organs, aber nicht alle Organe wiesen das gleiche Modell auf. In einigen Geweben wie Leber oder Haut fand die stärkste Zellteilung statt, während die Tiere schliefen, während in anderen Geweben wie beispielsweise der Nebenniere der Höhepunkt der Zellteilung mit der Periode starker motorischer Aktivität zusammenfiel.

Biopsie*

Dieser Hinweis ist für die Arbeit in medizinischen Laboratorien von Belang. Entnimmt man dem Körper zu einer bestimmten Stunde des Tages eine Gewebsprobe, wirken sich das Fixativ und die Färbung (die Chemikalien, die dazu dienen, das Präparat haltbar und unter dem Mikroskop sichtbar zu machen) nicht so aus wie bei der gleichen Probe, die man dem selben Menschen zu einer anderen Stunde entnommen hat. Gewebe verändern sich rund um die Uhr in so beträchtlichem Ausmaß, daß — je nach der biologischen Tageszeit, zu der die Probe entnommen wurde — histochemische Substanzen unterschiedlich auf das Gewebe einwirken. So kann es geschehen, daß sich bei einem Patienten bei einer Untersuchung Anzeichen für eine bestimmte Krankheit finden, weitere, zu einem anderen Zeitpunkt entnommene Blut- oder Gewebsproben jedoch ein anderes Bild von der vermeintlichen Krankheitsursache vermitteln.

Diabetes

Fast jeder Mensch kennt jemanden, der unter Diabetes mellitus mit vagen Symptomen wie Gewichtsschwankungen und Mattigkeit leidet. Der Diabetiker kann Hunger leiden, selbst wenn er gut ißt, denn er produziert weder genügend Insulin zur rechten Zeit, noch verwertet er den in der normalen Nahrung enthaltenen Zucker.

Selbst im Schlaf verbraucht das Gehirn fünfundzwanzig Prozent des im Körper insgesamt benötigten Sauerstoffs. Im Gegensatz zum übrigen Körper befinden sich im Gehirn kaum Reserven an Kohlenhydraten; es ist von der ständigen Ernährung mit Glukose durch das Blut abhängig. Sinkt die Zufuhr von Glukose ab, so bedeutet das einen Ausfall der Hauptenergiequelle des Gehirns. Zucker wird zumeist in der Form von Glykogen gespeichert, und deshalb ist der Glykogen-Gehalt der Leber bei verschiedenen Krankheiten von Interesse. Beim Diabetiker ist das hormonale Gleichgewicht, das zum Verarbeiten und Speichern von Zucker in verwertbarer Form erforderlich ist, gestört, und es kann geschehen, daß in seinem Gehirn zu eben der Zeit Zuckermangel herrscht, zu der er ungenutzten Zucker im Urin ausscheidet.

Am Karolinska-Institut in Stockholm fanden die Doktoren Jacob Möllerstrom und Arne Sollberger abnorme Rhythmen der Azidität* in Blut und Urin von Diabetes-Patienten, bei denen sich gleichzeitig eine übermäßige Azidität des Blutes zeigte, deren Höhepunkte gegen 16 Uhr nachmittags und 4 Uhr morgens eintraten, häufig in Verbindung mit Übelkeit und Kopfschmerzen. Als sie auch die rhythmischen Schwankungen anderer Bestandteile von Blut und Urin untersuchten, entdeckten die Forscher eine Verzerrung der ineinandergreifenden Rhythmen, die eine Störung des Säure-Basen-Gleichgewichts zur Folge haben kann.

Bis vor kurzem erhielten Diabetiker Insulin unter der Annahme, daß der Körper zu allen Zeiten die gleiche Menge braucht. An gesunden Menschen durchgeführte Untersuchungen haben jedoch einen cirkadianen Rhythmus von Insulin und Glukose im Blut gezeigt. Das bedeutet, daß bei der Therapie des Diabetes der normale Insulin-Rhythmus wiederhergestellt werden müßte. Es sprechen noch weitere Gründe dafür, weshalb eine rhythmische Zufuhr besser sein dürfte als eine gleichbleibende Dosis, denn Insulin wirkt sich auch auf andere Hormone aus. Vor kurzem untersuchten Dr. M. Serio und seine

Mitarbeiter Diabetes-Patienten vor und während der Behandlung mit Insulin. Während der Insulin-Behandlung waren die normalen cirkadianen Rhythmen der Nebennierenrinden-Hormone nicht vorhanden, sobald die Insulin-Behandlung jedoch abgebrochen wurde, tauchten die Nebennieren-Rhythmen wieder auf. In dem empfindlichen Gleichgewicht des Kohlenhydrat-Stoffwechsels muß das Insulin zeitlich so abgestimmt werden, daß es der Aktion eines Hormons aus der Hypophyse entspricht und ein Gegengewicht zu ihr bildet. Das bedeutet, daß die Therapie die exakte Phase des steigenden und fallenden Insulin-Niveaus wiederherstellen muß, anstatt nur fehlendes Insulin zuzuführen.

Glukose-Toleranztest und Fettsäuren

Leidet jemand unter Beschwerden, deren Ursache ein Diabetes sein könnte, stellt man gewöhnlich einen Glukose-Toleranztest mit ihm an: er erhält, nachdem er morgens nüchtern geblieben ist, eine intravenöse Injektion von Glukose. Danach muß er weiter fasten, während ihm laufend Blutproben entnommen werden, möglichst vier bis fünf Stunden lang. Zweck dieser Untersuchung ist es, zu erkennen, wie schnell die Glukose weitergeleitet und vermutlich in andere verwertbare Formen von Energie umgewandelt wird. Bei gesunden Menschen tritt eine abrupte Steigerung des Insulin-Gehalts im Blut auf, der etwa fünf Minuten nach der Injektion seine stärkste Konzentration erreicht und danach rapide abfällt. Eine Untersuchung des Endokrinologen Robert Abrams vom New York Downstate Medical Center hat ergeben, daß die Insulin-Reaktion eines Gesunden auf Glukose zu den verschiedenen Zeiten des Tages nur geringfügig schwankt. Das läßt vermuten, daß die Geschwindigkeit der Glukose-Verfügbarkeit nicht unmittelbar mit dem Insulin-Gehalt des Blutes, der einen cirkadianen Rhythmus aufweist, verbunden ist. Dafür schien die Glukose-Verfügbarkeit jedoch mit dem Blutspiegel der als Triglyceride bezeichneten Fette in Beziehung zu stehen. Der hohe Spiegel von Fettsäuren im Blut überraschte Abrams und seine Mitarbeiter, zumal die Messungen nach über fünfstündigem Fasten angestellt wurden. Dann stellten sie jedoch fest, daß der Spiegel des Triglyceride nicht von den Mahlzeiten abhängig war, sondern offensichtlich in einem cirkadianen Rhythmus stieg und fiel, dessen Höhepunkt bei 6 Uhr morgens lag, dem Zeitpunkt, zu dem auch der Spiegel von Hormonen aus der Nebennierenrinde hoch ist.

Daß die Nebennieren-Hormone Einfluß auf die Verwertung der Glukose haben müssen, ist seit langem bekannt. Eine orale Gabe des Nebennieren-Hormons Cortisol führt drei bis sechs Stunden später zu einem Übermaß an Blutzucker. Abrams fand ein steiles Ansteigen von Cortisol im Blut gegen 6 Uhr morgens und sechs Stunden später einen steilen Abfall in der Geschwindigkeit der Glukose-Verfügbarkeit, die gegen Mittag ihren Tiefstand erreichte.

Die Zeitspanne zwischen den Höhepunkten dieser verschiedenen Rhythmen — den Nebennieren-Hormonen, den Triglyceriden und der Geschwindigkeit der Glukose-Verfügbarkeit — könnte bei dem Versuch, herauszufinden, wie der Diabetes mellitus beginnt, vielleicht einige Anhaltspunkte liefern. Abrams ist der Ansicht, daß der Diabetes, der bei Menschen im Alter zwischen dreißig und fünfundvierzig Jahren auftritt, mit unregelmäßigen Zeitschemata in Beziehung steht, da die desynchronisierenden Effekte von Streß oder Trauma eine Abweichung in der rhythmischen Verwertung von Kohlenhydraten mit sich bringen könnte. Schließlich sind bei einer Stoffwechsel-Krankheit wie Diabetes zahlreiche ineinandergreifende biochemische Rädchen beteiligt. Ob Stoffwechsel-Rhythmen, die aus ihrer normalen Phase geraten sind, eine Kettenreaktion von Störungen auslösen, weiß man nicht. Immerhin scheint es möglich, daß Streß und irreguläre Zeitschemata bei der Auslösung einer derartigen Krankheit eine Rolle spielen.

Krebs

Ende der fünfziger Jahre veröffentliche Janet Harker, eine englische Biologin, die Ergebnisse aufsehenerregender Experimente. Sie brachte Küchenschaben mit Aktivitäts-Rhythmen, die sich um 180 Grad außer Phase befanden, in Verbindung miteinander und konnte daraufhin sehen, wie sich Tumore zu bilden begannen. Dr. Harker hatte nach der Hirnregion gesucht, die den Aktivitäts-Rhythmus des Tieres steuerte. Sie fand schließlich eine hintere Region im Gehirn der Schabe, eine Art zweites, neurosekretorisches* Hirn, das Hormone ausschied, die ihrerseits mit dem Rhythmus in Beziehung zu stehen schienen. Als sie bei einem dieser Tiere diesen Hirnabschnitt entfernte, wurde es arrhythmisch. Als sie einem arrythmischen Tier den Hirnteil eines anderen einpflanzte, übernahm es den Rhythmus des Spenders. In ihrer Monographie *The Physiology of Diurnal Rhythms* stellte Dr. Harker eine Reihe ihrer Experimente zusammenfassend dar; ein kurzer Auszug vermittelt eine Vorstellung von der Feinheit ihrer Arbeit:

»Die Methode der Herstellung des doppelten Zyklus ist nicht sonderlich schwierig. Bei den Periplaneta (gemeine Küchenschabe) liegt die Zeit der Sekretion aus den neurosekretorischen Zellen in einem Licht-Dunkel-Zyklus zu Beginn der Dunkelheit; die Phase ist, wenn sie einmal bestimmt ist, stabil. Wenn man also zwei Gruppen von Schaben in Licht-Dunkel-Zyklen hält, die miteinander zwölf Stunden außer Phase sind, und die suboesophagen Ganglien einer Gruppe den Schaben der anderen Gruppe implantiert*, dann besitzen die implantierten Tiere zwei dieser Ganglien, die zwölf Stunden außer Phase miteinander Sekret abgeben. Werden die Implantationen wenigstens vier Tage lang jeden Tag erneuert, beginnen bei den Empfängern Anzeichen schwerer pathologischer Störungen aufzutreten; sechzehn Tage nach Beginn des Experiments finden sich bei praktisch allen Tieren maligne* Tumore.

Bei diesen Experimenten dürfte eher die als Folge des Vorhandenseins von zwei Ganglien eingetretene hohe Hormonkonzentration den kritischen Faktor für die Tumorbildung darstellen als irgendein rhythmisches Phänomen. Eine hohe Hormonkonzentration hat jedoch keinerlei Auswirkungen, wenn sie durch die Implantation einer sogar noch größeren Zahl von Ganglien zustande kommt, vorausgesetzt, daß diese in Phase mit dem eigenen Ganglion des Tieres sezernieren.«

Spätere Versuche, diese Experimente zu wiederholen, haben nicht die gleichen Ergebnisse erbracht und auch nicht zu identischen Folgerungen über die »Uhr«-Funktion des neurosekretorischen Gehirns geführt. Dennoch verursachen Dr. Harkers Experimente, wie eine nur halb enthüllte Wahrheit, ein gewisses Unbehagen. Kann es sein, daß große Mengen bestimmter Hormone in der falschen Phase des cirkadianen Zyklus die Rhythmen der Zellteilung beeinflussen? Kann ein emotionelles Trauma, Streß oder eine Virus-Infektion die cirkadiane Harmonie des Körpers auf eine für die Vermehrung der Zellen kritische Weise stören?

Herztransplantation

Was könnte das für die erfolgreiche Übertragung von Nieren und Herzen bedeuten? Die Kliniker beginnen, sich diese Frage zu stellen. Bereits vor einem Jahrzehnt haben die Biologen bewiesen, daß ein Gewebe seinen cirkadianen Rhythmus noch einige Zeit nach seiner Entfernung aus dem Körper beibehält. Würde man das Herz aus dem Körper entfernen und in einer Nährlösung aufbewahren, behielte die Kontraktions-Geschwindigkeit ihren cirkadianen Rhythmus bei, ebenso wie Nebennieren und Schilddrüsen *in vitro* auch weiterhin Hormone in cirkadianem Rhythmus ausscheiden würden. Kürzlich analysierte ein Forscherteam an der Baylor University die zweiundsiebzigstündigen Aufzeichnungen der Elektrokardiogramme und Elektrotachogramme eines Mannes, bei dem einen Monat zuvor eine Herztransplantation vorgenommen worden war. In seinem Herzen gab es nun zwei Rhythmen: in den Resten seines eigenen Herzgewebes wie auch in dem implantierten Herz war ein deutlich erkennbarer cirkadianer Rhythmus vorhanden. Das implantierte Herz war dem Herzen des Empfängers um 135 Minuten voraus. Das ist eine geringe Phasen-Differenz, und Dr. Irvin Kraft und seine Mitarbeiter haben sich über die Auswirkungen, die eine Phasen-Differenz auf den Erfolg der Transplantation haben könnte, keine Gedanken gemacht. Immerhin wäre denkbar, daß sich das Ausmaß der Phasen-Differenz zwischen Spender und Empfänger auf das Ergebnis der Transplantation von Organen und anderen Geweben auswirkt. Könnte es sein, daß sich Gewebe mit zwei Phasen bösartig entwickeln?

Krebs-Rhythmen bei Nagetieren

Forscher und Kliniker fragen sich allmählich, ob es Formen von Krebs gibt, die eine Folge geänderter Zeitstruktur sind. Die Krebszellen, die Teile des Körpers zerstören, vermehren sich rasch und in einem anderen Tempo als die des umliegenden Gewebes. Die Rhythmen dieser Mitose weisen ein abnormes Vermehrungstempo auf, das häufig mit der cirkadianen Periode des Mitose-Rhythmus des umliegenden gesunden Gewebes nichts zu tun hat. Bei ihren ausgedehnten Untersuchungen der Zellteilungs-Rhythmen stellten Franz Halberg und seine Mitarbeiter fest, daß bei normalem Gewebe der Höhepunkt der Zellteilung in bestimmte Zeiträume innerhalb der vierundzwanzig Stunden fällt. Die Mitose erreichte in der Haut von Hamstern und Mäusen in der Zeit der Dunkelheit, wenn die Tiere aktiv waren, ihren tiefsten Punkt und stieg während der Licht-Periode, wenn die Tiere ruhten, auf einen Höchststand an. Krebszellen dagegen wiesen dieses cirkadiane Steigen und Fallen bei der Teilung nicht auf.

Halbergs Untersuchungen lassen vermuten, daß eine gestörte Zeitstruktur eines der frühesten Anzeichen für Krebs ist. Seine Mitarbeiter im Laboratorium brachten Nagetieren Tumorgewebe oder karzinogene Chemikalien bei, und lange, bevor es zur Bildung von Brust-Tumoren kam, stellten sie in der Haut der Ohren der Tiere arrhythmische Zellteilung fest. Anzeichen abnormer Rhythmen der Zellteilung gingen allen auffälligeren körperlichen Veränderungen voraus; das läßt darauf schließen, daß ein arrhythmisches Verhalten der Zellen an der Körperoberfläche einen frühzeitigen Hinweis auf die Entwicklung von Tumoren liefern könnte. Untersuchungen von zwei an Krebs erkrankten Menschen, die in der kontrollierten Umgebung eines Hospitals lebten, ließen gleichfalls Unregelmäßigkeiten an der Körperoberfläche erkennen. Auf aufsehenerregende Weise wurden diese Unregelmäßigkeiten von Dr. Halberg mit einer Reihe von Kurven der Rektal-Temperatur von Krebs-Patienten belegt. Die Temperaturen wurden über eine längere Zeitspanne hinweg alle sechs Stunden gemessen: sie waren so unregelmäßig, daß sie mit den Kurven sämtlicher anderer Patienten im Hospital keinerlei Ähnlichkeit hatten.

Krebs beim Menschen

In Zusammenarbeit mit Dr. Mauricio Garcia-Sainz am Onkologischen* Hospital in Mexico City hat Halberg die Zell-Mitose im menschlichen wie im tierischen Gewebe analysiert. In einem Fall wurden rund um die Uhr in zweistündigem Abstand Gewebsproben von Krebs-Patienten vor der Behandlung mit Röntgenstrahlen entnommen. Nach der Behandlung wurde nach dem gleichen Schema eine zweite Serie von Proben entnommen. Durch genaue Zählung der sich teilenden Zellen und eine objektive Methode der Daten-Analyse ergab sich eindeutig, daß das Zellwachstum vor der Behandlung mit Röntgenstrahlen nicht cirkadian gewesen war. So rasch sich die

Zellen auch teilen mögen, müßten sich doch in gesundem Gewebe zu einem bestimmten Zeitpunkt des Vierundzwanzig-Stunden-Zyklus mehr Zellen teilen als zu jeder anderen Zeit. Vor der Behandlung mit Röntgenstrahlen teilten sich die Krebszellen in einem nicht-cirkadianen Rhythmus; einige von ihnen wiesen einen Rhythmus von zwanzig Stunden auf, andere einen von acht Stunden. Daß ihnen die cirkadiane Rhythmizität fehlt, läßt auf einen Defekt in der zeitlichen Integration dieser Zellen in den Gesamtrhythmus des Körpers schließen; die Folgen sind Anarchie in der Zeitstruktur und ersichtliche Störungen im Gewebe. Damit scheint die Aktivität der Krebszelle aus der zeitlichen Harmonie der Körperfunktionen, die rund um die Einheit eines Tages ein Ganzes bilden, herauszufallen.

Behandlung mit Röntgenstrahlen

Röntgenbestrahlung wirkt sich auf den Prozeß der Zellteilung und -synthese aus, vor allem bei Zellen, die sich wie die Krebszellen rasch vermehren. Nach der Behandlung mit Röntgenstrahlen ändert sich das Bild: die Mitose von Krebsgewebe nähert sich einer cirkadianen Rhythmizität, und es gibt weniger Anzeichen für kürzere Zyklen der Zellteilung. Leider lösen sich durch die Röntgen-Bestrahlung aber auch viele der sich rasch teilenden Zellen ab, und der Patient kann unter Übelkeit, Diarrhoe und anderen unangenehmen Nebenwirkungen leiden. Heute scheint es jedoch möglich, diese Nebenwirkungen durch Behandlung zum strategisch richtigen Zeitpunkt zu verringern.
Im Jahre 1963 stellten Dr. Donald Pizzarello und seine Mitarbeiter fest, daß eine Dosis von Röntgenstrahlen, die bei Nagetieren während des Tages Übelkeit hervorrief, sie bei Nacht töten konnte. Der sowjetische Forscher Dr. Y. G. Grigoriew und seine Mitarbeiter sind der Ansicht, daß Anfälligkeit und Tod ihre Ursache in einer Schädigung des Gewebes haben könnten, in dem sich Blutzellen bilden. Möglicherweise läßt sich der Rhythmus der Strahlen-Sensibilität auf Aktivitäts-Zyklen im Knochenmark, wo das Blut gebildet wird, zurückführen. Die sowjetischen Forscher stellten ihre Untersuchungen zwar an Mäusen an, aber vermutlich gibt es in den blutbildenden Geweben des Menschen die gleichen zyklischen Veränderungen.

Geschlechtshormone

Aller Wahrscheinlichkeit nach haben cirkadiane Rhythmen Einfluß auf die Behandlung mit Strahlen; für die Anwendung von Geschlechtshormonen gilt das gleiche. Im Jahre 1967 entdeckten zwei Gruppen von Forschern — unter der Leitung von Dr. Ferdinand Dray in Paris und von Dr. Louis A. Southren in New York — unabhängig voneinander, daß bei Männern ein ausgeprägt cirkadianer Rhythmus des Testosteron-Spiegels vorliegt, der zwischen 8.00 Uhr und 9.00 Uhr morgens seinen Höchststand erreicht und gegen Mittag scharf abfällt. Da Geschlechtshormone häufig zur Behandlung von Uterus-, Brust- und Prostata-Krebs benutzt werden, sollte man meinen, daß eine genaue Kenntnis der Umstände von Sekretion und Verteilung sich für die Behandlung als nützlich und für diagnostische Verfahren als entscheidend erweisen kann. In den meisten Krankenhäusern wird Testosteron an morgens entnommenen Blutproben gemessen — eine Prozedur, die dem Messen der Durchschnittstiefe eines Gewässers bei Flut entspricht, denn der Testosteronspiegel liegt am Morgen um 35 bis 40 Prozent höher als während seines Tiefststandes gegen Mitternacht.

Antimetaboliten

Heute werden viele Formen von Krebs mit Antimetaboliten behandelt — chemische Verbindungen, die den Prozeß der Protein-Synthese verlangsamen. Das tägliche Steigen und Fallen der DNS-Synthese führt zu einem Unterschied von zehn zu eins zwischen dem Ausmaß der Synthese an ihrem Höhepunkt und an ihrem Tiefpunkt. Tumorzellen befinden sich gewöhnlich mit gesunden Zellen außer Phase, und es ist möglich, Tumore zu treffen, wenn sie sich auf dem Gipfelpunkt der Teilung ihrer Zellen befinden, und gleichzeitig die Schädigung gesunder Zellen auf ein Minimum zu reduzieren. Dr. Garcia-Sainz stellte kürzlich fest, daß Patienten in einem cirkadianen Rhthymus auf Behandlung mit Röntgenstrahlen reagieren. Diese unterschiedliche Reaktion könnte bedeuten, daß man die Behandlung zeitlich so berechnen kann, daß sie den Krebs in der mitotischen, verletzbarsten Phase trifft, und daß man gleichzeitig die beim Patienten auftretenden Nebenwirkungen auf ein Mindestmaß beschränken kann.

Während die Erforschung der Zellrhythmen Möglichkeiten zur Früherkennung von Krebs und die Wahl des strategisch richtigen Zeitpunktes zu seiner Bekämpfung liefern könnte, sind andere Forscher zu der Ansicht gelangt, daß Krebs möglicherweise eine Krankheit mit einer genetischen Tendenz ist. Bei einigen dieser Untersuchungen beobachtete man die Rhythmen ganz simpler Organismen; einige Forscher kamen zu dem Schluß, in jeder Zelle befände sich möglicherweise ein cirkadianer Oszillator, eine Art Uhr, die auf rund vierundzwanzig Stunden eingestellt ist.

Laboratorientests und ärztliche Diagnose

Ein großer Teil der modernen Diagnostik findet im Laboratorium statt, und auch hier spielt die biologische Tageszeit eine gewichtige Rolle. Die Proteine aus dem Blut, Krebsabstriche, überhaupt alle Gewebeproben aus dem Körper gehen je nach der Tageszeit, zu der sie entnommen werden, unterschiedliche Bindungen ein. Demnach muß der Histologe über die Tageszeit informiert sein, wenn er seine Präparate anfertigt. Die Zellteilung erreicht in den verschiedenen Geweben und Organen zu unterschiedlichen Tag- oder Nachtzeiten ihren Höhepunkt. Deshalb muß man bei der Biopsie die Phase des Zyklus kennen, während der das Gewebe entnommen wurde. Befürchtet jemand, daß er Krebs hat, so wird die wiederholte Entnahme von Gewebsproben zu einer Tortur, und die oft länger andauernde Ungewißheit strapaziert seine Familie und seinen Arzt. Zeitlich genau abgepaßte Gewebsproben könnten dazu beitragen, einen Teil der Spannung und emotionellen Belastung von ihm zu nehmen und Malignitäten weit früher zu entdecken. Zur Diagnose von Stoffwechsel-Krankheiten ist es erforderlich, den Spiegel von Proteinen oder Zucker in Urin und Blut festzustellen oder die Reaktion eines Patienten auf eine Injektion von ACTH, ein Hormon oder einen Hormonblocker. Auch hier könnten Methoden zur Bestimmung der Tageszeit beim Patienten zur Stunde des Tests dazu beitragen, die Anzahl mehrdeutiger Auslegungen und Wiederholungen von Tests, die für Patient, Arzt und Laboratorium Mühe und Kosten verursachen, auf ein Minimum zu reduzieren.

Gegenwärtig steht ein Arzt mit einem problematischen Patienten, bei dem er eine Störung des Zeitgefüges vermutet, vor einer schwierigen und in vielen Fällen unlösbaren Aufgabe. Um Material über seine biologische Tageszeit zu erhalten, bleibt ihm vorerst keine andere Wahl, als den Patienten einem starren Schema von Schlafen, Wachen und Essen zu unterwerfen. Außerdem müssen physiologische Messungen in angemessen kurzen Abständen rund um die Uhr vorgenommen werden, am besten über mehrere Tage hinweg im Hospital. Da keine Messung einer Körperfunktion oder kein Leistungstest ohne Berücksichtigung der biologischen Tageszeit Anspruch auf Vollständigkeit erheben kann, sollte man meinen, daß die medizinische Forschung dieses Problem mit Vorrang behandelte. Eine Technologie, die es fertigbringt, Menschen auf den Mond zu versetzen, kann gewiß auch ein Miniaturgerät entwickeln, das die Schwankungen verschiedener Funktionen bei Menschen aufzeichnet, die sich frei bewegen.

Seit fast einem Jahrzehnt diskutiert man die Wichtigkeit eines kleinen biotelemetrischen Instruments, das in etwa denen entspricht, die man für die bemannte Raumfahrt entwickelt hat. Bei ihren epidemiologischen Untersuchungen über die Ursprünge von Bronchialerkrankungen und Herzleiden bei einer großen Zahl von Londonern haben sich die Engländer eines kleinen Instruments bedient, das man wie eine Armbanduhr tragen kann. Halbergs Laboratorium hat ein Sieben-Tage-Thermometer konstruiert. In vielen Laboratorien, am Franklin Institute in Philadelphia, am Institute of Living in Hartfort, Connecticut, am Brain Research Institute der University of California, sind Techniker und Wissenschaftler gemeinsam an der Arbeit; aber diesen Projekten fehlte es bisher an einer angemessenen finanziellen Unterstützung. Die Entwicklung derartiger Instrumente wäre eine Wohltat für alle Krankenhäuser, denn mit ihrer Hilfe wäre es möglich, Röntgenstrahlen, chirurgische Eingriffe und medikamentöse Behandlung zeitlich so zu planen, daß der Patient den größten Nutzen davon hat und Streß und Nebenwirkungen auf ein Mindestmaß beschränkt werden.

Die Entwicklung derartiger Geräte ist sehr schwierig. Bei der üblichen Turbulenz des täglichen Lebens würden die Sensoren am Körper eines Menschen eine Menge Lärm absorbieren, in dem die leisen Signale der Rhythmen leicht untergehen können. Im Prinzip würde es jedoch genügen, wenn eine derartige Körperuhr lediglich solche Schwankungen wie die von Blutdruck, Puls, Temperatur und vielleicht noch Leitfähigkeit der Haut registrierte. Die technischen Schwierigkeiten

sind jedoch weniger ausschlaggebend als die unzureichenden Kenntnisse und Forschungsergebnisse über die Zeitstruktur des Menschen.
Selbst für die Zwecke genauerer ärztlicher Diagnose ist es unerläßlich, daß wir wesentlich mehr über Vielfalt und Ausmaß der cirkadianen Rhythmen beim Menschen wissen, über die Form der Tageskurve wichtiger Körperfunktionen, über die Stabilität von Phasen-Relationen und darüber, welche gewöhnlichen Einflüsse des Alltags sich auf sie auswirken können. Wie jeder Mensch seine eigenen Fingerabdrücke hat, hat er auch seinen eigenen Zeitabdruck. Einem Arzt, der den Zeitabdruck seines Patienten und die Form seines Temperatur- und Schlaf-Wach-Zyklus kennen und wissen würde, an welchem Punkt seiner täglichen Berg-und-Tal-Bahn sich sein Patient gerade befindet, fiele es vermutlich wesentlich leichter, die Ergebnisse klinischer Tests zu interpretieren.
Sobald es einmal möglich ist, etwas über die cirkadiane (und sonstige) Zeitstruktur eines Menschen zu erfahren, könnten die Ärzte prophetische Medizin praktizieren. Wie ein hoher Gehalt an Cholesterin bei Neugeborenen einen Hinweis darauf gibt, daß dieser Mensch in späteren Jahren darauf achten muß, daß er seine Arterien nicht mit Fett verstopft, könnten die Zeitabdrücke den Arzt in die Lage versetzen, vorherzusagen, welche Kinder anfällig sind für Störungen im Zeitgefüge, welche lediglich zur Erhaltung ihrer Gesundheit gezwungen sind, sich an starre Zeitschemata zu halten. Der Gedanke, daß es so etwas wie Zeit-Anfälligkeit geben könnte, etwa der lebenslangen Neigung zu Erkrankungen der oberen Atemwege oder entsprechend zu Magen-Darm-Störungen, hat nur deshalb den Beigeschmack einer absurden Spekulation, weil wir noch nicht genügend mit der Tatsache vertraut sind, daß unser Körper aus Zeit aufgebaut sein muß.

6. Stunden der Anfälligkeit und Widerstandsfähigkeit gegenüber Medikamenten und Erkrankungen

Die Zeit ist ein frischer Wind, jede Stunde bringt sie etwas Neues ... aber wer kann ihren scharfen Atem, ihr Geheimnis und ihren Plan begreifen und ermessen? Deshalb sollte der Arzt sich selbst nicht allzu wichtig nehmen; er hat über sich einen Meister — die Zeit —, der mit ihm spielt wie die Katze mit der Maus.

Paracelsus, *Hohenheims Kommentare zu den Aphorismen des Hippokrates*

Beim Aderlassen müssen drei Hauptumstände berücksichtigt werden: wer, wieviel, wann?

Robert Burton, *The Anatomy of Melancholy*

In den Epen Homers bezeichnete der Ausdruck »pharmakon« ein Zaubermittel oder eine Droge, deren man sich zum Guten oder Schlechten bedienen konnte, und deren gute oder schlechte Wirkung nicht ausschließlich auf den natürlichen Eigenschaften der Substanz beruhte. Auch im Neugriechischen bezeichnet das Wort »pharmaki« sowohl Medikament wie Gift — völlig zu Recht. Pharmakologen und Ärzte, die Medikamente verschreiben, beginnen gerade eben einen unsichtbaren Faktor zu erkennen, der dazu führen kann, daß ein Medikament in einem Fall eine heilsame Wirkung hat, in einem anderen jedoch als Gift wirkt — die »Tageszeit« des Patienten. Über die Rhythmen spezieller Anfälligkeit bei Ratten und Mäusen wissen wir entschieden mehr als über die entsprechenden Rhythmen beim Menschen, und die Zahlen sind bestürzend. So kann beispielsweise eine bestimmte Dosis Amphetamin entweder 77,6 Prozent oder 6 Prozent einer Gruppe von Tieren töten; ausschlaggebend ist allein die Stunde des Tages, zu der die Dosis verabreicht wird. Wenn die Reaktion eines Menschen auf Medikamente, chirurgische Eingriffe oder Infektionen von der Tageszeit innerhalb des Körpers abhängig ist, wird in bestimmten Fällen der Wahl des richtigen Zeitpunkts zur Verabreichung von Medikamenten und Impfstoffen die gleiche Bedeutung zukommen wie der Dosierung und dem Medikament selbst.

Schwankende Toxizität*

Die Toxizität eines Medikaments ist natürlich die Hauptsorge eines jeden Herstellers. Einer der Standardtests zur Feststellung der Toxizität trägt die Bezeichnung LD (Letaldosis) 50; mit ihm wird die Dosis eines Medikaments ermittelt, die die Hälfte einer Gruppe von Versuchstieren tötet. Wenn jedoch die gleiche Dosis zu einer bestimmten Zeit 77,6 Prozent tötet und 6 Prozent zu einer anderen, dann ist der LD-50-Test völlig sinnlos, es sei denn, man bezöge die biologische Tageszeit, zu der das Medikament verabreicht wurde, in die Berechnungen mit ein. Zweifellos findet sich für viele der sogenannten »unvermuteten« Reaktionen auf Medikamente heute eine Erklärung: was in einer Phase des cirkadianen Rhythmus ungefährlich ist, kann zu einer anderen Zeit gefährlich sein. In unserer Zeit, da Millionen von Amerikanern jedes Jahr Billionen von Dollar in Form von Medikamenten schlucken, kann der Einfluß der Rhythmus-Forschung auf die kommerzielle Pharmakologie vielleicht mißliche Nebenwirkungen und beträchtliches Elend verhindern. Die meisten Hersteller von Medikamenten scheuen die Kosten und Schwierigkeiten von Experimenten in Zeit-Serien. Wenn es, wie einige Hersteller behaupten, mehr als eine Million Dollar kostet, ein neues Medikament zu testen, so steigen die Kosten noch weiter, wenn die gleichen Versuche in bestimmten Abständen rund um die Uhr wiederholt werden müssen. Vermutlich wird man — von seiten der kommerziellen Pharmakologie — viele Vernunftgründe gegen die Anwendung derartiger Methoden zu hören bekommen, während viele Pharmakologen an den Universitäten bereits Experimente in Zeit-Serien in ihre Arbeit mit einbeziehen. Ironischerweise interessieren sich die Wissenschaftler im Landwirtschaftsministerium mehr für die Auswirkungen cirkadianer Rhythmen (im Hinblick auf die beste Nutzung von Insektiziden durch günstige Zeitwahl) als die Mediziner der Food and Drug Administration*. Vor zwanzig Jahren gab es noch nicht genügend Material, als daß man sich über das Problem der richtigen Zeitwahl hätte Gedanken machen müssen. Jetzt kommt täglich neues Material hinzu, und seine Bedeutung ist klar: die richtige Zeitwahl kann den Ausschlag geben zwischen Überleben und Tod.

Rhythmen der Empfindlichkeit bei Nagetieren

Die Geschichte dieser Forschungen geht zwanzig Jahre zurück. Damals begannen Franz Halberg und die Mitarbeiter in seinem Laboratorium mit der Herkules-Arbeit, praktisch aus dem Nichts eine zeitliche Übersicht der Anfälligkeits-Rhythmen zu schaffen. Bei einer ihrer ersten Untersuchungen injizierten sie im Labor geborenen Mäusen *Brucella*-Bakterien, die das sogenannte Maltafieber hervorrufen. Den Tieren wurden rund um die Uhr gleichbleibende Dosen injiziert. Es stellte sich heraus, daß die Bakterien bei Tage (wenn die Tiere inaktiv waren) den geringsten Schaden anrichteten, während der Dunkelheit, also in den Wachstunden der Tiere, jedoch fast immer zum Tode führten. Das bedeutete aber nicht, daß sich alle Bakterien während der aktiven Zeit am verhängnisvollsten auswirkten. Als man Mäuse beispielsweise mit Darmbakterien *(Escherichia coli)* infizierte, starben nur einige wenige Tiere, wenn ihnen die Bakterien während ihrer wachen und aktiven Zeit injiziert wurden. Die gleiche Dosis war jedoch tödlich, wenn sie den Tieren gegen Ende ihrer Ruhezeit beigebracht wurde. Eine Kurve der Sterblichkeitsrate im Vergleich zur Stunde der Injektion zeigt einige dieser Unterschiede auf.

Rhythmen der Immunität

Eines Tages werden wir gewiß begreifen, weshalb einzelne Bakterien und Viren in einer bestimmten Phase des täglichen Zyklus ihre stärkste Wirkung ausüben; wir wissen dann mehr über die rhythmischen Schwankungen sowohl der Immunitätsfaktoren und Zielorgane wie auch der Erreger selbst. In Kapitel 4 hieß es, daß Lawrence E. Scheving und John Pauly festgestellt haben, daß das Gamma-Globulin, ein Bestandteil des Blutes, in dem sich viele Antikörper gegen Bakterien und Viren finden, bei Ratten in den letzten sechs Stunden der Dunkelheit einen cirkadianen Höchststand erreicht. In einem anderen Laboratorium wurden Mäuse mit Pneumokokken* infiziert; am besten überstanden die Tiere die Krankheit, die man gegen 4.00 Uhr morgens, zur Zeit des höchsten Gehalts an Gamma-Globulin, infiziert hatte. Diese Untersuchung wurde von Dr. Ralph Feigin durchgeführt, der daraus den Schluß zog, wenn die Anfälligkeit gegen Pneumonie rhythmisch sein sollte, müßte auch die Reaktion auf Schutzimpfungen einen cirkadianen Rhythmus aufweisen.

Einige Zeit zuvor hatten Feigin und seine Mitarbeiter im Blut von Menschen cirkadiane Rhythmen bei einigen Aminosäuren gefunden. Sie erreichten ihren tiefsten Stand gegen 4.00 Uhr morgens und ihren Gipfelpunkt gegen 20.00 Uhr abends. Nun störten sie den Rhythmus der Aminosäuren durch Injektion eines Impfstoffes gegen eine als Venezuela-Pferde-Enzephalitis bekannte Virus-Erkrankung. Bei den um 8.00 Uhr morgens geimpften Männern zeigten sich geringere Störungen der Konzentration der Aminosäure als bei denjenigen, die gegen 20.00 Uhr abends geimpft wurden. Da dieser Impfstoff ein lebendes Virus enthält, vermuteten die Wissenschaftler, daß die Tageszeit und der Rhythmus der Aminosäuren die Reaktion des Körpers auf eine Infektion beeinflußt. Sobald dieses Grenzgebiet der präventiven Medizin weiter erforscht ist, werden wir genau zu beachten haben, wann eine Impfung erfolgt und die größte Immunität gewährleistet. Entsprechende Überlegungen könnten auch bei der Behandlung parasitärer Krankheiten von Vorteil sein, unter denen Afrikaner und Millionen von Asiaten leiden.

Parasiten: Elephantiasis* und Malaria

Bei einigen Krankheiten wird ein cirkadianer Rhythmus sichtbar, wenn ein Parasitenteam eine zyklische Wanderung von einem Körperteil in einen anderen unternimmt. Die als *Wuchereria bancrofti* bezeichneten Mikrofilarien, winzige Würmer, die Erreger der Elephantiasis, quälen Millionen von Menschen in Asien und Afrika. Die ausgewachsenen Würmer leben in den Lymphgefäßen, die Larven jedoch im Blut. Bei Tage verschwinden die Larven, in der Nacht treten sie millionenfach in Erscheinung. Dr. Frank Hawking und seine Mitarbeiter stellten fest, daß sich bei Affen die Mikrofilarien bei Tage in den Lungen sammeln und daß sich ihre Wanderung durch Sauerstoff beeinflussen läßt. Außerdem entdeckten sie, daß die Malaria-Erreger durch die Temperatur beeinflußt werden.

Cirkadianes System der Maus

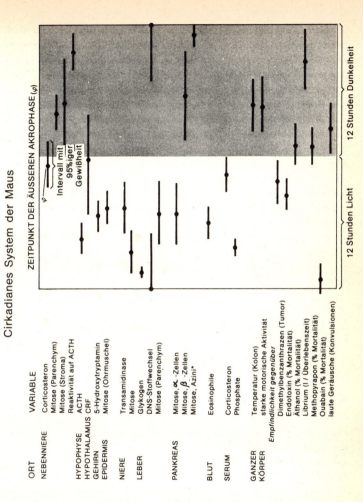

Dieses Diagramm zeigt das Phasen-Verhältnis einer Reihe von cirkadianen Funktionen der Maus, in Beziehung gesetzt zu den Stunden von Licht und Dunkelheit. Die Punkte bezeichnen den Höhepunkt oder das Maximum der betreffenden Funktion. Außerdem lassen sich die Stunden der größten Anfälligkeit gegenüber einer karzinogenen Chemikalie, lauten Geräuschen und verschiedenen Giften und Medikamenten ablesen.

Bei der Malaria spiegelt sich der Reproduktions-Zyklus der Parasiten in regelmäßigen Anfällen, die bei der Malaria tertiana jeden dritten, bei der Malaria quartana jeden vierten Tag auftreten. Gewöhnlich gegen Mittag — oder um die Mitte der Aktivitätsspanne des Befallenen — beginnt der Kranke zu frösteln, Kopf- und Rückenschmerzen treten auf, die sich gegen Abend unter Fieber und Schweißausbrüchen verstärken. Dann sinkt das Fieber, und die Symptome verschwinden, der Kranke ist am nächsten Tag zwar erschöpft, fühlt sich im übrigen aber normal, bis gegen Mittag des übernächsten Tages das Frösteln von neuem einsetzt. Der Lebenszyklus eines Malaria-Parasiten vollendet sich in einem Vielfachen von vierundzwanzig Stunden und erreicht seine infektiöse Form während der Nacht, zu der Zeit, in der die meisten Mücken stechen. Die Symptome sind möglicherweise eine Folge der Abfallprodukte, die die Parasiten im Blut hinterlassen.

Die Malaria-Erreger reifen und vermehren sich im Einklang mit den Temperatur-Rhythmen ihres Opfers. Bei anderen Krankheiten mögen die rhythmischen Symptome von einer cirkadianen Schwankung in einem anderen Aspekt der Physiologie des Menschen herrühren. In einigen Fällen kann jedoch das Zu- und Abnehmen der Beschwerden Ausdruck der schwankenden subjektiven Wahrnehmungen eines Menschen sein.

Schmerztoleranz

Der Schmerz ist eines der größten Geheimnisse. Er kommt und geht. Ein Schuljunge empfindet bei einer Rauferei keine Schmerzen, bevor der Kampf zu Ende ist. Im Zweiten Weltkrieg brachten es Soldaten während der Invasion in der Normandie fertig, mit gebrochenem Rückgrat weiterzukämpfen; andere, die schwer verwundet waren, erlitten keinen Schock, behielten ihren klaren Kopf und brauchten kein Morphium — vielleicht, weil sie wußten, daß sie ihrer Wunden wegen bald nach Hause kommen würden. Die emotionellen Aspekte des Schmerzes machen das Stadium und die Erprobung der Analgetika* zu einem überaus vielschichtigen Problem.

Anfang der sechziger Jahre wollten Weitzman und seine Mitarbeiter einen präzisen Maßstab für die Schmerztoleranz bei Affen schaffen, um die Auswirkungen verschiedener Medikamente testen zu können. Sie dressierten Affen, rasch auf eine Stange zu drücken, um einen ständig stärker werdenden elektrischen Schock zu verhindern. Im Verlauf von vierundzwanzig Stunden gab es jedoch Anzeichen dafür, daß die Schmerztoleranz der Affen rhythmisch war — zu einer Stunde akzeptierten sie mehr »Schmerz« als zu einer anderen. Schwankungen im Nervensystem werden vielleicht bald die Erklärung dafür liefern, weshalb Kranke zu bestimmten Nachtstunden und am frühen Morgen mehr schmerzlindernde Mittel und Aufmerksamkeit verlangen. Möglicherweise gibt es bei Krankheit sowohl eine rhythmische Schwankung der Schmerztoleranz wie auch Rhythmen bei dem Parasiten oder der Organfunktion, die den Schmerz verursachen. Mit den cirkadianen Schwankungen in unserem Nervensystem fluktuiert auch unsere Reaktion auf analgetische Medikamente oder Sedativa.

Zeitschätzung für zeitlich angemessene Behandlung

Zweifellos werden die Ärzte in naher Zukunft damit beginnen, Experimente darüber anzustellen, nach welchem Schema Medikamente verabreicht werden müssen, damit sie in den Stunden des stärksten Schmerzes ihre Wirkung entfalten. Da ein Patient, mag er sich nun zu Hause oder im Krankenhaus befinden, desynchronisiert sein kann, verfügt der Arzt über keine direkte Möglichkeit zu erfahren, wie die »Tageszeit« im Nervensystem des Patienten ist. Wachheit, Antrieb und andere Aspekte der Erregbarkeit des Nervensystems scheinen rhythmisch zu schwanken, sie steigen und fallen in Perioden von 90 bis 120 Minuten, in Perioden von drei bis vier Stunden und, was am offensichtlichsten ist, im Laufe des Tages. Eine erste grobe Schätzung der Tageszeit im Nervensystem eines Patienten kann man anstellen, indem man ihn auffordert, in bestimmten Abständen während seiner wachen Zeit eine Zeitspanne von zwei Minuten zu schätzen (und in zwei Minuten bis 120 zu zählen).

Dr. Gwen Stephens hat mit einem sorgfältig rund um die Uhr durchgeführten Selbstversuch einen cirkadianen Rhythmus der Zeitschätzung nachgewiesen. Sechsunddreißig Tage lang zeichnete sie ihre Temperatur und ihren Puls auf und schätzte einen Zeitraum von zwei Minuten — Tag und Nacht siebenmal in gleichbleibenden Abständen. Sie stellte fest, daß sie während dieser zwei Minuten zu der Zeit am raschesten zählte, zu der ihre Pulsgeschwindigkeit ihren Höhepunkt erreicht hatte. Auch andere Tests wie die Feststellung der Zeit, die es dauert, bis ein blitzendes Licht wie ein steter Strahl empfunden wird, können einen Hinweis darauf geben, in welcher Phase sich das Nervensystem des Patienten befindet. Man weiß, daß die Biochemikalien in den verschiedenen Hirnregionen rhythmischen Schwankungen unterworfen sind, und diese chemische Rhythmizität muß die Reaktionen eines Menschen auf eine Vielzahl von Analgetika, Sedativa, Hypnotika, Stimulantia und andere psychoaktive Drogen beeinflussen.

Epilepsie und audiogene Anfälle

Cirkadiane Rhythmen in der Erregbarkeit des Nervensystems können überdies Aufschlüsse darüber liefern, weshalb bei manchen Epileptikern Anfälle zu bestimmten Tageszeiten auftreten. Bei dem Versuch, Schwankungen in der Erregbarkeit des Gehirns, die vielleicht bei der Epilepsie eine Rolle spielen, zu begreifen, haben einige Forscher ein Phänomen studiert, das man als »audiogene Anfälle« bezeichnet. Im Laboratorium gezüchtete Mäuse und Ratten zeigen manchmal eine bemerkenswerte Reaktion auf plötzlich vernehmbare schrille Töne: sie jagen unbeherrscht umher, verfallen in Konvulsionen, einige sterben. Aber der Lärm hat nicht immer eine derartige Wirkung. Zu bestimmten Zeiten reagieren die Tiere, indem sie sich wie beleidigt zusammenkauern oder hin und her laufen, aber nicht rennen. Im Jahre 1955 testeten Halberg und seine Mitarbeiter Mäuse mit elektrischen Klingeln, die ein Geräusch erzeugten, das etwa der Lautstärke eines Düsenflugzeuges entspricht. Bei Tag schienen die Tiere unangreifbar, bei Nacht jedoch zeigten sie Konvulsionen und starben. Der Höhepunkt ihrer Sensitivität fiel offenbar mit dem Höhepunkt der Temperatur zusammen. Als jedoch ihr Lichtschema umgekehrt und damit eine Phasenverschiebung bewirkt wurde, waren die Mäuse sowohl während der hellen Stunden ihrer früheren Aktivitätsspanne überempfindlich wie auch während der Dunkelheit.

Wenn ein grundlegender cirkadianer Rhythmus die Neigung zu epileptischen Anfällen beeinflußt, ist es durchaus möglich, daß Epileptiker überaus empfindlich auf die mit Ost-West-Reisen verbundenen Phasenverschiebungen reagieren. Wenn ihre Anfälle gewöhnlich zu einer bestimmten Tageszeit auftreten, kann es geschehen, daß sie nach einer Phasenverschiebung zu allen Tageszeiten mit Anfällen rechnen müssen. Dr. Halberg und seine Mitarbeiter studierten eine Reihe epileptischer Patienten in einem staatlichen Krankenhaus und stellten fest, daß die Anfälle gegen Morgen besonders häufig auftraten. Sie führten EEG-Aufzeichnungen rund um die Uhr durch; es ergab sich, daß die pathologischen Hirnwellen zu der Tageszeit in Erscheinung traten, zu der ein Epileptiker gewöhnlich einen Anfall hatte, selbst wenn er an diesem Tag ausblieb. Als man drei Patienten zehn Jahre später noch einmal untersuchte, stellte sich bei der Aufzeichnung ihrer Hirnwellen heraus, daß die spitzen Wellen und Paroxysmen* nach wie vor um die gleiche Tageszeit zu sehen waren. Danach sollte man annehmen, daß die Anwendung antikonvulsiv wirkender Medikamente zeitlich so abgestimmt werden muß, daß sie zur Stunde der üblichen Anfälle ihre stärkste Wirkung haben.

Anästhetika, Alkohol und Stimulantia

Grundlegende Rhythmen im Nervensystem müssen Einfluß auf unsere Reaktion auf Sedativa, Stimulantia, Anästhetika und Alkohol haben. Die Beträge, die für diese weitverbreiteten Medikamente ausgegeben werden, belaufen sich allein in Amerika auf Hunderte von Millionen Dollar; sie werden in ständig steigenden Mengen eingenommen und wirken sich in den verschiedenen Phasen des täglichen Zyklus unterschiedlich auf das Nervensystem aus. Experimente mit Nagetieren haben gezeigt, daß eine Dosis Barbiturat, die am Abend harmlos ist, am frühen Morgen eine wesentlich stärkere Wirkung haben kann. Wie alle Medikamente wirkte sich auch Alkohol zu verschiedenen Tageszeiten unterschiedlich aus.
So unwahrscheinlich es klingen mag: Nagetiere eignen sich recht gut zum Testen der Wirkung von Medikamenten auf den Menschen, da sie dem Menschen im Stoffwechsel ähnlicher sind als alle anderen Tiere — außer Affen. Kontrollierte Licht-Schemata sorgen dafür, daß sich jedes Testtier in einer bekannten Phase seines Zyklus befindet, und alle Untersuchungen der cirkadianen Reaktion auf Medikamente verlaufen fast gleich. Aus einem großen Bestand, der gelegentlich Hunderte von im Labor geborenen Tieren enthält, erhält eine Untergruppe zu einer bestimmten Stunde eine Injektion oder wird einem Test unterworfen; weitere Gruppen kommen in zwei- oder vierstündigem Abstand rund um die Uhr ein oder zwei Tage lang an die Reihe.

In Halbergs Laboratorium injizierte man Mäusen eine große Menge Alkohol — etwa einem Liter Wodka beim Menschen entsprechend — und stellte fest, daß sie gegen Ende ihrer Ruhe-Periode tödlich war. 60 Prozent starben, wenn sie den Alkohol zur Zeit ihres üblichen Erwachens erhielten, aber nur 12 Prozent beim Einschalten der Beleuchtung, dem Beginn der Ruhezeit also. Die Trinkgepflogenheiten des Menschen scheinen diesen Rhythmus zu spiegeln. Die meisten Leute trinken am Ende des Tages, kaum jemand am Morgen, Alkoholiker ausgenommen. Einer der Unterschiede zwischen starken Trinkern und Alkoholikern ergibt sich aus der Tageszeit, zu der ein Mensch mit dem Trinken beginnt. Alkoholiker trinken bereits vor dem Frühstück — sofern sie überhaupt frühstücken können —, zu einer Zeit also, zu der, den Tierexperimenten nach zu urteilen, der Alkohol besonders toxisch wirkt.

Chirurgie und Anästhetika

Bei chirurgischen Eingriffen hat man sich die Frage nach dem richtigen Zeitpunkt bisher noch nicht gestellt. In den meisten städtischen Krankenhäusern ähnelt der Arbeitsplan im Operationssaal den Plänen für Ankunft und Abflug auf großen Flughäfen. Abgesehen von den organisatorischen Problemen, die das Zusammenbringen aller Beteiligten — Anästhesisten, Assistenten, Schwestern und Chirurgen — aufwirft, muß ein Krankenhaus auch stets auf unvermutete Notfälle eingestellt sein. Ein schwieriger chirurgischer Eingriff, eine anstrengende Operation am offenen Herzen etwa oder Millimeterarbeit an der Retina*, werden im allgemeinen für die Zeit angesetzt, zu der der Chirurg am besten in Form ist. In einigen Fällen ist das früh am Tage, zwischen 6.00 Uhr und 8.00 Uhr. Aber wie steht es mit der besten Zeit des Patienten, der Zeit, die die besten Überlebenschancen und schnelle Genesung verspricht? Im Patienten gehen Änderungen vor. Sein Nebennieren-Rhythmus kann seinen Widerstand gegenüber Infektionen beeinflussen. Die Phase seines Nervensystems, die sich gleichfalls ändert, dürfte zu verschiedenen Zeiten unterschiedlich auf das Trauma der Einschnitte und Medikamente reagieren. Bei der Reaktion auf chirurgische Eingriffe spielt die biologische Tageszeit eine wichtige Rolle.

Anästhetika sind in der Chirurgie von entscheidender Bedeutung, und es ist durchaus möglich, daß es auch bei diesen Medikamenten deutliche Zyklen maximaler Wirkung gibt. Berichte über schädliche Nebenwirkungen des Anästhetikums Halothan veranlaßten Halbergs Mitarbeiter, an Mäusen eine Untersuchung in Zeitserie vorzunehmen. Waren sie einer Standarddosis zehn Minuten lang ausgesetzt, starben 5 Prozent der Tiere oder 76 Prozent — je nach der biologischen Tageszeit. Die stärkste Empfindlichkeit schien in die Mitte der Aktivitäts-Spanne der Tiere zu fallen, in einer Zeit, zu der die Tiere anderen Toxinen gegenüber am wenigsten anfällig waren. Anästhesiologen ist aufgefallen, daß sich die Reaktion des Patienten auf die Anästhesie sogar im Verlauf einer langen Operation ändern kann, aber bisher gibt es noch keine Diagramme der unterschiedlichen Reaktionen des Menschen zu den verschiedenen Tageszeiten. Auch auf die cirkadiane Reaktion des Menschen auf Stimulantia und Schlafmittel gibt es noch keine Aufzeichnungen.

Stimulantia und Schlafmittel

Mit der rhythmischen Reaktion von Ratten auf Sedativa und Stimulantia haben sich Scheving und Pauly beschäftigt. So hängt beispielsweise die Dauer des Schlafs einer Ratte nach einer Injektion des Barbiturats Pentobarbital (NEMBUTAL®) von der Stunde ab, zu der es injiziert wurde. Die gleiche Dosis verursacht zu einer Tageszeit fünfzig Minuten Beruhigung, zu einer anderen jedoch neunzig Minuten Schlaf. Die Sterblichkeitskurven bei einer starken Dosis von Barbituraten weisen den gleichen Rhythmus auf. Nagetiere sind zu Beginn ihres Aktivitäts-Zyklus am anfälligsten gegenüber Natrium-Pentobarbital; das entspricht den frühen Morgenstunden beim Menschen. Diese gesteigerte Anfälligkeit könnte bei dem Katergefühl und den unbeabsichtigten Selbstmorden, die bei Menschen, die große Mengen Barbiturate einnehmen, öfters vorkommen, eine Rolle spielen. Vielleicht nehmen diese Leute, wenn sie gegen Morgen erwachen, unbedacht eine große Dosis; besonders depressive Menschen erwachen oft in den Stunden vor Anbruch der Dämmerung. Wenn Menschen zu einer bestimmten Tageszeit besonders empfindlich auf Hypnotika reagieren, müssen die Dosen darauf abgestimmt werden. Der Begriff »Tageszeit« bezieht sich auch hier nicht auf die Uhrzeit, sondern auf den Zyklus von Aktivität und Schlaf.

Die gleichen Fragen stellen sich im Hinblick auf Nikotin und das Stimulans Amphetamin, das viele Leute als Appetitzügler oder als Mittel gegen Erschöpfung und Depression einnehmen. Auch hier muß mit dramatischen Unterschieden im Laufe des Tages gerechnet werden, den Experimenten von Scheving und Pauly nach zu urteilen, die Ratten potentiell tödliche Mengen von Amphetamin in Abständen von zwei Stunden injizierten. Gegen 6.00 Uhr morgens war die Sterblichkeit gering (6 Prozent), aber gegen Mitternacht (dem Höhepunkt der Aktivität) starben 77,6 Prozent der Ratten. Das bedeutet, daß es eine Periode großer Widerstandsfähigkeit gegenüber der Droge gab und eine Periode starker Anfälligkeit. Die Forscher ermittelten außerdem die Toxizitäts-Rhythmen unter unterschiedlichen Bedingungen für eine Reihe von Substanzen, darunter Pentobarbital, Strychnin, Nikotin und das Beruhigungsmittel Chlordiazepoxid (LIBRIUM®), das bei Ratten am tödlichsten wirkte, wenn sie es um die Mitte ihrer Aktivitätsperiode erhielten.

Es scheint erwiesen, daß Drogen zu verschiedenen Zeiten des Tages ihre Maximalwirkung ausüben und daß wir mehr Material über ihre tageszeitlichen Schwankungen brauchen. Drogen und Medikamente, die das Nervensystem beeinflussen, werden in immer steigendem Ausmaß gekauft; es fehlt die Literatur, die sich mit dem richtigen Zeitpunkt ihrer Anwendung beschäftigt. Einige Medikamente dürfen nicht auf leeren Magen eingenommen werden, einige werden *ad hoc* bei Schmerzen oder Reisekrankheit verschrieben, und Hypnotika werden im allgemeinen für die Zeit des Schlafengehens verordnet. Von jener Art praktischer Ratschläge, die nach Einnahme eines rasch wirkenden Barbiturats wie Hexobarbital (EVIPAN®) sofortiges Hinlegen empfehlen, einmal abgesehen, erhält der Arzt vom Hersteller des Medikaments durchweg keinerlei Hinweise auf die Stunden der Aktivität oder Ruhe, während derer das Medikament seine größte Wirkung entfaltet, oder auf die Stunden, während derer eine große Dosis toxisch sein kann. Daß Insulin Schock-Symptome verursachen kann, wenn es zu einer Zeit mit niedrigem Blutzuckerspiegel verabreicht wird, ist allgemein bekannt, aber wie steht es mit den schädlichen Reaktionen auf Sedativa? Möglicherweise stellt sich heraus, daß die gelegentlich durch Amphetamine verursachten Manien und Psychosen, zu denen es vor allem dann kommt, wenn sie über längere Zeiträume hinweg in großen Dosen eingenommen wurden, in Beziehung stehen zu der Tageszeit, zu der die Droge genommen wird.

Den Pharmakologen beginnt aufzufallen, daß Morphium — und vermutlich auch Heroin — nicht zu allen Stunden die gleiche Wirkung haben. Für 1971 rechnete man in Amerika mit 40 000 Todesfällen infolge von Überdosen Rauschgift. Diese Todesfälle dürften kaum gleichmäßig auf alle Stunden des Tages und der Nacht verteilt auftreten; alle Anzeichen sprechen dafür, daß Heroin und andere psychotrope Drogen zu bestimmten Stunden gefährlicher sind als zu anderen. Die Notstationen der amerikanischen Krankenhäuser rechnen mit einer großen Zahl von Leuten, die im Koma liegen oder bereits tot sind, Leuten, die Selbstmord begingen, auch wenn das vielleicht nicht in ihrer Absicht lag. Einige von ihnen werden an Medikamenten sterben, die ihnen verordnet wurden, andere werden lediglich berichten, daß das Medikament, das gestern half, heute Schwindel, Atemnot und Zittrigkeit verursacht. Das sind die »unvermuteten« Wirkungen. Da nicht genügend Material über die zeitlich bedingten Wirkungen von Medikamenten vorliegt, wird häufig angenommen, ein Patient brauche zu allen Stunden des Tages die gleichen Mengen von Antihistaminen, Barbituraten oder Antibiotika. Einige wenige Kliniker haben intuitiv erkannt, daß das nicht stimmt; sie haben die medikamentöse Therapie zeitlich so abgestimmt, daß sie größere Erfolge erzielte.

Die Strategie medikamentöser Behandlung

Vor einigen Jahren beobachtete Dr. Heinz Lehmann, daß die Hypnotika, die seine psychiatrischen Patienten zur Schlafenszeit einnahmen, nicht bei allen sedierend wirkten. Er und seine Mitarbeiter probierten es mit einem Bruchteil der Dosis am Nachmittag, einem Bruchteil gegen Abend und einem letzten Bruchteil vor dem Schlafengehen. Mit Hilfe dieses Plans gelang es, stark erregte Patienten mit einer geringeren Dosis als zuvor so zu beruhigen, daß sie schlafen konnten. Vielleicht ist es mit einiger Sorgfalt möglich, Medikamente auf den Rhythmus des Körpers abzustimmen.

Enzym-Rhythmen

Ein Großteil unserer Reaktion auf Drogen oder Toxine ist offensichtlich auf die Tätigkeit oder Untätigkeit von Enzymen zurückzuführen — Biokatalysatoren, die Toxine in der Leber und in den Nieren aufspalten. In Halbergs Laboratorium hat man damit begonnen, für eine Reihe dieser Enzyme Zeitpläne aufzustellen. Die Rhythmen reagieren empfindlich auf Veränderungen des Hell-Dunkel-Schemas. In vielen Fällen werden sie durch die Ernährung beeinflußt, da ein Mangel an Vitaminen oder Protein die Menge der verfügbaren Enzyme oder kleinerer Moleküle, die man als Coenzyme bezeichnet und die oft Vitamin-Derivate* sind, verändern kann. Das Nierenenzym Transamidinase beispielsweise ist für die Energiespeicherung wichtig; im Laboratorium stellte man bei ihm einen ausgeprägt cirkadianen Rhythmus fest. Außerdem hatten zwei Würfe von im Laboratorium geborenen Mäusen unterschiedliche Phasen dieses Rhythmus; bei dem einen Wurf fiel und stieg die Transamidinase-Aktivität im Hinblick auf das Licht-Dunkel-Schema früher als bei dem anderen, obwohl die Periode bei beiden Würfen gleich war. Das legt die Vermutung nahe, daß Unterschiede in der zeitbedingten Reaktion auf Drogen genetischen Ursprungs sein können.

Cirkadiane Rhythmen von Enzymen wurden in einer ganzen Reihe von Laboratorien festgestellt. Radzialowski und Bousquet beschrieben cirkadiane Rhythmen in einem mikrosomalen Enzymsystem der Leber, von dem man weiß, daß es Steroid-Hormone und chemische Verbindungen wie Drogen bei Ratten und Mäusen aufspaltet. Da dieses Enzymsystem die Intensität und Dauer der Reaktion auf verschiedene Drogen kontrolliert, müssen Untersuchungen des Drogen-Stoffwechsels unter Berücksichtigung der cirkadianen Rhythmen durchgeführt werden. Das bedeutet, daß Pharmakologen Kolonien von Tieren in genau kontrollierten Hell-Dunkel-Zyklen halten müssen, wenn sie Versuche über Wirkung oder Toxizität von Medikamenten anstellen.

Dr. H. von Mayersbach und Dr. R. P. Yap haben bewiesen, daß es ganz beträchtliche Unterschiede in der Aktivität von Esterase gibt, einem wichtigen Leber-Enzym, das einen eindeutigen Vierundzwanzig-Stunden-Rhythmus aufweist. Sie hatten sich für den Mechanismus interessiert, mit dessen Hilfe der Körper Succinylcholin entgiftet, ein muskelentspannendes Mittel, das man an Stelle von Curare bei Operationen benutzt und das zu Todesfällen infolge von Atemstillstand geführt hatte. Sie injizierten Ratten eine Dosis Succinylcholin, die schätzungsweise die Hälfte der Tiere töten würde. Wurde diese Dosis gegen Mittag oder Mitternacht injiziert, lag die Sterblichkeit bei etwa 10 Prozent, wurde sie jedoch gegen 8 Uhr morgens oder 20 Uhr abends injiziert, starben etwa 60 Prozent der Tiere. Wie sich herausstellte, bildete das Leber-Enzym Esterase das Gegengewicht zur Sterblichkeitskurve — es war gegen Mittag am aktivsten, gegen 8 Uhr und gegen 20 Uhr sank die Aktivität ab. Dieser Rhythmus schien für die Entgiftung des Muskelrelaxans entscheidend zu sein.

Rhythmen der Anfälligkeit gegenüber toxischen Stoffen lassen sich durch Untersuchung der Rhythmen der Enzyme erkennen, die zugleich Hinweise darauf liefern, wann Medikamente das Risiko einer toxischen Wirkung in sich tragen und wie man sie dosieren muß, um das geringste Risiko einzugehen. Es gibt viele Krankheiten, wie beispielsweise Diabetes oder die Addisonsche Krankheit, bei denen eine medikamentöse Behandlung den Zweck hat, die im Körper fehlenden Hormone zu ersetzen. Bei diesen Krankheiten läßt sich die Wirksamkeit der Medikamente steigern, wenn man die normalen Rhythmen der Hormone kennt.

Behandlung mit Nebennieren-Hormonen

Der Mangel an Nebennieren-Hormonen bei der Addisonschen Krankheit führt häufig zu Erschöpfungserscheinungen bei den Patienten. Die Doktoren Alain Reinberg und Jean Ghata in Paris forderten mehrere ihrer Addison-Patienten auf, ihre tägliche Dosis einem von drei Schemata entsprechend so aufzuteilen, daß sie sich am wohlsten fühlten. Ein Patient, ein Maler, der seit zehn Jahren bei Dr. Ghata in Behandlung war, begann sein Cortisol so einzunehmen, daß er zur Schlafenszeit nur ein Drittel zu sich nahm und zwei Drittel nach dem Aufstehen. Ohne es zu wissen, hatte er sich damit einer Konzentration genähert, die in etwa der entsprach, die sich bei gesunden Menschen zu diesen Zeiten von Tag und Nacht findet, und einen normalen cirkadianen Rhythmus in sich selbst geschaffen. Seither dürfen viele der Pariser Patienten die Dosierung ihres Medikamentes selbst so regulieren, daß die Erschöpfungserscheinungen auf ein Mindestmaß beschränkt werden. Im allgemeinen jedoch werden diese Medikamente in gleichbleibenden Dosen ohne Berücksichtigung des normalen Hormon-Rhythmus verabreicht.

Allergie

Entsprechendes gilt für Patienten mit Allergien; wenn man ihnen gestattete, Hormone und Antiallergene ihrem Bedürfnis entsprechend so einzunehmen, daß sie ihnen die größtmögliche Erleichterung brächten, würde sich bei vielen von ihnen herausstellen, daß auch allergische Symptome eine cirkadiane Rhythmizität aufweisen. Von zehn Amerikanern leidet im Durchschnitt einer unter Asthma und verwandten Allergien. Das Asthma ist eine besonders schwere Erkrankung, an der in Amerika im Jahr rund 9 000 Menschen sterben. Die asthmatische Verkrampfung der Bronchialäste und das Anschwellen der Schleimhäute kann durch eine Allergie gegen pflanzliche oder tierische Proteine, Medikamente, verschmutzte Luft, Reinigungsmittel oder Insektizide hervorgerufen werden; einige Formen scheinen jedoch emotionelle Ursachen zu haben.

Viele Asthma-Patienten haben Anfälle nur in der Nacht; sie erwachen aus dem Schlaf, keuchen nach Luft und glauben, sie müßten ersticken. Eine Dosis Cortison oder Cortisol kann diese Symptome mildern. Dr. Reinberg hat versucht, herauszufinden, in welcher Beziehung der Blutspiegel der Nebennieren-Steriode zu den Symptomen steht; er untersuchte acht Asthma-Patienten und vier gesunde Versuchspersonen. Bei beiden Gruppen ergab sich eine geringere Ausscheidung von Nebennieren-Hormonen in der Nacht und eine stärkere am Morgen. Im Verlauf dieser Untersuchung traten die Asthma-Anfälle nur auf, wenn in den ersten Nachtstunden nur sehr wenig Kalium und Nebennieren-Corticoide ausgeschieden wurden. Das ist die Zeit, zu der bei vielen Asthmatikern die schwersten Anfälle auftreten.

Kinder, die unter schwerem Asthma leiden, werden mit Hilfe von Nebennieren-Hormonen von den schlimmsten Qualen befreit, aber leider hemmen die Hormone das Wachstum und verzögern die Reife. In einem eigens für asthmatische Kinder geschaffenen Forschungs-Hospital in Denver, Colorado, dem Children's Asthma Research Institute and Hospital, wurden Untersuchungen in der Absicht angestellt, durch kleinere Dosen, die zur strategisch richtigen Tageszeit gegeben werden, die Nebenwirkungen der Hormone abzuschwächen. Über einen Zeitraum von vier Monaten hinweg gaben Falliers, Reinberg und Halberg den Kindern nach genau berechneten Zeitplänen Prednison, ein synthetisches Cortison-Derivat. Ein Maßstab für die Wirkung des Medikaments war der Höhepunkt ihres Atemvolumens. Die Jungen bliesen alle zwei Stunden, vor und nach der Einnahme der Hormone, in ein Respirometer*. Die Hormone verschoben den Zeitpunkt der größten Lungenkapazität.

Bei Kindern, die um 1 Uhr Prednison erhalten hatten, zeigte sich der Höhepunkt etwa zwei Stunden früher als zuvor; bei denjenigen, die es gegen 13 Uhr bekamen, lag der Höhepunkt etwa sechs Stunden später. Die Ärzte stellten fest, daß Kinder, die ihr Medikament um 1 Uhr oder 7 Uhr erhielten, offensichtlich größeren Nutzen davon hatten als die anderen. Wahrscheinlich werden weitere Forschungen eine präzisere Methode zur Feststellung der besten Tageszeit für die Verabreichung von Hormonen entwickeln — was zur Folge hätte, daß sie in weit geringeren Mengen gegeben werden könnten.

Wie das Asthma scheinen auch andere Allergien ihre Opfer zu bestimmten Tageszeiten besonders zu quälen; das ist zum Teil auf einen Rhythmus in der Reaktion auf Histamin zurückzuführen. Histamin ist eine der Substanzen in der Haut, die eine Reaktion auf Insektenstiche und Verbrennungen hervorruft. Es ist ein Amin, das auch an der Rötung der Haut bei allergischen Reaktionen beteiligt ist.

Dr. Reinberg und seine Mitarbeiter ließen sechs gesunde Erwachsene in einer Standard-Routine von Schlafen, Wachen und Essen leben; danach injizierten sie ihnen zu bestimmten Tag- und Nachtstunden Histamin unter die Haut. Die stärkste Histamin-Reaktion und die größte gerötete Schwellung auf der Haut zeigten sich nach der Injektion um 23 Uhr. Die Empfindlichkeit menschlicher Haut gegenüber Histamin oder einer Chemikalie, die Histamin freisetzt, folgt deutlich erkennbar einem cirkadianen Rhythmus, der seinen Höhepunkt um die Nachtstunde erreicht, zu der die Corticosteroid-Hormone aus den Nebennieren auf ihren niedrigsten Stand abfallen. Es ist die Zeit, zu der Insektenstiche oder Gift-Sumach am heftigsten jucken. Antihistamine wurden auf die gleiche Art getestet. Danach nahmen sie eine konstante Dosis eines Antihistamins ein. Einige von ihnen erhielten das Medikament um 7 Uhr morgens, andere um

19 Uhr abends. Dem Schrumpfen der roten Schwellung nach zu urteilen, hatte die am Morgen gegebene Dosis eine weit größere Wirkung als die gleiche Dosis am Abend.

Unter den gleichen kontrollierten Bedingungen beobachtete Dr. Reinberg fünf Patienten, die stark allergisch auf Penicillin reagierten. Ein Hauttest mit Penicillin zeigte die stärkste allergische Reaktion und Hautreizung gegen 23 Uhr. Danach sollte man annehmen, daß der späte Abend die Zeit ist, zu der man beim Verabreichen von Penicillin und anderen Antibiotika an Patienten, die nicht wissen, ob sie allergisch reagieren, besonders vorsichtig sein muß. Das diesen verschiedenen Allergie-Studien zugrunde liegende Modell weist darauf hin, daß zwischen dem cirkadianen Rhythmus der allergischen Symptome und der Reaktivität und dem Rhythmus der Nebennieren-Hormone eine Beziehung besteht.

Nur wenige Medikamente wurden bisher auf rhythmische Wirkung beim Menschen getestet. Die meisten dieser Tests hatten Dr. Reinberg und seine Kollegen, als dieses Buch geschrieben wurde, mit beispielhafter Sorgfalt durchgeführt. Daß man sich dabei harmloser Medikamente bedienen mußte, braucht kaum erwähnt zu werden; die Toxizität wurde also nicht studiert. Um die Wirkung der Medikamente zu differenzieren, bediente man sich anderer Kriterien — beispielsweise der Zeitspanne, innerhalb derer das Mittel noch im Urin nachzuweisen war.

Bisher wurden die cirkadianen Eigenschaften nur bei ganz wenigen Medikamenten am Menschen nachgewiesen. Kaliumsalicylat, eine dem ASPIRIN® (Acetylsalicylat) ähnliche Verbindung, bleibt, wenn es um 7 Uhr morgens eingenommen wurde, vermutlich länger im Körper als bei einer Einnahme gegen 19 Uhr. Die Wirkungsdauer könnte bei der Fieberbekämpfung von Bedeutung sein. Natürlich müssen sämtliche Daten über die Reaktion auf Medikamente, die unter sorgfältig kontrollierten Bedingungen zusammengetragen wurden, nach einer Phasenverschiebung gründlich revidiert werden. Deshalb sollte kein Mensch, der über Zeitgrenzen hinweg reist, überrascht sein, wenn er auf ein Hormon, ein Antihistamin, auf Aspirin oder ein Sedativ, das er gewöhnlich jeden Tag einnimmt, auf einmal ganz anders reagiert. Die ersten Tage nach einer Reise oder dem Wechsel der Arbeitsschicht sollte man beim Gebrauch seiner gewohnten Medikamente sehr vorsichtig sein.

Phasenverschiebungen durch Medikamente

Ebenso wie die Wirkung vieler Medikamente durch den cirkadianen Rhythmus des Körpers beeinflußt wird, können Medikamente auch diesen Rhythmus ändern und auf die Zeitstruktur des Körpers Einfluß nehmen. Ein Beispiel hierfür sind die Barbiturate. Die Doktoren Dorothy und Howard Krieger stellten fest, daß Kalium-Pentobarbital, zu beliebiger Zeit verabreicht, den Rhythmus der Nebennieren-Hormone bei Tieren unterdrückt. Ein schnell wirkendes Barbiturat blockierte das morgendliche Ansteigen des Hormon-Gehalts nur, wenn die Tiere das Medikament am Abend erhielten. Wenn die Barbiturate jedoch den morgendlichen Anstieg des Hormon-Gehalts beim Menschen verhindern, würde das zur Erklärung der Tatsache beitragen, daß diese Hypnotika häufig ein Katergefühl verursachen. Weiterhin haben Biologen festgestellt, daß Antibiotika wie das Actinomycin-D* den cirkadianen Rhythmus der DNS- und RNS-Synthese verschieben können. Damit wird ein Rhythmus der Zellsynthese verändert und die Zeit, zu der die betroffenen Zellgruppen den Höhepunkt ihrer Teilung erreichen, verschoben. Das könnte Einfluß haben auf die Reaktion auf andere Medikamente und sogar auf das Verhalten.

Gelegentlich ist ein Eingriff in die Zeitstruktur erwünscht. Dr. William Zung hat bewiesen, daß trizyklische Antidepressiva durch Verlängerung des Schlafzyklus eine Besserung von Schlaf und Stimmung bewirken. Andere Wissenschaftler versuchen, den Aktivitäts-Schlaf-Zyklus auf achtundvierzig oder sogar zweiundsiebzig Stunden zu verlängern, indem sie einem Hirnenzym entgegenwirken, das die Monoamine im Zentralnervensystem ständig zerstört. Mittel zur Hemmung der Monoamin-Oxydase haben die Aktivitäts-Periode bei Tieren verlängert. Dem entsprechen die Untersuchungen der Syntex Corporation, bei denen es um die Frage ging, ob man Reisenden bestimmte Nebennieren-Hormone geben kann, die eine sofortige Anpassung an Phasenverschiebungen bewirken. Allerdings passen sich die vielen Körpersysteme vermutlich verschieden schnell an, und nicht alle sind durch Nebennieren-Steroide beeinflußbar.

Leider nimmt man viele Langzeit-Wirkungen von Medikamenten in Kauf, ohne es zu wissen. Die meisten Leute rechnen nicht damit, daß bei ihnen noch vier bis sieben Tage, sogar noch einen Monat, nachdem sie mit dem Einnehmen eines Schlaf- oder Beruhigungs-

mittels aufgehört haben, Alpträume und andere Entziehungssymptome auftreten. Wirkungen, die nicht unmittelbar und augenfällig auftreten, wird man möglicherweise überhaupt nicht entdecken.
Mehr oder minder aufs Geratewohl nehmen Leute zu allen Stunden des Tages Beruhigungs- und Schlafmittel ein, Stimulantia, Antihistamine, Antibiotika, Hormone und noch viele andere Medikamente. Es ist durchaus möglich, daß einige von ihnen langfristige Nebenwirkungen haben, die mit unseren derzeitigen diagnostischen Methoden nicht faßbar sind. Dr. Curt P. Richter hat Medikamente zur Abänderung des cirkadianen Aktivitäts-Ruhe-Zyklus bei Ratten benutzt. Er setzte der Nahrung von erwachsenen weiblichen Ratten mit regulären Aktivitäts-Zyklen Sulfamerazin zu, das gewöhnlich bei Infektionen Verwendung findet; normalerweise wurden sie alle vier bis fünf Tage während ihrer Brunst aktiver als gewöhnlich, und zwar immer um die gleiche Tageszeit. Während der Behandlung mit Sulfamerazin blieb der tägliche Rhythmus bestehen, aber später zeigten sich bei diesen Tieren sehr lange Zyklen von Aktivität und Nahrungsaufnahme, und ein Höhepunkt ihrer Aktivität trat alle zwanzig bis fünfunddreißig Tage ein anstatt bisher alle vier oder fünf. Zu diesem abnormal verlängerten Zyklus kam es erst, nachdem das Sulfamerazin aus der Nahrung fortgelassen worden war. Dann begannen die Tiere, sich wie Manisch-Depressive zu verhalten. Sie wurden sehr aktiv, verloren Gewicht und hatten kaum Appetit; dann folgte eine lange Periode der Inaktivität, während derer sie stumpf und träge waren. Sie verschlangen gewaltige Mengen Nahrung, nahmen zu, und es kam zu Schmierblutungen aus der Vagina, die mit dem vier- bis fünftägigen Brunstzyklus nicht mehr koordiniert waren.
Dr. Richter vermutete, daß die Ratten auf die Auswirkung des Sulfonamids auf die Schilddrüse reagierten, da Versuche mit radioaktiver Behandlung der Schilddrüse gleichfalls lange, regelmäßige Aktivitäts-Zyklen bewirkten. Deshalb ist es durchaus möglich, daß ein Patient Sulfonamide oder Antibiotika einnimmt und später unter Symptomen leidet, die auf Auswirkungen auf die Schilddrüse zurückzuführen sind. Wenn das der Fall ist, schließt man häufig auf psychische Probleme. Die Gesellschaft neigt dazu, Leute, die Gewicht verlieren oder ansetzen und denen es nicht gelingt, eine gewisse Stetigkeit zu wahren, mit moralischen Maßstäben zu messen. Aber die Ärzte wissen seit langem, daß eine gestörte Schilddrüsenfunktion

Schwierigkeiten in bezug auf die Erhaltung des Normalgewichts, auf Appetität und Aktivität mit sich bringen kann. Es ist nicht ausgeschlossen, daß Medikamente die Ursache von unausgeglichenem Verhalten und Gewichtsschwankungen sind.

Richter testete zahlreiche Medikamente: die auf die Schilddrüse einwirkenden Stoffe Thioharnstoff* und Thiouracil*; ein Analgetikum: Aminopyrin; ein Sedativum: Natrium-Barbital; ein Nebennieren-Hormon: Cortison; und die weiblichen Geschlechtshormone Progesteron und Östradiol. In keinem Fall traten abnorme Wirkungen auf, solange die Tiere die Medikamente einnahmen. Erst später, nachdem sie seit geraumer Zeit abgesetzt worden waren, zeigten sich bei einer beachtlichen Zahl von Tieren abnorme Aktivitäts- und Freßzyklen. Diese Zyklen wären normalerweise unentdeckt geblieben — ausgenommen im Laboratorium, wo die Aktivitäts-Rhythmen der Tiere Tag für Tag automatisch aufgezeichnet werden. Achtzig Prozent der Tiere, die Thiouracil erhalten hatten, zeigten in der Folgezeit abnorme Zyklen; Östradiol hatte ein Nachspiel von abnormen Aktivitäts-Zyklen bei 66,6 Prozent der Gruppe von Testtieren. Diese Untersuchung wurde Ende der fünfziger Jahre durchgeführt, also bevor Östradiol und andere weibliche Geschlechtshormone in Pillen zur Empfängnisverhütung weithin Verwendung fanden — und damit stellt sich die Frage nach den Nachwirkungen der empfängnisverhütenden Mittel bei Frauen, bei denen keinerlei Symptome auftreten, solange sie die Pille einnehmen. Nur Beobachtungen über lange Zeiträume hinweg werden Nachwirkungen und Veränderungen aufzeigen.

Weibliche Geschlechtshormone können den Menstruationszyklus vieler Frauen, deren Regel entweder unregelmäßig war oder nicht die durchschnittliche Länge von achtundzwanzig bis neunundzwanzig Tagen hatte, wirksam »neu einstellen«. (Die Menstruationszyklen können zwischen sechzehn und fünfundsiebzig Tagen schwanken.) Es ist möglich, daß sich das Auslösen eines Neunundzwanzig-Tage-Zyklus auf eine Frau mit einem Achtundzwanzig-Tage-Zyklus anders auswirkt als auf eine andere mit einem spontanen Zyklus von fünfunddreißig Tagen. Individuelle Unterschiede in der Reaktion auf Medikamente sind an einer Vielzahl von Modalitäten studiert worden, aber die Individualität der Zeitstruktur brauchte dabei bisher nicht berücksichtigt zu werden. Heute, da Medikamente im Leben von Millionen Menschen eine Rolle spielen, ist es überaus wichtig,

Cirkadianes System des Menschen
Geburt, Tod, Morbidität, Empfindlichkeit und Reaktivität

ZEITPUNKT DER ÄUSSEREN AKROPHASE (φ)

Intervall mit 95%iger Gewißheit

Aktivitätsspanne / Ruhezeitspanne

ORT	INDEX	AGENS	SUBJEKT* (N)
URIN	Salicylat-Ausscheidung	Salicylat	G (6)
BLUT	Zählung der Mikrofilarien	Wuchereria Bancrofti	M (1)
HAUT	Erythem	Penicillin	A (5)
		Extrakt von Hausstaub	A (6)
		Federn	A (4)
		Graspollen	A (3)
		Histamin	G (12)
		48/80	G (6)
ZAHN	Schwellung	Histamin	G (12)
		48/80	G (6)
	Schmerz	elektrische Reizung	G (23)
LUNGE	VK & SK,**	Histamin	B (16)
	VK	Dexamethason	B (15)
	SK₁	Dexamethason	B (15)
GANZER KÖRPER	Geburt	spontan	G (6.10³)¹
	Tod	Chirurgie	M (500)
		Flugzeugunfälle	G ('59')
		verschiedene	M (4.10⁵)

Dieses Diagramm zeigt unter anderem die Phase bei Tag oder Nacht, zu der ein Mensch dazu neigt, am stärksten allergisch auf Staub oder Pollen zu reagieren, oder die Stunden, in die die meisten Geburten oder Todesfälle mit verschiedenen Ursachen fallen. Die Subjekte* sind gekennzeichnet als gesund (G), krank, das heißt morbid (M), allergisch (A) und asthmatisch oder unter anderen Erkrankungen der Bronchien leidend (B).

Die Punkte bezeichnen den Höhepunkt der Phase, den Zeitpunkt der stärksten Reaktion. ** VK steht für Vitalkapazität, SK für Sekundenkapazität (eine Sekunde stoßweises Ausatmen).

auch ihre Nachwirkungen zu analysieren. Schon der einfache Gebrauch von Kalendern und Tagebüchern würde für den Anfang zur Erkenntnis offensichtlicher Langzeit-Wirkungen ausreichen.

Eine neue Strategie in der Anwendung von Medikamenten

Daß die richtige Zeitwahl zu einem Faktor in der Pharmakologie und in der medikamentösen Behandlung werden muß, steht völlig außer Frage. Zur Zeit werden cirkadiane Rhythmen der Empfindlichkeit weder in pharmakologischen Texten erwähnt, noch verlangt die Food and Drug Administration Zeitserien-Studien. In den Protokollen über neue Medikamente ist von Rhythmen nicht die Rede, und so wissen weder Hersteller noch Arzt, in welchem Ausmaß die Reaktion auf ein Medikament bei ein und demselben Menschen im Verlauf von vierundzwanzig Stunden schwanken kann. Wenn in medizinischen Texten vom Drogen-Stoffwechsel die Rede ist, wird der Umfang der Schwankung in der Enzymaktivität nicht erwähnt, obwohl sie dafür verantwortlich sein kann, daß eine bestimmte Dosis eines Medikaments wie Succinylcholin zu einer Stunde gefährlich ist, zu einer anderen jedoch nicht. Das tägliche Steigen und Fallen von allergischen Reaktionen, von Schmerztoleranz, von Nebennieren- und anderen hormonellen Symptomen fordert eine zeitlich abgestimmte Medikation, aber man hat gerade erst damit begonnen, einen Zeitplan der Symptome beim Menschen aufzustellen. Es steht zu vermuten, daß Materialien über die Zeiteinflüsse die Strategie der medikamentösen Behandlung revolutionieren werden, und daß der gewünschte Effekt beim Patienten mit Dosen erzielt wird, die wesentlich niedriger sind als die jetzt üblichen. Bei der Pharmakologie für Reisen im Düsenflugzeug und für Leute, die in Schichten arbeiten, wird es ohne einige Berechnungen nicht abgehen. Leute, die Phasenverschiebungen durchgemacht haben, sollten ihre biologische Tageszeit schätzen, bevor sie irgendwelche Medikamente einnehmen. So werden in Zukunft Ärzte und Reisende beispielsweise vermutlich über Zeitpläne verfügen, die anzeigen, wie viele Tage ein bestimmtes Enzym-System braucht, um sich nach einer Schwankung, die den Zyklus um vier Stunden hinausschiebt, wieder anzupassen, und wann man dementsprechend ein Medikament einnehmen kann, das von den Enzymen aufgespalten wird.

Wenn mehr Material zusammengekommen ist, werden wir den Gedanken an ein inneres Zeitgefüge in die Vorstellungen von unserem Körper einbeziehen — wie wir auch die Rollen von DNS, von Viren oder Vitaminen einbezogen haben. Wenn das Gleichgewicht der inneren Rhythmen uns als Tatsache einzuleuchten beginnt, werden wir im Hinblick auf das Wahren unserer inneren Harmonie etwas liebevoller mit uns selbst umgehen, ob das nun das Ablehnen von Einladungen bedeutet, damit wir die nötige Ruhe bekommen, oder das Befolgen von Vorschriften, die uns anweisen, Zeitpläne zu konsultieren.

In Zukunft wird die Zufuhr von Hormonen zweifellos dem Hormon-Rhythmus des Körpers angepaßt werden. Überdies wird man Medikamente vermutlich periodisch zu bestimmten Stunden verabreichen, damit sie dazu beitragen, die Rhythmizität bei Leuten wiederherzustellen, deren Krankheit mit einer Desynchronisation der inneren Rhythmen einhergeht. Dr. Charles Stroebel hat das getan, indem er schwerkranken Affen Drogen gegen Psychose und Depressionen in zwölf- und vierundzwanzigstündigen Abständen verabreichte und damit die cirkadiane Rhythmizität sehr rasch wiederherstellte. Andererseits kann ein Medikament, das die Phase eines Hormon-Zyklus aus ihrem üblichen Phasenverhältnis schiebt, im Prinzip eine Streß-Wirkung haben und zu einer Erkrankung führen. Einige Wissenschaftler sind der Ansicht, daß desynchronisierte Zyklen die Bindeglieder darstellen, über die unsere emotionellen Qualen und Gewohnheiten zu einer Vielzahl von Krankheiten führen können.

7. Zeit und die Konsequenzen von Streß

> Zeit ist die Schule, in der wir lernen,
> Zeit ist das Feuer, in dem wir brennen.
> Delmore Schwartz

> Es steht völlig außer Frage, daß man die Stimulation des endokrinen Systems übertreiben kann — und daß das physiologische Konsequenzen hat, die sich auswirken, solange die Organe leben.
> René Dubos, *Man Adapting*

> In klassischer Zeit ging es dem Arzt, in höherem Maße als zu jeder anderen Zeit bis vor ein paar Jahrzehnten, mehr um den gesunden Menschen als um den Kranken. Die medizinische Behandlung des Gesunden trug die allgemeine Bezeichnung »Hygiene«; sie beschäftigte sich vor allem mit der »Diät« — womit bei den Griechen nicht nur das Regulieren der Ernährung eines Kranken gemeint war, sondern seine gesamte Lebensweise, insbesondere die Regeln, die seine Ernährung und die an ihn gestellten Anforderungen betrafen. So konnte es nicht ausbleiben, daß der Arzt, der auf der Basis einer teleologischen Vorstellung von den Organen des Menschen arbeitete, eine große erzieherische Aufgabe vor sich hatte.
> Werner Jaeger, *Paideia*

Eine Wissenschaft der Anpassung gibt es noch nicht, aber sie wird allmählich dringend erforderlich. Mit Methoden, die denen der Ökologie ähneln, werden die Ärzte eines Tages die Eigenheiten jedes Menschen und ihre Auswirkungen auf seine spezifische Konstitution, seine einmalige Persönlichkeit und sein körperliches und seelisches Gleichgewicht bewerten. Dieses Verfahren zur Erhaltung der Gesundheit war im 4. Jahrhundert vor Christi das Ideal der griechischen Medizin, und heute bemühen sich Heilkundige und Medizinmänner bei vielen Eingeborenenstämmen überall in der Welt um Wiederherstellung der Harmonie zwischen Mensch und Umwelt. Die Medizinmänner der Navajo-Indianer verstehen nicht, wie amerikanische Ärzte erwarten können, daß ein Mensch sich vollständig von einer Erkrankung der Gallenblase erholt, wenn sie einfach die erkrankte Gallenblase entfernen, ohne zuerst den emotionellen und symbolischen Ursprüngen nachzuspüren, die die Beschwerden auslösten. Die westliche Zivilisation besitzt keine Institutionen für Gesamtmedizin, und ebensowenig hat die westliche Wissenschaft Regeln für die Anpassung und die Vermeidung von Krankheiten erarbeitet. Zur Zeit wäre ein amerikanischer Arzt ratlos und am Ende seines Lateins, wenn er einem Patienten, den wirtschaftliche, soziale und familiäre Bedrängnisse in eine Krankheit getrieben haben, zu einem harmonischen Lebensmodell verhelfen müßte. Der Arzt würde nicht wissen, wo er anfangen soll; sein Medizinstudium hat ihn auf diese Rolle auch nicht vorbereitet. Statt dessen lehrte man ihn, sich auf analytische und spezifische Weise auf Krankheitssymptome zu konzentrieren, auch wenn ihm klar ist, daß die Anfälligkeit für eine Virus-Infektion oder die Cushingsche Krankheit* ihre Ursache vielleicht im Verhältnis des Patienten zu einer anspruchsvollen Familie, einem aggressiven Chef oder einer aufreibenden Nachbarschaft hat.

Leute, die in Städten leben, zahlen einen besonders hohen Preis für die Fülle ihres Lebens, für die vielen Möglichkeiten, die sich ihnen bieten, für schnelle Kommunikation und berufliche Mobilität, aber auch für Lärm, Menschengewimmel und Luftverschmutzung. Zu diesem Preis gehört eine Vielzahl psychosomatischer und seelischer Erkrankungen. Eine kürzlich erschienene Veröffentlichung des Public Health Service (Nr. 1 000, Series II, 37) berichtete, daß von 6 672 Personen jeder fünfte entweder gerade einen Nervenzusammenbruch erlitten hat oder glaubte, bald einen zu bekommen. Sechzig Prozent hatten unter irgendwelchen nervösen Beschwerden gelitten. Bei genauerer Untersuchung würde sich vermutlich herausstellen, daß jedes seelische und körperliche Symptom einem anderen Mechanismus entstammt, denn die Mechanismen sind außerordentlich mannigfaltig. Schließlich gibt es bei hohem Blutdruck, Kolitis und Diabetes ebenso viele Unterschiede wie bei Neurosen und Psychosen. In der Vergangenheit versuchte die medizinische Forschung, physiologische Vorgänge zu lokalisieren, die spezifische Symptome, wie beispielsweise Geschwüre oder Katatonie*, hervorriefen. Obwohl jedermann zugab, daß Streß bei der Entwicklung der Krankheit irgendeine Rolle spielen müsse, stellte niemand je eine Theorie auf, die zu erklären versuchte, wieso ähnliche Streß-Erfahrungen so verschiedenartige Formen menschlichen Leidens im Gefolge haben können. Jetzt scheinen wir einer solchen Synthese näherzukommen, denn in der Vergangenheit hat allen einschlägigen Untersuchungen die eine gemeinsame Dimension gefehlt — die Dimension der Zeit.

Heute kann ein aus Tierversuchen gewonnenes Versuchsmodell vielleicht dazu beitragen, daß wir erkennen, weshalb die gleiche Streß-Situation oder fortgesetzter Druck dazu führen kann, daß bei einem Menschen eine Psychose entsteht, bei einem anderen Asthma, Kolitis oder Magen-Darm-Geschwüre auftreten, während sie bei einem Dritten den Prozeß des emotionellen Lernens in Mitleidenschaft zieht und damit eine schwere, folgenreiche Phobie*, eine starke beeinträchtigende Neurose oder eine Charakterstörung auslöst. Jetzt sieht es so aus, als läge die Ursache für einige Geisteskrankheiten und die vielen Leiden, die wir als psychosomatische Krankheiten bezeichnen, bei einem falschen Zeitgefüge in einer Reihe cirkadianer endokriner Zyklen.

Es gibt zahlreiche noch unerforschte Zyklen im zeitlichen Gefüge des Menschen — Mikrosekunden in den Hirnzellen, Minuten, Stunden, Wochen und Monate. Obwohl wir über diese Zyklen sehr wenig wissen und uns einstweilen auf die cirkadianen Rhythmen konzentriert haben, reicht das bisher vorliegende Material über die cirkadianen Rhythmen doch aus, Bindeglieder zwischen äußeren Ereignissen und der Ätiologie, also der Ursache von Krankheiten, sichtbar werden zu lassen. Wir wissen jetzt, daß wir uns Stunde um Stunde verändern und daß Nervensystem, Stoffwechsel und alle lebenswichtigen Organe in cirkadianer Rhythmizität fluktuieren. Danach kann es nicht überraschen, daß auch unsere Fähigkeiten, unsere Anfälligkeit gegenüber Beunruhigung, Trauma oder Infektion, die Schärfe unserer Sinneswahrnehmung und sämtliche Krankheitssymptome cirkadianen Schwankungen unterworfen sind. Auch daß Medikamente je nach der Zeit, zu der wir sie einnehmen, eine unterschiedliche Wirkung ausüben, überrascht nicht mehr. Die gleiche cirkadiane Rhythmizität nimmt Einfluß auf unsere Art zu lernen und darauf, welche Erinnerungen unser Leben beeinflussen.

Zur Zeit sind einige Wissenschaftler dabei, den Begriff der Erinnerung neu zu formen und den Pfad aufzuzeigen, auf dem eine emotionelle Erfahrung in unauslöschliche Erinnerung oder sogar in körperliche Krankheit umgeprägt werden kann. Diese Entwicklung wurde möglich, nachdem die medizinische Philosophie auf die letzten Überbleibsel einer unhaltbaren Überzeugung zu verzichten begann — den

archaischen Gedanken, es wäre möglich, den Körper getrennt von der Seele zu behandeln oder die Seele getrennt vom Körper.
Daß Körper und Seele eine Einheit bilden, war seit Jahrhunderten offensichtlich, aber ein religiöses Vorurteil hinderte uns daran, es zuzugeben. Gäbe es diese Einheit nicht, wäre kein vom Körper aufgenommenes Mittel, kein Medikament imstande, die Schmerzerfahrung zu verändern. Eine halluzinogene Droge würde keine Visionen, Phantasmagorien und Erinnerungen heraufbeschwören. Der physiologische Unterbau der Seele wird auf dramatische Weise bloßgelegt, wenn ein egozentrischer, apathischer, verzweifelter Mensch ein antidepressiv wirkendes Medikament einnimmt und danach lebhaft, zugänglich und gelöst ist. Depression ist ein Zustand des Fühlens, des Verhaltens und der Biochemie, alles zu gleicher Zeit.
Wir wissen heute, daß wir — geradeso wie Medikamente oder Krankheit die biochemischen Vorgänge in uns beeinflussen — durch geistige Aktivität die gleiche Wirkung erzielen können, und zwar auf eine Art, die bisher völlig außerhalb unserer Kontrolle zu stehen schien. Wie Dr. Neal Miller von der Rockefeller University gezeigt hat, können Menschen lernen, ihren Blutdruck zu kontrollieren und bewußt zu senken. Hinduistische Feuertänzer auf Ceylon tanzen auf glühenden Kohlen, ohne Blasen an den Füßen zu bekommen, und Leute in hypnotischen Trancezuständen produzieren Blasen, wenn ihnen lediglich gesagt wird, sie kämen mit Feuer in Berührung. Unser Denken bringt physische Veränderungen in unserem Körper zuwege. Andererseits ist der menschliche Geist jedoch sehr fragil. Eine Stoffwechselstörung, die wir heute noch nicht begreifen, kann einen Menschen dazu verdammen, sein ganzes Leben unter dem Alptraum einer Psychose oder mit getrübter Intelligenz zu verbringen — ein Umstand, der uns mit neuem Mitgefühl all jenen Menschen gegenüber erfüllen sollte, deren Physiologie ihre Fähigkeit, zu funktionieren und sich ihres Lebens zu freuen, beeinträchtigt hat.
Natürlich ist jeder Mensch nicht nur eine einmalige Kombination aus subtilen ererbten Charakteristika, sondern auch durch seine Erfahrung geformt. Aus den Arbeiten von Männern wie Jean Piaget und Jerome Bruner wissen wir, daß es kritische Entwicklungsstadien gibt, während derer Kinder bereit sind, gewisse Vorstellungen, wie beispielsweise das Verhältnis zwischen der scheinbaren Größe eines Gegenstands und einer Entfernung, zu lernen. Es gibt kritische Stadien in der Kindheit, in denen visuelle Stimulation koordinierte

Bewegung fördert und in denen ein herzliches, aber bestimmtes Verhalten der Eltern besonders wichtig ist. Es gibt Zeiten, im Alter von etwa sechs Jahren einsetzend, zu denen sich Sprachen besonders leicht erlernen lassen. Familiäre Eigenheiten, Brutalität, Vernachlässigung oder Abweisung während der Kindheit können in einem Menschen die Veranlagung zu einer Neurose oder einer psychosomatischen Krankheit schaffen. Die Wurzeln derartiger Krankheiten reichen gewöhnlich weit in die Vergangenheit zurück, und in der Hierarchie der Einflüsse mag den cirkadianen Rhythmen keine allzu große Bedeutung zukommen. Auf jeden Fall ist und bleibt der Vierundzwanzig-Stunden-Tag unsere wesentlichste soziale Einheit. Unsere gesamte Erfahrung steht mit dieser Uhr, deren Zyklus sich überall in unserem endokrinen System spiegelt, in Beziehung.

Wir verlassen uns auf dieses vielschichtige System von Hirn und Drüsen, ob wir uns nun in einer Streß-Situation befinden, ob wir eine Veränderung erwarten, lachen, nachdenken, Sorgen haben oder uns an irgend etwas anpassen müssen. Da unser neuro-endokrines System rhythmisch ist, hat der Zeitpunkt einer besonderen Belastung nicht nur Einfluß auf unsere Reaktion, sondern auch darauf, wie lebhaft, wie stark wir uns an sie erinnern. Ein paar kürzlich mit Tieren durchgeführte Experimente lassen vermuten, daß das, was wir als »Innen-Lernen« bezeichnen könnten, das Erlernen starker emotioneller Reaktionen, durch cirkadiane Rhythmen moduliert wird. Sie deuten darauf hin, daß ein emotionelles Trauma oder eine sehr mühsame und frustrierende Arbeit nicht zu allen Zeiten des Tages in gleichem Maße auf uns einwirken. Nicht einmal Mäuse im Laboratorium lernen mit völlig gleichbleibender Geschwindigkeit, auch ihr Gedächtnis ist nicht zu allen Stunden gleich.

Erinnerung

Einige dieser neuen Facetten des Lernens traten in Erscheinung, als Psychologen versuchten, die kurze, aber fest umrissene Zeitspanne zu erkennen, während derer eine Erfahrung im Gehirn registriert und danach als bleibende Erinnerung einprogrammiert wird. Ein gewisses Beweismaterial läßt darauf schließen, daß es nach einem Erlebnis einen kurzen Zeitraum geben muß, in dem die Erinnerung noch nicht dauerhaft gespeichert ist. Nach einem Unfall oder einem Trauma kommt es nicht selten zu einer retrograden Amnesie. Ein Beispiel: Der Wagen eines Mannes kommt auf einer vereisten Straße ins Schleudern, er prallt mit voller Geschwindigkeit gegen die Leitschienen einer Überlandstraße, seine Frau und seine beiden Kinder kommen ums Leben. Wenn er das Bewußtsein wiedererlangt, erinnert er sich, wie die Familie glücklich eingestiegen und er abgefahren ist, aber an nichts sonst. Die Fahrt, der Straßenzustand, die dem Unfall unmittelbar voraufgegangenen Ereignisse sind nicht da. In den Laboratorien haben Forscher Drogen und Elektroschocks dazu benutzt, den Erinnerungsprozeß von Tieren bewußt zu stören, um den zeitlichen Ablauf, den Ort und die biochemischen Vorgänge kennenzulernen, die dafür verantwortlich sind, daß eine Erfahrung eine bleibende und rückrufbare Spur im Gehirn hinterläßt. Wie lange dauert es, bis eine Erfahrung einen zeitweiligen Eindruck im Gedächtnis hinterläßt, und wie lange dauert es danach, bis sie zu dem wird, was wir als Dauerspeicherung bezeichnen? Dr. James L. McGaugh und Dr. Gwen Stephens haben versucht, den zeitlichen Ablauf dieses Vorgangs zu dechiffrieren, indem sie die Erinnerung in unterschiedlichen Zeitabständen (nach einem Erlebnis) unterbrachen. Lernen und Erinnerung sind physiologische Vorgänge; die Forscher rechneten daher damit, daß sie möglicherweise von cirkadianen Rhythmen beeinflußt werden.

Stephens und McGaugh hielten ihre Ratten und Mäuse in einem festen Licht-Dunkel-Schema, so daß die Rhythmen ihrer Schwankungen in Nervensystem und Stoffwechsel absehbar waren. Zu bestimmten Stunden des Tages und des Abends wurden die Mäuse einer »Lernprobe« unterzogen. Jede Probe bestand darin, daß eine Maus auf eine vorragende Plattform vor einem kleinen Loch an der Seitenwand einer Schachtel gesetzt wurde. Das Tier versuchte dann sofort, hineinzuklettern und dem hellen Laborlicht zu entfliehen. In dem Augenblick, in dem es durch das Loch kletterte, erhielt es jedoch einen elektrischen Schock. Nachdem das mehrfach passiert war, lernte die Maus, auf der Plattform zu hocken, ohne den Versuch des Hineinkletterns zu unternehmen. Brachte das Tier es fertig, dreißig Sekunden lang sitzen zu bleiben, sah man in dieser Zurückhaltung ein Anzeichen dafür, daß es gelernt hatte, daß zwischen Hineinklettern und Schock ein Zusammenhang bestand. Nun erhielt das Tier, in genau berechnetem Abstand nach der Lernprobe, einen Elektro-Konvulsiv-Schock und wurde wieder auf die Plattform gesetzt. Wartete es dort dreißig Sekunden ab, konnte man annehmen, daß es sich erinnerte. Die Anzahl der Sekunden, die die Maus dort sitzen blieb, ohne durch das verbotene Loch zu klettern, wurde als ihre Gedächtnis-Latenz definiert.

Als die Forscher dieses Experiment zu verschiedenen Stunden des Hell-Dunkel-Schemas des Tieres wiederholten, stellten sie fest, daß der Elektro-Konvulsiv-Schock die stärkste retrograde Amnesie bewirkte, wenn er um die Mitte des Aktivitäts-Zyklus des Tieres — also wenn die Körpertemperatur ihren Höhepunkt erreicht hatte — gegeben wurde. Wurde das Hell-Dunkel-Schema um 180 Grad verschoben, machten die Tiere eine vorübergehende Phasenverschiebung durch, während derer das gleiche Training und der gleiche Schock andere Resultate hatten. Das ist ein gewichtiger Anhaltspunkt dafür, daß die Vorgänge im Gehirn und die Protein-Synthese, die der Ausbildung von Gedächtnisspuren und dem, was man als Konsolidierung des Gedächtnisses bezeichnet, zugrunde liegen, in einem cirkadianen Rhythmus schwanken.

Lernen

Wenn ein Tier in einer bestimmten Phase seines Zyklus anfälliger für Gedächtnisstörungen ist, stellt sich unvermeidlich die Frage, ob auch beim Menschen Schwankungen der Tendenz, das eben Gelernte wieder zu vergessen, auftreten. Würde sich aus den Unfall-Statistiken ergeben, daß bei Leuten, die um die Tagesmitte eine Gehirnerschütterung erleiden, retrograde Amnesie häufiger auftritt als bei solchen, die in der Nacht einen Unfall haben? Es wäre überdies möglich, daß die cirkadiane Rhythmizität des Erinnerns und Vergessens bei der Erziehung und beim Verständnis von Neurosen eine wichtige Rolle spielen kann. Entdeckungen auf dem Gebiet der biologischen Grundlagen des Lernens haben auf die erzieherische Praxis bemerkenswert geringe Auswirkungen gehabt. Obwohl wir wissen, daß eine herausfordernde Umgebung in früher Kindheit Einfluß auf die Reifung des Nebennieren-Systems hat und die chemischen Vorgänge im Gehirn und die Lernfähigkeit ändern, werden Säuglinge und Kleinkinder häufig in öden Bettchen sich selbst überlassen. Wir wissen, daß nicht nur die Umgebung auf Lernfähigkeit und Physiologie Einfluß hat, sondern daß sich die einzelnen Menschen hinsichtlich ihrer Talente und ihrer Lernfähigkeit auch genetisch unterscheiden. Aber wir setzen uns über all diese Unterschiede hinweg und stecken Kinder in Klassenzimmer, wo sie alle das gleiche uniforme Unterrichtsprogramm über sich ergehen lassen müssen. Wer sich der Methode nicht anpassen kann, bleibt zurück. Das ist geradezu grotesk, da die Ansprüche einer technologischen Gesellschaft ein hohes Niveau in der Allgemeinbildung unumgänglich machen. Die weitere soziale Entwicklung der Menschheit hängt von aufgeschlossenen und gebildeten Völkern ab; Bildung ist kein Privileg, sondern dringende Notwendigkeit. Unter diesen Umständen ist es töricht, Techniken anzuwenden, die die sogenannten Langsam-Lerner nicht berücksichtigen. Professor Willard Madsen von der University of California hat Untersuchungen angestellt, die erkennen lassen, daß zurückgebliebene Kinder mit einem niedrigen Intelligenzquotienten zwar ein schlechteres Kurzzeit-Gedächtnis haben können als Kinder mit einem hohen Intelligenzquotienten, daß es jedoch möglich ist, durch das Lerntempo einen Ausgleich hierfür zu schaffen. Madsen stellte fest, daß die Kinder mit niedrigem Intelligenzquotienten fast so gut lernten wie ihre klügeren Altersgenossen, wenn er ihnen relativ lange Zeiträume zur Verarbeitung von Lernmaterial zugestand.

Da das Ansteigen und Absinken der Aufmerksamkeit bei Kindern auf eine »biologische Stunde« schließen läßt, die kürzer ist als die des Erwachsenen, dürfte die günstigste Dauer einer Unterrichts-Einheit nicht bei einer Stunde, sondern bei weniger als fünfunddreißig Minuten liegen. Außerdem dürfte es für das Lernen besonders geeignete Stunden geben, ein Umstand, dessen man sich im Interesse langsam lernender Kinder bedienen sollte. Manche Leute legen eine beständige, zeitlebens konstante Vorliebe für das Arbeiten am Morgen oder am Abend an den Tag. In den cirkadianen Rhythmen der sogenannten »Lerchen«, die am Morgen am muntersten sind, und der »Eulen«, die ihre besten Leistungen gegen Ende des Tages erbringen, gibt es vermutlich physiologische Unterschiede, aber die Eulen werden durch die allgemein üblichen Schulstunden durchweg benachteiligt. Unterricht am Morgen ist für die Lerchen richtig, für die Eulen dagegen sollte man es mit Nachmittags-Unterricht versuchen. Zum Glück für die kommenden Generationen leitet die aufblühende Bildungs-Industrie ein Zeitalter des Zuhauselernens ein, in dem eine Vielzahl von Geräten — vom Computer bis zum Kassetten-Fernsehen — den Kindern die Möglichkeit gibt, ihre beste Lernzeit selbst zu wählen. Was ein

Kind auch während der Schulstunden an Fertigkeiten, Wissen, Bildern aus der Vergangenheit und künstlerischen Ausdrucksmöglichkeiten lernen mag — es gibt noch ein anderes Lernen, das zu allen Stunden stattfindet und sein Verhalten lebenslänglich beeinflußt. Es verläuft fast vollständig unkontrolliert, obwohl es das Fundament der Persönlichkeit ist, die emotionelle Färbung, die im Tun des Erwachsenen wiederklingt und sie überschattet.

Angst und emotionelles Lernen

Tierstudien lieferten erste Anzeichen dafür, daß emotionelles Lernen nicht zu allen Stunden des Tages gleichförmig vor sich geht. Ein beängstigendes Erlebnis ist während einer Phase des cirkadianen Rhythmus beängstigender und der Eindruck, den es hinterläßt, dauerhafter als während einer anderen. Dr. Charles F. Stroebel hat am Institute of Living mit einer Reihe außerordentlicher Experimente begonnen, deren Sinn es ist, den unverkennbaren Einfluß der Tageszeit beim Einprägen von Angst aufzuzeigen. Wenn der Mensch den Nagetieren und Affen, mit denen die Experimente durchgeführt wurden, ähnlich ist, darf bei der Behandlung emotioneller Traumata oder kindlicher Krisen und in der Psychotherapie der Zeitpunkt des Erlebens nicht außer acht gelassen werden. Dr. Stroebel stellte fest, daß die Stunde des Abrichtens ausschlaggebend dafür war, wie schnell ein Tier lernte, daß ein Klicken der Vorläufer eines schmerzhaften Schocks war. Auch die Angst, die bei dem Tier bestehenblieb, nachdem es eine Zeitlang keine Schocks mehr erhalten hatte, stand mit der Zeit des Lernens in Zusammenhang. Diese Experimente, die im Entstehen von Angst einen cirkadianen Rhythmus erkennbar werden lassen, vermitteln ein besseres Verständnis von Neurosen und Phobien und von einigen der unvorhergesehenen Faktoren, die auf das Gedächtnis und die Intensität des Fühlens einwirken.

Für Tierstudien war von jeher ein gewisser Einfallsreichtum notwendig. Geschöpfe, die nicht reden können, müssen irgendwie dazu gebracht werden, durch die Reaktionen, die sie beim Abrichten entwickeln, ihr inneres Fühlen zu offenbaren. Das Niederdrückenlassen eines Hebels hat sich bei Ratten und Affen bewährt; das Tier lernt, durch Belohnungen zu stetigem Tun verlockt, einen Hebel in einem bestimmten Tempo niederzudrücken. Hat es einmal gelernt, den

Hebel bewußt zu drücken, kann man messen, wie Schocks, Stimulation und andere Manipulationen sich auf sein Tun auswirken. Das ist ein aktiver Abrichtungsvorgang; man bedient sich dabei der natürlichen Bewegungen der Tiere. Wird eine Ratte in einen neuen Käfig gesetzt, erkundet sie ihn gewöhnlich hungrig oder durstig mit den Pfoten. Befindet sich ein Hebel im Käfig, wird sie ihn schließlich zufällig niederdrücken, und wenn dann als Belohnung ein Bröckchen Nahrung oder etwas Wasser zum Vorschein kommt, wird sie bald wieder auf den Hebel drücken. Anfangs folgt auf jedes Drücken eine Belohnung, aber allmählich werden die Belohnungen seltener und kommen periodisch, und das Tier lernt, den Hebel in stetigem Tempo niederzudrücken. Neue Bedingungen können eingeführt werden; mit der Belohnung kann ein Licht, ein Geräusch oder ein Schock verbunden werden. Hat sich das Tier auf den zusätzlichen Reiz eingestellt, so liefert die Veränderung seines leicht zu zählenden Hebeldrückens einen Maßstab für seine Reaktion.

Diese aktiven Abrichtungs-Methoden mögen sehr simpel erscheinen und selbst für eine Ratte zu uninteressant — bis man sich erinnert, wie frustrierend es ist, ein Geldstück in einen Automaten zu stecken und auf die Cola zu warten, die nie herauskommt. Wir belohnen nicht nur uns selbst auf ähnliche Art, häufig in Form eines Barschecks — auch unsere Gefühle geraten in Wallung, wenn ein Automat nicht funktioniert, ein Scheck nicht rechtzeitig eintrifft oder wir eine Verkehrsstrafe bezahlen müssen.

Emotionelles Abrichten und die Tageszeit

Man begann damit, durstigen Ratten beizubringen, daß sie auf einen Hebel drücken mußten, wenn sie einen Schluck Wasser haben wollten. Sie lebten in einer streng kontrollierten Umgebung, in der das Licht-Dunkel-Schema dazu diente, alle Tiere auf die gleiche biologische Tageszeit auszurichten; das wurde an Hand der Körpertemperatur oder dem Gehalt an Nebennieren-Steroiden nachgeprüft. Sobald alle Ratten mit dem Hebel umgehen konnten, wurden sie in drei Gruppen eingeteilt; alle Gruppen wurden dem gleichen Training unterworfen, aber jeweils nach einem anderen Plan.

In den ersten vier Stunden der Dunkelheit, dem aktivsten Teil des »Tages« einer Ratte, wurde ein Tier in einen Lehrkäfig gesetzt, wo es, um Wasser zu bekommen, einen Hebel niederdrücken mußte. Beim Niederdrücken vernahm es einen klickenden Laut. Wenn das Klicken aufhörte, bekam es einen kurzen elektrischen Schock. Dann blieb die Ratte eine Zeitlang unbehelligt; sie begann wieder, den Hebel zu drücken. Das Klicken wurde wieder hörbar; es hörte auf, der Schock wurde ausgelöst. Dies geschah wiederholt, immer um die gleiche Stunde. Die typische Reaktion darauf war, daß das Tier auf den Hebel drückte, um Wasser zu bekommen, bis es das Klicken hörte; dann »erstarrte« es, schied Kot und Urin aus, atmete rascher, sein Puls beschleunigte sich — die Anzeichen deuteten auf das, was wir als Angst oder Furcht bezeichnen.

Das Tier konnte nichts tun, um dem Schock zu entgehen, und bald genügte schon das bloße Geräusch des Klickens, und das Tier hörte mit dem Hebeldrücken auf und zeigte Anzeichen größter »Angst«. Nun wurde die Ratte in einen anderen Käfig gesetzt, in dem sie das Klicken hörte, aber nie einen Schock erhielt. Zuerst erstarrte das Tier und hörte mit allen Anzeichen der Angst auf, den Hebel niederzudrücken. Später flößte das Klicken dem Tier keine Angst mehr ein, und es begann, wieder auf den Hebel zu drücken. Wenn die Ratte soweit war, daß sie das Klicken einfach ignorierte und rasch den Hebel bediente, um Wasser zu bekommen, konnte man die Angst-Reaktion als ausgelöscht ansehen. Das Maß der Auslöschung ließ sich am Tempo des Hebeldrückens ablesen.

Bei der einen Gruppe wurde das Angstgefühl genau um die Zeit ausgelöscht, zu der es erzeugt worden war. Die zweite Gruppe war gleichfalls während der ersten vier Stunden Dunkelheit abgerichtet worden, die Auslöschung erfolgte jedoch während der Licht-Periode. Die dritte Gruppe wurde nach dem Abrichten einem umgekehrten Hell-Dunkel-Schema ausgesetzt und um die Stunde des Abrichtens wieder getestet. Diese Ratten befanden sich jetzt um zwölf Stunden außer Phase mit den anderen Tieren. Nachdem das Angstgefühl der Tiere ausgelöscht war, ließ man sie drei Wochen lang in Ruhe und testete sie dann von neuem. Gelegentlich scheint eine starke emotionelle Reaktion während des Auslöschungs-Prozesses zu verschwinden, sie taucht jedoch später wieder auf — ein Hinweis darauf, daß die Erinnerung an die »Angst« bestehenbleibt und die Angstreaktion nicht wirklich ausgelöscht war.

Auf die gleiche Art kann der Mensch lernen, Angstreaktionen zu entwickeln. Wenn beispielsweise ein Vater oder eine Mutter ein Kind schelten, bevor sie es schlagen, kann das Kind schon Angst haben, sobald es einen bestimmten scheltenden Tonfall vernimmt. Noch Jahre später kann ein bestimmter Tonfall Angstgefühle auslösen. Eines der Modelle der Neurose, das wir kennen, ist die Unfähigkeit, ein erlerntes Gefühl aufzugeben, wenn es keine Daseinsberechtigung mehr hat.

Im Normalfall stirbt die emotionelle Reaktion eines Menschen allmählich ab, wenn der Reiz, der das Gefühl auslöst, wiederholt erfahren wurde, ohne daß er irgendwelche Folgen hatte.

Diese Art des Auslöschens ist eines der Ziele der Psychotherapie: mit ihrer Hilfe kann man versuchen, sich unangebrachte Reaktionen abzugewöhnen. Ein Mann, der eine grausame Mutter hatte, muß sich möglicherweise seine feindselige Reaktion auf alle Frauen abgewöhnen. Ein Kind, das durch den Anblick von Münzen, die der Hand eines Unfallopfers entfielen, heftig erschreckt wurde, kann sein Leben lang jeder Berührung mit Kleingeld wie besessen aus dem Wege gehen, bis es ihm gelingt, den durch das Ereignis hervorgerufenen Widerwillen und Schrecken auszulöschen. Vermutlich läßt sich ein Gefühl rasch auslöschen, wenn der ursprüngliche Eindruck nur schwach war. War das auslösende Moment jedoch stark, so können sowohl Emotion wie Verhalten bestehenbleiben und ihre Ursache lange überdauern.

Bei seinen Tierversuchen stellte Dr. Stroebel fest, daß auch der Zeitfaktor bei der Intensität der erzeugten Gefühle eine Rolle spielt. Die mehrfach durchgeführten Tests erbrachten bestürzende Resultate. Bei Ratten zeigte sich die stärkste »Angst«-Reaktion zu der biologischen Tageszeit, zu der man sie abgerichtet hatte. War eine Ratte um 8 Uhr morgens abgerichtet worden, so waren ihre Angstreaktionen zu dieser Zeit stärker als zu jeder anderen Stunde des Tages. Testete man sie zu einer anderen Zeit, zeigte sie weniger Angst. Bei den Ratten, bei denen das Abrichten und das Auslöschen zur gleichen Tageszeit erfolgte, dauerte es länger, bis sie ihre Angst wieder abgelegt hatten; als man die Tiere jedoch drei Wochen später abermals testete, kam es zu keinerlei neuerlichen Anzeichen von Angst. Die Ratten, die man dem Auslösch-Training zu einer biologischen Tageszeit aussetzte, die von der des ursprünglichen Abrichtens abwich, schienen ihr Angstgefühl sehr rasch auszulöschen, hegten bei einem neuerlichen Test jedoch wieder beträchtliche Angstgefühle.

Die Zeitabhängigkeit der Angstreaktionen schien zuerst zu auffällig, um wahr zu sein, denn die Ergebnisse von Labor-Untersuchungen sind nur selten so eindeutig. Erregt und umsichtig zugleich wiederholten die Forscher ihre Experimente sowohl mit Ratten wie mit Affen. Sie testeten auch andere Lernsituationen, darunter Fliehen, Vermeiden und Unterscheiden. Sie stellten fest, daß diese »mehr cerebralen*« Lernvorgänge nicht durch die biologische Tageszeit beeinflußt wurden; zumindest ließ sich mit ihren Methoden kein solcher Einfluß nachweisen. Das Erzeugen von Angstgefühlen war jedoch eindeutig zeitabhängig. Wenn sie Tiere zu zufälligen Tageszeiten abrichteten, kam es bei ihnen sehr langsam zu Angstreaktionen, und die Tiere widersetzten sich dem Auslöschen überdies in ungewöhnlichem Ausmaß. Selbst wenn sie zu zufälligen Tageszeiten abgerichtet und ihr Angstgefühl zur genau gleichen biologischen Stunde wieder ausgelöscht wurde, blieb ein deutliches, hartnäckiges Angstgefühl bestehen.

Psychotherapie

Wenn Angstgefühle zu zufälligen Stunden erworben werden, muß möglicherweise das Auslöschen nach einem genau entsprechenden Schema erfolgen. Mit dieser Möglichkeit haben sich verschiedene Therapeuten beschäftigt. Die für die psychotherapeutischen Sitzungen gewählte Zeit steht im allgemeinen in keiner Beziehung zur biologischen Zeit. Wenn neurotische Angst- und Furchtgefühle zeitgebunden sind, bedarf das Kombinationsschloß, das den Zugang zu einer gestörten Persönlichkeit öffnet, vielleicht der »Auslöschungs«-Therapie zu biologisch relevanten Stunden. Viele Patienten in psychotherapeutischer Behandlung scheinen heftigen Schwankungen unterworfen, ihr Zustand bessert sich, dann fallen sie offensichtlich wieder in ihre alten emotionellen Gewohnheiten zurück. Obwohl Patienten in langfristiger Behandlung und ihre Therapeuten diese Schwankungen, die für vieles im Leben typisch sind, als gegeben hinnehmen, wäre denkbar, daß sich in ihnen lediglich unsere gegenwärtige Unwissenheit im Hinblick auf den Zeitpunkt spiegelt, der am besten geeignet ist, die Instrumente der Psychiatrie zum Entwirren lähmender Gefühlsreaktionen, zum Prozeß des Auslöschens anzusetzen.

Das erklärte Ziel der Verhaltenstherapie, einer wirksamen und ständig an Beliebtheit gewinnenden Form der Psychotherapie, ist das Auslöschen unerwünschter Reaktionen des Patienten. Dr. Joseph Wolpe und andere haben sich einiger dem aktiven Abrichtungsvorgang zugrundeliegender Prinzipien bedient, um Menschen von ihren selbstzerstörerischen emotionellen Gewohnheiten abzubringen. Die Verhaltenstherapeuten, die besondere Erfolge bei der Behandlung von Phobien erzielt haben, müssen zuerst das grundlegende Problem des Patienten genau analysieren. Dann lehren sie ihn Methoden der Entspannung und setzen ihn allmählich dem Objekt seiner Angst aus, und zwar so, daß er immer weniger empfindlicher darauf reagiert. Die Phase des cirkadianen Zyklus des Patienten mag in diesem Vorgang des Unempfindlichmachens eine Rolle spielen, denn das Befinden des Patienten bessert sich ziemlich sprunghaft, mit gelegentlichen Rückfällen in Angst und Widerwillen.

In der Zukunft wird man, wenn man ein Behandlungsschema aufstellt, vielleicht von Blutproben Gebrauch machen, da die Zeit, zu der Streß-Situationen höchstwahrscheinlich ihre stärksten Eindrücke hinterlassen, möglicherweise zugleich die Zeit ist, zu der bestimmte Nebennieren-Hormone ihren täglichen Höhepunkt erreichen. Bei Experimenten waren Ratten zu Beginn ihrer dunklen Aktivitäts-Periode, zu der Zeit also, zu der die Nebennieren-Hormone ihre stärkste Konzentration im Blut erreichen, beim »Angst«-Training am anfälligsten. Eine von Dr. Stroebel geleitete Untersuchung hatte das Ziel, herauszufinden, ob zwischen anerzogenen Gefühlen und dem Zyklus der Nebennieren-Hormone eine echte Beziehung besteht.

Lernen und der Nebennieren-Zyklus

Tiere, die gegen Ende ihrer Aktivitäts-Periode oder zu Beginn der Licht-Periode abgerichtet wurden, brauchten die doppelte Zeit, um beim Ertönen des warnenden Klickens Angst zu erlernen. Bei Tieren, denen man die Nebennieren herausoperiert hatte, dauerte es noch etwas länger, bis sie Angst zeigten, aber sogar bei ihnen trat das gleiche cirkadiane Schema in Erscheinung. Injizierte man den Tieren dagegen Metyrapon, eine Droge, die die Synthese von Nebennieren-Hormonen verhindert, ergab sich eine fast gleichförmige Lerngeschwindigkeit, ganz gleich, zu welcher Tageszeit die Tiere abgerichtet wurden. Die Droge löschte ihren Empfänglichkeits-Rhythmus praktisch aus, vielleicht indem sie die Aktivität des Zentralnervensystems hinsichtlich der rhythmischen Ausschüttung von Nebennieren-Steroiden und anderen Hormonen störte. Die Untersuchung von Kontrolltieren ließ vermuten, daß der Rhythmus der Angst-Anfälligkeit mit dem des Gehalts des Nebennieren-Steroids Corticosteron im Blut parallel läuft. Die größte Anfälligkeit fiel mit dem Höchststand zusammen, geringere Anfälligkeit entsprach einem geringeren Gehalt an Corticosteron. Diese Entsprechung bedeutet nicht, daß der Hormongehalt die Ursache der Emotionalität ist; mit Hilfe des Nebennieren-Rhythmus kann man jedoch absehen, wann ein Tier besonders anfällig oder widerstandsfähig gegenüber emotionellem Streß und Abrichtungsprozessen ist.

Wenn die Menschen über eine entsprechende Anfälligkeits-»Uhr« verfügten, könnte der Gehalt an Nebennieren-Steroiden im Blut uns bei der Wahl des Zeitpunkts für unangenehme oder schmerzhafte medizinische Prozeduren helfen — ganz zu schweigen von der Wahl des Zeitpunkts für Prüfungen und andere Ereignisse, die eine starke Belastung für einen Erwachsenen und erst recht für ein Kind darstellen können. Ein hoher Gehalt an Nebennieren-Corticoiden bei geplagten Patienten kann als Signal dafür angesehen werden, daß man eine weitere Belastung zu dieser speziellen Zeit vermeiden oder den Rhythmus mit Medikamenten verschieben muß.

Wirkungen von Medikamenten

Als Dr. Stroebel bei Tieren die cirkadianen Schwankungen des Lernens studierte, entdeckte er, daß sich der tierische Rhythmus durch ein Medikament verschieben ließ. Um den Rhythmus der Angst-Anfälligkeit bei einer Ratte zu verschieben, bediente man sich des Beruhigungsmittels Chlorpromazin (MEGAPHEN®) und des blutdrucksenkenden Mittels Reserpin (SERPASIL®). Ratten sind am anfälligsten, wenn die Nebennieren-Steroide ihre stärkste Konzentration im Blut aufweisen; die Injektion der antipsychotischen Medikamente Reserpin und Chlorpromazin verschob die Phase der Tiere so, daß sie zu einem früheren Zeitpunkt ihres Zyklus anfällig wurden. Elektroschocks lösten eine andere Reaktion aus, sie verzögerten den Empfänglichkeits-Zyklus und verschoben die größte Angst-Anfälligkeit auf eine spätere Zeit. Nach zehn Schocks verhielten sich die Tiere fast so, als hätte man den voraufgegangenen emotionellen Abrichtungsprozeß völlig ausgelöscht.

Da Menschen Taggeschöpfe sind, dürfte ihre größte Angst-Anfälligkeit ungefähr zwischen 4 und 8 Uhr morgens zu erwarten sein; um diese Zeit erreichen die Nebennieren-Hormone ihren Höhepunkt. Daß die emotionelle Anfälligkeit des Menschen mit der Konzentration der Nebennieren-Hormone in seinem Blut in Beziehung steht, wurde nie nachgewiesen; im Jahre 1963 stellten Dr. Stroebel und seine Mitarbeiter jedoch fest, daß Angstreaktionen und physiologische Anfälligkeit bei Affen vor allem in den frühen Morgenstunden auftraten und mit dem Höchstgehalt an Nebennieren-Hormonen zusammenfielen. Diese Affen wurden auf die gleiche Art wie die Ratten abgerichtet und getestet, zugleich jedoch ständig auf physiologische Veränderungen hin untersucht. Mit Hilfe implantierter Röhrchen wurde Blut entnommen, ohne daß die Tiere gestört wurden; Blutdruck, Temperatur, Herzfrequenz und Atmung wurden regelmäßig gemessen.

Psychosomatische Symptome als Erinnerung

Als die Affen gelernt hatten, das Klicken zu fürchten, hörten sie auf, den Hebel zu drücken; sie atmeten angestrengt, der Puls wurde schneller, weitere physiologische Veränderungen traten auf. Noch Wochen nach dem Abrichten stellten die Forscher fest, daß die Azidität des Blutes der Affen zu der Stunde anstieg, zu der sie abgerichtet worden waren, und noch achtundzwanzig Tage nach Beendigung des Experiments zeigten sich bei einem Affen Störungen des Säure-Basen-Gleichgewichts zu der Zeit, zu der man ihn mit Klicken und Schocks abgerichtet hatte.

Im Jahre 1965 wurde das Experiment wiederholt. Diesmal hatte man den Affen einen winzigen Katheter in den rechten Vorhof des Herzens implantiert; außerdem wurden Herzfrequenz, Atmung und Hirnwellen aufgezeichnet. Die Abrichtungs-Prozedur fand an elf aufeinanderfolgenden Tagen am Mittag statt. Während der Ruheperiode danach zeigte sich bei den Tieren täglich kurz vor 11 Uhr eine Pulsbeschleunigung, hastiges flaches Atmen und zunehmende Azidose* im Blut. Die Blut-Azidose trat zweiundzwanzig Tage lang um die ursprüngliche Zeit des Abrichtens immer wieder auf.

Es hat den Anschein, als »erinnere« sich der Körper einer Zeit der Angst, indem er sie auch weiterhin um die gleiche biologische Zeit antizipiert und auf sie reagiert, obwohl die angsteinflößende Situation nicht mehr gegeben ist. Der Nachweis der Tatsache, daß sich die Azidität des Blutes zu einer vermutlich durch ein Erlebnis bestimmten Tageszeit ändern kann, könnte ein wichtiger Anhaltspunkt für die Behandlung psychosomatischer und psychiatrischer Krankheiten sein. Das Säure-Basen-Gleichgewicht des Blutes ist sehr empfindlich und exakt ausgeglichen und wirkt sich auf den ganzen Körper aus. Ist das Gleichgewicht gestört, wie beispielsweise bei einer unbehandelten Diabetes oder bei Leuten, die an einer Leber- oder Nierenkrankheit leiden, kommt es zu seelischen Symptomen wie Lethargie oder Stupor*. In Krankenhäusern werden Untersuchungen »rund um die Uhr« über mehrere Tage hinweg an den Patienten nur selten vorgenommen; aber es könnte Patienten geben, bei denen die Azidose des Blutes eine Spätreaktion auf ein Ereignis ist, das zu einer bedeutsamen Tageszeit eintrat, beispielsweise der Zeit einer bestimmten Strapaze, einer Prüfung, der Erledigung eines Auftrages oder auch nur einer Unterrichtsstunde. Diese Leute können dann über Symptome klagen, die bei Besuchen in der Sprechstunde ihres Arztes nie in Erscheinung traten. In der Vergangenheit hätte man derartige Symptome angezweifelt und den Patienten erklärt, sie wären Hypochonder; jetzt wissen wir jedoch, daß derartige »Geister«-Symptome das Echo unangenehmer Erlebnisse sein können.

Reaktion auf Lärm

Um bestimmte Syptome auszulösen, brauchen traumatische Ereignisse nicht unbedingt die Form persönlicher Krisen anzunehmen. Vermutlich genügen schon die Streß-Situationen einer modernen Großstadt mit ihrem Lärm und ihren Menschenmassen, um Krankheitssymptome auszulösen. Bei einem Affen mit implantierten Meßgeräten, der zehn Tage hintereinander täglich alle drei Stunden einem ohrenbetäubenden Lärm ausgesetzt wurde, kam es nach dem Experiment zu einem Drei-Stunden-Rhythmus physiologischer Störungen. Nach Absetzen des Lärms wurden Hirnwellen, Atmung, Puls und Verhalten des Tieres zehn Tage lang ununterbrochen aufgezeichnet. Die Auswertungen lassen darauf schließen, daß Körper und Gehirn noch lange

Zeit danach alle drei Stunden auf den ursprünglichen unangenehmen Lärm reagierten.

Ein paar Experimente mit Affen sind kein hinreichender Anlaß für eine radikale Änderung unseres großstädtischen Lebens, aber sie können als Warnung dienen. Lärm ist nur einer der mißlichen Faktoren, unter denen jeder Großstadtbewohner zu leiden hat. Schwer faßbare Belastungen durch die Umwelt wirken sich möglicherweise so verhängnisvoll aus wie eine langsam um sich greifende Epidemie, indem sie weite Teile der Bevölkerung in Mitleidenschaft ziehen. Wie sich eine psychosomatische Krankheit entwickelt, ist schwer aufzuzeigen; sie kommt ebenso allmählich zustande, wie sich das Fett in den Arterien scheinbar gesunder junger Männer sammelt, die dann »plötzlich« einen Herzanfall erleiden. Es ist unmöglich, in dem vielfältigen Zusammenspiel der Körperfunktionen eine einzelne Route — beispielsweise vom Hypothalamus zur Hirnanhangdrüse und zur Nebennierenrinde — als Sündenbock für die »Krankheit« zu isolieren. Letzten Endes sind wir allem Anschein nach offene Systeme und diese Krankheiten eine Folge der Umgebung, die wir geschaffen haben.

Angst und Freilauf

Um die beim Erzeugen von Angstgefühlen gemachten Beobachtungen zu bestätigen und um sicherzugehen, daß sie nicht auf Licht oder andere Faktoren der Umgebung zurückzuführen waren, wiederholten Dr. Stroebel und seine Mitarbeiter ihre Experimente: eine große Zahl von Ratten wurde drei Wochen lang in einem kontrollierten Schema von zwölf Stunden Dunkelheit und zwölf Stunden Licht vorbereitet, damit sich ihre cirkadianen Rhythmen bei Trainingsbeginn sämtlich in der gleichen Phase befanden. Danach lebten sie ständig bei Licht.

Wie Stroebel vermutet hatte, zeigte sich bei dieser Gruppe kein so ausgeprägter Zusammenhang zwischen Angst und Tageszeit. Als er jedoch das Verhalten der einzelnen Tiere genauer studierte, sah er, daß 15—20 Prozent inkonsequent reagierten, während 80 Prozent eindeutig und beharrlich erkennen ließen, daß die Stärke der Angst und der Auslöschung mit der biologischen Tageszeit, zu der sie abgerichtet wurden, eng verknüpft war. Was war mit den »abnorm« reagierenden 20 Prozent los?

Nach dem Experiment ließ Stroebel alle drei Stunden die Körpertemperatur sämtlicher an der Untersuchung beteiligten Tiere aufzeichnen. Bei den regelmäßigen Tieren ergab sich ein Rhythmus von etwa vierundzwanzig Stunden, bei den unregelmäßig reagierenden dagegen nicht. Ihre Temperatur schien sich im Freilauf zu befinden und wich vom Vierundzwanzig-Stunden-Rhythmus täglich um fünfzehn bis dreißig Minuten ab. Damit befand sich jedes Tier in biologischer Hinsicht mit sämtlichen anderen Tieren geringfügig außer Phase. War es das erworbene Angstgefühl oder das ständige Licht, das den Vierundzwanzig-Stunden-Rhythmus störte? War dieser abnorme, verschobene Temperatur-Rhythmus ein erstes Anzeichen für Krankheit? Konnte es sein, daß emotioneller Streß innere Zyklen loskoppelt und damit jene Art von Krankheiten auslöst, die Menschen in Krankenhäuser und Heilanstalten bringen?

Eine »Schock-Phasen«-Theorie für die »periodische Krankheit«

In lebenslanger Forschungsarbeit beobachtete der Physiologe Curt P. Richter die Aktivitäts-Rhythmen von Tausenden von Tieren; ihm ging es darum, die inneren »Uhren« hinter den regelmäßigen Zyklen von Aktivität, Nahrungsaufnahme und sexuellem Verhalten gesunder Tiere zu begreifen. Was das Ausmaß der Vitalität und die Einteilung der Energie von Tieren betraf, vermutete Richter Beziehungen zwischen Alter, Antrieb, Aktivität und Ernährung. Um das Wesen des Vierundzwanzig-Stunden-Rhythmus zu erforschen, begann er Ernährung, Licht-Schemata, Wärme, Kälte und viele weitere Aspekte der Umgebung zu manipulieren. Die Nebennierenfunktion schien eine entscheidende Rolle zu spielen, aber die Exstirpation* dieser Organe beeinflußte die tägliche Aktivitäts-Periode nicht, sie verringerte lediglich das Ausmaß der Aktivität. Der nächste Schritt bestand im Entfernen jenes Teils der Hirnanhangdrüse, der die Funktionen der Schilddrüse und der Nebennieren steuert — aber auch das löschte den Vierundzwanzig-Stunden-Rhythmus der behandelten Ratte nicht aus.

Dr. Richter war der Ansicht, daß es im Zentralnervensystem eine »Vierundzwanzig-Stunden-Uhr« geben müsse, und so begann er systematisch, eine Hirnregion nach der anderen anzugreifen. Er entzog einer Gruppe von Tieren den Sauerstoff, gab ihnen Elektro-Konvulsiv-Schocks, ließ sogar das Herz fünfzig Minuten lang aussetzen, indem er die Tiere einfror. Sobald sie sich jedoch erholt hatten, kehrten sie zu ihrem Vierundzwanzig-Stunden-Rhythmus von Ruhe und Aktivität zurück. Andere Tiere wurden beobachtet, während sie verhungerten, verdursteten oder extremer Hitze und Kälte ausgesetzt waren. Geblendete Tiere wichen täglich um ein paar Minuten von ihrem Zyklus ab; ihr Rhythmus war ein wenig kürzer oder länger als vierundzwanzig Stunden. Drogen, Anästhetika und Toxine hatten keinerlei Auswirkung auf die »Uhr«. Als man jedoch Teile des Hypothalamus zerstörte, begannen geblendete Ratten, ungefähr alle vierzig bis sechzig Minuten zu fressen und alle paar Minuten zu trinken. Sie schliefen nicht mehr wie zuvor in Abständen von zwölf Stunden, sondern wanderten in stetigem Stupor umher. Nachdem er mehr als zweihundert Tieren Hirnverletzungen beigebracht hatte, gelangte Dr. Richter zu dem Schluß, daß der Hypothalamus oder verwandte Regionen beim Regulieren des Aktivitäts-Rhythmus eine wichtige Rolle spielen.

Außerdem experimentierte er mit extremen Streß-Situationen. Er ließ ein Tier in einem reißenden Wasser achtundvierzig Stunden lang um sein Leben schwimmen. Er setzte zwei wilde norwegische Ratten zusammen in einen Käfig und veranlaßte sie mit einem elektrischen Schock zu einem Kampf auf Leben und Tod; als sie erschöpft in ihre eigenen Käfige zurückgekehrt waren, traten bei den Tieren anhaltende langsame Schwankungen im Ausmaß ihrer Aktivität auf, der Vierundzwanzig-Stunden-Zyklus jedoch blieb unverändert bestehen. Das langsame Schwanken von Körpergewicht und Aktivität erinnerte ihn an die »periodische Krankheit« (familiäres Mittelmeerfieber), die er bei seinen menschlichen Patienten beobachtet hatte.

Dr. Richter war überzeugt, daß die »Uhren« überall im Körper normalerweise die Funktionen so regulieren, daß sie miteinander außer Phase sind und den Eindruck reibungslosen Arbeitens erwecken. Schocks, etwa bei Infektionen, Allergien oder chirurgischen Eingriffen, und körperlicher oder seelischer Streß können die durchgehende Koordination der Phasen-Relationen innerhalb dieser vielfältigen Zyklen stören und einen Stoffwechsel-Rhythmus so mit einem anderen in Phase setzen, daß es zu einem periodischen Rhythmus und ständig wiederkehrenden Symptomen kommt. Obwohl es sich bei dieser »Schock-Phasen«-Theorie über die periodische Krankheit um bloße Vermutung handelt, führte sie zu interessanten Weiterungen und beeinflußte eine Reihe junger Wissenschaftler.

Verhaltensstreß und Krankheit

Im Jahre 1963 machte Dr. Stroebel von seelischem oder Verhaltensstreß (im Gegensatz zum körperlichen Streß) Gebrauch, um bei Tieren psychosomatische und Geisteskrankheiten zu erzeugen und gleichzeitig den cirkadianen Rhythmus zu ändern. Anfang der sechziger Jahre kam es bei der Gehirntemperatur zweier Rhesusaffen zu einer vorherrschenden Periodizität von achtundvierzig Stunden. Dieser abnorme Rhythmus der Hirntemperatur trat auf, wenn die Tiere beängstigenden Situationen ausgesetzt wurden, denen sie nicht ausweichen konnten. Stroebel und seine Mitarbeiter standen vor der Frage, ob Verhaltensstreß die Ursache abnormer cirkadianer Rhythmen sein könnte.

Im Laboratorium wurden die nötigen Vorkehrungen getroffen, um Körpertemperatur und Aktivität von vierundzwanzig Ratten gleichzeitig aufzuzeichnen und von einem Computer auszuwerten; damit erhielten die Forscher Material in statistisch verwertbarer Menge. Außerdem beobachteten sie die Temperatur-Zyklen von Affen mit implantierten Instrumenten während einer Serie von Lernexperimenten. Vor dem Training hatten die Körpertemperaturen der Rhesusaffen alle vierundzwanzig Stunden einen eindeutigen Höhepunkt gezeigt. Es war ein verläßlicher Rhythmus, der in den ersten Wochen des Experiments unter konstantem Licht bestehenblieb. Nach vier Wochen jedoch zeigten sich bei einem der Affen Temperatur-Höhepunkte in Abständen von sechsundvierzig bis achtundvierzig Stunden.

Medikamente

Bei den Fütterungszeiten des Affen, seinem Hell-Dunkel-Schema, dem Reinigen seines Käfigs und den sechs Stunden täglichen Abrichtens hatte es keinerlei Veränderungen gegeben. Anfangs zeigte sich die Verschiebung als tägliche Abweichung um fünfzehn Minuten oder eine halbe Stunde. Bald darauf traten die »cirkadianen« Höhepunkte nach einem Einunddreißig-Stunden-Schema ein, dann wurde daraus plötzlich ein Sechsundvierzig- und schließlich ein Achtundvierzig-Stunden-Rhythmus. Gleichzeitig verlor das Tier alle Freßlust. Die Wissenschaftler waren verblüfft, wollten jedoch ihr wertvolles Studienobjekt nicht verlieren. Affen sind empfindlich, in Laboratorien sterben sie oft sehr rasch. Die Versuche mit diesem Affen wurden abgebrochen; in den folgenden vier Wochen wurde der abnorme Rhythmus mit einer Reihe zeitlich genau abgestimmter Injektionen eines Beruhigungsmittels unterdrückt. Nach Absetzen des Medikaments war der normale Vierundzwanzig-Stunden-Rhythmus der Temperatur wiederhergestellt. Das Personal im Laboratorium hatte zuvor ausdrücklich auf das Verhalten des Affen während der Intervalle seiner abnormen Temperaturzyklen hingewiesen, denn das Tier wurde regelrecht neurotisch. Während es das Beruhigungsmittel erhielt, war es weniger erregt, und ein paar Wochen später, nachdem das Medikament abgesetzt und der Vierundzwanzig-Stunden-Rhythmus wiederhergestellt worden war, schien sich das Tier wieder wohl zu fühlen. Das Verhältnis zwischen abnormen Temperatur-Rhythmen und abweichendem Verhalten mußte in einer Reihe von Experimenten geklärt werden.

Verhaltensstreß — Verlust eines Sicherheitssymbols

Dr. Stroebel und seine Mitarbeiter setzten Affen einem scheinbar milden Verhaltensstreß aus, um sie zu beunruhigen. Während einer sechswöchigen Anpassungszeit saß jeweils ein Affe täglich auf einem Stuhl festgeschnallt vor einer von vier Lichtern umgebenen Tafel und einer Öffnung, die Nahrung freigab. Unmittelbar darunter befand sich ein Projektionsschirm, auf den zwölf Bilder projiziert werden konnten, und links und rechts davon gab es je einen nicht erreichbaren Hebel. Nach Ablauf der sechs Trainingswochen wurde jedem Tier eine Reihe von Elektroden implantiert, dann durfte es sich zwei Wochen lang erholen. Anschließend kehrten die Tiere auf ihre Stühle in den Trainingskammern zurück.
Kein Affe bekam andere Affen zu Gesicht; Menschen sah er nur um 6.30 Uhr und um 16 Uhr. Vierundzwanzig Stunden lang sah der Affe ständig Bilder auf der Tafel, und mit Hilfe des rechten Hebels konnte er das Problem lösen und sich belohnen lassen. Der linke Hebel war immer ausgestreckt, aber sein Niederdrücken zeitigte keinerlei Wirkung. Darauf folgte ein Programm, das sich über zehn Tage erstreckte und als Flucht-Trainer bezeichnet werden könnte. Die Temperatur in der Trainingskammer wurde auf eine für das

Tier unangenehme Höhe gebracht. Ein zufälliges Niederdrücken des linken Hebels löste einen kühlen Luftzug aus. Hatte das Tier diese erste Aufgabe gemeistert, begriff es schnell, daß es durch Niederdrücken des linken Hebels lauten Geräuschen, flackerndem und kreisendem Licht und leichten Schocks entfliehen konnte. Wenn es Aufgaben löste, konnte sich das Tier durch Niederdrücken des linken Hebels von jeder Belästigung befreien. Es dauerte nicht lange, bis es die Gewohnheit angenommen hatte, die linke Hand auf dem linken Hebel ruhen zu lassen: offensichtlich verlieh ihm dieser Hebel ein Gefühl der Sicherheit; es ließ ihn nicht los.

Nachdem sich die Tiere zwei bis vier Wochen lang in dieser Situation befunden hatten, zogen die Wissenschaftler den Hebel in die Wand zurück. Es gab keine Belästigungen mehr, keine hohen Temperaturen, laute Geräusche oder störende Lichter. Aber jetzt konnten die Affen den linken Hebel zwar sehen, aber nicht berühren. Sie wurden erregt. Zuerst verbrachten sie Stunden mit dem Versuch, den Hebel zu erreichen. Danach wurden zwölf von dreizehn Affen in zunehmendem Maße unruhig. Am vierzehnten Tag nach Zurückziehen des Hebels zeigten sich bei diesen zwölf Affen zwei unterschiedliche Trends. Sie lebten nach einem Schema von zwölf Stunden Licht und zwölf Stunden Dunkelheit und wurden regelmäßig gefüttert, dennoch zeigten fünf Tiere eine Tendenz zu desynchronisierten Rhythmen oder Freilauf. Ihre Temperaturen behielten zwar noch einen cirkadianen Rhythmus bei, aber wie Männer in der Isolation befanden sie sich nicht in Übereinstimmung mit dem dominierenden Vierundzwanzig-Stunden-Rhythmus der Umgebung, und der Höhepunkt ihrer Temperatur trat jeden Tag fünfzehn bis dreißig Minuten später ein (in zwei Fällen kam er früher). Die Tiere versuchten auch weiterhin, ihre Unterscheidungs-Aufgaben zu lösen, aber ihre Leistungen waren schwach. Es kam überdies zu Symptomen, die sich als neurotisch und psychosomatisch bezeichnen ließen.

Abweichende Rhythmen: abweichende Symptome

Bei zwei der Affen kam es zu asthmatischen Beschwerden. Zwei weitere bekamen Zwölffingerdarm-Geschwüre, an denen sie später starben. Bei allen traten Magen-Darm-Störungen auf, Hautausschläge und wunde Stellen, die sich auch mit Antibiotika nicht heilen ließen.

Sie tranken weit mehr als ihr übliches Quantum Wasser. Zu den anderen Symptomen kamen noch hoher Blutdruck und Blut im Stuhl. Die fünf psychosomatischen Tiere waren kaum funktionsfähig, aber sie drückten doch hin und wieder auf den rechten Hebel, um die Aufgaben zu lösen, die ihnen ständig gestellt wurden.

Die anderen sieben Tiere reagierten ganz anders. Nachdem der Hebel zurückgezogen worden war, kam es bei ihnen zu einem ausgeprägten Achtundvierzig-Stunden-Zyklus der Hirntemperatur.

Anfangs lagen die Höhepunkte in Abständen von sechzehn Stunden, dann kamen sie in Abständen von zweiunddreißig und achtundvierzig Stunden. Zugleich mit der Störung des Hirntemperatur-Rhythmus trat bei dieser Gruppe von Affen eine ausgeprägte Mattigkeit und Schwäche auf. Sie pflegten sich nicht mehr, ihr Fell wurde knotig. Sie verloren jedes Interesse am Fressen. Wenn sie überhaupt noch mit dem rechten Hebel Aufgaben zu lösen versuchten, dann völlig unberechenbar. Statt dessen schliefen sie immer wieder ein, ihr ganzes Verhalten bekam etwas Bizarres. Zwei Affen verbrachten Stunden damit, etwas zu fangen, was imaginäre fliegende Insekten zu sein schienen, einer masturbierte fast ununterbrochen. Drei rissen sich unter Krampfanfällen das eigene Haar aus. Alle zeigten nur ganz wenig Interesse an ihrer Umgebung, gelegentlich schaukelten sie sich und zogen mit der manischen* und stereotypen Wiederholung von Psychotikern an ihren Fingern oder an ihrem Fell. Es gab lange andauernde Perioden, während derer diese armen Tiere verzagt und ganz in ihrer freudlosen Welt befangen schienen. Sie ähnelten psychotischen Menschen in Nervenheilanstalten.

Die Unterschiede zwischen den »psychotischen« Affen und den »psychosomatischen« waren offensichtlich. Die psychosomatischen Tiere lebten mit ihrer Umwelt nicht synchron, sie wiesen ein Freilauf-Modell wie Menschen in der Isolation auf. Aber die Tiere mit den psychotischen Symptomen machten eine Verschiebung ihres Zyklus auf dreißig oder mehr Stunden durch und gelangten dann sprunghaft zu Rhythmen der Hirntemperatur von fünfundvierzig und achtundvierzig Stunden.

Schlaflosigkeit

Auch der Schlafzyklus wurde abnorm; die Tiere begannen den unter Schlafstörungen leidenden Patienten zu ähneln, die sich in den Nachtstunden einsam und erregt in den Betten der Heilanstalten wälzen. Normalerweise schläft ein Rhesusaffe während der Nacht etwa neun Stunden lang; sein EEG weist spezifische Zyklen auf. Aber die psychosomatischen oder neurotischen Tiere verschliefen ungefähr sechzig Prozent der gesamten Zeit; ihr Schlaf war leicht, Tiefschlaf und REM-Schlaf waren selten. Die bei diesen kranken Affen festgestellten Schlafmodelle entsprachen einer Reihe abnormer Schlafmodelle, die beim Menschen zu Beginn einer geistigen Erkrankung aufgezeichnet wurden. Wie kranke Menschen, die bei Tage häufig einnicken, in der Nacht jedoch schlecht und nur zeitweise schlafen, schliefen auch diese Tiere häufig am Tag anstatt in der Nacht. Mit der Routine von Aktivität und Fressen nicht mehr im Einklang, hatten die psychotischen Affen anscheinend jedes Interesse an ihrer Umgebung verloren — vielleicht hatten sie das Bedürfnis, sich vor den Anforderungen des »Tages« zu schützen, denen sie mit einem »Nacht«-Körper nicht gewachsen waren.

Medikamente und Genesung

Das Studium der abnormen Temperatur-Rhythmen und Symptome konnte nicht abgeschlossen werden, da die Tiere zu krank waren. Affen sind teuer und empfindlich und müssen im Laboratorium mit besonderer Sorgfalt behandelt werden; nach höchstens sechs bis zehn Tagen der Beobachtung verhalf man ihnen mit Medikamenten zur Wiedergenesung. Mit Hilfe von Kathetern erhielten die Affen eine kontinuierliche Infusion in die Bauchhöhle, die sie überhaupt nicht wahrnahmen. Den psychotischen Affen wurde über vier Wochen hinweg ein Beruhigungsmittel infundiert, das eine bemerkenswerte Wirkung zeitigte. Der Achtundvierzig-Stunden-Rhythmus der Hirntemperatur verschwand, das Schlafmodell änderte sich auf ganz erstaunliche Weise. Die Affen verbrachten einen Großteil der Zeit im tiefen Schlaf der langsamen Hirnwellen. Drei Wochen lang zeigte sich eine stete Besserung, aber in der vierten Woche waren sie wieder verzagt und verweigerten die Nahrungsaufnahme. Diese Verzagtheit

entsprach einem Stadium der Genesung von einer Psychose, in dem auch beim Menschen häufig starke Depressionen auftreten.
Die Depression zog die Affen so in Mitleidenschaft, daß sich die Forscher veranlaßt sahen, der Infusion ein Antidepressivum zuzusetzen. Binnen zweiundsiebzig Stunden besserte sich ihr Zustand, allmählich kam auch wieder ein cirkadianer Temperatur-Rhythmus zum Vorschein. Da das Antidepressivum den cirkadianen Rhythmus offensichtlich förderte, beschloß man, seine Wirkung noch zu steigern, indem man das Medikament alle zwölf oder vierundzwanzig Stunden schubweise verabreichte. Wurde das Medikament in zwölfstündigem Abstand gegeben, zeigten sich bei der Temperatur alle zwölf Stunden kleinere und alle vierundzwanzig Stunden größere Höhepunkte. Als die Affen diesen Punkt erreicht hatten, begannen sie auch wieder auf den Hebel zu drücken, um mit Freßbarem belohnt zu werden.

Rückgabe des Sicherheitshebels

Zu einem bestimmten Zeitpunkt des Experiments, vor Beginn der medikamentösen Behandlung, suchte Dr. Stroebel zwei psychotische und zwei neurotische Affen aus. In ihren Käfigen wurde der Sicherheitshebel wieder in Reichweite der Tiere gebracht. Die neurotischen Tiere erholten sich rasch. Ihre Temperaturen resynchronisierten sich mit der Zeit der Helligkeit, ihre somatischen Probleme verschwanden und ebenso ihr neurotisches Verhalten. Auf die psychotischen Affen jedoch übte die Rückgabe des Hebels keinerlei erkennbare Wirkung aus, selbst über einen Zeitraum von fünf Wochen nicht.
Hierin liegt eine auffällige Parallele zum Menschen, denn psychotische Reaktionen auf Streß sind nicht so leicht zu beheben wie die emotionellen Krisen normaler oder neurotischer Menschen. Psychotiker haben keinen Kontakt mit der Realität. Der Zustand eines psychotischen Menschen bessert sich nicht, wenn man den Verlust, der seine Erkrankung auslöste, ausgleicht. Dagegen weiß man, daß bei einer Frau, deren Mann sie letzten Endes doch nicht verlassen wollte, Geschwüre »wunderbarerweise« verschwanden; das gleiche ereignete sich bei einem Mann, dessen unsichere Stellung wieder gesichert worden war. Ein neurotischer Mensch kann sehr krank und elend sein, die wirklich tragische und mysteriöse Figur in der Psychiatrie ist je-

doch der psychotische Mensch, den Kummer und Streß in unerreichbare Fernen entrückt haben. Die Psychotherapie oder eine neue, günstigere Umgebung können einem neurotischen Menschen aus seiner Krise heraushelfen, es ist jedoch unwahrscheinlich, daß ein psychotischer Mensch darauf reagiert, solange man ihn nicht mit Hilfe von Medikamenten zugänglicher gemacht hat. Nach medikamentöser Behandlung beginnen auch Psychotiker, wieder mit der Umwelt in Verbindung zu treten. Die unterschiedliche Reaktion auf Streß-Situationen hat vermutlich fundamentale Ursachen. Trotz zahlreicher Studien über schizophrenes Verhalten und familiäre Eigenheiten vermochten Aufzeichnungen über Eigenheiten und Streß-Situationen nicht zu klären, weshalb manche Menschen neurotisch, andere psychotisch reagieren. Die Untersuchung von Kindern schizophrener Mütter und schizophrener Zwillinge sowie einiger biochemischer Faktoren, die bei psychotischen Patienten auftreten, lassen vermuten, daß die Tendenz, auf extremen Streß eher mit einer Psychose als mit psychosomatischen Symptomen zu reagieren, genetische Ursachen hat.

Unterschiede in der Zeitstruktur und Symptome

Bei den Affen fielen Unterschiede in der Zeitstruktur auf. Die meisten der neurotischen Tiere wiesen einen cirkadianen Rhythmus auf, der von ihrer Umgebung nur um fünfzehn bis dreißig Minuten abwich. Sie lebten einen Tag, der etwas länger war als vierundzwanzig Stunden. Im Verlauf von vierzig oder fünfzig Tagen verschob sich ihr Rhythmus um zwölf Stunden, bis sie sich in einer Nacht-Phase befanden, während in ihrem Käfig »Tag« war. Dann glitten sie langsam in Phase mit dem Licht zurück. Zwei der psychosomatischen Tiere wiesen einen Zyklus auf, der weniger als vierundzwanzig Stunden umfaßte; es waren die beiden Tiere, die an Zwölffingerdarm-Geschwüren starben. Bei den Untersuchungen von Menschen in der Isolation wurde ein Zyklus, der kürzer war als vierundzwanzig Stunden, nur ganz selten festgestellt; er ist — der Reaktion auf Persönlichkeitstests nach zu urteilen — mit großen Anpassungsschwierigkeiten des betreffenden Menschen verbunden. Das Beweismaterial ist noch dürftig, ein verkürzter Freilauf-Zyklus scheint jedoch ein ominöses Anzeichen zu sein. Auf jeden Fall ist der Unterschied zwischen einem freilaufenden, etwa fünfundzwanzig Stunden umfassenden Zyklus und einem Achtundvierzig-Stunden-Zyklus, wie ihn die psychotischen Affen aufwiesen, nicht zu übersehen. Die mysteriösen Unterschiede zwischen dem in sich verschlossenen, unzulänglichen psychotischen Tier und dem neurotischen Geschöpf mit seinen vielen körperlichen Beschwerden lassen sich jedoch durch die unterschiedlichen Rhythmen der Körpertemperatur allein nicht erklären. Aber cirkadiane Rhythmen sind gleichbedeutend mit einer völligen Harmonie zwischen den inneren Funktionen und ihrem Zusammenspiel mit der Umgebung. Unsere ererbte innere Organisation verändert sich durch Streß-Situationen; ein äußeres Anzeichen hierfür dürfte der Temperatur-Rhythmus sein, der vielleicht einen Stoffwechsel-Rhythmus in unserem Inneren widerspiegelt. Obwohl wir es noch nicht genau wissen, scheint es plausibel, daß Veränderungen der äußeren Umgebung zu inneren Dissonanzen führen, die in einem Mangel an wichtigen biochemischen Substanzen in der rechten Menge und am rechten Ort bestehen oder darin, daß unser Körper mit unnötigen Stoffen überschwemmt wird. Was dabei für ein biochemisches Durcheinander entsteht, kann man sich leicht vorstellen.

Ebenso leicht kann man sich vorstellen, daß ein Freilauf-Rhythmus (der eine Periode von etwa vierundzwanzig Stunden umfaßt, aber im Hinblick auf die äußere Abfolge von Tag und Nacht ständig etwas verschoben wird) eine ganz andere innere Unordnung im Gefolge hat als ein Achtundvierzig-Stunden-Rhythmus. Noch wissen wir wenig über die Temperatur, aber noch weniger über die anderen physiologischen Rhythmen des Menschen, insbesondere über die psychotischer Patienten. Die Psychiater sind noch nicht darauf eingestellt, auf die Zeitsymptome zu achten, deren Auf und Ab ihnen wichtige Informationen vermitteln könnte.

Zeitsymptome bei Geisteskranken

Die Ärzte am Institute of Living entdeckten, durch Dr. Stroebels Experimente aufmerksam gemacht, bei mehreren Patienten des Krankenhauses Erregungssymptome und gestörte Schlaf-Wach-Zyklen, die denen der desynchronisierten Affen glichen. Ein junger Mann kam mit Anzeichen eines Magengeschwürs und einem ganz eigenartigen Schlafschema, das seine Familie bereits seit zwei Jahren beunruhigt hatte, in das Hospital. Er ging jeden Abend etwa eine halbe Stunde später zu Bett und trieb so langsam rund um die Uhr; es kam zu einem etwa drei Wochen umfassenden Zyklus, währenddessen er bei Tage schlief und dann langsam zum Schlafen bei Nacht zurückkehrte. Ärzte hatten versucht, ihn zu einem Vierundzwanzig-Stunden-Tag zu zwingen, indem sie ihm am Abend ein Sedativum gaben und am Tag Amphetamin. Es nützte nichts; der Junge behielt seinen Zyklus bei. Wie bei den unter Streß lebenden Affen fielen die Anfänge dieser eigenartigen Desynchronisation von der Alltagswelt in eine Zeit der Anpassung, nachdem seine Familie in eine andere Stadt und ein anderes Haus umgezogen war. Studien, die gegenwärtig durchgeführt werden, beginnen aufzuzeigen, welche inneren Unstimmigkeiten bei diesem jungen Mann und anderen Patienten bestehen. Psychiatrische Aufzeichnungen haben eine gewisse Ähnlichkeit mit Röntgenaufnahmen — es ist schwer, etwas zu finden, wenn man nicht weiß, worauf man achten muß. Die von Dr. Stroebel in seinem Laboratorium so gezielt durchgeführten Untersuchungen lieferten einige der ersten Anhaltspunkte dafür, wonach man bei Patienten mit psychischen Störungen Ausschau halten muß.

In der Tat ergab eine »rund um die Uhr« durchgeführte Untersuchung der Rhythmen der Nebennieren-Steroide ein getreues Abbild der Beschwerden des jungen Geschwür-Patienten. Im Gegensatz zum normalen Modell fiel bei ihm der Steroidspiegel im Blut steil ab und stieg dann wieder sehr stark an, zuerst in einem Achtundvierzig-Stunden-Zyklus, dann in Rhythmen von zweiundsiebzig und hundertzwanzig Stunden. Etwa alle zwei Tage kam es zu einem »Paukenschlag«, einer Zeit, während derer der Steroidgehalt außerordentlich hoch war und seine Symptome extreme Formen annahmen: er war verwirrt, konnte sich nicht konzentrieren, litt unter heftigen Magenkrämpfen, Übelkeit und Erbrechen. Seinem verwirrten, abwegigen Verhalten nach würde man einen solchen Patienten vermutlich für schizophren halten. Man würde ihn unter anderem mit »antipsychotischen« Medikamenten wie Chlorpromazin behandeln. Die unterschwelligen Schwankungen, das abnorme Steigen und Fallen des Spiegels der Nebennieren-Hormone, das darauf hindeutet, daß bei der Krankheit Störungen in der Zeitstruktur des endokrinen Systems eine Rolle spielen, würde man nicht in Rechnung stellen. Dr. Stroebel meint, daß solchen Patienten in Zukunft mit einer milden Elektrotherapie, die gelegentlich als Elektroschlaf bezeichnet wird, am besten gedient ist, in Verbindung mit einer regelmäßigen Lebensweise, wie sie in den Kurorten Europas gebräuchlich ist. Schlafstudien, die an diesem jungen Mann durchgeführt wurden, haben gezeigt, daß er sich bemühte, sich dem Zeitplan des Hospitals anzupassen. Sein Körper war jedoch nicht auf einen Vierundzwanzig-Stunden-Rhythmus eingestellt; er konnte in der Nacht nicht schlafen und wälzte sich schlaflos und unruhig in seinem Bett herum.

Bei der Beobachtung und Diagnostizierung von Patienten mit psychischen Störungen wird der Zeitfaktor nur selten berücksichtigt. Tatsächlich bedarf es zum Anstellen von Beobachtungen »rund um die Uhr« über Tage und Wochen hinweg nicht nur der Bereitwilligkeit, sondern auch spezieller Methoden und Instrumente.

Pflegenotizen im Computer

Es mutet wie Ironie an, daß ausgerechnet der Computer den Psychiatern die Möglichkeit gibt, zu erkennen, wie sich alle Faktoren von Licht, Verhalten, Stimmung und biochemischen Vorgängen zusammenfügen. Eine Reihe von Heilanstalten für Geisteskranke verfügt über Computer-Systeme, mit deren Hilfe sämtliche Schwankungen bei ihren Patienten mit einer Präzision festgehalten werden können, die zuvor unerreichbar war. Das Institute of Living in Hartfort, Connecticut, begann als erstes, mit einem solchen System zu arbeiten. Die Ärzte des Instituts entwickelten eine Methode zum Analysieren einer detaillierten täglichen Beschreibung jedes einzelnen Patienten. Das Verfahren ist einfach: die Pflegenotizen sämtlicher Schwestern und Pfleger werden automatisch ausgewertet. Die Notizen haben die Form einer Kontrolle für Eigenheiten, Aktionen und Beschreibungen, die eine umfassende Bewertung des Patienten darstellt und alle zwölf Stunden ausgefüllt wird. Diese Kontrolliste ist das Produkt jahrelanger Forschungsarbeit und vieler Persönlichkeitsanalysen, und um sie ausfüllen zu können, müssen Schwestern und Pfleger den Patienten genau beobachten.

Die vorgedruckten Pflegenotizen umfassen 215 beschreibende Aussagen, darunter Hinweise auf Sorgfalt oder Nachlässigkeit in der Kleidung des Patienten, ob er sich selbst wusch, aß, schlief, las, am Unterricht teilnahm. Wirkte er gereizt, traurig, weinerlich, abwesend, wütend oder vergnügt? Nahm er seine Medikamente? Keine Schwester könnte eine solche Beschreibung eines jeden Patienten in jeder Schicht liefern, und selbst wenn sie es könnte, hätte kein Arzt Zeit, sie zu lesen. Aber der Computer kann das sich wandelnde Profil im Verhalten eines Patienten über Tage und Wochen hinweg speichern. Noch nie in der Geschichte der Medizin ist Patienten mit psychischen Störungen eine derart informierte Behandlung zuteil geworden. Die meisten Psychiater müssen ihre Patienten auf der Basis ganz geringer Informationen beurteilen und haben kein Bild vom Verhalten des Patienten während ihrer Abwesenheit.

Mit Hilfe dieses Systems läßt sich die Qualität der psychiatrischen Behandlung beträchtlich steigern. Wie eine Chromatographie des Verhaltens gibt die Computer-Analyse exakte Werte über die Fortschritte des Patienten und seine Reaktion auf Medikamente. Bei vielen Patienten treten rhythmische Schwankungen in Stimmung und Verhalten auf. Überdies läßt ihre Genesung bei genauer Beobachtung erkennen, daß die klassischen Beschreibungen der Geisteskrankheiten große Lücken aufweisen. So zeigte sich beispielsweise bei einem depressiven Patienten, als sich sein Zustand besserte, eine etwa dreitägige Fluktuation. Das erste Zeichen seiner Besserung war ein Nachlassen seiner Verwirrung und eine weniger desorganisierte Handlungsweise, obwohl Angst und Depression bestehenblieben. Als nächstes wurde er weniger ängstlich. Schließlich war er weniger depressiv. Wie das Papierchromatogramm, das eine organische Verbindung in ihre Bestandteile zerlegt und sie als Farben sichtbar macht, setzt die automatische Verhaltensanalyse die vielen Verhaltenskomponenten einer Krankheit wie der Depression voneinander ab.

Der Computer tut das, wozu »persönliche« Aufmerksamkeit nicht imstande wäre, und die am Institut tätigen Ärzte sind nun in der Lage, im voraus abzusehen, wann einem Patienten eine leichtere Erkrankung, ein Schnupfen oder eine Grippe, droht. Da der Computer routinemäßig die täglichen Gewohnheiten analysiert, konnte man feststellen, daß die Regelmäßigkeit der Darmentleerung ein gutes Anzeichen für die Gesundheit der Magen-Darm-Organe ist. Ändern sich die Zeiten der Darmentleerung über drei oder vier Tage hinweg, muß man mit einer Erkältung oder einer anderen leichten Erkrankung rechnen. Obwohl die Kontrolliste für den Computer weder freundlich noch tröstlich anmutet, gibt sie dem ärztlichen Personal doch eine genaue Analyse jedes Patienten in die Hand, und die vorgedruckten Notizen können auch zu Hause von den Patienten und ihren Angehörigen ausgefüllt werden; auf diese Weise erfährt der Arzt, wie es dem Patienten zwischen seinen Besuchen erging. Viele Leute haben eine Entpersönlichung der Medizin als Folge des Vordringens der Computer befürchtet; es scheint jedoch, als träfe eher das Gegenteil zu, und die Qualität der ärztlichen Behandlung nimmt beträchtlich zu. Auf jeden Fall ist der Arzt in einem früher unmöglichen Ausmaß informiert — alles weitere liegt bei ihm. Am Institute of Living lassen die Computer-Analysen deutlich erkennen, daß nicht wenige Patienten an Desynchronisation leiden — so zum Beispiel ein junges Mädchen, das in den Nächten wach liegt und sich die Haare ausreißt und den ganzen Tag über schläft; die rhythmischen Nuancen seines Tuns ähneln denen der unter Streß gesetzten Affen.

Streß und das Ausmaß von Veränderungen

Die meisten dieser Patienten können kein Einzelereignis als auslösendes Moment ihrer bizarren Symptome von Hilflosigkeit und Unzulänglichkeit oder von Angst und Konfusion angeben. Streß braucht kein Einzelereignis zu sein. Die kumulative Einwirkung ist eher imstande, eine Krankheit auszulösen, als ein bestimmter Faktor. In Amerika gibt es heutzutage überall Voraussetzungen für Streß — in der verschmutzten Luft, im Lärm der Städte, in der Menschenmenge, in gesellschaftlichem Druck, in Gewalttätigkeit und wirtschaftlicher Unsicherheit. Der schwierigste Aspekt des Lebens dürfte für die meisten Menschen das Ausmaß der Veränderungen sein; der einzelne muß sich jedem Ereignis anpassen, sei es gut oder schlecht.

Dr. Thomas H. Holmes von der University of Washington School of Medicine gehörte zu den ersten Wissenschaftlern, die aufzeigten, daß das Ausmaß der Veränderungen im Leben eines Menschen Rückschlüsse auf seine Gesundheit zuläßt. In Zusammenarbeit mit Dr. Richard Rahe entwickelte Holmes eine Skala zum Bewerten von Veränderungen im Leben; allen gängigen Ereignissen wurde eine Zahl beigegeben, die ihrer Auswirkung auf das Leben eines Menschen entsprach. Als sie die Skala prüften, indem sie Tausende von Männern und Frauen befragten, wie sie im Hinblick auf das Ausmaß der erforderlichen Anpassung einen Urlaub, den Tod des Ehegatten oder geänderte Arbeitszeiten einstufen würden, ergaben sich erstaunliche

Übereinstimmungen. Damit war es möglich, einer über fünfzig Ereignisse enthaltenden Liste Zahlenwerte zuzuordnen; sie rangierten von relativ belanglosen (eine andersartige Mitarbeit in einer Kirche zählte neunzehn Punkte, ein Urlaub dreizehn) zu der einschneidenden Veränderung, die der Tod des Ehegatten mit sich bringt (100 Punkte, der Gipfel der Skala). Nicht alle Veränderungen sind unangenehm, aber selbst die Geburt eines Kindes (39) oder die Eheschließung (50) haben beträchtliche Anpassung im Gefolge. Holmes und seine Mitarbeiter Minoru Masuda, Allen Wyler und Robert Casey begannen nun, die Zahlenwerte der Lebensänderungen von Tausenden von Amerikanern und Japanern zusammen mit ihren Krankengeschichten zu sammeln. Das Modell, das sich dabei ergab, war so bestürzend, daß die Autoren anfänglich zögerten, ihre Ergebnisse zu veröffentlichen.

1967 stand fest, daß Menschen mit hohen Zahlenwerten auf dem Index der Lebensänderung mit größerer Wahrscheinlichkeit im folgenden Jahr eine schwere Krankheit durchmachen als andere vergleichbare Personen. Als die Skala der Lebensänderungen an 3 000 Marinesoldaten getestet wurde, bediente man sich der Zahlenwerte, um Erkrankungen im Lauf der nächsten zwölf Monate vorherzusagen. Tatsächlich erkrankten die Männer, die in den oberen zehn Prozent mit den meisten Änderungen ihrer Lebensweise rangierten, etwa doppelt so häufig wie diejenigen, in deren Leben kaum Veränderungen eingetreten waren und die die unteren zehn Prozent ausmachten. Je höher die Zahlenwerte, desto schwerer trat eine Krankheit in der Regel auf. Selbst wenn sich das Leben durch eine Beförderung im Beruf, eine überragende Leistung, den Kauf eines neuen Hauses oder den Abschluß eines guten Geschäfts zum Besseren wendete, stand die Gesamtsumme der Veränderungen mit Ausmaß und Art einer Erkrankung im darauffolgenden Jahr in engster Beziehung. Der Index lieferte Aufschlüsse darüber, ob ein Mensch mit einem Schlaganfall, Krebs oder Depression rechnen mußte, weniger jedoch über relativ unbedeutende Leiden wie Hämorrhoiden, Warzen oder Verdauungsbeschwerden. Vielleicht vergeudet ein Mensch, der ständig bemüht ist, sich einem neuen Zustand anzupassen, einen Teil seiner Widerstandskraft gegenüber den Infektionen, die uns ständig umlauern. Vielleicht sind der krankhafte Kummer, die bekannte Anfälligkeit von Witwen für Krankheit und plötzliches Altern nicht nur eine Folge des Verlustes und Schmerzes, sondern auch der Notwendigkeit, eine Reihe einschneidender Lebensänderungen in einem relativ kurzen Zeitraum nach dem Todesfall zu komprimieren. Anpassung hat eine physiologische, eine biochemische Komponente, und jedesmal, wenn wir etwas Neues verarbeiten müssen, muß das endokrine System zusätzliche Energie liefern. Viren und Bakterien sind fast überall vorhanden, aber nicht alle Menschen, die mit ihnen in Kontakt kommen, erkranken. Es ist das Lebenstempo, das Ausmaß der Veränderungen, das bei Erkrankungen den Ausschlag gibt.

Krebs

Beim Krebs scheint es sich um eine Krankheit der Unzeitigkeit zu handeln, bei der die Zellteilung offensichtlich nicht jener Regel cirkadianen Steigens und Fallens folgt, die den restlichen Körper beherrscht. Der Pulsschlag der Zeit in unserem Gewebe und in unseren Zellen wurde auf dramatische Weise durch Dr. Janet Harker demonstriert, als sie zwei Küchenschaben in Verbindung brachte, deren Aktivitätszyklen miteinander außer Phase waren. Hirngewebe von Tieren, die sich miteinander in Phase befanden, erzeugten keine Tumore, aber Gewebe von einem Spender mit einem anderen Aktivitätsrhythmus führte, wie sich der Leser erinnern wird, zur Entstehung von Tumoren. Obwohl diese Untersuchung viele Fragen offenläßt, deuten die Anzeichen doch darauf hin, daß der Zeitfaktor im lebenden Gewebe eine maßgebliche Rolle spielt. Krebs tritt gelegentlich im Anschluß an starke emotionelle Belastung auf und wird vielleicht durch Mechanismen ausgelöst, die denen ähneln, die Geschwüre, Kolitis, Hochdruck und Stoffwechsel-Erkrankungen hervorrufen. Nach Stroebels Experimenten zu urteilen, können rein emotionelle Leiden zu innerer Desynchronisation führen. Befindet sich der Schlaf-und-Wach-Rhythmus eines Menschen mit seinem sonstigen cirkadianen System außer Phase, verlangt er schließlich von Teilen seiner schlafenden Anatomie, anstelle seines wachen Willens so zu handeln, als wären sie auf Aktivität bei Tage eingestellt. Kleine Verschiebungen in der Phase innerer Rhythmen können so zusammenwirken, daß Ströme biochemischer Stoffe zur falschen Zeit am falschen Ort erzeugt werden. Kleine Verschiebungen der cirkadianen Rhythmen können theoretisch für das ganze Ausmaß der psychosomatischen und seelischen Krankheiten verantwortlich sein. Auf jeden Fall besagt diese neue Erkenntnis, daß sich unser eigenes Verhalten und die Art und Weise unseres Handelns physiologisch auswirken können.

Präventive Medizin

Unsere endokrinen Systeme haben ihre Grenzen, ebenso die Flexibilität unserer Nervensysteme. Wenn wir in einer Zivilisation leben wollen, die uns immer schnelleren Veränderungen unterwirft, die unser Leben in einen immer rascheren Strom stellt, müssen wir zum Schutz unserer Gesundheit zu prophylaktischen Maßnahmen greifen. Das von Holmes gesammelte Material läßt erkennen, daß der Mensch die Schwankungen und Veränderungen in seinem Leben zügeln muß. Ist in einer Familie eine einschneidende persönliche Veränderung vorgegangen, muß man andere Anpassungen, wie beispielsweise den Wechsel der Stellung, möglichst vermeiden. Nach einem Todesfall, einer Scheidung, Pensionierung oder einem Zusammentreffen mehrerer Veränderungen sollte man sich eine lange Urlaubsreise, die ihrerseits ständige Anpassung erfordert, lieber zweimal überlegen. Selbst den Kauf eines neuen Wagens oder die Renovierung eines Hauses sollte man im Hinblick auf das Ausmaß an Unruhe, die sie in ein ohnehin schon unruhiges Leben bringen, genau abschätzen. Die Außenwelt neigt zu immer größerer Beschleunigung, und das Individuum muß sein Dasein im Zusammenspiel innerer und äußerer Faktoren so regulieren, daß ihm wenigstens ein Minimum der unerläßlichen Gelassenheit erhalten bleibt. Sonst überwältigt ihn seine Umwelt und verlockt und überredet ihn zu ständigem Wandel – der sich, wie wir sahen, verheerend auf die Fundamente seiner Gesundheit auswirkt.

Die Medizin muß von neuem beginnen, den ganzen Menschen und seine Lebensweise in Betracht zu ziehen. Da die heutige Medizin bei weitem nicht an dieses klassische Ideal heranreicht, muß der Patient selbst bei der Wahl des behandelnden Arztes kritischer sein und herauszufinden versuchen, weshalb er krank wurde, unter Berücksichtigung seines Zeitschemas, der von ihm eingenommenen Medikamente und seiner Lebensgewohnheiten. So kann man beispielsweise entdecken, daß man unregelmäßig veranlagt ist und unter seelischen Schwankungen leidet, die sich auf Aussehen und Wohlbefinden auswirken und periodische Symptome von Magen- oder emotionellen

Beschwerden mit sich bringen. Zu solchen Symptomen kann es kommen, wenn eines der cirkadianen Systeme eines Menschen mit seinem Vierundzwanzig-Stunden-Rhythmus um nur wenige Minuten nicht synchron läuft. Derartige Schwankungen dürften in der Zukunft zu legitimen Kriterien der Diagnose werden, obwohl man sie heute noch nicht einmal verzeichnet und die meisten Ärzte nicht die Zeit haben, sich Details aus dem Alltagsleben ihrer Patienten anzuhören. Bis weitere Forschungen die Aufmerksamkeit der Mediziner auf das Problem der zeitlichen Stimmigkeit gelenkt haben, muß jeder Mensch selbst auf die in seinem Innern flüsternden Stimmen lauschen, sich eine gewisse Ruhe und Stetigkeit bewahren und bedenken, wie sein eigener Fahrplan von Schlafen, Arbeiten, Essen und Medikation seine Gesundheit auf lange Sicht beeinflussen kann.

8. Periodische Symptome in Krankheit und Gesundheit

Ich kenne einen Herrn von zarter Statur, der einmal durch zu weites Ausgreifen Teile seines Brustkorbs überanstrengte; daraufhin begann er Blut zu speien, und zwar anderthalb Jahre lang jeweils bei Neumond; es hielt vier oder fünf Tage lang an und ließ dabei allmählich nach...
Bei epileptischen Krankheiten überrascht neben den anderen Problemen, die mit ihnen in Verbindung stehen, die Tatsache, daß bei einigen von ihnen die Anfälle regelmäßig bei Vollmond und Neumond wiederkehren; der Mond, sagt Galen, regiert die Periode der epileptischen Anfälle.
Richard Mead, *Eine Abhandlung betreffend die Wirkung von Sonne und Mond auf animalische Körper* (1704)

Es war die Hand von Edward Hyde.
Ich muß sie wohl eine halbe Minute lang, stumpfsinnig in dieses Wunder vertieft, angestarrt haben, bevor Schrecken und Entsetzen, wie von Posaunentönen geweckt, in meiner Brust aufwallten. Ich sprang aus dem Bett und stürzte vor den Spiegel. Bei dem Anblick, der sich mir bot, gefror mir das Blut in den Adern. Ja, als Henry Jekyll war ich zu Bett gegangen, und als Edward Hyde war ich aufgewacht.
Robert Louis Stevenson, *Dr. Jekyll und Mr. Hyde*

Die Menschen haben ihren grenzenlosen Scharfsinn darauf verwandt, die fernen Rhythmen des Sonnensystems und die Periodizität der Kometen festzustellen. Die einfachere Aufgabe, sich um positive oder negative Beweise für die Zyklen ihrer eigenen Organismen zu bemühen, interessiert sie nicht.

Havelock Ellis

Wir alle haben von uns selbst ein sehr privates und vielschichtiges Bild. Es ist ein Porträt, nach dem zu leben wir uns bereit finden, und die Menschen, die uns am nächsten stehen, erwarten von uns, daß wir diesem Bild treu bleiben und uns heute so fühlen und verhalten, wie wir es gestern und vorgestern taten. Kinder pflegen derart beharrlichen Erwartungen mit lautstarkem Widerspruch zu begegnen, aber letzten Endes akzeptieren die meisten Menschen, wenn sie erwachsen sind, das Porträt. Welcher Mensch, der am Morgen sein Bild im Spiegel betrachtet, schaut schon hinter die Landschaft seiner Züge, um dort die Spuren eines Traums zu entdecken, um zuzugeben, daß die Augen wenig vertraut wirken, daß ein Meer von Stimmungen, widersprüchlichen Charakterzügen und Schatten vergessener Daseinsformen in dem Kindergesicht hinter dem Gesicht im Spiegel verborgen liegt? Ein Blick in den Spiegel ist keine Reise durch die Zeit. Die meisten Menschen sehen nicht ein wahres Abbild ihrer selbst, denn der Spiegel gibt wieder, was wir erwarten, nicht aber, wie wir uns verändern. Mit Hilfe eines Tagebuchs kann man sich besser kennenlernen.

Ein Tagebuch kann stete Veränderungen spiegeln und auch die Vorhersehbarkeit scheinbar »unvorhersehbarer« Veränderungen offenbaren. Es dürfte eine unserer am häufigsten übersehenen und doch äußerst wertvollen Möglichkeiten der Selbsterkenntnis sein, die auch für die ärztliche Diagnose von Bedeutung sein könnte. Die meisten Menschen sind fühlbaren Schwankungen ihrer Stimmung, ihrer Gesundheit und Vitalität, ihres Appetits und Körpergewichts und sogar ihrer Intelligenz unterworfen. Einige dieser ständig wiederkehrenden bisher noch ungeklärten Veränderungen und Stimmungsschwankungen mögen von einer leichten Übersteigerung eines normalen endokrinen Zyklus herrühren, wie es bei der prämenstruellen Reizbarkeit der Frauen der Fall ist. Im allgemeinen jedoch kommt uns der Gedanke, im äußeren Erscheinungsbild eines gesunden Menschen auf Schwankungen zu achten, überhaupt nicht. Wir erwarten höchstens, daß Menschen sich gleichbleiben; Wandelbarkeit begegnen wir mit Intoleranz. Unsere unrealistische Erwartung von Stetigkeit läßt uns nach spezifischen Ursachen suchen, mit deren Hilfe wir jede Veränderung im Verhalten eines Menschen »erklären« wollen. Gelegentlich führt diese Denkgewohnheit zu Mißhelligkeiten, weil Menschen äußeren Ereignissen und ihrer Umgebung die Schuld an allen nur erdenklichen Störungen geben; sie reagieren blindlings, ohne einen Blick auf die Veränderungen in ihrem eigenen Innern zu werfen. Es wäre schon ein Fortschritt, wenn wir mit Veränderungen überhaupt nur rechnen würden.

Wenn man weiß, daß ein Mensch alle vierzehn Tage besonders reizbar ist, dann nimmt man seine Ausbrüche nicht mehr persönlich und provoziert ihn nicht auf dem Gipfel seiner Reizbarkeit. Schwankungen, die vorhersehbar sind, kann man meistern, selbst wenn es sich bei ihnen um schwerwiegende Veränderungen wie die Symptome einer periodischen Krankheit handelt. Viele Leute, die unter periodischen Krankheiten leiden, haben einfach die Tage im Kalender angestrichen, an denen sie nicht fähig sind, ihr gewohntes Leben zu führen. Ein hervorragender Sportler von der Cambridge University litt an einer alle neun Tage auftretenden schmerzhaften Schwellung der Knie, und zwar so regelmäßig, daß seine Mannschaft ihre Spiele unter Berücksichtigung der Zeiten, zu denen er ausfiel, schon Monate im voraus plante. Viele periodische Leiden wie dieses lassen sich durch chirurgische Eingriffe nicht beheben; dennoch haben sich viele Leute mit derartigen Leiden völlig unnötigerweise Operationen und medikamentöser Behandlung unterzogen, weil ihre periodischen Symptome nie richtig diagnostiziert wurden. Ärztliche Irrtümer und eine beträchtliche Menge gesellschaftlicher Reibungen und häuslicher Unruhe könnten vermieden werden, wenn die Menschen über ihre eigenen Schwankungen von Stimmung, Appetit, Symptomen und Energie Buch führen müßten. Leider ist das Tagebuch heute völlig aus der Mode gekommen, und unsere linearen Denkgewohnheiten lassen uns nach der unmittelbaren Ursache von Tatbeständen suchen, die vielleicht zyklische Ereignisse im menschlichen Leben sind.

Die Völker des Altertums, die für die Ereignisse in der Natur und insbesondere in ihren eigenen Körpern keine Erklärung hatten, suchten in den Sternen nach einer Antwort. Im Kosmos beobachteten sie langfristige, stetig wiederkehrende Perioden, und sie setzten Verhalten und Physiologie des Menschen zu kosmischen Einflüssen in Beziehung. Einige ihrer Mythen haben noch heute einen gewissen Nachhall; wir argwöhnen, daß der Begriff *lunacy* (Mondsucht, zeitweises Irresein — ein Wort, das einer Beschreibung merkwürdigen Verhaltens bei Vollmond entstammt) letzten Endes doch auf diese Weise erklärbar ist. Um diese Zeit kommt es in den Nervenheilanstalten stets zu zahlreichen Neuzugängen. Wir neigen auch dazu, die Phasen des Mondes mit dem Menstruationszyklus in Beziehung zu setzen. So nannte man im italienischen Volksmund beispielsweise einen neuralgischen Schmerz um die Augenhöhle herum einen *chiedo lunare*, einen Mondstich. Man war überzeugt, daß er einsetzte, wenn der Mond aufging, und wieder verschwand, wenn er unterging. Auch Hautausschläge und Schwellungen verschlimmerten sich, wie man meinte, mit zunehmendem Mond; nahm der Mond ab, trat eine Besserung ein. Hippokrates und andere Ärzte des Altertums machten sich gewohnheitsmäßig Aufzeichnungen über periodische Symptome. Wenn ein griechischer Arzt eine langwierige Krankheit behandelte, bediente er sich eines Drei-Tage-Zyklus, währenddessen die Nahrung und die Stärkungsmittel, die der Patient erhalten sollte, wechselten. Die hippokratische Schule war fest davon überzeugt, daß die Veränderung an sich die einzige Realität ist. Sie erkannte, daß man einen Patienten nicht unabhängig von seiner Umgebung sehen durfte und daß weder ein Land dem anderen noch eine Jahreszeit der anderen glich. Dementsprechend wurden Ernährung und Medikation je nach Region und Jahreszeit variiert. Akute Erkrankungen schienen von außerhalb des Patienten zu kommen; da die Ärzte jedoch nicht wußten, was das, was von außen kam, war und wie es einem Menschen schadete, legten sie besonderen Wert auf ausgedehnte Beobachtung. Epidemische Erkrankungen änderten sich mit den Jahreszeiten, ebenso periodisch wiederkehrende Symptome.

Für einen Arzt in den siebziger Jahren unseres Jahrhunderts ist es viel schwieriger, periodische Symptome zu entdecken, als das im alten Griechenland der Fall war. Heutzutage halten weder Patienten noch Ärzte etwas von langen Zeiträumen reiner Beobachtung ohne Medikation. Man verordnet Medikamente, aber Medikamente verschleiern die Symptome und können sogar ihre Periodizität ändern. Es läßt sich deshalb nur schwer feststellen, ob das Ausmaß periodischer Krankheiten zunimmt. Einige Anzeichen lassen jedoch ein Ansteigen vermuten. So haben Experimente mit Tieren beispielsweise erkennen lassen, daß Medikamente und Streß ein Nachspiel in Form abnormer periodischer Symptome haben können. Periodische Symptome sind jedoch nicht immer abnorm.

Der Menstruationszyklus

Eines der besten Beispiele für einen normalen Zyklus, bei dem leichte Störungen des hormonalen Gleichgewichts eine Vielzahl von Symptomen zur Folge haben, ist der Menstruationszyklus. Auch viele andere endokrine Zyklen werden von gesunden Menschen in Form gelegentlicher Symptome empfunden, aber keiner von ihnen ist so ausgeprägt und deshalb so leicht zu studieren. Der etwa einem Mondmonat entsprechende Rhythmus der Menstruation hat vermutlich eine kaum spürbare Entsprechung bei den Männern, denn in mindestens einer Studie wurden Anzeichen für einen monatlichen Hormon-Rhythmus nachgewiesen, und es gibt bei Männern und Jugendlichen allmonatlich auftretende Stimmungsschwankungen ebenso wie allmonatliche Psychosen. Aller Wahrscheinlichkeit nach werden die Studien über Frauen auch Licht auf all diese anderen Rhythmen werfen, denn wenn man die Symptome und die in enger Beziehung miteinander stehenden endokrinen Zyklen der Menstruation begreift, kann man vielleicht auch ein Modell zum Verständnis von Launen und Eigenheiten, Hautausschlägen und Akne, Schwankungen der Sehkraft und anderen Erscheinungsformen entwerfen, die bei vollkommen gesunden Menschen als Folge anderer, weniger augenfälliger Zyklen auftreten können. Die Menstruation beginnt zu einem zentralen Thema der Forschung zu werden — man begreift sie als einen Zyklus, in dessen Verlauf alle Frauen beträchtlichen Schwankungen im Hormonhaushalt unterworfen sind, die sich auf Gewebezellen überall im Körper und stets auch auf die seelische Verfassung auswirken.

»Prämenstruelle Beschwerden« ist ein Sammelbegriff für eine Vielzahl von Symptomen, die bei den verschiedenen Phasen des Menstruationszyklus auftreten können. Gewöhnlich fallen sie in die vier oder fünf Tage vor Einsetzen der Blutung. Man schätzt, daß etwa 60 Prozent aller Frauen um diese Zeit deutliche Symptome verspüren; dabei kann es sich lediglich um leichte Reizbarkeit handeln, depressive Stimmung, Kopfschmerzen oder ein Nachlassen von Aufmerksamkeit oder Sehschärfe. Viele Frauen erleben ein oder zwei Tage voller Tatkraft; dann verfallen sie in Lethargie, die abrupt verschwindet, sobald die Blutung einsetzt. Manche Frauen sind unruhig und nervös, andere brechen in Tränen aus oder leiden unter Schlaflosigkeit, Schwindelanfällen oder sogar Nymphomanie. Manche Frauen haben Atembeschwerden. Bei wieder anderen kommt es zum verstärkten Auftreten von Symptomen chronischer Krankheiten wie Arthritis, Geschwüren oder Magen-Darm-Leiden. Manche Frauen sind in dieser Zeit auf bestimmte Nahrungsmittel, zum Beispiel auf Süßigkeiten, geradezu versessen, während andere überhaupt keinen Appetit haben.

Die monatlichen Schwankungen der Wasser-Retention dürften die Ursache von Kopfschmerzen und Sehstörungen sein. Die um die Zeit der Menstruation besonders häufig auftretenden Infektionen mit Viren und Bakterien hat man mit den Wirkungen, die Östrogen und Progesteron auf die Nebennieren-Hormone haben, zu erklären versucht. Die nicht zu übersehende Auswirkung der prämenstruellen Beschwerden auf das gesellschaftliche Leben ist eine Folge der

Schwankungen in Psyche und Verhalten. Wenn Frauen in psychiatrische Kliniken eingeliefert werden, dann geschieht das in den meisten Fällen in diesen Tagen des Monats. Dr. Katharina Dalton hat in ihrem Buch *The Premenstrual Syndrome* die Ergebnisse vieler Untersuchungen über Verhaltensschwankungen zusammengefaßt; aus einigen von ihnen geht hervor, daß sich Verbrechen (63 Prozent in einer englischen Studie, 84 Prozent in einer französischen) in der prämenstruellen Phase häufen, ebenso Selbstmorde, Unfälle, ein Nachlassen in der Qualität von Schularbeiten und im Ergebnis von Intelligenztests sowie der Sehschärfe und der Reaktionsgeschwindigkeit.

Dr. Oscar Janiger, einem Psychiater in Los Angeles, fiel auf, daß bei einigen seiner weiblichen Patienten außergewöhnliche Anfälle von Depression oder Aggression auftraten. In einigen Fällen wurde sogar eine vorübergehende Psychose sichtbar. Die Patientinnen berichteten über Auseinandersetzungen mit ihren Männern; die Verhaltensschwankungen ließen sich rein psychiatrisch nicht erklären, und wenn Dr. Janiger ihnen nachforschte, stellte er fast immer fest, daß seine Patientin sich in ihrer prämenstruellen Phase befand. Vor zwanzig Jahren war es üblich, in den prämenstruellen Symptomen eine Verneinung der Weiblichkeit oder eine Auflehnung gegen die Verteilung der sexuellen Rollen zu sehen. Man glaubte überdies, daß die Einstellung gegenüber Sex und Weiblichkeit von den Kulturen geformt und dadurch die menstruellen Symptome verstärkt oder abgeschwächt würden. Als sich Dr. Janiger und seine Mitarbeiter mit der verfügbaren anthropologischen Literatur beschäftigten, fanden sie keinerlei Informationen, die einen Vergleich zwischen den Kulturen ermöglicht hätten; daraufhin entwickelten sie einen eigenen Fragebogen, um Informationen über Alter, Beschäftigung und sozialen Status zu erhalten; sämtliche Symptome, von schwach bis stark abgestuft, wurden verzeichnet. Sie stellten Fragen nach der Einstellung der Eltern zur Disziplin, nach Heim, Religion, Geschlechtsleben und Problemen der Menstruation. Sie entwickelten überdies Maßstäbe zur Beurteilung der emotionellen Reife jeder Frau und eine Skala der Maskulinität und Femininität. Sie rechneten damit, in den verschiedenen kulturellen Gruppen oder sogar in Untergruppen verschiedene Symptome vorzufinden.

Die Menstruation und die magischen Kräfte des menstruellen Blutes sind von zahlreichen Tabus umgeben; die Menstruation selbst steht mit Riten des Übergangs und der Einführung in die Rolle des Erwachsenen in engstem Zusammenhang. Um die möglichen Unterschiede herauszufinden, gaben die Forscher ihren Fragebogen ganz verschiedenartigen Frauengruppen in die Hand: türkischen Frauen im amerikanischen College in Beirut, japanischen Studentinnen in Tokio, griechischen Studentinnen, Frauen in einer nigerianischen Missionsschule, Apachen-Indianerinnen und amerikanischen Frauen. Die Ähnlichkeiten erwiesen sich größer als die Unterschiede, die prämenstruellen Beschwerden schienen universell zu sein. Die befragten Frauen berichteten über eine Vielzahl von Symptomen, darunter aufgetriebenen Leib, Reizbarkeit, Nervosität, Depression, Erschöpfung, Allergien, Rückenschmerzen, Kopfschmerzen, Launenhaftigkeit und andere Symptome, die eher auf einen physiologischen Zyklus als auf kulturbedingtes Verhalten hindeuten. Auch bei anderen Primaten wurde ein Zyklus prämenstrueller Beschwerden beobachtet. Dr. Janiger erkundigte sich bei Zoowärtern und erfuhr, daß man prämenstruelle Symptome — Lethargie, Aggressivität und Reizbarkeit — bei Rhesusaffen, Schimpansen und Gorillas beobachtet hatte.

Dr. Janiger hat eine Unmenge von Literatur über prämenstruelle Symptome aus der ganzen Welt zusammengetragen; er arbeitet gegenwärtig an einer Monographie, die als Teil eines Forschungsprogramms über das menstruelle Syndrom gedacht ist, und zwar als Prototyp zum Verständnis weniger augenfälliger Zyklen. Seine Arbeit gibt Hinweise darauf, wie normale endokrine Schwankungen physische und emotionelle Symptome hervorrufen können.

Ungefähr alle vier Wochen reift eine Eizelle, die in den Uterus wandert und dort degeneriert; zusammen mit den Uterus-Sekreten wird sie ausgestoßen, und der Vorgang beginnt von neuem. Die Hirnanhangdrüse spielt bei diesem Vorgang eine maßgebliche Rolle, aber auch die Schilddrüse, die Nebennieren und mehrere Regionen des Gehirns sind an ihm beteiligt.

Der Zyklus setzt sich aus mehreren hormonellen Stadien zusammen. Das Hormon, das den Zyklus in Gang setzt, ist das FSH, das follikelstimulierende Hormon, das vom Vorderlappen der Hypophyse an der Hirnbasis ausgeschieden wird. Dieses Hormon regt die Entwicklung der winzigen Follikel in den Eierstöcken an, in denen die Eizellen reifen. Die Follikel schütten Östrogen aus, das den Uterus auf das kommende Ei vorbereitet. FSH reagiert empfindlich auf äußere Einflüsse; hierin mag eine der Ursachen für die bei manchen Frauen auftretenden Unregelmäßigkeiten liegen.

Nachdem sich die Follikel entwickelt haben, ermöglicht ein anderes Hormon aus der Hirnanhangdrüse, das LH = luteinisierendes Hormon, die endgültige Reifung der Eizelle und ihre Freisetzung durch den Follikelsprung. Das LH umgibt sie mit einer dicken gelben Hülle. Der geplatzte Follikel verwandelt sich nun in das, was man als Gelbkörper — *corpus luteum* — bezeichnet; von ihm wird zur weiteren Vorbereitung des Uterus auf das kommende Ei und zur Entwicklung der Umgebung, in die sich die befruchtete Eizelle einnisten kann, Progesteron ausgeschieden.

Im Verlauf des Zyklus erreicht das Östrogen zweimal einen Höhepunkt: das erste Mal etwa um die Mitte der Ovulation, das zweite Mal in der darauffolgenden, als Lutealphase bezeichneten Periode. Diese Östrogen-Höhepunkte wirken sich möglicherweise auf die Nebennieren aus, indem sie die Menge des aktiven Cortisols im Blut steigern; in diesem Punkt ist sich die Forschung jedoch nicht einig. Cortisol ist eines der zahlreichen Hormone aus der Nebennierenrinde, die auf das Nervensystem einwirken; ein erhöhter Cortisolgehalt im Blut könnte für leichte Depressionen verantwortlich sein.

Nach der Ovulation, in der Lutealphase, steigt die Produktion von Progesteron; zwischen dem fünften und dem achten Tag vor der Menstruation ist deshalb reichlich Progesteron vorhanden. Auch zu Beginn der Schwangerschaft ist der Progesteron-Spiegel hoch; es hat, wie sich herausgestellt hat, eine beruhigende Wirkung und ruft möglicherweise sowohl Depression wie Somnolenz hervor. Der Progesteron-Spiegel bleibt hoch bis zum ersten Tag der Menstruation, dann sinkt er plötzlich ab. Das Progesteron hat jedoch weitverzweigte Auswirkungen. So kann es indirekt eine verstärkte Ausschüttung des Hormons Aldosteron um diese Zeit verursachen; die Folge ist eine Salz-Retention, durch die Flüssigkeiten im Gewebe zurückgehalten werden. Zu den verbreitetsten prämenstruellen Symptomen gehören geschwollener Leib, Gewichtszunahme, Kopfschmerzen und Sehstörungen. Aldosteron erreicht bis fünf Tage vor der Menstruation einen Höhepunkt und fällt bei Einsetzen der Blutung plötzlich ab.

Es wäre unmöglich, all die wichtigen biochemischen Veränderungen anzuführen, die als Folge der Hormonkette in der sekretorischen Phase unmittelbar vor der Menstruation vor sich gehen. Der hormonelle Zyklus ändert Menge und Geschwindigkeit der ausgeschiedenen Elektrolyte. Schwankungen bei den Elektrolyten sind von einer ganzen Reihe von Forschern beobachtet worden. Die Natrium-Retention nimmt vor der Menstruation zu, aber Kalium, das bei der Zuckerverwertung hilft, kann verlorengehen; das dürfte bei dem Heißhunger nach Süßigkeiten eine Rolle spielen, der sich häufig durch eine bloße Zugabe von Kaliumsalz zur Nahrung beheben läßt. Dagegen fördert Natrium Ödeme* und kann in extremen Fällen zur Entwicklung so schwerwiegender Störungen des seelischen Gleichgewichts führen, daß sie nur durch medikamentöse Behandlung, zum Beispiel mit Lithiumsalzen, zu beheben sind. Kalzium, das allem Anschein nach eine Rolle bei der Muskelfunktion spielt, fällt gleichfalls bei Beginn der Menstruation rapide ab. Das dürfte eine der Ursachen von Muskelkrämpfen sein; manche Frauen haben Beschwerden dieser Art anscheinend dadurch verhindern können, indem sie – den Ratschlägen der Ernährungsforscherin Adelle Davis folgend – zusätzliches Kalzium in Verbindung mit Vitamin D und Magnesium einnahmen.

Spurenminerale wie Kalium, Kalzium, Natrium, Magnesium, Kupfer und andere sind sämtlich elektrisch geladen, und in ihrer geladenen Form leisten sie zahlreiche Dienste: sie halten das Wasser in den Zellen zurück und fördern den Zellstoffwechsel. Möglicherweise ist die Muskelkontraktion von einer Zufuhr von Kalzium-Ionen abhängig. Wie der Körper diese Elemente in einem cirkadianen Rhythmus verwertet und ausscheidet, so gibt es in der ausgeschiedenen Menge auch einen monatlichen Rhythmus. Das bedeutet, daß eine Frau, die auf ihre monatlichen Symptome achtet, in der Lage wäre, die Salzzufuhr zu beschränken, bevor das Gefühl des Aufgetriebenseins eintritt, oder den Symptomen zuvorzukommen, indem sie ihrer Nahrung Kaliumsalze oder Kalzium zusetzt. In Anbetracht der gegenwärtigen Forschungsarbeit sollte es in ganz naher Zukunft möglich sein, die Behandlung mit Hormonen, Mineralienzusätzen und anderen Substanzen zeitlich so abzustimmen, daß die anomalen Symptome des Menstruationszyklus einen unauffälligen und kaum wahrnehmbaren Charakter annehmen und zu bloßen Schatten von Hinweisen auf die inneren Veränderungen werden.

Daß eine leichte Zunahme wichtiger Geschlechtshormone wie Östrogen und Progesteron überall in Nervensystem und Stoffwechsel, in Körper und Seele ihren Widerhall findet, steht außer Frage. Da etwa 60 Prozent aller Frauen irgendwelche zyklischen Symptome verspüren, müssen diese Symptome als normal gelten — es sei denn, daß sie die Frau durch die Heftigkeit ihres Auftretens überwältigen. Wenn man bedenkt, wie viele Funktionen, chemische Vorgänge und eng miteinander verknüpfte Zyklen zusammenwirken müssen, damit jeden Monat eine Eizelle heranreift, ist es wirklich erstaunlich, daß der Zyklus so reibungslos verläuft, wie es im allgemeinen der Fall ist.

Emotionelle Zyklen beim Mann

Der Menstruationszyklus ist ein hervorragendes Beispiel für einen fast genau allmonatlichen Rhythmus; möglicherweise gibt es beim Mann ein weniger augenfälliges Gegenstück hierzu, wenn auch über rhythmische Schwankungen beim Mann bisher noch wenig bekannt ist. Dr. Christian Hamburger, ein dänischer Endokrinologe, beschäftigte sich mit dem Auf und Ab der als 17-Ketosteroide bezeichneten Nebennieren-Hormone, Geschlechtshormone, die von der Sekretion der Keimdrüsen beeinflußt werden und sich im Urin nachweisen lassen. Dr. Hamburger sammelte und analysierte seinen eigenen Urin täglich über sechzehn Jahre hinweg. Eine spätere Analyse von Halberg ließ einen etwa monatlichen Rhythmus der 17-Ketosteroide im Urin sichtbar werden. Auch japanische Forscher, die sich um das Verständnis von Psychosen bemühten, die bei Männern und Jugendlichen in Zyklen von etwa einem Monat auftreten, haben sich mit diesem Rhythmus eingehend beschäftigt.

Bei vielen periodisch auftretenden Psychosen laufen Verhaltensschwankungen wahrscheinlich mit einer Schwankung im hormonellen Gleichgewicht parallel. Dr. Hobart Reimann zitiert den Fall eines jungen Mannes, der als paranoid Schizophrener galt und sich in zyklischem Wechsel als Mann oder Frau empfand und entsprechend handelte. In extrem regelmäßigem Wechsel war er drei oder vier Tage lang ein Mann, dann drei oder vier Tage lang eine Frau. Bei anderen Patienten traten alle vier Wochen homosexuelle Empfindungen auf, was darauf schließen läßt, daß bei der Ausschüttung der Geschlechtshormone beträchtliche Schwankungen möglich sind.

Bei gesunden Männern fallen emotionelle Rhythmen im allgemeinen nicht auf. Einen der wenigen Versuche, emotionelle Schwankungen bei »durchschnittlichen« Männern aufzuzeichnen, unternahm der inzwischen verstorbene Rex B. Hersey unter dem Blickwinkel des Industrie-Psychologen in einer Fabrik. In den Jahren 1929/30 fiel ihm auf, daß Volkswirte und Psychologen bei der Beschreibung des arbeitenden Mannes stets einen wichtigen Faktor unberücksichtigt ließen: sie behandelten ihn, als wäre er unwandelbar, so stabil und beständig wie ein Roboter. Dr. Hersey war überzeugt, daß es zyklische oder rhythmische Schwankungen im Verhalten geben müsse.

Er verbrachte ein Jahr mit der Beobachtung von Betriebsleitung und Arbeitern in der Industrie, wobei er sich auf eine ausgewählte Gruppe von fünfundzwanzig Industriearbeitern konzentrierte, die über eine durchschnittliche Intelligenz zu verfügen schienen, denen ihre Arbeit gefiel und die allem Anschein nach in jeder Hinsicht angepaßt und »normal« waren. Dreizehn Wochen lang beobachtete und interviewte er jeden Mann viermal am Tage. Er unterzog jeden einer körperlichen Untersuchung; dann stellte er die Befragung für eine Weile ein, forderte die Männer jedoch auf, sich nach einer emotionellen Skala selbst zu bewerten. Nach dieser Unterbrechung begann er eine weitere Reihe von Beobachtungen und Interviews mit der Familie. Ein für jeden Arbeiter entworfenes Diagramm zeigte an, daß die Gefühlslage im Verlauf eines jeden Tages schwankte. Außerdem gab es bei sämtlichen Männern typische langfristige Trends. Ein glücklicher Sechzigjähriger, der von sich behauptete, er ändere sich nie, wies in Wirklichkeit einen Neun-Wochen-Zyklus mit einem Stimmungsabfall auf, der so allmählich vor sich ging, daß ihm nicht bewußt wurde, daß er auf die Scherze seiner Kollegen nicht einging, in sich gekehrt war und seine Vorgesetzten kritisierte.

Ein Einundzwanzigjähriger wies einen Zyklus von viereinhalb Wochen auf, dessen Schwankungen nicht stärker waren als die des Menstruationszyklus der Frau. Während seiner Tief-Periode war er sowohl bei der Arbeit als auch zu Hause gleichgültig und apathisch; in seinen Hoch-Perioden ein begeisterter Bastler, ließ er während dieser Depression seine Arbeit vorübergehend liegen. Ein temperamentvoller Mann mit einem Zyklus von viereinhalb bis sechseinhalb Wochen neigte während der depressiven Zeit seines Zyklus zur Reizbarkeit und dazu, Kleinigkeiten unverhältnismäßig aufzubauschen. Bei einem dritten Mann mit einem fünf- bis sechswöchigen Zyklus kam es zu manischen Perioden, in denen er voller Energie, Tatkraft und Zuversicht steckte. Während seiner Tief-Periode jedoch empfand er die Arbeit als Last, schlief mehr als üblich und war froh, wenn man ihn in Ruhe irgendwo sitzen ließ. Typischerweise wog und schlief er in seinen Hoch-Perioden weniger.

Es gibt viele Anzeichen dafür, daß Stimmungsschwankungen dem

Zustand zugrunde liegen, den wir bei Männern wie bei Frauen als normal akzeptieren. Sobald diese Schwankungen so kräftig ausgeprägt sind, daß man sie erkennt, können sie den Anschein chronischer Krankheiten erwecken. Bei periodischen Krankheiten gibt es vermutlich zahlreiche Symptome, die wie das menstruelle Syndrom aus der Übersteigerung eines normalen Drüsen-Rhythmus herrühren. Daneben gibt es andere Krankheiten wie die Malaria, bei denen sich die Periodizität aus dem Reproduktions-Zyklus des Parasiten ergibt. Wieder andere können ihre Ursachen im gestörten Zusammenspiel eines normalen Rhythmus mit anderen normalen inneren Zyklen haben, wenn eine leichte Verschiebung der zeitlichen Ordnung vor sich gegangen ist; so müßte beispielsweise ein Mensch, dessen Körpertemperatur in einem Zyklus gleitet, der fünfzehn Minuten länger ist als vierundzwanzig Stunden, etwa alle vierzig bis achtundvierzig Tage der Tag-Welt mit einem Nacht-Stoffwechsel gegenübertreten. Leider hat man sich noch nicht eingehend mit diesen Krankheiten beschäftigt, und es besteht wenig Aussicht, daß sehr viele dieser periodischen Symptome richtig erkannt werden, da die Patienten wahrscheinlich gleich bei ihrem ersten Besuch beim Arzt irgendwelche Medikamente verschrieben bekommen.

Periodische Krankheiten

Periodische Krankheiten stellten einige der großen Forscher und Kliniker zu Beginn unseres Jahrhunderts, die Doktoren Werner Menzel, Curt P. Richter und Hobart Reimann, vor zahlreiche Fragen und Probleme; in ihren Büchern haben sie Unmengen von Fallgeschichten aufgeführt. In *Periodic Diseases* vertritt Dr. Reimann die Ansicht, daß viele dieser Krankheiten die Auswirkungen plötzlicher Erregungszustände innerhalb der primitiven Regionen des Gehirns, zum Beispiel dem Hypothalamus, darstellen. Bei periodischen Krankheiten kommt es gelegentlich zu Schwankungen, die die Zahl bestimmter Blutzellen oder die Flüssigkeits-Retention betreffen können, zu Schwellungen von Haut und Gewebe und wiederkehrenden Fieberanfällen und zu Veränderungen wie manisch-depressiven Anfällen, intermittierenden Psychosen, Migräne, Epilepsie und periodischer Katatonie.

Es gibt periodische Krankheiten, die erblich und seit Jahrhunderten bekannt sind. Die periodische Peritonitis, eine wiederkehrende Entzündung des Bauchfells oder der Eingeweide, wurde in einem Tagebuch aus dem 17. Jahrhundert sehr anschaulich als überaus heftiger Leibschmerz und Erbrechen beschrieben; die Anfälle traten alle vierzehn Tage auf und dauerten etwa zwölf Stunden, später dehnte sich der Zyklus auf einen Monat und schließlich auf sechs Monate aus. Obwohl Peritonitis mit starken Schmerzen und sogar hohem Fieber verbunden sein kann, sind die Symptome gelegentlich so schwach, daß Angehörige einer Familie diese genetische Krankheit haben können, ohne es zu wissen. Sie tritt in einer Vielzahl von Formen auf; zwischen den Anfällen, die wöchentlich, zweiwöchentlich oder monatlich kommen und in jedem Alter einsetzen können, fühlt sich der betreffende Mensch gesund. Die beste Methode, diese Krankheit zu diagnostizieren, besteht darin, die Symptome über Wochen und Monate hinweg in einem Tagebuch aufzuzeichnen — ein Vorgehen, durch das sich unnötige chirurgische Eingriffe und Medikation vermeiden lassen. Wird die periodische Peritonitis nicht erkannt, kann man ihren Opfern auch nicht nahelegen, die Krankheit nicht an eine neue Generation weiterzugeben; offenbar wird sie von einem rezessiven Gen bestimmter Volksgruppen im Mittelmeerraum übertragen — am häufigsten findet sie sich bei Armeniern, Juden und Arabern. Im Gegensatz hierzu scheint das periodische Ödem mit einem dominanten Gen in Verbindung zu stehen und tritt fast ausschließlich bei Indo-Europäern auf. Die übermäßige Flüssigkeits-Retention kann zu Schwellungen der Hände, der Beine oder des Leibes führen, ist gelegentlich schmerzhaft und kann gefährlich werden, wenn Körperteile wie die Kehle in Mitleidenschaft gezogen werden. Auch hier kann ein Tagebuch helfen, den wiederkehrenden Krankheitszyklus zu erkennen und unnötige chirurgische Eingriffe oder Medikationen zu verhindern.

Leider werden Symptome nur selten graphisch oder in einem Kalender verzeichnet, und die medizinische Nomenklatur ist verwirrend. Das führt dazu, daß Ärzte und Patienten im allgemeinen die periodische Natur einer Krankheit nicht erkennen, zumal wenn Symptome auftreten, die sich auf Psyche und Körper auswirken. Dann kann es geschehen, daß jedes Symptom für sich interpretiert wird und die Patienten die Runde bei den Spezialisten machen — sie besuchen Internisten, Chirurgen, Dermatologen, Hämatologen und Psychiater, ohne daß es zu einer Diagnose oder Linderung ihrer Beschwerden kommt. Das Fehlen genauer Aufzeichnungen ist bei Menschen mit Erbkrankheiten besonders zu bedauern; wüßte man Genaueres, könnte man ihnen empfehlen, die Krankheit nicht an die nächste Generation weiterzugeben.

Dr. Reimanns erschöpfende Sammlung von Fallgeschichten und medizinischer Überlieferung führt auch Beispiele für die eigenartige Rolle einer anderen periodischen Krankheit an: die Purpura, das Leiden der Mystiker. In mittelalterlichen Chroniken finden sich zahlreiche Hinweise auf Mystiker, bei denen die Stigmata, die legendären Wundmale Christi, regelmäßig an bestimmten Tagen des christlichen Kalenders auftraten; eine Reihe von Menschen, denen es gelang, die Stigmata zum richtigen Zeitpunkt aufzuweisen, wurde kanonisiert. Regelmäßig jeden Freitag trat bei ihnen Blut aus den Körperteilen aus, aus denen Christus am Kreuz geblutet hatte, wo sich Nagellöcher in Handflächen, Handrücken und Füßen befunden hatten. Einige dieser Menschen fielen auch in Trancezustände, erfuhren Schmerzen, traten in »Kommunikation« mit ihrem Heiland; am nächsten Tag waren sie wieder geheilt. Ob ein heftiges Trauma oder selbsterzeugte Trance die Erscheinungsformen diesen siebentägigen Zyklus auslösten, wissen wir nicht. Immerhin haben Blutplättchen einen Lebenszyklus von etwa sieben Tagen, und bei der Krankheit kann es sich um ein Zusammenwirken von einem emotionellen und einem biologischen Rhythmus handeln. Purpura tritt in Form verschiedener Arten innerer Blutungen und Blutfluß in die Haut auf. Sie kann gelegentlich Ähnlichkeit mit ständig wiederauftretenden Wunden oder Schrammen auf der Hautoberfläche haben, aber die Blutung kann schwerwiegend oder sogar tödlich sein, wenn sie in inneren Organen auftritt.

Weniger eindrucksvoll als wiederkehrende Blutungen, aber störend und schmerzhaft sind wiederkehrende Geschwüre, Wunden in der Haut und in der Mundschleimhaut, an den Genitalien oder anderen Körperteilen. Gewöhnlich geht ihnen eine deutlich erkennbare Abnahme der weißen Blutkörperchen und gelegentlich auch Fieber voraus. Die Krankheit kann bereits in ganz jungen Jahren auftreten und kehrt das ganze Leben lang etwa alle einundzwanzig Tage wieder. Nicht wenige periodische Krankheiten werden als Allergie diagnostiziert. Dazu gehören die bei der periodischen Arthrose vorkommenden Schmerzen in den Gelenken und deren Anschwellen. Schwellungen können auch in den Speicheldrüsen vorkommen; beim ersten

Auftreten hält man sie oft fälschlich für Mumps oder Mandelentzündung.

Eine komplexe und verwirrende periodische Krankheit ist eine Form des periodischen Bluthochdrucks. Im Jahre 1953 fiel Dr. Reimann eine schüchterne, schmächtige irische Nonne auf. Sie litt unter qualvollen Fieberanfällen, die anfangs nur ein paar Minuten dauerten, später jedoch alle fünf Tage auftraten und zwölf oder mehr Stunden dauerten. Die Diagnose für diese Fieber- und Kopfschmerzanfälle lautete unter anderem auf Malaria, Migräne, Angstneurose und Trichinose. Schließlich stellte man fest, daß sie lediglich während der Fieberanfälle unter zu hohem Blutdruck litt. Die Untersuchungen von Blut und Urin und Elektrokardiogramme ließen keine pathologischen Anzeichen erkennen. Nichts konnte diese plötzlichen Anfälle, den Schüttelfrost und die pochenden Schmerzen im Hinterkopf erklären, die in Verbindung mit Fieber und Pulsbeschleunigung auftraten. Ihr Blutdruck stieg von 130/80 auf 170/110, die Kopfschmerzen waren kaum auszuhalten. Eine Analyse ihrer Fieberanfälle durch Halberg ergab, daß sie etwa alle elf Tage auftraten. Nachdem die Diagnose einer periodischen Hypertonie gestellt war, schickte man sie in das National Heart and Lung Institute in Bethesda, Maryland, wo sie von Dr. Frederic Bartter und Dr. Sheldon Wolff beobachtet wurde. Eine über vierzig Tage hinweg durchgeführte Untersuchung ergab, daß sie starken Schwankungen in der Konzentration von Aldosteron und verschiedenen anderen Steroid-Hormonen der Nebennieren unterworfen war. Da diese Hormone bei der Wasser-Retention im Körper eine wichtige Rolle spielen, kann ihre Konzentration das Ödem hervorrufen, das Kopfschmerzen und Bluthochdruck verursacht.

Geisteskrankheiten: zyklische Psychose

Am dramatischsten unter den periodischen Krankheiten sind die wiederkehrenden Gemüts- oder Geisteskrankheiten. Einige von ihnen suchen einen Menschen alle achtundvierzig Stunden in einem jähen Wechsel zwischen Normalzustand und Krankheitssymptomen heim, während andere in Abständen von Wochen oder Monaten auftreten. Mary Lamb, die Schwester des großen englischen Essayisten Charles Lamb, litt fünfzig Jahre lang an einer zyklischen Psychose, die begann, als sie dreißig Jahre alt war. Während einer ihrer psychotischen Anfälle tötete sie ihre kränkliche Mutter, die sie sehr liebte. Einem befreundeten Anwalt gelang es, sie vor einer Gerichtsverhandlung zu bewahren; er vertraute sie der Obhut ihres Bruders an, in der sie ein langes, erfülltes Leben lebte, bis sie im Alter von dreiundachtzig Jahren starb. Zwischen ihren insgesamt achtunddreißig Anfällen war sie völlig normal. Die Anfälle kamen regelmäßig, und beim ersten Anzeichen einer leichten Reizbarkeit in ihrem Verhalten brachte ihr Bruder sie auf dem schnellsten Wege in ein Hospital oder steckte sie in eine Zwangsjacke. Sobald sie sich wieder erholt hatte, lebte sie ihr normales Leben weiter, bewirtete befreundete Schriftsteller und schrieb Bücher und Geschichten — bis zum nächsten Anfall.

Dieser berühmte Fall ist deshalb so interessant, weil sich bei Mary Lamb keinerlei Anzeichen eines körperlichen oder geistigen Verfalls zeigten, abgesehen von denen der Altersschwäche in ihren späten Lebensjahren. Möglicherweise rühren bestimmte Verfallssymptome bei geisteskranken Patienten von einer Beeinträchtigung der normalen Entwicklung und Stimulation her. Die Routine des Anstaltslebens hindert einen Menschen daran, sich in seiner gewohnten Form auszudrücken und Erfüllung zu finden; sie ist oft demütigend, und die bei geisteskranken Patienten beobachteten Verfallserscheinungen sind möglicherweise weniger eine Folge der Krankheit als der Art und Weise, in der wir diese Menschen behandeln. Tagebuchinformationen könnten helfen, den Hospitalaufenthalt für Geisteskranke auf die gleiche Weise zu beschränken, wie wir ihn auch bei körperlichen Erkrankungen auf die akute Phase beschränken. Patienten mit chronischen Krankheiten könnten in den Zeiten zwischen ihren Anfällen ein entschieden normaleres Leben führen, wenn der Kalender ihrer Anfälle es erlaubt. Gelegentlich sind diese Zwischenräume jedoch zu kurz; dann ist die Atmosphäre im Hospital von ausschlaggebender Bedeutung.

Periodische Katatonie

Eine Reihe von Patienten, bei denen einige Wochen im Normalzustand mit einigen Wochen Psychose wechselten, wurden in einer Untersuchung, die in ihrer Dauer und Gründlichkeit einmalig sein dürfte, ihr ganzes Erwachsenenleben hindurch beobachtet. Am Gemeindehospital in Oslo haben Dr. Leiv Gjessing und vor ihm sein Vater Dr. Rolv Gjessing herauszufinden versucht, welche biochemischen Mechanismen die Katatonie verursachen, eine Krankheit, bei der Menschen aus einem normalen Dasein heraus in einen Zustand der Übererregbarkeit und Gewalttätigkeit oder in einen paralyseähnlichen Zustand der Erstarrung verfallen.

Das Dikemark Sikhus, in dem die Gjessings diese Patienten studierten, ist das im Jahre 1905 gegründete Gemeindehospital in Oslo. Die alten pastellfarbenen, stuckverzierten Gebäude haben hohe Bogenfenster und Türme, und ihre Umgebung — auf einem steilen, bewaldeten Hügel mit großen Rasenflächen hoch oberhalb eines kleinen Sees — ist, zumindest nach amerikanischen Begriffen, für eine Nervenheilanstalt sehr ungewöhnlich. Zwischen Feldern und Seen gelegen, ist die Anstalt von einer Atmosphäre umgeben, die der Neu-Englands im 19. Jahrhundert ähnlich ist. Die Menschen leben nicht isoliert von der sie umgebenden Gemeinde. Viele von ihnen arbeiten in dem zum Hospital gehörenden Gutsbetrieb oder in kleinen Fabriken und sehen in dem Ort eine Art Heimat, in der sie leben, malen, Klavier spielen, Möbel entwerfen oder in den Laboratorien assistieren.

In den zwanziger Jahren fiel Dr. Rolv Gjessing auf, daß es bei einigen seiner Patienten, eingestreut in Perioden völlig normalen Verhaltens, alle vierzehn Tage zu einem Anfall von Stupor kam und daß sich mit der radikalen Änderung im Verhalten des Patienten auch seine äußere Erscheinung veränderte. Während des Stupors war der Auswurf eines Mannes so zäh, daß er sich wie Kaugummi ziehen ließ. Seine Haut wurde sehr fettig. Mit den zu jener Zeit verfügbaren Instrumenten maß Dr. Gjessing die Stickstoff-Retention und andere physiologische Funktionen, setzte seine Patienten auf eine kontrollierte Diät und brachte den Schwestern bei, wie man ganz exakte Messungen anstellt. Aus eigener Tasche richtete er in einer der Männerstationen ein biochemisches Laboratorium ein, da er annahm, daß Stoffwechsel-Störungen in Verbindung mit der Schilddrüse der Krankheit zugrunde lagen. Sein Sohn Leif Gjessing setzte seine Arbeit fort; ihm kam zugute, daß er alte Männer beobachtete und betreute, die ihn schon als kleinen Jungen gekannt hatten. Bei gründlichen Untersuchungen »rund um die Uhr« haben diese Patienten, für die er eine Art junger Neffe war, in ganz außergewöhnlichem Maße mitgeholfen.

Da es bei katatonischen Patienten völlig normale Perioden gibt, entwickeln sie sich fast genauso wie ihre Altersgenossen. Die periodische Psychose setzt oft zu Anfang der Zwanziger ein, gelegentlich als plötzliche Reaktion auf eine Streß-Situation. Dr. Gjessing vermutete, daß Streß, Hirnschädigungen oder vielleicht ein Stoffwechsel-Schock, ausgelöst durch eine Autoimmunreaktion, einen Stoffwechsel-Regulator beschädigen und damit die periodischen Symptome der Katatonie auslösen. Im katatonischen Zustand kann ein Patient nach außen hin mehrere Tage lang kontaktlos, stumm und nicht bewegungsfähig erscheinen, den Aufzeichnungen und Berichten dieser Patienten zufolge herrscht dabei jedoch in ihrem Innern ein gewaltiger Aufruhr. Ein Mann, der seit 1935 im Hospital lebt, beginnt während des Übergangsstadiums stets mit sich selbst zu reden; ein oder zwei Tage lang plappert er laut und wie manisch vor sich hin, mit nach hinten geneigtem Kopf und erhobenen Füßen. In dieser Position, die Turner ein paar Sekunden lang einnehmen, bleibt er mehrere Tage. Seine Augen sind starr und offen, seine Hände feuchtkalt, er hat keinen Appetit, Pulsgeschwindigkeit und Blutdruck sind erhöht. Bis er sich wieder zu erholen beginnt, sieht er aus wie eine Wachspuppe.

Hinter dieser Paralyse verbirgt sich ein intensiv halluzinogener Zustand, der in etwa den Erfahrungen im Meskalinrausch entspricht, wie diese Erinnerungen eines Patienten erkennen lassen:

»Während des Stupors dringen viele seltsame Ereignisse in die Seele ein. Die Seele ist verhext. [Normale Erfahrungen, wie beispielsweise das Gewaschenwerden, mißfielen ihm, er empfand sie als fremd.] Alles war polar... Damit die Sonne scheinen konnte, mußte die Seele Kummer leiden, der Kummer entsprach in seiner Stärke der Kraft der Sonne... Wie der Baum der Erkenntnis: jeder, der von seinen Früchten ißt, muß sterben. Wenn Sie mir eine einfache Frage stellen, höre ich sie, aber es ist, als käme sie von außerhalb des Zimmers. Menschen helfen, aber die Menschen verwandeln sich in Worte, und aus Worten verwandeln sich die Menschen in eine Filmaufnahme..., das Denken hört auf, ausgenommen ein paar Fixpunkte, die als Leuchtturm dienen...«

Als man ihn fragte, weshalb er sich im Bett nicht bewege, antwortete er:

»Die Seele und das Denken verhindern die Bewegung, hindern die Muskeln daran, das zu tun, was sie tun sollen. Impulse werden nicht ausgeführt, und das scheint nur natürlich. Nichts zu wollen und an nichts Interesse zu haben, das ist wichtig. Frühere Interessen dringen nicht durch.«

Dieser Zustand legte für Dr. Gjessing den Gedanken an eine Intoxikation von der Art nahe, wie sie durch eine Störung im Stickstoff-Haushalt auftreten kann. Im Verlauf täglicher biochemischer Untersuchungen, die über Jahre hinweg durchgeführt wurden, stellte sich eindeutig heraus, daß bei diesen katatonischen Patienten der Stoffwechsel des Stickstoffs nicht einwandfrei funktionierte. Stickstoff ist ein Schlüsselelement für sämtliche Proteine und Körpergewebe. Es wird aus tierischem und pflanzlichem Protein absorbiert und in der Leber umgesetzt. Im allgemeinen herrscht ein Stickstoff-Gleichgewicht im Körper: er scheidet ungefähr so viel aus, wie er aufnimmt. Zwischen den Stupor-Anfällen zeigte sich bei Urin-Untersuchungen, daß Stickstoff zurückgehalten wird, aber während der Krankheitsanfälle verschob sich das Gleichgewicht merklich. Bei Patienten mit katatonischer Erregung wird während des Normalzustands übermäßig viel Stickstoff ausgeschieden, während der Erregungsphase wird er zurückgehalten. So kommt es, daß vor Beginn eines Anfalls der Ammoniakgehalt im Urin höher ist als bei seinem Ende. Elektrolyte, Phosphate und Kochsalz werden im Verlauf eines Anfalls in erhöhtem Maße ausgeschieden.

Kurven der täglichen Schwankungen der Temperatur oder der Färbung des Urins, an einzelnen Patienten über zehn Jahre hinweg aufgezeichnet, verlaufen so regelmäßig, daß man auf den Tag genau vorhersagen könnte, wann im nächsten Jahr ein Anfall zu erwarten ist. Wie sich herausgestellt hat, geht die Schwankung zwischen normalem Verhalten und Krankheit Hand in Hand mit ausgeprägten Schwankungen vieler Stoffwechsel-Funktionen. Die zeitweise auftretenden katatonischen Anfälle ähneln in gewissen Aspekten den Symptomen von Patienten mit einer Schilddrüsen-Über- oder Unterfunktion. Thyroxin, ein Schilddrüsen-Hormon, hat bei einer Reihe von Patienten die Stickstoff-Retention verhindert und zur Abschwächung ihrer Symptome beigetragen. Diese Leute haben seit Jahren ein normales Leben geführt. Brechen sie die Thyroxin-Behandlung jedoch ab, kommt es zu Rückfällen.

Manisch-depressive Krankheit

Gegen Ende des 19. und zu Beginn des 20. Jahrhunderts haben mehrere Ärzte in Wien und München über Stimmungsschwankungen bei ihren Patienten sorgfältig Buch geführt. Diese Aufzeichnungen ließen Gewichts- und Verhaltensschwankungen erkennen, die sich über viele Jahre erstreckten und gelegentlich eine manisch-depressive Veranlagung zutage treten ließen, die sich im Verlauf von fünfzehn Monaten oder zwei Jahren entfaltete. Eine Person, bei der heutzutage manisch-depressive Symptome auftreten, hat Glück, wenn ihre Stimmungsschwankungen rasch aufeinanderfolgen, denn dann besteht Aussicht, daß die Krankheit richtig erkannt und beobachtet wird. Dr. Curt P. Richter hat den berühmten Fall eines Mannes mit alle achtundvierzig Stunden auftretenden manisch-depressiven Anfällen beschrieben. Dieser Mann war ein erstklassiger Handelsvertreter im Bezirk Washington, D. C., jedoch während seiner depressiven vierundzwanzig Stunden so apathisch und verdrossen, daß er zum Büro eines Kunden fuhr, dort nicht mehr imstande war, aus seinem Wagen auszusteigen, und in elender Verfassung stundenlang darin sitzen blieb. An seinen guten Tagen jedoch war er der Prototyp des aggressiven, geschwätzigen Handelsvertreters. Er paßte sich schließlich seiner Krankheit an, indem er Verabredungen nur für die anfallfreien Tage traf.

Manisch-depressive Menschen mit langen Zyklen laufen Gefahr, daß ihre Krankheit unentdeckt bleibt, und sie können sich selbst sehr schaden, da sie in ihren manischen Phasen zu schwerwiegenden Fehlurteilen und großartigen Illusionen neigen. Im Charakter solcher Leute scheint ein Umschwung von normalem Mißtrauen und normaler Aktivität zu übertriebener Vertrauensseligkeit und grenzenloser Energie stattzufinden, die oft Hand in Hand geht mit geschäftlichen Plänen größten Stils und bedenkenlosem Glücksspiel. Die unermüdliche Aktivität eines Menschen in einer gehobenen Phase ist durchweg mit einem erstaunlichen Maß an Tatkraft verbunden.

Zur Zeit werden manisch-depressive Patienten mit einem Achtundvierzig-Stunden-Zyklus in verschiedenen über die ganze Welt verstreuten Anstalten beobachtet. Dr. F. A. Jenner in Sheffield in England hat einen ehemaligen Boxer aus Yorkshire beobachtet, der nach einem schweren Unfall in den fünfziger Jahren manisch-depressiv wurde. Vierundzwanzig Stunden lang ist er überaktiv, gesprächig, gelegentlich reizbar, voll von großartigen Ideen über die Wissenschaft und die Welt; typischerweise tritt der Umschwung irgendwann während des Schlafs ein. Beim Erwachen fühlt er sich dumpf und leer, steht widerstrebend und später als üblich auf und schläft am Abend früher als sonst ein. An seinen trägen Tagen scheidet er mehr Kot und Urin aus, ißt und trinkt jedoch weniger als an manischen Tagen.

Elf Jahre lang lebte dieser Mann in einer Klinik, nahm eine kontrollierte Diät zu sich und wurde jeden Tag auf physiologische Veränderungen hin getestet, die in Zusammenhang mit seinem Verhalten stehen mochten. Er hat sich Leistungstests unterzogen; Urin und Blut wurden wiederholt auf ihren Gehalt an einer Vielzahl von Hormonen, Zucker und Aminosäuren hin untersucht. Als er mit flüssiger Nahrung im Bett blieb, ergab sich eine achtundvierzigstündige Schwankung bei Gewicht, Urinmenge und Zahl der roten Blutkörperchen. Es hatte den Anschein, als schwankte die Flüssigkeitsmenge innerhalb der Zellen und um sie herum mit seinen Stimmungen. Man hat angenommen, daß die Flüssigkeits-Retention in und um Nerven- und andere Zellen durch ein Gleichgewicht geladener Teilchen kontrolliert wird. Der Gehalt an Natrium und Kalium in Urin und Speichel des Mannes entsprach seinen Stimmungs-Schwankungen. An depressiven Tagen war im Speichel wenig Natrium und viel Kalium enthalten; an manischen Tagen war es genau umgekehrt. Der Einfluß der Elektrolyte auf das Verhalten schien, im Lichte eines späteren Experiments gesehen, jedoch nicht sehr groß zu sein.

Im Jahre 1963 begab sich Dr. Jenner mit seinem Patienten in ein Isolierzimmer des Krankenhauses; ein Team von Beobachtern versorgte sie mit Essen und sammelte Urinproben von beiden. Die Beleuchtung wurde so reguliert, daß der Tag vierundzwanzig Stunden lang war, aber weder Dr. Jenner noch sein Patient wußten, wie lang der Tag genau war. Das Experiment dauerte elf reale Tage; in dieser Zeit lebten die beiden zwölf Zyklen. Dr. Jenner machte sich Notizen über seinen Patienten, während unsichtbare Beobachter draußen Verhalten und Physiologie beider verfolgten. Dr. Jenners Patient wechselte währenddessen zwischen verdrossenem Schweigen und unkontrollierbarem Schmähen, Pläneschmieden und unaufhörlichem Schreien; in seiner manischen Phase brüllte und schlug er so erregt um sich, daß Dr. Jenner es kaum zu ertragen vermochte. Seltsamerweise entsprachen die Stimmungen des Patienten einem Zweiundzwanzig-Stunden-Tag; er wechselte in einem Vierundvierzig-Stunden-Zyklus zwischen Manie und Lethargie. Dennoch behielt die Ausscheidung von Wasser und Elektrolyten weitgehend einen Vierundzwanzig-Stunden-Zyklus bei; sie lieferte keine Erklärung für die Anpassung seiner Stimmungen an einen Zweiundzwanzig-Stunden-Tag.

Da das Gleichgewicht der Elektrolyte im Nervensystem für die Funktion der Nervenzellen von ausschlaggebender Bedeutung zu sein scheint, interessierten sich die Psychiater sehr für die Auswirkungen des alkalischen Metalls Lithium. Im Jahre 1967 gab Dr. Jenner seinem Patienten Lithiumsalze, und die ganze lange Zeit, während derer er sie einnahm, war sein Verhalten im wesentlichen normal. Als er mit dem Einnehmen des Medikaments ein paar Wochen aussetzte, traten die Anzeichen seiner früheren Stimmungsschwankungen wieder zutage. Einen Tag war er gesprächig, fast geschwätzig, und zugänglich. Am nächsten Tag fiel es ihm schwer, Worte zu finden, er ging weniger aus sich heraus und war weniger lebhaft. Das Lithium hatte seinen manisch-depressiven Zyklus verdeckt, aber sobald er Dosen von Natrium erhielt, kehrte der Wechsel zwischen Manie und Depression zurück. Ähnliche Ergebnisse wurden mit Lithium überall in der Welt erzielt. Es ist das einzige Medikament, das bei Leuten mit manisch-depressiven Erkrankungen eine »normalisierende« Wirkung zu haben scheint, und ebenso bei anderen zyklischen Psychosen. Mit Hilfe welcher Mechanismen das Lithium diese Stimmungszyklen so effektiv unterdrückt, weiß man noch nicht genau.

Unentdeckte Zyklen

Wie sich die einzelnen Teile dieses Puzzles zusammenfügen, dürfte sich an Tierstudien herausstellen und an der Beobachtung von Patienten mit besonders regelmäßigen Gefühlsschwankungen. Es wäre jedoch unfair, den Eindruck zu erwecken, als verliefen die meisten manisch-depressiven Krankheiten so exakt nach der Uhr, denn das ist keineswegs der Fall. Vor mehreren Jahren arbeitete eine Gruppe von Psychiatern unter der Leitung von Dr. J. Angst gemeinsam an einer internationalen Untersuchung zyklischer Depression und manisch-depressiver Anfälle. Sie förderten keine Formel zutage, mit der sich die zeitliche Abfolge der Anfälle, die in einigen Fällen völlig regellos auftraten, hätte beschreiben lassen. Es ist schwierig, wenn nicht gar unmöglich, die Regelmäßigkeit der Anfälle und die zwischen ihnen liegenden Zeiträume bei Menschen zu entdecken, die antidepressive und antipsychotische Medikamente eingenommen haben; daß fast jeder Patient in einer psychiatrischen Klinik heutzutage irgendeine Medikation erhält, braucht kaum erwähnt zu werden. Damit ist es vielen Patienten möglich, zu Hause zu leben, und eine direkte Behandlung ist für Menschen, die unter den Qualen einer Psychose, Panik oder Depression leiden, ein wahrer Segen. Dennoch vermögen Drogen, die die Symptome abschwächen, eine Krankheit nicht zu heilen, und sie verschleiern die zeitliche Abfolge der Ereignisse und verbergen die geheimnisvollen biochemischen Fluktuationen, die zum Beispiel einen normalen, geschickten Fotografen dazu veranlassen, immer mehr Aufträge anzunehmen, bei Tag und Nacht pausenlos zu arbeiten, schnell zu sprechen, seine Frau zu drängen, dem Kauf eines neuen Hauses zuzustimmen, seinen Partner zu drängen, in ein neues Feld der Werbung vorzustoßen. Über die Monate hinweg steigert sich diese erstaunliche Fülle von Ideen, Vitalität, unzusammenhängenden Fragmenten von schöpferischen oder spekulativen Einfällen bis zu einem fieberhaften Höhepunkt, währenddessen der betreffende Mensch weniger schläft, an Gewicht verliert und einer geistigen Zerrüttung nahe ist, und läßt dann allmählich nach. Ein Jahr später ist der Mann – aus Gründen, die völlig plausibel erscheinen – launenhaft und apathisch, das Geschäft geht schlecht, er kann sich nicht mehr konzentrieren, verkündet trübselig, daß er ein Versager ist, und hat keinerlei Hoffnungen für die Zukunft. In kleinerem Maßstab sind wir alle mit dieser langen Strecke der Berg-und-Tal-Bahn von Energie und Stimmung vertraut, erkennen jedoch im allgemeinen nicht, daß es sich dabei um einen zyklischen Vorgang handelt.

Auf ähnliche Weise kann ein Mensch feststellen, daß bei ihm wiederholt Hautgeschwüre oder Migräneanfälle auftreten. Er kann sogar eine leichte Peritonitis haben, die er als »Magenbeschwerden« abtut. Es ist jedoch unwahrscheinlich, daß ein Arzt heutzutage periodische Symptome erkennt, da der Patient vermutlich zuvor bereits mit Medikamenten behandelt wurde oder sich vielleicht einem größeren chirurgischen Eingriff unterzogen hat. Leichte Schwankungen, die in Abständen von drei bis sechs Monaten immer wieder auftauchen, werden im allgemeinen nicht als solche erkannt. Eine kalendarische Übersicht über die Symptome normaler, gesunder Menschen würde vermutlich aufzeigen, daß bei erstaunlich vielen Menschen regelmäßige Schwankungen in Gewicht, Vitalität, Optimismus, Arbeitsleistung, Pessimismus, Appetit und Schlaf auftreten und ebenso Schwankungen in geistiger Regsamkeit und Stumpfheit, Streben und Apathie, Launenhaftigkeit und Unerschütterlichkeit, Kränklichkeit und robustem Wohlbefinden. Unsere linearen Denkgewohnheiten lassen uns für jede dieser Schwankungen irgendeinen spezifischen Anlaß entdecken. Dennoch ist es durchaus möglich, daß derartige Schwankungen unseren Normalzustand darstellen: treten sie in leicht gesteigerter Form auf, beeinträchtigen sie unser Funktionieren und nehmen die Form von Krankheit an. Müßten wir diese Zyklen mittels eines Tagebuchs identifizieren, in dem wir unsere meßbaren Schwankungen festhalten und Jahr für Jahr einen Kalender unserer Schmerzen und Beschwerden, unserer Freuden, unseres Gewichts und anderer »Belanglosigkeiten« aufstellen, wären wir im voraus über viele unserer Hochs und Tiefs unterrichtet, wir könnten uns auf die »schlechten« Tage einstellen und die »guten« bis zur Neige auskosten. In der Tat dürfte es sich bei einer ganzen Reihe von Krankheiten um bloße Übersteigerungen dieser normalen, unauffälligen Zyklen handeln, denen man – wie den prämenstruellen Beschwerden – wirksamer begegnen könnte, wenn man die Symptome vorhersähe. Gegenwärtig reagieren die meisten Leute auf schwache Symptome, indem sie auf der Stelle selbst zu einem Medikament greifen, zu Beruhigungs- oder stimulierenden Mitteln, zu Antibiotika, Antihistaminen und anderen Drogen. So kommen viele Leute beispielsweise gar nicht auf den Gedanken, daß ihre Migräneanfälle in Zyklen auftreten können. Einer von Dr. F. Sicuteri und seinen Mitarbeitern in Italien durchgeführten Untersuchung zufolge treten diese Kopfschmerzen oft periodisch auf und können etwas zu tun haben mit einer unzureichenden Verarbeitung der Aminosäure Tyrosin, die in Käse, Bananen und anderen Nahrungsmitteln reichlich vorhanden ist. Migräneanfälle werden häufig einem augenblicklichen Spannungszustand zugeschrieben, obwohl sie Teil eines Symptomkomplexes sein können, der periodisch und in einigen Fällen anscheinend erblich bedingt ist.

Da den Ärzten in der Ausbildung nicht beigebracht wird, bei Krankheiten nach Anzeichen von Periodizität zu suchen, erwarten auch sie lineare Beziehungen zwischen Ursache und Wirkung und neigen dazu, ihre Patienten *ad hoc* zu behandeln. Menschen, die periodische Symptome bei sich vermuten, sollten, wenn sie einen Arzt aufsuchen, mit aller Deutlichkeit darauf hinweisen und versuchen, die Periodizität durch kalendarische Aufzeichnungen zu dokumentieren. In Zukunft werden Diagnosen wesentlich präziser ausfallen: man wird die gesamte Krankengeschichte eines jeden einzelnen Menschen mit Hilfe von Computern aufzeichnen können. Der Arzt braucht sich nicht mehr auf die Erinnerung des Patienten an frühere Symptome und Behandlungen zu verlassen, da er zu der Gesamterinnerung des Computers und seiner raschen Auswertung von Informationen Zugang hat. Gegenwärtig ist es in unserer mobilen Gesellschaft für den praktischen Arzt wie für den Spezialisten äußerst schwierig, wiederkehrende Symptome zu identifizieren. Die Bewohner der amerikanischen Vorstädte ziehen durchschnittlich alle fünf Jahre um, und leitende Angestellte, Ingenieure und Angehörige anderer Berufsgruppen wechseln ihren Wohnsitz noch häufiger. Wenn sie sich in der neuen Stellung, im neuen Heim und in der neuen Umgebung eingelebt haben, suchen sie einen Arzt in der Nähe auf, der bei der ersten Begegnung wie sein Patient nicht auf den Gedanken kommt, daß das Problem nicht neu ist. Häufig trifft der Arzt eine Diagnose, die allem Anschein nach gerechtfertigt ist, und verschreibt ein Medikament. Weder er noch sein Patient erkennen, daß der Schmerz auch ohne Hilfe wieder verschwunden wäre, wenn sie abgewartet hätten. Es gibt Fälle, in denen stärkere Symptome zu einer Laparatomie führen können, einer Eröffnung der Bauchhöhle, bei der Gewebe entfernt werden kann, was vorübergehend Linderung verschafft — bis zum zyklischen Wiederauftreten der Beschwerden. Unnötige Medikation und unnötige chirurgische Eingriffe könnten vermieden werden, wenn die Menschen über ihre Magenbeschwerden, Ödeme, Fieberanfälle, Kopfschmerzen und geschwollenen Knie Buch führten. Als Dr. Reimann an seiner Monographie über periodische Störungen arbeitete, in der eine Fülle von Informationen enthalten ist, klagte er darüber, daß Stiftungen und Behörden offenbar nicht daran interessiert waren, eine Sammlung von Fallgeschichten finanziell zu unterstützen, und auch nicht zu begreifen schienen, daß die Periodizität an sich Hinweise auf die Natur einer Krankheit geben kann. Dr. Reimann und einige ähnlich denkende Männer waren ihrer Zeit um viele Jahre voraus. Jetzt steht der Gesellschaft — vorausgesetzt, daß sie sich seiner auf vernünftige Art bedient — ein Instrument zur Verfügung, mit dessen Hilfe sie noch nie verfügbar gewesenes Informationsmaterial über Krankheit und Gesundheit der

Bevölkerung bekommen kann. Die Computer mit ihrem grenzenlosen Gedächtnis und ihrer Fähigkeit zu rascher Datenanalyse stellen heutzutage eine Art Bank dar, bei der wir bis ins kleinste gehende Berichte über unsere Gesundheit und unsere Krankheitsgeschichte deponieren können. Was ein Computer blitzschnell über einen Patienten auszusagen vermag, kann kein Arzt wissen oder auch nur in seinen Akten verzeichnet haben.

Wenn die Menschen in naher Zukunft beginnen werden, ein Gefühl für die inneren und äußeren Zusammenhänge ihres Lebens, ihre biologischen Rhythmen und ihre Erkrankungen zu entwickeln, wird es vermutlich eine Art kultureller Eruption geben: die Menschen werden sich ihrer selbst und ihrer Periodizitäten bewußt werden. Vielleicht liefert die Erforschung von Krankheiten wie der periodischen Hypertonie, der periodischen Katatonie und manisch-depressiven Zuständen ein neues Bild von diesen Krankheiten und offenbart die Bedeutung der Zeitspannen zwischen den Anfällen, den eigentlichen Ursprung der Periodizität.

Zwischen Gesundheit und Krankheit, Normalität und geistiger Zerrüttung liegt nur eine Haaresbreite. Häufig ist es lediglich eine Sache des Ausmaßes. Die Männer werden entdecken, daß sie — wie die Frauen mit ihrem monatlichen Zyklus — ebenfalls rhythmischen monatlichen oder zweimonatlichen Schwankungen in Stimmung, Gewicht und geistiger Leistung unterworfen sind. Wenn diese Modelle einmal weithin bekanntgeworden sind, führen sie vielleicht zu einer Veränderung der Erwartungen und Gepflogenheiten der Gesellschaft; so könnte Raum geschaffen werden für die kaum greifbaren Schwankungen und Unbeständigkeiten, die das Wesen des Menschen ausmachen. Den Menschen gegenüber, deren periodische Symptome außerhalb unserer Kontrolle stehen, werden wir vielleicht eine verständnisvollere und stärker auf Heilung bedachte Haltung einnehmen, indem wir ihre periodischen körperlichen und seelischen Symptome so behandeln, daß sie in der Zeit zwischen ihren Anfällen ein normales Leben führen können. Viele jetzt in Gang befindliche Untersuchungen werden anomale Zyklen ausschalten können; das gilt zum Beispiel von Studien über das Gleichgewicht der Elektrolyte und die Verwendung von Lithium-Karbonat, das ein erster Schritt auf dem Wege zur Beseitigung der katastrophalen Stimmungs-Umschwünge bei Manisch-Depressiven sein kann.

Jahreszeitlich bedingte Trends

Viele der Gezeiten von Stimmungen, Allergien und Geschwüren scheinen den Jahreszeiten entsprechend zu schwanken. Dr. Angst und seine Mitarbeiter fanden jahreszeitlich bedingte Trends bei Depressionen, die möglicherweise mit dem Hormonhaushalt in Verbindung stehen. Menschen mit endogenen Depressionen oder manisch-depressiven Krankheiten scheint es im Herbst und im Frühjahr am schlechtesten zu gehen. Schon vor langer Zeit fielen den Griechen derartige Trends bei Symptomen auf, denn für sie war die Gesundheit Teil der Harmonie mit der Natur. Die antike Abhandlung *Über Lüfte, Gewässer und Orte* rät dem Studenten der Medizin, als erstes die Auswirkungen der Jahreszeiten zu studieren, denn »... die Krankheiten der Menschen ändern sich mit den Jahreszeiten«. Der Arzt Aretäos schrieb vor langer Zeit:

»Die melancholischen Fälle neigen lediglich zu Depression und Angst ... Wenn jedoch diese Angstzustände abklingen, folgen in der Mehrzahl der Fälle Heiterkeit und Ausgelassenheit, und das Ende ist schließlich Manie. Sommer und Herbst sind die Jahreszeiten, die für die Entstehung dieser Krankheit am günstigsten sind, aber es kann auch im Frühjahr geschehen.«

Vermutlich gibt es in unserem Stoffwechsel zahlreiche subtile Schwankungen, die mit den jahreszeitlichen Schwankungen parallel laufen. Wie die automatische Datenanalyse bisher nicht vermutete Rhythmen des Menschen offenbart, können wir womöglich mit ihrer Hilfe auch Zyklen mit sehr langen Perioden erkennen, von denen wir bisher noch nichts wissen. Es gibt alljährlich wiederkehrende Symptome und sogar Psychosen, die mit der Anpassung unseres Drüsensystems an die Jahreszeiten in Beziehung zu stehen scheinen. So scheiden wir beispielsweise etwas aus, das als »Sommerhormon« bezeichnet wird, ein Produkt der Schilddrüse, das zur Senkung der Körpertemperatur beiträgt. Über diesen Wirkstoff wissen wir jedoch nur sehr wenig; auch was seine Sekretion vor Einsetzen der heißen Jahreszeit auslöst, ist noch nicht bekannt.

Bis vor kurzem lieferten nur lückenhafte Statistiken und anekdotische Berichte Hinweise darauf, daß es in der Anzahl der Selbstmorde und Selbstmordversuche jährliche Rhythmen gibt und daß der Tod infolge Arteriosklerose nicht gleichmäßig über das ganze Jahr verteilt ist. Dr. Halberg hat Statistiken des Minnesota Department of Health analysiert; sie lassen erkennen, daß diese Ereignisse in Zyklen auftreten. Die Anzahl der Todesfälle infolge Arteriosklerose erreicht im Januar einen Höhepunkt, die Zahl der Selbstmorde im Mai; Tod durch Unfall kommt im Juli und August am häufigsten vor. Einige dieser offensichtlichen Rhythmen dürften durch gesellschaftliche Gepflogenheiten zu erklären sein: Sommerurlauber ziehen scharenweise durchs Land und setzen sich ungewohnten körperlichen Gefahren und dem Reiseverkehr aus. Bei einigen dieser Statistiken ist die Wahrscheinlichkeit, daß sie jahreszeitlich bedingte Rhythmen in uns erkennen lassen, jedoch wesentlich größer; vielleicht tragen sie zur Aufklärung der Geheimnisse körperlicher und seelischer Krankheiten bei.

Arktischer Winterkoller

Bei Reisen in den Polarkreis, nach Norwegen, Finnland oder Rußland haben Besucher von einem eigenartigen Leiden gehört, einem zeitweisen Irresein, das bei den Eskimos, Finnen und Lappen vorkommt. Man bezeichnete es gelegentlich als arktische Hysterie oder »Winterkoller«.
Die Eskimos haben viele Rituale entwickelt, mit denen sie dieser alljährlichen Krise, die Sir James Frazer in seinem Buch *The Golden Bough* so anschaulich beschrieb, zu begegnen versuchen.
Im Spätherbst, wenn Stürme über das Land toben und die Eisfesseln sprengen, die die gefrorene See vorerst nur locker binden ... bilden sich die Eskimos in Baffin-Land ein, die Stimmen der Geister zu hören, die die unheilschwangere Luft bevölkern. Dann beginnen die Geister der Verstorbenen heftig gegen die Hütten zu klopfen, die sie nicht betreten können, und wehe dem armen Geschöpf, dessen sie habhaft werden: bald wird es krank und stirbt. Dann verfolgt das Phantom eines riesigen haarlosen Hundes die wirklichen Hunde, die bei seinem Anblick unter Krämpfen und Konvulsionen verenden. All die zahllosen bösen Geister sind unterwegs; sie bringen den Eskimos Krankheit und Tod, Unwetter und Unglück bei der Jagd. Von all diesen gespenstischen Besuchern werden Sedna, die Herrin der Unterwelt, und ihr Vater am meisten gefürchtet ...
Im Jahre 1969 machte Joseph Bohlen, damals ein abenteuerlustiger promovierter Student an der University of Wisconsin, Beobachtun-

gen, aus denen sich Anhaltspunkte für die Winterpsychosen der Menschen in Polargebieten ergeben könnten. Die Anfälle können ganz plötzlich auftreten, mit dramatischen Symptomen, die denen einer Psychose — von ein paar Tagen, ein paar Stunden, ein paar Wochen Dauer — ähneln, und zwar stets im Winter. Dr. Bohlen lebte, von seiner Frau unterstützt, unter den Eskimos in Wainwright, Alaska, und stellte fest, daß es auch hier einen jährlichen physiologischen Rhythmus gab.

Die Bohlens studierten zehn Eskimos in jeder Jahreszeit zehn Tage lang »rund um die Uhr«. Das Sammeln von Material war ein geradezu heroisches Unterfangen, denn sie mußten ihre Studienobjekte alle zwei Stunden in ihren Häusern aufsuchen. Sie maßen die orale Temperatur, Blutdruck und Puls, nahmen Urin-Proben und testeten die Kraft des Handgriffs und die Augen-Hand-Koordination. Da die Eskimos während des Winters in fast gleichbleibender Dunkelheit und während des Sommers in fast stetigem Licht leben, hatten sich viele Wissenschaftler gefragt, ob bei genauester Untersuchung auch bei ihnen wie bei den Bewohnern der gemäßigten Zonen cirkadiane Rhythmen festzustellen sein würden. In der Tat zeigten sich Rhythmen von vierundzwanzig Stunden in bezug auf Körpertemperatur und Kalium im Urin. Es war jedoch der Rhythmus der Kalzium-Ausscheidung, der das Interesse der Bohlens erregte.

Wie Natrium und Kalium hat auch das Kalzium einen tiefgreifenden Einfluß auf die Funktion des Nervensystems — allem Anschein nach spielt es bei der Übermittlung von Nervenimpulsen eine wichtige Rolle. Man weiß, daß Kalzium-Mangel sich auf die Schilddrüse und die Nebenschilddrüsen auswirkt und damit indirekt das gesamte endokrine System beeinflußt. Bei Menschen mit zu wenig freiem Kalzium traten Symptome auf, die denen einer »Angstneurose« glichen. Damit spielt Kalzium möglicherweise eine Rolle bei seelischen Erkrankungen. Die Bohlens stellten fest, daß die Eskimos in den dunklen Wintermonaten acht- bis zehnmal so viel Kalzium ausschieden wie im Sommer. Das war ein deutlich ausgeprägter Jahresrhythmus.

Für die Menge des im Körper vorhandenen Kalziums spielt das Sonnenlicht eine wichtige Rolle, da durch Sonnenbestrahlung in der Haut Vitamin D erzeugt wird, das die Resorption des Kalziums aus der Nahrung fördert. Möglicherweise bestehen zwischen der starken Kalzium-Ausscheidung im Winter, wenn die Resorption wahrscheinlich geringer ist, und der jahreszeitlich bedingten Geistesstörung bei den Eskimos, dem arktischen Winterkoller, direkte Beziehungen. Wenn wir uns eingehender damit beschäftigen, wie die Zeitzyklen der Physiologie des Menschen von seiner Umgebung gesteuert und beeinflußt werden, werden wir vielleicht auch verstehen lernen, weshalb in bestimmten Jahreszeiten mehr Selbstmorde vorkommen oder weshalb die Symptome solcher Krankheiten wie Geschwüre oder Asthma im Frühjahr und Herbst stärker ausgeprägt sind. Selbst gesunde Menschen empfinden die jahreszeitlichen Schwankungen in Form einer vibrierenden Rastlosigkeit in Frühjahr und Herbst, als würde das Bewußtsein mit ersten Anzeichen einer kommenden Anpassung des Stoffwechsels an die Veränderungen in der Natur durchdrungen. Wir können uns und unsere Symptome nicht aus den Zyklen der Natur herauslösen, denn wir sind ein Teil des großen Ganzen, selbst wenn wir in elektrisch beleuchteten, mit Dampf beheizten, durch Glas abgeschirmten und mit Chrom verzierten Waben in modernen Städten leben. Selbst wenn wir uns nie warmer oder kalter Witterung anzupassen brauchen, erfahren wir die Jahreszeiten doch durch die Augen.

Vielleicht sind, wie das folgende Kapitel erweist, unsere eigenen Zyklen mit denen der Erde synchronisiert, denn wir reagieren wie die Vögel, die Pflanzen und die anderen Säugetiere auf die Auswirkungen des Lichts, auf den Übergang von langen zu kurzen Tagen. Einige unserer periodischen Symptome, ob es sich nun um Frühlings-Melancholie oder das Aufkeimen von Liebesgefühlen handelt, dürften mit den Jahreszeiten so synchronisiert sein, wie unsere Aktivität und unsere Ruhe mit Tag und Nacht synchronisiert sind.

9. Licht — ein Bindeglied zu den Rhythmen der Erde

Linnaeus' Blumenuhr
 6 Uhr — Geflecktes Ferkelkraut öffnet sich
 7 Uhr — Afrikanische Ringblume öffnet sich
 8 Uhr — Gemeines Habichtskraut öffnet sich
 9 Uhr — Stachelige Saudistel schließt sich
10 Uhr — Gemeines Warzenkraut schließt sich
11 Uhr — Vogelmilch öffnet sich
12 Uhr — Passionsblume öffnet sich
13 Uhr — Wuchernde Federnelke schließt sich
14 Uhr — Rote Pimpinelle schließt sich
15 Uhr — Löwenzahn schließt sich
16 Uhr — Ackerwinde schließt sich
17 Uhr — Weiße Seerose schließt sich
18 Uhr — Nachtkerze öffnet sich

Carolus Linnaeus (1707—1780)

Im Frühling ändert sich das Verhalten eines jungen Eichhörnchens, weil die Tage länger werden; die längeren Helligkeitsperioden lösen eine Kettenreaktion aus, an der Gehirn und Hirnanhangdrüse beteiligt sind; die Folge ist die Ausschüttung von Hormonen, die sich auf den Spiegel der Geschlechtshormone auswirken: die Keimdrüsen schwellen an und produzieren ihre Geschlechtshormone.

Joseph Meites

Liebe alles, was es im Universum gibt, denn Sonne und Erde sind nur ein einziger Körper.

Altes chinesisches Sprichwort

Unendlich kleinen Fäserchen gleich, die auf die enormen Impulse aus dem Universum reagieren, sind wir — teils durch die Sinne, die wir kennen, und vielleicht auch durch andere, deren Vorhandensein wir nur ahnen — auf die Rhythmen der Natur eingestellt. Die wichtigste unter den kosmischen Mächten, die unsere Existenz bestimmen, ist das Sonnenlicht, das vermutlich die Harmonie zwischen uns und den Rhythmen unseres Planeten herstellt. Wir fangen eben erst an zu begreifen, auf welche Weise das Licht die Physiologie und das

Verhalten von Mensch und Tier beeinflußt. Die primitiven Völker begrüßten die tägliche Wiedergeburt der Sonne mit Anbetung und Ritualen. Sie stand im Mittelpunkt der taoistischen Religion in China. Bei einem der alten Autoren heißt es: »Das Tao ... das im Lauf der Sonne durch die Himmel offenbar wird, wird auch im Herzen eines Menschen offenbar... Es ist die Lebensenergie, die Existenz zu Dasein werden läßt.« Die Taoisten reinigten sich durch Fasten und Meditation; dann versuchten sie, die Lebensenergie der Himmel zu erkennen und ihre Bedeutung für den Menschen zu verstehen.

Wissen hat seinen Ursprung häufig in Magie. Die ersten Versuche des Menschen, zu begreifen, wie er sich in den Kosmos einordnete, wurden vielleicht schon vor rund dreißigtausend Jahren mit Hilfe der magischen Wissenschaft der Astrologie unternommen – es gibt Zeichnungen auf Rentier- und Mammutknochen aus dem Paläolithikum, von denen man heute annimmt, daß sie Notizen über Mondzyklen darstellen. Überall auf der Erde – im Mittleren Osten, in Mexiko, in Südamerika – hinterließen die Mesopotamier, die Azteken und Mayas die Reste von Wachttürmen, Pyramiden und Ziggurats, die einst Königen und Priestern als Observatorien dienten. Ägypter und Chinesen, Inder und Babylonier, Azteken und Mayas verzeichneten sorgfältig, daß die Zyklen der Planten und Sterne den Veränderungen auf der Erde entsprachen. Weshalb die Sterne Einfluß auf sie hatten, konnten sie zwar nicht erklären, aber sie wußten, daß ihre Gesundheit in irgendeiner Harmonie mit dem Himmelspanorama über und der Erde unter ihnen stand. Ein Gefühl für die größeren Zusammenhänge kam bei den Griechen auf, die das Leben als Ganzheit begriffen und Liebesleben, Ernährung und Denken, Erholung und körperliche Betätigung eines Menschen zur »Hygiene« zusammenfaßten, die seinem Alter, seinem Wohnsitz, dem Klima, der Jahreszeit, dem Jahr angemessen war. Indem sie ständig Wolkenbewegung und Winde, das Erscheinungsbild des Himmels und den langsamen Tanz der Sterne beobachteten, suchten unsere Vorfahren nach der geheimnisvollen Ordnung, von der sie wußten, daß sie zu ihr gehörten; sie zu entdecken, fehlten ihnen die Instrumente.

Als es soweit war, daß Astronomen riesige Radioteleskope auf ferne Galaxien richteten, Meteorologen das Wetter vorhersagten und Biologen Methoden entwickelten, mit denen sie die ersten Schleier des Geheimnisses lüfteten, hatte die moderne Gesellschaft schon halb vergessen, daß der Mensch ein Naturgeschöpf ist. Eine kleine Oberschicht konnte sich ihre Jahreszeit aussuchen und durch einen kurzen Flug Winter gegen Sommer vertauschen. Symbole dieser Wandlung sind Crystal City in der Nähe von Washington, D. C., und Lefrak City in New York — Städte unter Dach und Fach, Kapitalen des Rückzugs von der Natur. Diese Gebilde, in denen zwanzigtausend und mehr hausen können, sind die Vorläufer »meilenhoher« Gebäude, in denen ein Mensch arbeiten, einkaufen, schwimmen, essen, ins Theater gehen und sein Leben leben kann, ohne je mit dem Himmel, den Winden, Düften oder Stürmen der wechselnden Jahreszeiten in Berührung zu kommen. Aber selbst in derartige Bastionen aus Beton, Stahl und Glas kann immer noch das Licht eindringen, und die Menschen werden immer noch von den Auswirkungen magnetischer Schwankungen und vielleicht anderer kosmischer Hinweise auf den Wechsel der Jahreszeiten durchdrungen. Wären diese Himmelsbewohner jedoch völlig abgeschirmt — welcher Prinzipien würden sie sich bedienen, um die innere Ordnung zu wahren, das Uhrwerk ihrer eigenen Körper in Gang zu halten? Wie würden sie sich ein gewisses Maß an Harmonie mit dem erhalten, was in ihren Körpern widerhallt — mit den Zyklen der Erde und des Mondes?

Wenn wir eine künstliche Umgebung für den Menschen entwerfen und schaffen wollen, müssen wir mehr wissen, als das gegenwärtig der Fall ist. Wir haben gerade einen ersten Blick auf die Bedeutung des Lichts für unser Leben geworfen, wir verfügen über einige wenige Hinweise darauf, wie Tag und Nacht, Sonnenlicht und Dunkelheit uns in die wechselnde Jahreszeit integrieren. Vielleicht besitzt die allmähliche Anpassung an jahreszeitliche Veränderungen einen Überlebenswert, wie vermutlich auch die Tatsache, daß wir normalerweise in den Stunden schlafen, in denen wenig Gamma-Globulin im Blut vorhanden und damit die Immunität gegenüber Infektionen gering ist, einen Überlebenswert hat. Licht ist ein wichtiger Synchronisator.

Jahrtausende hindurch haben die Menschen ihre Arbeit und ihren Schlaf, ihre soziale Aktivität dem Wechsel von Tag und Nacht angepaßt. Bis vor ganz kurzer Zeit war künstliches Licht selten und teuer. Von den ältesten Zeiten bis heute haben die Menschen im Licht stets einen axiomatischen Bestandteil ihrer Umgebung gesehen. Ohne Licht kann man nicht sehen. Die Pflanzen brauchen es, um wachsen zu können. Poeten haben des öfteren überschwengliche

Gedichte über die Kraft des Lichts geschrieben, aber niemand hat sich je ernstlich mit dem Gedanken beschäftigt, daß das Licht Veränderungen in unserer Physiologie hervorrufen, ins Gehirn eindringen, hormonelle Schwankungen verursachen und »hinterlistig« unser Verhalten beeinflussen könnte. Daß es so ist, wurde uns nur ganz langsam bewußt. Den Anfang machten die sorgfältigen Beobachtungen von Botanikern und Naturwissenschaftlern, die feststellten, daß Pflanzen und Tiere auf den täglichen Wechsel zwischen Licht und Dunkelheit reagieren und daß sich die jahreszeitlichen Schwankungen unterschiedlich auf sie auswirken.

Weshalb Blumen und andere Pflanzen zu bestimmten Stunden des Tages die Blätter sinken lassen oder ihre Blüten öffnen und schließen, vermochte niemand zu erklären, aber im 19. Jahrhundert machte man von dem empirischen Wissen der Zeit Gebrauch, indem man Gärten in Form eines Zifferblattes so anlegte, daß auf jedem Beet die Blumen zu einer anderen Stunde blühten. An einem sonnigen Tag konnte man mit einem Blick in den Garten auf eine halbe Stunde genau sagen, wie spät es war. Der berühmte schwedische Naturforscher Carolus Linnaeus stellte im 18. Jahrhundert als erster fest, daß sich verschiedene Blüten zu unterschiedlichen Zeiten öffnen, und legte die erste Blumenuhr an.

Jeder, der einen Garten oder Zimmerpflanzen betreut, weiß, daß nicht alle Pflanzen an Orten gedeihen, an denen es ständig hell ist. Manche Blüten sieht man nur bei Nacht; es gibt Pflanzen, die im Sommer blühen, andere blühen im Winter, gesteuert von geheimnisvollen inneren Mechanismen, die bestimmen, wann und ob sie blühen sollen. In jeder Pflanze scheint es eine Art Zeitsinn zu geben, der in Beziehung steht zu dem Wechsel zwischen Licht und Dunkelheit. Linnaeus stellte fest, daß Pflanzen und Blüten in der Nacht ihre Stellung verändern; er sprach vom »Pflanzenschlaf«.

Dieser Zeitsinn überrascht nicht, da das Licht eine grundlegende physikalische Komponente im Leben der Pflanzen ist. Licht ist Energie in Strahlenform. Ein Molekül, das ein bestimmtes Quantum Licht absorbiert, gerät in eine Erregung, die, als Resonanz übertragen, als Fluoreszenz zurückgestrahlt oder in Wärme umgewandelt werden kann. Die Aktion des Lichts ist mitbestimmend für Farbe (Wellenlänge), Intensität und Dauer; es kann, wie wir jetzt wissen, Pflanzenzellen anregen oder hemmen und damit die Rhythmen auf eine Art regulieren, die man als Photoperiodismus bezeichnet.

Photoperiodismus

Mit der Frage, auf welche Weise das wechselnde Licht der Jahreszeiten sich auf die Rhythmen von Pflanzen und Insekten auswirkt, haben sich schon zahllose Biologen beschäftigt, darunter Charles Darwin und andere Wissenschaftler des 18. und 19. Jahrhunderts. Darwin interessierte sich besonders für den Pflanzenschlaf; dieser Aspekt eines Vierundzwanzig-Stunden-Rhythmus wurde schon zur Zeit des Androsthenes beobachtet, der, als er mit Alexander dem Großen durch Indien marschierte, feststellte, daß sich die Blätter der Tamarinde bei Nacht schlossen. Daß die mit der Tamarinde verwandte Mimose am Abend ihre zarten Blätter schließt, als wäre sie beleidigt, sie am nächsten Morgen jedoch wieder geöffnet hat, ist schon vielen Menschen aufgefallen. In jüngster Zeit hat die Zeitraffer-Photografie den cirkadianen Tanz der Blätter von Pflanzen deutlich sichtbar werden lassen. Wie einige seiner Vorgänger hat Dr. Erwin Bünning nachgewiesen, daß dieser vierundzwanzigstündige Sonnenrhythmus Schwankungen unterworfen war, wenn Pflanzen in stetiger Dunkelheit oder in stetigem Licht gehalten wurden.

Dr. Bünning stellte fest, daß sich bei Pflanzen, die er in zehn Stunden Licht und zehn Stunden Dunkelheit hielt, ein Zwanzig-Stunden-Zyklus der Blattbewegungen herausbildete. Licht und Dunkelheit spielten bei der Ausprägung ihrer Zyklen ganz offensichtlich eine wichtige Rolle. Mit einer Reihe von Experimenten wies er nach, daß Pflanzen sich auf ganz unterschiedliche Hell-Dunkel-Zyklen einzustellen vermögen. Wurden sie jedoch in ständiger Dunkelheit gehalten, kehrten sie zu einem cirkadianen Rhythmus der Blattbewegung zurück, der ungefähr — aber nicht genau — vierundzwanzig Stunden umfaßte. Die tatsächliche Länge der Periode — vierundzwanzig, fünfundzwanzig oder sechsundzwanzig Stunden — war von Pflanze zu Pflanze verschieden. Dr. Bünning kreuzte Pflanzen miteinander und entdeckte, daß der Rhythmus der Hybride zwischen dem Rhythmus der miteinander gekreuzten Pflanzen lag. Damit schien erwiesen, daß der Rhythmus erblich bedingt ist.

Dr. Bünning zog Sämlinge in völliger Dunkelheit heran. Bei den jungen Pflanzen war keinerlei Rhythmizität vorhanden, aber ein einmaliger Kontakt mit Licht genügte, den cirkadianen Rhythmus der Blattbewegung auszulösen. Er stellte zahllose Versuche hinsichtlich der Stabilität dieses Rhythmus an und stellte fest, daß er sich innerhalb gewisser Grenzen weder durch Temperaturschwankungen noch durch alle möglichen Arten von Giften ändern ließ. Nach rund dreißig Jahren des Forschens gelangte er zu dem Schluß, daß in einer Pflanze periodisch strukturelle Veränderungen im Protoplasma vor sich gehen müssen, die mit dem Prozeß der Zellteilung eng verbunden sind; die wahre Natur dieses Mechanismus ist jedoch bisher noch ein Geheimnis. Die Rhythmen der Pflanzen und ihre Reaktionen auf das Licht lassen vermuten, daß sie eine Art Zeitplan ihrer Umwelt ererbt haben — einen Zeitplan, der ihnen Flexibilität gestattet, sie jedoch zugleich auf bevorstehende jahreszeitliche Schwankungen von Licht und Temperatur vorbereitet.

Alle Kinder wissen, daß Pflanzen die Jahreszeiten ankündigen. Wenn die Krokusse durch den Schnee hervorbrechen, ist der Frühling nicht mehr fern. Wenn die Chrysanthemen blühen, ist der Sommer vorüber und der Herbst kommt. Beim Anblick der Krokusse oder Chrysanthemen fragen die Kinder: »Woher wissen sie, wann sie blühen sollen?«

Es hat den Anschein, als könnten Pflanzen die Jahreszeit vorahnen, indem sie auf das Verhältnis zwischen Licht und Dunkelheit reagieren, wenn die Tage im Frühjahr länger und im Herbst kürzer werden. Dr. Karl Hamner und seine Mitarbeiter am Botany Department der University of California haben diesen Zeitwahl-Mechanismus in vielen Pflanzen-Experimenten deutlich sichtbar gemacht. Sie bedienten sich dabei häufig einer widerstandsfähigen Biloxi-Sojabohne, die im Herbst blüht und einen kurzen Tag »schätzt«. Gab man ihr einen langen Tag mit achtzehn Stunden Licht, so blühte die Sojabohne nicht. Kehrte man jedoch zu einem »kurzen« Tag zurück, setzte sie rasch Knospen an. Die Zahl der Knospen stand im direkten Verhältnis zur Zahl der kurzen Tage, die der Pflanze zur Verfügung standen, was darauf schließen läßt, daß das Licht eine hemmende Wirkung haben und das Blühen verhindern kann.

Unter vielfach abgewandelten Hell-Dunkel-Schemata stellte sich heraus, daß die Pflanzen alle vierundzwanzig Stunden nur sehr geringe Lichtmengen brauchten. Erforderlich schien lediglich, daß alle vierundzwanzig Stunden oder in einem Vielfachen von vierundzwanzig Stunden überhaupt Licht vorhanden war. Die Pflanzen verfügten offenbar über einen Rhythmus der Lichtintensivität, und man konnte eine Pflanze am Knospen hindern, indem man die Dunkelheit zu einem kritischen Zeitpunkt durch Licht unterbrach. (Auch bei

Tieren hat man ähnliche Erscheinungen festgestellt.) In einer Zwölf-Stunden-Periode verhinderte das Licht das Blühen, aber während der nächsten zwölf Stunden regte es das Blühen an. Die Pflanze schien nach einem ihr innewohnenden Rhythmus der Lichtempfänglichkeit zu »zählen«, der vielleicht in den Rahmen ihres täglichen Zyklus von Enzymproduktion, Stoffwechsel und Photosynthese gehört.

Irgendwelche Zeitgeber ermöglichen es Pflanzen und Insekten, sich auf die jahreszeitlichen Wetterumschwünge einzustellen. Sowohl bei Pflanzen wie bei Insekten gibt es Zeiten der Ruhe oder Diapause, während derer ein reduzierter Stoffwechsel sie gegenüber Kälte, Hitze oder Dürre widerstandsfähig macht und auf einen Zyklus des Wachsens, gefolgt von Blüte und Fortpflanzung, vorbereitet. Diese jährliche Abfolge wirkt sich auf den gesamten Zyklus der Ökologie von Pflanzen und Tieren aus.

Jahreszeitliche Schwankungen bei Mensch und Tier

Fest steht, daß auch Vögel und Säugetiere Zyklen unterworfen sind, die mit dem Länger- oder Kürzerwerden der Tage in Beziehung stehen, wenn auch auf eine etwas komplexere Art. Es gibt Tiere wie die Bären und einige Eichhörnchen-Arten, die Winterschlaf halten. Bei den Wieseln ändert sich die Farbe des Fells. Diese Veränderungen warten den Eintritt einer bestimmten Witterung nicht ab. Unter all den Bedingungen, unter denen ein Tier überleben muß – Temperatur, Nahrung, Feuchtigkeit –, scheint das Licht der weitaus wichtigste Synchronisator seiner Aktivität zu sein. Wie wäre es sonst möglich, daß gewaltige Vogelscharen es fertigbringen, gleichzeitig die grundlegende Entwicklung, die sie zur Fortpflanzung befähigt, durchzumachen, so daß sie Eier legen und brüten können? Zugvögel reagieren allmählich auf die im Herbst kürzer werdenden Tage, indem sie Fett ansetzen und zu Nachttieren werden; dann gehen sie auf die Reise, brüten, mausern sich und verhalten sich dann eine Zeitlang, während derer sie Fett für den Heimflug ansetzen, relativ inaktiv. Man nimmt an, daß bei Seehunden, Walen und anderen wandernden Tieren die Dinge ähnlich liegen.

Dagegen liegt kaum wissenschaftliches Material vor, mit dem sich beweisen ließe, daß auch der Mensch jahreszeitlichen Schwankungen unterworfen ist, die vielleicht fast ebenso einschneidend sind wie die,

die man bei wandernden Seehunden oder Zugvögeln beobachtet hat. Tiefgreifende Veränderungen beim Menschen nehmen gewöhnlich die Form von Stimmungen, Launen, vermehrter oder verminderter Tatkraft, Krankheiten oder Gewichtsschwankungen an. Die meisten Menschen bevorzugen eine bestimmte Jahreszeit, manche sind im Herbst besonders aktiv und energiegeladen, und sehr viele Menschen schlafen während der dunklen Wintermonate mehr als im Sommer; das Gewicht, das sie dabei ansetzen, schreiben sie der sitzenden Lebensweise und ungenügender Bewegung zu. Im Frühjahr erbieten sich dann die Schönheitssalons zu herabgesetzten Preisen, ihren Kundinnen beim raschen Wiederloswerden des Winterfetts zu helfen, damit sie es nicht im Badeanzug zur Schau stellen müssen. Allem Anschein nach liegt es nicht nur an den Unbilden des winterlichen Wetters, daß die Menschen seit undenklichen Zeiten das Längerwerden der Tage glücklich begrüßen.

Wintersonnenwende

Vom 22. Dezember an werden die Tage, nachdem sie zuvor immer kürzer werden, wieder länger. Jedermann ist froh, daß er nicht im Dunkeln arbeiten und im Dunkeln nach Hause zurückkehren muß. In den westlichen Ländern hat die Feier der Wende die Form von Weihnachtsferien, aber vielleicht liegt der Feier von Christi Geburt eine verborgene universelle Bedeutung zugrunde. Unzählige Kulturen der Antike wie der Neuzeit haben die Wintersonnenwende gefeiert. Bei den alten Ägyptern und Syrern fanden mitternächtliche Zeremonien statt, die mit großen Hymnen an das wachsende Licht endeten; man feierte die Geburt der Sonne, und dementsprechend war ein Kind — die neugeborene Sonne — das Symbol dieses Tages. Im Julianischen Kalender war der 25. Dezember der Tag des Umschwungs, der Wintersonnenwende. Auch bei den Eskimos und anderen Völkern in den nördlichen Breitengraden gab es Rituale zur Feier der Rückkehr der Sonne. Die Irokesen feierten im Januar ihr Traumfest, das eine Woche dauerte — ein Fest der Befreiung, wie es sich auch in vielen anderen Kulturen findet. Rituale zum 1. Mai und zeremonielle Wettkämpfe bei den Schweden und Eskimos symbolisieren den Kampf des Winters gegen den Sommer, der Dunkelheit gegen das Licht. Obwohl der Mensch sich allen Regionen der Erde angepaßt hat, scheint er doch im Grunde ein Geschöpf des Tages zu sein. Wir freuen uns nicht nur, wenn die Tage länger werden und das Licht zurückkehrt — viele Menschen stehen auch früher und bereitwilliger auf, wenn das Licht an Helligkeit gewinnt.

Licht und Aktivität

Mit Vögeln, Säugetieren und Menschen als Tagesgeschöpfen, mit Mäusen, Ratten und Katzen als Nachtgeschöpfen hat man zahlreiche Experimente angestellt. Es besteht keinerlei Zweifel daran, daß das Licht (oder die Dunkelheit) der entscheidende Synchronisator der Aktivitäts-Rhythmen ist. Dr. Colin Pittendrigh und seine Mitarbeiter entdeckten, daß kleine Tiere in der Arktis ganz winzige Schwankungen der Helligkeit wahrzunehmen vermögen. Damit verfügen sie über Anhaltspunkte hinsichtlich des Wechsels zwischen Tag und Nacht selbst dort, wo nur unveränderter arktischer Sommer oder Winter zu herrschen scheinen. Dr. Jürgen Aschoff hat Untersuchungen mit Vögeln, Tieren und Menschen angestellt und herausgefunden, daß Taggeschöpfe sich hinsichtlich ihrer Aktivität an der Zeit der Helligkeit orientieren; wurde sie im Laboratorium verzögert, verlagerte sich ihre Aktivität entsprechend. Bei ständigem Licht ist damit zu rechnen, daß ein Taggeschöpf seinen Aktivitäts-Zyklus beschleunigt, während ein Nachtgeschöpf ihn hinauszögert. Damit verändern sich, wenn sich die relative Länge von Tag und Nacht allmählich verschiebt, auch Phase und Periode des Aktivitäts-Zyklus bis zu einem gewissen Grade.

Im allgemeinen nehmen wir dieses Modell jahreszeitlich bedingter Existenz hin, ohne uns zu fragen, weshalb das Licht von so zentraler Bedeutung für unser Verhalten ist. Wie kann das Licht sich so auf die Physiologie auswirken, daß es Wanderschaft oder Paarung auslöst? Seine zahlreichen Experimente mit Nagetieren brachten Halberg auf den Gedanken, daß das Licht (oder bei Nachttieren die Dunkelheit) eine Hirnregion, vielleicht den Hypothalamus, veranlassen könnte, die Hypophyse anzuregen, die ihrerseits die Nebennieren stimuliert. Damit würde der Gehalt an Nebennieren-Steroiden vielleicht das Erwachen antizipieren und das Geschöpf im Schlaf auf seine Umwelt vorbereiten. Heute wissen wir, daß das Licht das Gehirn und das neuro-endokrine System tatsächlich beeinflußt.

Licht und das endokrine System des Menschen

Die Doktoren David N. Orth und Donald P. Island von der Vanderbilt University wiesen nach, daß geänderte Lichtschemata die rhythmische Ausschüttung von Nebennieren-Hormonen im Blut zu beeinflussen vermögen. Fünf gesunde Versuchspersonen lebten in Räumen des Hospitals, in die kein natürliches Licht eindringen konnte; sie hatten sich zehn bis vierzehn Tage zuvor einem bestimmten Schlafschema angepaßt, indem sie jeden Tag die gleichen acht Stunden schliefen. Mit Hilfe eines kleinen implantierten Katheters wurden ihnen stündlich Blutproben entnommen. Bei einem bestimmten Zeitplan erwachten die Versuchspersonen in einem Raum, der dann noch vier Stunden dunkel blieb. Obwohl sie wach waren, wies der Hormon-Rhythmus (17-OHCS) seinen Höhepunkt nicht wie üblich gegen Ende der Schlafenszeit auf, sondern trat erst vier Stunden später ein, und zwar in zeitlicher Entsprechung zum Einschalten des Lichts. Diese Verschiebung zeigte sich nicht sofort: die Blutproben wurden entnommen, nachdem die Versuchspersonen fast zwei Wochen lang Gelegenheit gehabt hatten, sich diesem Zeitplan anzupassen. Bei einem anderen Zeitplan mußten die Versuchspersonen den ganzen Tag im Dunkeln wachen und erhielten im Verlauf von vierundzwanzig Stunden Dunkelheit nur eine Stunde Licht. In diesem Fall erschienen die höchsten Spiegel von Nebennieren-Hormonen um die Zeit des Erwachens und dann noch einmal in der Stunde der Helligkeit.

Blindheit

Wenn sich das Licht auf das endokrine System auswirkt, fehlt Blinden möglicherweise mehr als nur die Sehfähigkeit. In der Tat hat Dr. F. Hollwich von der Universität Münster festgestellt, daß bei Leuten, die schwer an grauem Star leiden oder blind sind, die bei Gesunden üblichen Rhythmen der Nebennieren-Hormone nicht vorhanden sind. Bei fünfzig Patienten mit schweren Star-Erkrankungen fand er die normale Amplitude der cirkadianen Rhythmen weder bei den Metaboliten der Nebennieren-Hormone noch bei bestimmten Blutzellen. Die Rhythmen kamen jedoch wieder zum Vorschein, nachdem der Star entfernt worden war und die Leute wieder sehen konnten. Bei weiteren zweihundertfünfzig Patienten mit grauem Star untersuchte Dr. Hollwich den Wasserhaushalt, die Elektrolyte im Urin, die Kohlenhydrat-Metaboliten, die Nebennieren-Hormone sowie den Fett- und Protein-Stoffwechsel. Vor dem chirurgischen Eingriff erschien der Stoffwechsel nicht normal, nachdem jedoch durch eine Operation die Sehfähigkeit wiederhergestellt worden war, kehrte er zum Normalzustand zurück. Dr. Hollwich stellte fest, daß bei Menschen, die ihre Sehfähigkeit bereits in früher Jugend verloren hatten, häufig Störungen im Wasser- und Glukose-Haushalt auftraten und die Insulin-Toleranz geringer war als normal. Es ist möglich, daß die sinnliche Wahrnehmung des Wechsels zwischen Licht und Dunkelheit die vielfach ineinander verwobenen Zyklen unseres endokrinen Systems synchronisiert oder anderweit beeinflußt und sich damit auf unseren gesamten Stoffwechsel auswirkt.

Reagiert auch unser endokrines System allmählich auf das sich ändernde Verhältnis zwischen Licht und Dunkelheit, wenn das Jahr vom Winter zum Sommer fortschreitet? Wenn ein Mensch die vibrierende Rastlosigkeit des »Frühlingsfiebers« verspürt und »ein junger Mann beginnt, von Liebe zu träumen« — handelt es sich da um Reaktionen des Drüsensystems auf den Wechsel der Jahreszeit? Vielleicht stellen die zarten Gefühlsregungen des Frühlings einen Teil unserer Verbundenheit mit den Rhythmen der Erde dar; ein Blick auf die Tierwelt könnte helfen, sie wenigstens zum Teil zu erklären.

Paarungszeiten: Vögel

Anfang der zwanziger Jahre stellte Dr. Vernon Rowan ein aufsehenerregendes Experiment an. In Saskatschewan in Kanada fing er ein paar Schneefinken, die sich auf ihrer Reise nach Süden in ein wärmeres Klima befanden. Rowan hielt sie im kanadischen Winter bei Temperaturen um null Grad in Volieren; bei Sonnenuntergang schaltete er ein paar Glübirnen ein, die jeden Abend etwas länger Licht gaben. Die Glühbirnen ließen die Temperatur nicht ansteigen, aber sie verlängerten den Tag. Mitte Dezember ließen die Finken den ihnen eigenen Paarungsgesang hören, und als er sie mitten im eiskalten Winter freiließ, zogen sie nicht nach Süden, sondern nach Norden. Das Licht hatte ganz offensichtlich die Entwicklung der Keimdrüsen der Tiere beeinflußt; Untersuchungen aus neuerer Zeit haben eindeutig erwiesen, daß Hormone die Richtung der Wanderschaft bestimmen.

Dr. J. Benoit, ein weiterer Pionier auf dem Gebiet der Forschung darüber, wie sich das Licht auf Geschlechtsleben und Fortpflanzung auswirkt, operierte noch nicht geschlechtsreifen Enterichen die Augen heraus. Bei diesen augenlosen Jungtieren zeigte sich keines der üblichen Anzeichen der Geschlechtsreifung, bis ein Lichtstrahl direkt in den Hypothalamus gelenkt wurde. Wie Benoit und spätere Forscher feststellten, war das Gehirn nicht schlechthin lichtempfindlich, sondern reagierte auch unterschiedlich auf verschiedene Wellenlängen oder Farben. Um das Wachstum der Keimdrüsen anzuregen, mußte das Licht überwiegend aus orangeroten Wellenlängen bestehen; wurde es jedoch direkt auf den Hypothalamus gerichtet, regten sämtliche Wellenlängen das Wachstum an.

Hormonelle Veränderungen bei Tieren

Offenbar werden Zugvögel durch innere hormonelle Zustände, die Umwelteinflüsse in ihnen herbeiführen, in die richtige Himmelsrichtung gewiesen. Dr. Stephen T. Emlen fing im Herbst ein paar Indigofinken ein. Einige von ihnen brachte er in eine Laboratorium-Umgebung, in der die Lichtverhältnisse den natürlichen Veränderungen im Verlauf der Jahreszeiten entsprachen. Andere wurden einem beschleunigten Lichtschema ausgesetzt, bei dem die Tage rasch immer länger wurden; es war, als durchlebten sie Frühling und Sommer. Dementsprechend beschleunigte sich der Zyklus, in dem sie Fett ansetzten und sich mauserten. Im Mai befanden sich die Vögel, die in einem natürlichen Lichtschema lebten, physiologisch in Frühjahrs-Kondition, während die der Beschleunigung ausgesetzten Geschöpfe bereits in Herbst-Kondition waren. Dr. Emlen testete die Vögel, indem er sie in einem Planetarium fliegen ließ, das die Sternbilder des Frühlings zeigte. Die Vögel in Frühjahrs-Kondition wandten sich nach Norden, während die, bei denen physiologisch Herbst war, den Weg nach Süden einschlugen.

Mit den hormonellen Veränderungen, die in diesen Tieren vor sich gehen, hat sich eine Reihe von Wissenschaftlern in verschiedenen Laboratorien beschäftigt. Dr. Joseph Meites und seine Kollegen stellten fest, daß ständiges Licht die Produktion von FSHRF *(follicle stimulating hormone releasing factor)* im Hypothalamus anregt. Dies wiederum veranlaßt eine gesteigerte Ausschüttung von FSH (follikelstimulierendes Hormon) durch die Hypophyse. FSH reguliert die Produktion von Spermien. Dieser hormonelle Vorgang, der sich auf die Entwicklung der Keimdrüsen auswirkt, wird offenbar durch ständiges Licht gefördert.

Dr. Robert Lisk und seine Mitarbeiter implantierten geblendeten Ratten Lichtleitfasern, die das Licht unmittelbar in den Hypothalamus oder die Hypophyse leiteten; diese Fasern geben Licht, aber keine Wärme. Als das Licht in Zyklen appliziert wurde, trat die Brunst halbwegs normal ein, konstantes Licht jedoch führte zu ständiger Brunst. Dies ist nur eines von vielen Beispielen, die erkennen lassen, daß die Zyklizität des Lichts von ausschlaggebender Bedeutung für einen normalen Funktionsablauf sein dürfte.

Der Wechsel zwischen Licht und Dunkelheit löst offenbar innerhalb des Nervensystems Aktivität aus, und das Nervensystem reguliert seinerseits die für die Fortpflanzung maßgeblichen physiologischen Zyklen. Die Wissenschaft hat lange vor der Frage gestanden, wie Licht ins Gehirn einzudringen vermag und welche Strukturen im Gehirn auf Licht reagieren. Die Forschung hat sich in jüngster Zeit vor allem mit der Zirbeldrüse beschäftigt; anfangs schien es, als spiele sie eine Vermittlerrolle zwischen dem einfallenden Licht und den Signalen an die Fortpflanzungsmechanismen; welche Funktion sie jedoch tatsächlich ausübt, steht noch nicht fest.

Die Zirbeldrüse

Die Zirbeldrüse hat die Form eines kleinen Fichtenzapfens und liegt tief in der Hirnmitte zwischen den beiden Hemisphären. Indische Mystiker und Yogis sahen in ihr den letzten Überrest eines dritten Auges. In der Tat ragt sie aus dem Schädel von Eidechsen wie ein mit Haut bedecktes Auge heraus; sie reagiert auch auf Licht. Überdies verfügt die Drüse über merkwürdige biochemische Eigenschaften. Im Jahre 1916 stellte man fest, daß Gewebe aus der Zirbeldrüse die Haut einer Kaulquappe oder eines Frosches bleicht. Es übt eine starke Wirkung auf die Pigment-Knötchen aus und wurde für Entfärbungen und Flecken auf der Haut verantwortlich gemacht. Die Substanz mit der bleichenden Wirkung konnte Ende der fünfziger Jahre isoliert werden und wurde wegen ihres Einflusses auf das Melanin, das unsere Haut dunkel pigmentiert, Melatonin genannt.

In der Folgezeit stellte man fest, daß sich Melatonin-Injektionen auf die Schilddrüsen-Funktion und die Größe der Nebennieren auswirkten, EEG-Aufzeichnungen modifizierten und die Blut-Hirn-Schranke durchdrangen, das System, das das Hirn vor einem Bombardement durch unverhältnismäßig große Moleküle aus dem Blut schützt. Allem Anschein nach konzentriert sich das Melatonin im Mittelhirn und im Hypothalamus, in dem es möglicherweise die sexuellen Funktionen beeinflußt.

Melatonin ist ein kompliziertes Molekül, das mit der wichtigen Übermittler-Substanz Serotonin nahe verwandt ist. Dr. Julius Axelrod und seine Mitarbeiter haben nachgewiesen, daß Serotonin durch ein Enzym, das sich ausschließlich in der Zirbeldrüse von Säugetieren findet, in Melatonin umgewandelt wird. Dieses Enzym wird offensichtlich bei Nachttieren durch Licht und bei Tagtieren durch Dunkelheit gehemmt. Der Gehalt an Melatonin schwankt in einem Tagesrhythmus; Serotonin dagegen hat einen cirkadianen Rhythmus, der von einem Licht-Dunkel-Rhythmus unabhängig ist. Neben Serotonin und Melatonin findet sich in der Zirbeldrüse eine Reihe weiterer Verbindungen, die im Gehirn und bei der Aktivität des Nervensystems eine wichtige Rolle spielen. Zu ihnen gehören Histamin, Dopamin und Noradrenalin. Besonders Noradrenalin ist in der Zirbeldrüse reichlich vorhanden; es wird in sackartigen Zellbehältern an den Nervenendigungen gespeichert. Wurtman und Julius Axelrod haben aufgezeigt, daß der Gehalt an Noradrenalin bei Ratten auf rhythmische Weise steigt und fällt und seinen Höchststand gegen Ende der Nacht erreicht. Möglicherweise spielt das Noradrenalin bei der Steuerung von Rhythmen eine Rolle und ebenso beim Stimulieren der Melatonin-Produktion in der Zirbeldrüse.

Bei der Erforschung der Zirbeldrüse wurden Versuche mit allen möglichen Tierarten angestellt, und es gab viele Kontroversen und Komplikationen, aber zwei Fakten traten deutlich hervor. Die Drüse beeinflußt offensichtlich, vielleicht durch das Melatonin, die sexuelle Entwicklung, und ihre Melatonin-Produktion kann durch Licht beeinflußt werden. Einigen wenigen, in Krankenhäusern beobachteten Fällen nach zu urteilen, scheint die Zirbeldrüse die Entwicklung der Keimdrüsen zu hemmen. Jungen, denen die Zirbeldrüse fehlte, weil sie durch einen Tumor zerstört worden war, kamen sehr früh, gelegentlich noch im Kindergartenalter, in die Pubertät.

Die Opfer dieser Katastrophen im Drüsensystem gelangen der grotesken Folgen wegen häufig zu weltweitem Ruhm. Von Zeit zu Zeit liest man von einem kleinen Mädchen, das mit fünf Jahren ein Kind zur Welt gebracht hat, oder von einem kleinen Jungen, dessen körperliche Entwicklung der eines erwachsenen Mannes entspricht. Diese verfrühte sexuelle Aktivität ist zum Teil bei Tieren experimentell herbeigeführt worden. Junge Ratten, deren Zirbeldrüsen man entfernt hatte, begatteten und paarten sich vorzeitig.

Als Dr. Charles C. Rust und Dr. Roland K. Meyer Wieseln, bei denen die Frühjahrs-Braunfärbung bereits eingesetzt hatte, Melatonin injizierten, entwickelten sich bei den Tieren wieder das weiße Winterfell, und die Entwicklung der Keimdrüsen kam zum Stillstand. Die Dosis Melatonin, die man Tieren bei diesem und anderen Experimenten injizierte, überstieg die von der Zirbeldrüse sezernierte Menge um ein Vielfaches; immerhin lassen die Versuche erkennen, daß Melatonin einen hemmenden Einfluß auf die Fortpflanzungsfähigkeit und die der Jahreszeit entsprechende Fellfärbung von Tieren ausüben kann. Früher war man der Ansicht, die Zirbeldrüse spiele die Rolle eines Vermittlers und reguliere, gestützt auf die jahreszeitlich bedingten Veränderungen der Lichtverhältnisse, die Entwicklung der Fortpflanzungsorgane. Ob das so ist, weiß heute niemand. Fest steht jedoch, daß Dauer und Farbe des Lichts sich auf das Hirn und die Keimdrüsen von Vögeln auswirken. Die Biologen Oishi und Kato bemalten die Köpfe japanischer Wachteln mit einem Farbstoff, der in einige Gehirne orangefarbenes Licht aussandte, in andere grünes. Für die Bedeutung, die wir der Farbe Rot — der Farbe der Prostituierten seit babylonischer Zeit — beilegen, muß es irgendeinen tieferen organischen Grund geben, denn bei den Tieren mit dem orangefarbenen Licht kam es zu einer Entwicklung der Keimdrüsen, nicht aber bei denen, die mit grüner Farbe bemalt worden waren.

Es ist durchaus möglich, daß das Licht und die Farbe des Lichts einen entscheidenden Einfluß auf die Sexualität ausüben, vielleicht durch irgendeine Einwirkung auf die Zirbeldrüse. Da sich die Zirbeldrüse beim Menschen nicht wie bei den Vögeln an der Schädeloberfläche befindet, fragt man sich unwillkürlich, ob Licht und Dunkelheit eine so tief im Zentrum des Gehirns gelegene Drüse überhaupt zu erreichen vermögen. Eine mögliche Route fanden Axelrod und Wurtman mit Hilfe zahlreicher komplizierter Experimente. Mit chirurgischen Eingriffen in das Hirn von Ratten wiesen sie nach, daß das Licht durch die Augen einfallen muß und dann einen Umweg über die untere

Nebensehbahn macht, von der aus die Lichtbotschaften zu den Zervikalganglien, Nervenzentren unterhalb der Hirnbasis, übermittelt werden. Von dort gegebene Signale regen vermutlich das sympathische Nervensystem an, das die Information an die Zirbeldrüse weiterleitet. Im allgemeinen werden die Drüsen durch biochemische Signale wie das ACTH aus der Hypophyse angeregt, die die Nebennieren zur Hormonausschüttung veranlassen. Die Zirbeldrüse dagegen handelt vielleicht eher wie eine Art Vermittler, der seine biochemischen Substanzen auf Nervenbotschaften hin aussendet.

Die Zirbeldrüse bei Säuglingen

Pathologen, die in Nova Scotia arbeiteten, berichteten kürzlich über ihre Funde bei der Autopsie von Säuglingen und Tieren. Ihr Bericht dürfte bei der Frage der Beleuchtung von Kinderabteilungen in Krankenhäusern von Interesse sein, denn aus ihm geht hervor, daß sich das Licht vom Augenblick der Geburt an auf die Zirbeldrüse auswirkt und möglicherweise ihre Entwicklung beschleunigt. Die Doktoren N. A. Kerenyi und K. Sarkar vom Halifax Department of Public Health stellten fest, daß es im Gewebe der Zirbeldrüse des Menschen eine strukturelle Zellentwicklung gibt, die bei der Geburt beginnt. Der Prozeß, der ein mosaikartiges Muster schafft, ist im Alter von zwei bis drei Wochen abgeschlossen. Um den sechsten Lebensmonat beginnt dieses Muster zu schrumpfen, um den neunten Monat ist es vollständig verschwunden. Dieser Ablauf beginnt bei der Geburt, auch wenn das Kind vorzeitig zur Welt kam — eine Tatsache, die stark darauf hindeutet, daß das Licht die Gewebsentwicklung der Zirbeldrüse fördert. Wenn dem so ist, dürfte die Geschwindigkeit, mit der sich die Zirbeldrüse eines Kindes entwickelt, mit Quantität und Qualität des Lichts in seiner Umgebung in Beziehung stehen.

Diese Feststellung wurde durch eine Studie bestätigt, bei der man Kaninchen nach ihrer Geburt zwei Monate lang im Dunkeln hielt, bevor man das Gewebe ihrer Zirbeldrüse mit dem anderer junger Kaninchen verglich, die normalem Licht ausgesetzt gewesen waren. Bei den im Dunkeln gehaltenen Kaninchen war die Entwicklung der Zirbeldrüse ganz offensichtlich zurückgeblieben.

Künstliches Licht

Die Wellenlänge von künstlichem Licht entspricht meist nicht der des natürlichen Lichts. Glühbirnen strahlen ein leicht farbiges Licht aus, das vor allem einen kosmetischen Zweck hat: Orange- und Rottöne verleihen der Haut ein gesundes Aussehen. Es gibt auch Birnen, deren Licht ungefähr dem natürlichen Licht entspricht, aber sie schmeicheln dem menschlichen Antlitz nicht und werden nur selten verwendet. Hätten die Menschen mehr Ähnlichkeit mit den Vögeln, könnte man auf den Gedanken kommen, daß die allgemein übliche Verwendung orangefarben getönten Lichts mit der Tatsache, daß in den zivilisierten Ländern eine ständig früher eintretende Geschlechtsreife der jungen Leute zu beobachten ist, in irgendeiner Beziehung steht. Daß man sich Gedanken solcher Art macht, ist unvermeidlich, wenn sie auch gegenwärtig nicht mehr sind als bloße Vermutungen. Dennoch ist es durchaus möglich, daß das Licht, vor allem bestimmte Teile des Spektrums, einen kräftigen Einfluß auf Stoffwechsel und Wohlbefinden ausübt. Es ist ein wichtiger Synchronisator des Wachens und Schlafens und damit zugleich der cirkadianen Zyklen. Die Beobachtung von Blinden hat erwiesen, daß ohne den täglichen Wechsel von Licht und Dunkelheit Unregelmäßigkeiten der Stoffwechsel-Funktionen auftreten können.

Gegenwärtig bedienen wir uns des Lichts aufs Geratewohl. Ungeachtet der Tatsache, daß das Licht durch die geschlossenen Lider dringt — sonst könnte das Morgenlicht uns nicht wecken —, lassen wir in Räumen, in denen Leute schlafen, das Licht nicht brennen. Nach seiner jahrelangen Beschäftigung mit der Zirbeldrüse war Dr. Richard Wurtman überzeugt, daß man eines Tages dem Licht eine ebenso große Wirksamkeit zuschreiben wird wie jedem Medikament und daß man genau überlegen wird, welche Wellenlänge und welcher Zeitpunkt angebracht sind. Vielleicht finden wir Möglichkeiten einer Lichttherapie für Blinde und vielleicht gelingt es uns, das Licht in Innenräumen in etwa dem Spektrum des natürlichen Lichts anzugleichen. Auf jeden Fall dürfte es äußerst wichtig sein, die Auswirkungen des Lichts auf das Gehirn des Menschen zu erforschen.

Jahreszeitlich bedingte Lichtschwankungen und die Drüsen des Menschen

Sollte der Mensch wie die Sojabohne auf das unterschiedliche Verhältnis zwischen Tageslicht und Dunkelheit reagieren, könnten wir allmählich verstehen, wie es dazu kommt, daß wir die Hitze des Sommers durch das Sommerhormon antizipieren. Stimmungen, ob es sich nun um das sinnliche Entzücken im Frühjahr handelt oder um die Einsamkeit und Verzweiflung der Depression, werden durch das neuro-endokrine System gesteuert. Es ist kein Zufall, daß Menschen unter Frühjahrsfieber leiden, daß zu bestimmten Jahreszeiten die Zahl der Selbstmorde steigt oder daß Allergien und Geschwüre im Herbst häufiger auftreten. Und trotz der durch Dampfheizung und Klimaanlagen ausgeglichenen Temperaturen neigt der Mensch nach wie vor dazu, sich vor allem im Frühling und Sommer zu paaren.

Vielleicht vermögen die Auswirkungen des Lichts auf das neuro-endokrine System auch einige der stereotypen Anschauungen über Temperament und Klima zu erklären — die schwermütigen Dänen, die ausgelassenen Italiener. Robert Burton machte die Kälte für die Melancholie der Skandinavier verantwortlich. »Deshalb sind in diesen nördlichen Ländern die Leute gewöhnlich traurig und schwerfällig, und die Melancholie wird zahlreichen Hexen zugeschrieben. Aber in diesem kalten Klima ist man einfach anfälliger für natürliche Melancholie.« Vielleicht dämpft nicht nur die Kälte, sondern auch der Mangel an Sonnenschein die Lebensgeister der Menschen in hohen Breitengraden.

In Finnland, wo die Wintermonate öde und dunkel sind und das Land nur einige Monate im Jahr unter intensivem Sonnenlicht liegt, wurde kürzlich eine Untersuchung angestellt, die vermuten läßt, daß die Jahresrhythmen des Lichts die gynäkologische Gesundheit der Frauen indirekt beeinflussen: ihre Hirnanhangdrüsen reagieren offenbar auf die Lichtmenge.

Diese mächtige Drüse steuert die Phasen des Menstruationszyklus, beeinflußt die Veränderungen im Endometrium — der Schleimhaut des Uterus — und die Entwicklung der Eizellen. Dr. Sakari Timonen und seine Mitarbeiter in Helsinki studierten die Empfängnisrate und das Vorkommen von Zysten* und anderen Zellwucherungen an Hand von Scheidenabstrichen und Biopsien bei einer beträchtlichen Zahl von Frauen über fünf Jahre hinweg. Sie übertrugen ihre statistischen

Ergebnisse in einen Kalender, daneben die monatlichen Messungen des Sonnenlichts vom Meteorologischen Zentralamt. Die Ergebnisse waren interessant: mit zunehmendem Sonnenlicht stieg die Zahl der Konzeptionen*, und die als Hyperplasie bezeichnete prä-tumoröse Zellwucherung nahm merklich ab. Während der dunklen Monate des Jahres traten diese abnormen Entwicklungen häufiger auf, und die Konzeptionsrate wurde geringer. Die Forscher meinten, es sei möglich, daß sich der Helligkeitsgrad indirekt auf die Hypophyse des Menschen auswirkt.

Einen weiteren Beweis hierfür liefern die Beobachtungen, die Dr. Reinberg an einer jungen Frau anstellte, die fast drei Monate lang nur im trüben Licht einer Grubenlampe, die sie während des ganzen Experiments trug, in einer Höhle lebte. Ein Jahr vor und ein Jahr nach ihrem Höhlenaufenthalt maß sie täglich ihre Temperatur. Vorher lebte sie einen Vierundzwanzig-Stunden-Tag und hatte einen Menstruationszyklus von neunundzwanzig Tagen; unter der Erde verlängerte sich ihr Tag auf 24,6 Stunden, ihr Menstruationszyklus verkürzte sich auf 25,7 Tage. Es dauerte etwa ein Jahr, bis ihr Zyklus zu neunundzwanzig Tagen zurückkehrte.

Für Dr. Reinberg stellte sich nun die Frage, ob das schwache Licht in der Höhle ihren Menstruationszyklus beeinflußt haben konnte. Er durchforschte die Literatur und stieß dabei auf eine Studie über den Zeitpunkt der Menarche, der ersten Menstruation, bei 600 jungen Mädchen in Norddeutschland. In den meisten Fällen fiel die Menarche in den Winter. Eine weitere, an Prager Mädchen angestellte Untersuchung hatte gleichfalls ergeben, daß die Menarche im Winter am häufigsten war. Überdies hat man beobachtet, daß bei blinden Mädchen die Menarche früher einzutreten pflegt als bei Mädchen, die sehen können. Möglicherweise stimuliert Lichtmangel oder trübes Licht eine Phase der hormonellen Entwicklung bei Frauen. Sollte die Zirbelsdrüse beteiligt sein, könnte der Lichtmangel zu einer verminderten Melatonin-Ausschüttung führen — und damit wären gewissermaßen die Bremsen des Fortpflanzungssystems gelöst. Es ist durchaus möglich, daß Intensität, Dauer und Qualität des Lichts den Menstruationszyklus und damit generell das gesamte Fortpflanzungssystem beeinflussen. Das bedeutet, daß je nach den Lichtverhältnissen jahreszeitlich bedingte Schwankungen in unseren Körpern und in unserem Verhalten auftreten. Vielleicht kommt es auch bei uns zu einer Art Photoperiodismus, so daß das Licht zu bestimmten kritischen Perioden unser Blühen hemmt oder fördert. Der Gedanke, daß wir mit Hilfe des Lichts unsere eigenen Fruchtbarkeits-Rhythmen beeinflussen könnten, liegt gar nicht mehr so fern. Tierversuche lieferten die ersten Hinweise darauf, daß so etwas möglich sein könnte.

Kontrolle der Brunst durch Licht

Ende der vierziger Jahre begannen die Doktoren John W. Everett und Charles H. Sawyer mit einer Reihe inzwischen klassisch gewordener Experimente mit Ratten. Sie entdeckten, daß es einen Vierundzwanzig-Stunden-Rhythmus in dem neuro-endokrinen Apparat gab, der LH (luteinisierendes Hormon) bei Ratten ausschüttet. Sie benutzten ein Barbiturat (NEMBUTAL®), um das Nervensystem zu dämpfen und die Ovulation zu verhindern. Wurde die Droge um 14 Uhr am Tage vor der Brunst verabreicht, verhinderte sie den Ovulationsvorgang; nach 16 Uhr hatte sie diese Wirkung jedoch nicht mehr. Mit verschiedenen Barbituraten wiesen sie nach, daß sich Ovulation und Brunst durch Injektionen blockieren ließen, sofern sie zum richtigen Zeitpunkt des sexuellen Zyklus der Ratte gegeben wurden. Bei Ratten, die unter kontrollierten Lichtschemata lebten, gab es eine kritische Periode von etwa zwei Stunden am Tag vor der Brunst. Diese kritische Periode begann etwa beim Einschalten der Beleuchtung. Wenn Anästhetika, blockierende Drogen oder andere dämpfende Mittel unmittelbar vor Eintritt der kritischen Periode ins Gehirn gelangen, ist es möglich, den Nervenmechanismus zu stören, der das LH freisetzt — das Signal, das normalerweise Schübe des ovulationsfördernden Hormons auslöst. Erfolgt die gleiche Blockierung am nächsten Tag wiederum während der kritischen Zeit, wird die Ovulation abermals verhindert, und so kann es *ad infinitum* weitergehen, bis die Eierstöcke degenerieren. Vielleicht gibt es auch eine kritische Tages- und Monatszeit, zu der Drogen den Zyklus erwachsener Frauen zu beeinflussen vermögen.

Nun kommen wir zu der aufsehenerregenden Entdeckung, daß das Licht ebenso wirksam sein kann wie Drogen und eine ähnliche Rolle beim Blockieren der Brunst zu spielen vermag. Wurden Ratten unter konstantem Licht gehalten, befanden sie sich ständig in der Brunst. In neuerer Zeit wurde nachgewiesen, daß bei Ratten, die in ständiger Dunkelheit leben, keine Ovulation eintritt, wenn man während der kritischen Periode vor der Ovulation für zwei Stunden das Licht einschaltet. Damit ist der Mensch durch bloßes Ein- und Ausschalten des Lichts imstande, den hormonellen Mechanismus, der die Fortpflanzung bei diesem Nagetier kontrolliert, ein- und auszuschalten, wie auch das Blühen der Sojabohne in seiner Hand liegt. Männliche Tiere werden vom Licht gleichermaßen betroffen. Wird dem überaus fruchtbaren Hamster das Licht entzogen, kommt es zu einer Atrophie der Keimdrüsen: bei völliger Dunkelheit schrumpfen sie auf etwa ein Viertel ihrer natürlichen Größe zusammen, und die Fruchtbarkeit des Tieres geht auffallend zurück.

Die Stunde der Geburt

Auch in den Fortpflanzungs-Zyklen des Menschen mag es kritische Phasen geben, während derer sich diese Zyklen unterbrechen lassen. Obwohl die Schwangerschaft beim Menschen neun Monate dauert, ist die Einheit, nach der der Körper allem Anschein nach zählt, doch der Tag — der cirkadiane Zyklus. Statistiken über die Stunden der Geburt lassen vermuten, daß die meisten normalen Geburten in eine bestimmte Phase des cirkadianen Zyklus fallen. Dr. Jeri Malek und seine Mitarbeiter in Prag untersuchten 92 000 Geburten und stellten fest, daß bei 60 Prozent der Beginn in der Nacht lag und bei 40 Prozent am Tage, und zwar ungeachtet der Jahreszeit. Die Wehen setzten doppelt so oft gegen Mitternacht ein wie gegen Mittag; Malek stellte zudem fest, daß die natürlichen Geburten, die gegen Mitternacht einsetzten, am schnellsten und leichtesten verliefen. In den Vereinigten Staaten haben die Doktoren Irwin H. Kaiser und Franz Halberg festgestellt, daß die Wehen bei 60 Prozent in der Nacht einsetzen und gegen 3 Uhr morgens ein Höhepunkt erreicht wird. Die meisten Totgeburten oder Geburten, bei denen die Neugeborenen kurz nach der Geburt starben, fielen in den Spätnachmittag. Die Statistiken lassen vermuten, daß die cirkadiane Phase für eine gesunde Schwangerschaft eine überaus wichtige Rolle spielt. Die tschechoslowakischen Forscher bemerkten, daß möglicherweise zwischen den Entbindungen am Vor- oder Nachmittag und der cirkadianen Phase, in der die Menstruation gewöhnlich beginnt, eine Beziehung besteht. Bei einer an etwa 800 Mädchen durchgeführten Untersuchung stellten sie fest, daß die Blutung gewöhnlich zwischen 4 und 6 Uhr morgens einsetzt, gelegentlich zwischen 8 und 12 Uhr und wesentlich seltener am Nachmittag oder Abend. Das bedeutet, daß zwischen dem Modell der Menstruation und dem Zeitpunkt von Wehen und Entbindung möglicherweise eine Beziehung besteht, denn wie das Einsetzen der Menstruation fallen auch die meisten Entbindungen in die frühen Morgenstunden. Vielleicht stellt sich heraus, daß Regelmäßigkeit und Zeitpunkt der Menstruation Hinweise geben auf die Zeitstruktur einer Frau und die potentielle Mühelosigkeit, mit der sie ein Kind zur Welt bringen kann. Möglicherweise spiegeln sich die emotionellen Schocks oder unregelmäßigen Gewohnheiten, die cirkadiane Rhythmen aus ihren normalen Phasen-Verhältnissen herausreißen können, in Unregelmäßigkeit der Menstruation und ihrem Einsetzen zu einem von der Norm abweichenden Zeitpunkt.

Mondzyklen

Die Periode des durchschnittlichen Menstruations-Rhythmus der Frau liegt bei achtundzwanzig bis neunundzwanzig Tagen. Das könnte auf einen Mondzyklus hindeuten. Der synodische Monat dauert 29,5 Tage; in einem synodischen Monat gehen Mond und Sonne einmal fast zur gleichen Zeit auf und unter. Die regelmäßigen Bewegungen von Sonne und Mond sind vielleicht für die atmosphärischen Zyklen verantwortlich, die die Paarung vieler Meeresgeschöpfe synchronisieren helfen; vielleicht sind sie auch Teil der Zeitstruktur der Säugetiere geworden.

Das Schwärmen und Laichen und die Paarung vieler Meeresgeschöpfe stehen in Beziehung zu den Rhythmen der Gezeiten, die stärker auftreten, wenn Sonne und Mond miteinander in Opposition oder Konjunktion stehen. Bei den Bermudas kann man bei Vollmond im Frühjahr beobachten, wie die Meeresoberfläche hell zu strahlen beginnt, wenn der atlantische Leuchtwurm schwärmt und laicht. Zwischen März und August laichen die kalifornischen Ährenfische bei Flut in den auf den Vollmond folgenden Nächten nahe der Küste.

Daß die alten Kulturen Frühjahr und Mond mit der Fruchtbarkeit in Beziehung setzten, ist nicht verwunderlich. Beschneidungs-, Pflanz- und Fruchtbarkeitsriten im alten Ägypten und in Afrika richteten sich nach dem Mond. Auch in unseren Zeiten finden sich noch Überreste einer gewissen Ehrfurcht vor dem Mond, und es gibt kaum ein

psychiatrisches Krankenhaus, das nicht mit Statistiken und Anekdoten zum Beweis der Tatsache aufwarten könnte, daß bei Vollmond mehr Unruhe herrscht und mehr Patienten eingeliefert werden. Aus Polizeiberichten geht hervor, daß die Zahl von Verbrechen mit möglicherweise psychotischem Hintergrund, Brandstiftung, Kleptomanie, Prügeleien und Autounfälle um die Zeit des Vollmonds zunimmt.
In jüngster Zeit haben sich Wissenschaftler erneut mit der Möglichkeit beschäftigt, daß Mondrhythmen zum Verständnis der Ovulationszyklen des Menschen beitragen.

Kontrolle der Ovulation durch das Licht

Während langer Jahre seines beruflichen Daseins hat sich der Physiker Edmond Dewan für die Art und Weise interessiert, in der sich biologische Schwankungen mit den Zyklen der Umwelt synchronisieren. Theoretisch ist es möglich, daß jede biologische Schwankung durch eine Periodizität der Umwelt geprägt wird. Für Dewan stellte sich die Frage, ob es sich bei den einander entsprechenden Perioden der menstruellen und der Mondzyklen um mehr handeln mochte als um bloßen Zufall, ob hier ein Überrest der Einwirkung des Mondes auf primitive Organismen vorlag. Er durchforschte die Mythen des Altertums und die Literatur über die sexuellen Zyklen bei Fischen und anderem Seegetier. Besonders beeindruckten ihn die Experimente, die der deutsche Biologe C. Hauenschild mit Meeres-Ringelwürmern durchgeführt hatte (seine Arbeiten werden im Cold Spring Harbor Symposium von 1960 zitiert). Hauenschild wies nach, daß es weniger atmosphärische Schwankungen waren, die diese niederen Lebensformen beeinflußten, als vielmehr das Mondlicht. In sechs von dreißig Nächten, also in etwa dem Mondzyklus entsprechend, setzte er die Würmer einem schwachen Licht aus. Die Geschlechtsreifung der Würmer erfolgte in einem Rhythmus, der mit dem Licht synchron verlief. Selbst bei primitiven Organismen, bei denen sich relativ stabile Rhythmen von Hormonschwankungen und Schwärmen finden, gibt es nicht bei allen Individuen Zyklen, die haargenau mit den Phasen der Rhythmen der Außenwelt übereinstimmen.
Betrachtet man den Menstruationszyklus der Frau, findet man Perioden zwischen sechzehn und fünfundsiebzig Tagen. Obwohl die meisten Frauen regelmäßige Neunundzwanzig-Tage-Zyklen haben, tritt

die Menstruation bei vielen anderen völlig unregelmäßig auf. Ursache der Unregelmäßigkeiten können Streß oder andere Faktoren sein — aber wäre es nicht vielleicht möglich, mit Hilfe eines Signals eine Regelmäßigkeit von Menstruation und Ovulation herbeizuführen? Da Licht auf das neuro-endokrine System einwirkt, vermutete Dewan, daß ein Licht, daß während einer kritischen Phase im Zyklus einer Frau aufleuchtet, die Ausschüttung von LH und FSH beeinflussen und damit die Ovulation vorhersehbar und kontrollierbar machen kann.

Im Jahre 1965 stellte Dewan Experimente mit einer jungen Frau an, die bereits sechzehn Jahre lang eine unregelmäßige Menstruation gehabt hatte. Ihre Zyklen schwankten zwischen dreiundzwanzig und achtundvierzig Tagen. Im Verlauf einer über vier Monate hinweg durchgeführten Studie stellte sie am Fußende ihres Bettes eine Lampe auf den Fußboden und ließ am vierzehnten, fünfzehnten und sechzehnten Tag ihres Zyklus während des Schlafs eine Hundert-Watt-Birne brennen, deren von der Decke und den Wänden reflektiertes Licht ihr Gesicht beschien. Der erste Tag der Menstruation wurde als erster Tag des Zyklus gerechnet. Zu ihrer Überraschung und Verblüffung pendelten sich ihre Perioden auf neunundzwanzig Tage ein. Eine zweite Versuchsperson stellte fest, daß sie am vierzehnten Tag ihres Zyklus, um die Zeit der Ovulation, leichte Schmerzen verspürte. Sie machte diese Entdeckung, als sie begann, ihren menstruellen Zyklus durch Licht zu regulieren, denn damit verfügte sie über einen äußeren Anhaltspunkt, der es ihr leichter machte, innere Empfindungen zu registrieren und zu identifizieren.

Es gibt nur sehr wenige Frauen, die spüren, an welchem Punkt ihres monatlichen Zyklus sie sich befinden, und noch weniger, die den Tag der Ovulation erkennen. Wenn weitere Forschungen bestätigen, daß Licht den Ovulationszyklus zu steuern vermag, dann wird eine solche gezielte Anwendung von Licht fraglos Teil der Erziehung eines jeden jungen Mädchens werden: es wird ihm ein Gefühl für die eigene Physiologie vermitteln und es ihm ermöglichen, sich selbst zu resynchronisieren. Bisher ist die Forschung infolge Mangel an finanziellen Mitteln über Anfänge nicht hinausgekommen. Immerhin lieferte der Gedanke, daß Licht die Ovulation möglicherweise zu synchronisieren vermag, den Anstoß zu Versuchen, sich seiner als Mittel zur Empfängnisverhütung oder Steigerung der Fruchtbarkeit zu bedienen.

Viele Patienten der Rock Reproductive Clinic in Boston sind Frauen, die hoffen, von unregelmäßigen Menstruationszyklen und Unfruchtbarkeit befreit zu werden. Dr. John Rock, der tatkräftige Jesuit, der die Klinik gründete, und Dr. Dewan beobachteten siebzehn dieser Patientinnen; ihr Schlafzimmer wurde in der vierzehnten, fünfzehnten und sechzehnten Nacht ihres Zyklus beleuchtet, wobei der erste Tag der Menstruation als erster Tag des Zyklus zählte. Einige der Frauen, die in die Rock-Klinik gekommen waren, weil sie sich ein Kind wünschten, warteten auf eine Wunderdroge und waren fassungslos und niedergeschlagen, als sie die Anweisungen des Arztes erhielten. »Das soll ein Rezept sein?« fragten sie. Eine mehrere Monate später durchgeführte Analyse der Berichte über diese Frauen und der Vergleich mit einer normalen Gruppe ergab, daß bei allen bis auf zwei die Beleuchtung dazu geführt hatte, daß die Menstruation regelmäßiger geworden war und sich einer Neunundzwanzig-Tage-Periode angenähert hatte. Daß ein anderes Beleuchtungsschema (Licht in der elften bis dreizehnten Nacht des Zyklus) keinerlei Wirkungen zeitigte, sollte nicht unerwähnt bleiben. Vielleicht muß das Licht, wenn es die Ovulations-Zyklen des Menschen überhaupt regulieren kann, zeitlich auf eine kritische Periode innerhalb des Zyklus der Frau abgestimmt werden, wie eine Einwirkung auf den Brunst-Zyklus der Ratte nur innerhalb von zwei kritischen Stunden möglich ist.

Bei mehreren der fünfundzwanzig beobachteten Frauen war das Experiment von Erfolg gekrönt; für sie lohnte es sich, die neugierigen Fragen von Nachbarinnen, weshalb sie denn die ganze Nacht das Licht brennen ließen, und die skeptischen Bemerkungen ihrer Ehemänner zu ertragen. Nachdem sie die Hoffnung auf ein Kind fast aufgegeben hatten, wurden sie schwanger. Eine besonders an Fragen der Medizin interessierte Journalistin, die ihr ganzes Leben lang unter sehr unregelmäßigen Perioden gelitten hatte, berichtete in ihrer Zeitung über diesen Tatbestand und probierte das Beleuchtungsschema an sich selbst aus; ihr Zyklus blieb fast drei Jahre lang regelmäßig. Da sie häufig unterwegs war, war es oft schwierig, die Beleuchtung beizubehalten, und sie stellte fest, daß die Regelmäßigkeit bestehen blieb, wenn sie sie ein- oder zweimal vergaß. Hatte sie die Beleuchtung drei Monate hintereinander nicht eingeschaltet, wurde die Periode wieder unregelmäßig.

Das Material hat vorläufigen Charakter und ist einstweilen noch so dürftig, daß es anekdotisch wirkt; dennoch ist die Aussicht, den Ovulationszyklus durch Licht und gänzlich ohne Medikamente steuern zu können, zu erregend, als daß man sie einfach fallenlassen könnte. Noch ist die Hypothese ungeformt, aber sie läßt vermuten, daß wir vielleicht eines Tages feststellen werden, daß wir den photoperiodischen Pflanzen und den Geschöpfen gleichen, die durch den machtvollen Synchronisator Licht auf die Rhythmen der Erde eingestimmt sind. Das Licht trägt dazu bei, den Wechsel zwischen Ruhe und Aktivität in uns zu prägen, dringt unbemerkt in unsere Köpfe ein und beeinflußt unsere cirkadianen Rhythmen der Nebennieren-Hormone und unseren täglichen Stoffwechsel-Rhythmus. Selbst das dürftige Material, das von der Beobachtung Blinder und von gynäkologischen Untersuchungen an finnischen Frauen herrührt, deutet darauf hin, daß das Licht auf die Hypophyse, die mächtige, Fortpflanzung und Stoffwechsel regulierende Drüse, einwirkt. Allem Anschein nach werden unser Verhalten und unser Körper Tag für Tag mit der Rotation der Erde synchronisiert. Das langsam schwankende Verhältnis zwischen Tageslicht und Dunkelheit steuert vermutlich unsere Physiologie und unsere hormonellen Systeme in Übereinstimmung mit den Jahreszeiten und sorgt dafür, daß sich unsere Stimmungen und Symptome, unsere Sexualität und der Zustand unserer Fortpflanzungsorgane langsam in einem Jahresrhythmus wandeln und uns ohne plötzliche Übergänge mit der Erde voranschreiten lassen.

Wir sind es nicht gewohnt, Zeit oder Licht als machtvolle Kräfte zu begreifen, die sich auf unsere Gesundheit auswirken, noch stimmen die meisten von uns ihr Tun bewußt so ab, daß sie die Zeitstrukturen ihrer Körper beeinflussen können. Eine Frau mag ihren Gynäkologen für einen Kleinigkeitskrämer halten, wenn er wissen will, zu welcher Stunde ihre Menstruation einsetzt, und wenn er ihr empfiehlt, drei Nächte im Monat bei orangefarbenem Licht zu schlafen, hält sie ihn bestimmt für einen Quacksalber. Dennoch werden die Gynäkologen in Zukunft wissen wollen, in welcher Phase des cirkadianen Zyklus die Menstruation einsetzt; mit Hilfe von Synchronisatoren, vielleicht mit Licht, werden die Frauen zweifellos ihre Zyklen regulieren, bevor sie schwanger werden, und ihre Wehen werden nachts während der für eine Entbindung günstigsten Stunden beginnen. Wenn Dr. Wurtmans Vorhersage zutrifft, dann werden wir vom Licht eines Tages so gezielt Gebrauch machen wie heute von Röntgenstrahlen und vielleicht auch eine Möglichkeit finden, die Rhythmizität von Blinden mit Lichtimpulsen oder einer anderen Form der Hirnstimulierung zu verbessern.

Genetische Experimente

Wie wird man diese ganze vielschichtige zeitliche Harmonie jenen ersten Embryos einprogrammieren, die in einer Laborflasche heranwachsen sollen? Auf dem Gebiet der genetischen Experimente werden rasche Fortschritte gemacht, und der Tag, an dem Frauen ihre Kinder nicht mehr im Mutterleib auszutragen brauchen, rückt immer näher. Im Institute for Cancer Research in Philadelphia hat man schon jetzt die Embryos zweier schwangerer Mäuse zusammen eine Zeitlang in einer künstlichen Nährlösung gehalten und sie dann in den Uterus einer dritten Maus implantiert, die daraufhin Junge mit Fellzeichnung und Merkmale der beiden Spenderpaare zur Welt brachte. Zahlreiche Experimente mit menschlichen und tierischen Embryos *in vitro* deuten darauf hin, daß es den Eltern der Zukunft möglich sein wird, einige der Eigenschaften, die sie sich für ihre Nachkommen wünschen, auszuwählen und künstlich befruchtete Eizellen außerhalb des Körpers heranwachsen zu lassen. Werden die ersten in Laborflaschen herangezogenen Geschöpfe eine Zeitstruktur haben, die ihnen eine leichte Anpassung ermöglicht? Ist diese Rhythmizität überwiegend im Gen angelegt, oder übernimmt der Embryo allmählich die Rhythmen des Uterus, den Herzschlag der Mutter, das Pulsieren bestimmter Substanzen, Neunzig-Minuten-Zyklen, cirkadiane und monatliche Zyklen, Schwankungen, die mit den Bewegungen der Mutter einhergehen? Beim gegenwärtigen Stand unseres Wissens ist es einfacher, die Nahrung zusammenzustellen, die ein heranwachsender Fetus braucht, als die empfindliche und vielschichtige Zeitinformation, die die Rhythmen des Mutterleibs liefern, zu simulieren.

Schlußwort

Wir haben noch kaum begonnen, das Wesen der Zeitstruktur des Menschen zu erforschen, doch die schnelle Entwicklung auf bestimmten Gebieten der Forschung und die Schubkraft gewichtiger wirtschaftlicher Interessen drängen die gesamte Menschheit nackt und unvorbereitet in eine bestürzende Zukunft. Wir sind jetzt imstande, künstliche Städte zu schaffen, in denen Tag und Nacht willkürlich manipulierbar sind und in denen ökonomische Interessen ein nichtcirkadianes Leben diktieren können. Schon jetzt erkennen wir die schädlichen Auswirkungen häufiger Ost-West-Reisen und Phasenverschiebungen. Wenn eine wöchentliche Phasenverschiebung das Leben von Nagetieren verkürzt, so ist das eine Sache, eine andere, wesentlich ernstere jedoch ist es, wenn die kumulativen Auswirkungen von Phasenverschiebungen die Gesundheit von Menschen in den mittleren Jahren in Mitleidenschaft ziehen, und katastrophal wird es, wenn ganze Bevölkerungsschichten betroffen sind. Solange wir das Kombinationsschloß unserer Zeitstruktur, unsere kritischen Perioden im Hinblick auf die Empfänglichkeit für Licht oder Dunkelheit, Erwachen, Nahrungsaufnahme, Infektionen und Medikamente nicht kennen, können wir, wenn wir uns von den natürlichen Zyklen von Tag und Nacht lösen, nur blindlings reagieren.

Wie steht es mit dem Erbe, das dem Menschen aus seiner Evolution auf diesem Planeten und dessen allumfassenden kosmischen Impulsen überkommen ist? Werden wir unsere Zeitstruktur erforscht haben, bevor es zu spät ist? Ein plötzliches und oberflächliches Interesse für die Ökologie, das Miteinander aller Lebewesen, erwachte in den Vereinigten Staaten, als die Umweltverschmutzung als Gefahr erkannt wurde. Mehr als ein Jahrzehnt zuvor hatte Rachel Carson über die verheerenden Folgen berichtet, die die Schädlingsbekämpfung für das Leben von Tieren und Fischen hat. Damals berief Präsident Kennedy eine Gruppe namhafter Wissenschaftler in ein Komitee, das — nach Monaten voller Rückschläge, Feindseligkeiten und politischer

Attacken von allen Seiten — einen Bericht darüber vorlegte, was die Mittel zur Schädlingsbekämpfung dem Land, den Fischen, den Tieren und den Menschen in den Vereinigten Staaten antaten. Das war im Jahre 1960, und wenig hat sich seither geändert. Noch immer kann man todbringende Insektizide in jedem Laden kaufen, und an Stelle von DDT werden andere Mittel, die sogar noch gefährlicher sind, über das Land versprüht. Man legt Lippenbekenntnisse zur Ökologie ab, aber bis zu Reformen, die wirkliche Fortschritte bringen, ist noch ein weiter Weg.

Zu den gleichen Verzögerungen und Streitigkeiten wird es kommen, wenn es um Fragen der cirkadianen Rhythmen geht, um Arbeitszeiten, die Auswahl geeigneter Menschen für bestimmte Berufe, die Revision der Arbeitspläne in Krankenhäusern, das Testen von Medikamenten, die Abwandlung der Anhaltspunkte ärztlicher Diagnosen. Die Umweltbedingungen des Menschen werden ständig schlechter, und eines Tages wird die Medizin gezwungen sein, sich mit dem Patienten und seinem Leben als Ganzem zu beschäftigen. Gegenwärtig — und wohl auch künftig noch eine ganze Weile — geht es in der technologischen Welt nur um Leistung. Für den Menschen gilt das gleiche — er wird nur nach seiner Produktivität beurteilt. Aber Sie, das Individuum, das dieses Buch liest, haben nur ein Leben. Sie leben in dem zugleich zähen und fragilen Rahmen Ihres Körpers, der zusammengehalten wird durch ein Gebilde aus ineinander verwobenen Ereignissen, Zyklen physiologischer Schwankungen. Nur Sie können, sofern Ihnen an Ihrem Leben liegt, Ordnung und Gleichgewicht Ihrer eigenen Existenz schützen. Jeder Mensch muß lernen, seine eigenen Zyklen, seinen eigenen Rhythmus zu empfinden, und muß dann, um sich selbst zu schützen, hartnäckig an ihnen festhalten und auf ihren Rat hören. Alles hat Einfluß auf die biochemische Harmonie: das Verhalten eines Menschen, seine Anstrengungen, seine Spannungen und Freuden, sein zu schnelles Hetzen zu zu vielen Begegnungen oder zu viele zeitliche Verschiebungen. Man braucht nur dieser inneren Stimme zu lauschen, dann kann man seine Entscheidung treffen und ein Gleichgewicht herstellen zwischen Reiz und Vergnügen gesellschaftlicher Unternehmungen und Reisen und völliger Einförmigkeit des eigenen Lebens. Manche Menschen werden vielleicht erst einmal lernen müssen, zu meditieren und ganz still zu sein, bevor sie die inneren Signale wahrnehmen können. Andere müssen sich vielleicht eines Tagebuchs bedienen, um ihre eigenen Vitalitäts-Schwankungen kennenzulernen, das Auf und Ab von Hunger, Begierden, Durst, Gewicht, Schlaf, geistiger Brillanz oder Trägheit, von Wunden, Schmerzen und anderen Symptomen, und von vielen Stimmungen, von Hochgefühl oder Verzweiflung, Reizbarkeit oder Gelassenheit. Die Menschen müssen, soweit es ihnen möglich ist, ihre Belastbarkeit genau kalkulieren, müssen in den Stunden zum Zahnarzt gehen, in denen sie sich stark fühlen; das gleiche gilt für alles, was sie als Belastung empfinden — Examen, unangenehme Telefongespräche, chirurgische Eingriffe. Die meisten Menschen wissen zumindest etwas über ihre täglichen Rhythmen. Sie wissen, ob sie schnell einschlafen und schnell erwachen oder ob sie langsam und bedächtig in einen Schlummer verfallen, aus dem sie leicht zu wecken sind, sich dann aber am Morgen zögernd und allmählich zum Erwachen hinaufmühen müssen. Das sind grundlegende Modelle.

Wir wissen, daß sich gesunder Schlaf aus rhythmischen Gezeiten mit Zyklen von 90—110 Minuten zusammensetzt, in deren Verlauf wir in tiefen, ruhigen Schlaf verfallen und dann wieder emporsteigen in den Erregungszustand des REM-Schlafs und des Träumens. Ein Mensch, der sich selbst sehr sorgfältig beobachtet, kann lernen, aus Träumen zu erwachen und sich auf diese Weise eines größeren Teils seines nächtlichen Denkens zu erinnern; er kann auch lernen, ohne Wecker zu einer gegebenen Stunde wach zu werden. Wenn der Mensch um die Rhythmen seines Schlafzyklus weiß, kann er seine täglichen Schwankungen zwischen Entspannung und Wachsamkeit, seine Zyklen von Munterkeit, Rastlosigkeit, Hunger oder Tagträumen erkennen. Jeder kann die Tageszeit herausfinden, zu der er am besten oder am schlechtesten funktioniert. Ein Aspekt der Rhythmizität, der völlig in unserer Hand liegt, ist der Zeitpunkt des Essens und Schlafens. Der Schlaf kann die inneren Zyklen, die cirkadianen Phasen-Relationen regeln.

Man braucht nur einen Blick auf die Liste der Veränderungen zu werfen, denen die verschiedenen Teile unserer Physiologie im Laufe eines Tages unterworfen sind, um zu begreifen, daß eine gewisse Stabilität des Aktivitäts-Zyklus erforderlich ist, damit jede Körperfunktion vorhersehbar bleibt. Die Wahl des richtigen Zeitpunkts kann ein machtvoller Faktor sein. So könnten beispielsweise Menschen, die auf ihr Gewicht achten müssen, schwere Mahlzeiten früher zu sich nehmen, und Unternehmungen könnten so geplant werden, daß sie in eine Zeit fallen, zu der man sich aller Voraussicht nach wohl fühlen wird. Diese cirkadianen Schwankungen können erklären, weshalb Allergien am Abend besonders lästig sind oder weshalb eine Lehrerin in ihren letzten Unterrichtsstunden strenger und heftiger ist als früher am Morgen. Erschöpfung und schärfere Sinneswahrnehmungen sind Teil des täglichen Rhythmus. Diese cirkadianen Schwankungen können auch viele Eigenheiten erklären; unterhält man sich in kleinem Kreis über sie, ist man überrascht, erleichtert, vielleicht sogar erfreut, wenn man feststellt, daß andere Menschen die gleichen Erfahrungen gemacht haben. So klagen Männer unter sich häufig darüber, daß ihre Frauen oder Freundinnen morgens, wenn sie aufwachen, für Liebe wenig Interesse zeigen. Offenbar erwacht der männliche Teil unserer Spezies voller Liebesverlangen, um dann feststellen zu müssen, daß seine zärtlichen Annäherungsversuche verschlafen oder gleichgültig abgewiesen werden. Steht das sexuelle Verlangen des Mannes am Morgen mit der Tatsache in Verbindung, daß das Geschlechtshormon Testosteron seine stärkste Konzentration im Blut erreicht hat, wenn er erwacht, oder dauert vielleicht eine Erektion aus der letzten REM-Periode noch an? Sollten diese cirkadianen Rhythmen für die Verschiedenheit der sexuellen Bedürfnisse von Mann und Frau am Morgen verantwortlich sein, haben höchstwahrscheinlich sehr viele Menschen diese Erfahrung gemacht.

Rhythmizität ist das Prinzip all unseres Tuns — aller Bewegung, des Gehens und Sprechens, der Musik und des Tanzes, sämtlicher Sportarten und sogar des Erlernens von Sprachen und Mathematik. Von der frühesten Kindheit an scheint die Regelmäßigkeit der grundlegenden Funktionen eine Rolle zu spielen: sie entscheidet darüber, wie mühelos ein Kind heranwächst und sich dem Dasein als menschliches Wesen anpaßt. Ob die bei schwierigen Kindern festgestellten Unregelmäßigkeiten eine genetische Basis haben oder ob sie von emotionellen Streß-Situationen und Unregelmäßigkeiten bei der Mutter während der Schwangerschaft herrühren, vermag noch niemand zu sagen. Die Navajos glauben, daß das Kind einer Frau, die sieht, wie ein Mann vom Blitz getroffen wird, in seinem späteren Leben an einer Krankheit leiden wird. Streß-Situationen können die biochemischen Vorgänge im Uterus stören; als man schwangeren Tieren männliche Hormone injizierte, verhielten sich die weiblichen Jungen später wie Männchen. Sind wir imstande, genug über unsere Reaktionen auf Licht und andere Synchronisatoren zu lernen, um dem Neugeborenen Regelmäßigkeit beibringen zu können? Werden die Gesellschaften mit

ihrer Überfülle an Menschen es dem einzelnen gestatten, sein Leben so einzurichten, wie es ihm im Hinblick auf sein Wohlbefinden entspricht?
Die Antwort ist vermutlich negativ. Aber das empfindliche Phasenverhältnis der Hormone, das unsere Vitalität und unsere Stimmungen beeinflußt, desynchronisiert sich völlig von den anderen Funktionen, wenn wir ein ungeregeltes Leben führen, wenn wir Zeitgrenzen überschreiten, in rotierenden Schichten arbeiten oder die Nacht zum Tage machen. Vielleicht finden Reisende der Zukunft am Ankunftsort Ruhekabinen vor, in denen sie zur Wiedereinstellung ihrer Phasen entweder eine leichte elektrische Hirnstimulation oder ein Medikament erhalten. Doch selbst wenn derartige Methoden es einem Menschen ermöglichen würden, seinen Geschäften nachzugehen, wird er letzten Endes doch noch eine gewisse Zeit brauchen, um sich der anderen Luft, dem Klima, dem Essen, dem Breitengrad und der Temperatur anzupassen, von der andersartigen Kultur ganz zu schweigen.
Jeder Mensch hat eine gewisse Kontrolle über seinen Tagesablauf und das Ausmaß von Druck, das er in seinem Leben duldet. Für manche Menschen mag das kein Problem darstellen: sie sind weniger zeitanfällig als andere. Zwischen ihren Leistungen bei Tage und bei Nacht bestehen nur geringe Unterschiede. Es macht ihnen nicht viel aus, ob sie sich in der Isolation befinden oder Phasenverschiebungen ausgesetzt sind. Die meisten Menschen fühlen instinktiv, wie sie sich schützen müssen, und wissen, ob sie eine Phasenverschiebung nicht stört oder ob sie mehrere Tage lang begriffsstutzig, lethargisch und erschöpft sind. Nach einer schnellen Reise nach Osten oder Westen oder während einer schwerwiegenden emotionellen Krise haben viele Leute buchstäblich das Gefühl, »nicht ganz beieinander« zu sein.
Im nächsten Jahrzehnt werden die Ärzte ihren Patienten vermutlich Fragen stellen, die futuristisch klingen — oder klassisch, je nachdem, aus welchem Blickwinkel man sie betrachtet. Ein Arzt wird dann ein Gesamtbild der Persönlichkeit des Patienten haben wollen — er wird Bescheid wissen wollen über seine Lebensweise, seine besonderen Belastungen, sein Liebesleben, seine Lektüre, sein Arbeitstempo, seine Leibgerichte, seine sportliche Betätigung und seine Hobbies. Seine Gefühlslage und seine Muskelkoordination werden gemessen werden. Seine Schreckreaktion auf ein plötzliches kurzes oder lautes Geräusch, die Schärfe seiner Sinneswahrnehmungen und seine Wachsamkeit

werden von Bedeutung sein. Zahlreiche Tests, die bisher nur an Laboratoriums-Tieren oder Versuchspersonen in vereinzelten Laboratorien für Verhaltensforschung durchgeführt werden, wird man zusammenziehen und als unerläßliche diagnostische Methode in jeder medizinischen Klinik anwenden. Instrumente, die die Rhythmizität eines jeden Menschen bei der Arbeit und im Alltag aufzuzeichnen vermögen, werden dann vielleicht so weit entwickelt sein, daß sie uns frühzeitig Hinweise auf drohende Krankheiten liefern. Die Ausgaben für automatische Instrumente für Aufzeichnungen »rund um die Uhr« dürften sich lohnen, denn Krankheit kostet immer mehr als ihre Verhütung. Gute Medizin scheint uns nur deshalb so teuer, weil unsere Art des Rechnens eine Selbsttäuschung ist. Künftig wird jedoch kein Arzt einem Bluttest trauen können, wenn er nicht viele, über einen längeren Zeitraum hinweg entnommene Blutproben berücksichtigt.

Gegenwärtig ist die medizinische Forschung darauf eingestellt, Beschwerden zu beseitigen oder zu lindern, aber selbst bei einer Herztransplantation stellt sich das Problem des Zusammennähens von Gewebe mit zwei unterschiedlichen cirkadianen Phasen. Daß Krankheitssymptome, die Anwendung von Medikamenten, der richtige Zeitpunkt für chirurgische Eingriffe und die Interpretation von Blut-, Urin- oder Gewebsproben für diagnostische Zwecke sämtlich von einem größeren Verständnis der Zeitstruktur des Menschen abhängig sind, steht völlig außer Frage. Es gibt Medikamente, die zu einer Tageszeit nicht so ungefährlich sind wie zu einer anderen. Solange bei der Erprobung von Medikamenten nicht auch die cirkadiane Rhythmizität der Reaktion berücksichtigt wird, kann es böse Überraschungen geben, wenn ein Arzt, der die Phase seines Patienten nicht kennt, ein Mittel verschreibt, das während einiger Stunden die Grenzkonzentration nicht übersteigt, zu anderen jedoch um 70 Prozent toxischer ist. Auch viele periodische Krankheiten werden gegenwärtig nur selten erkannt. Ein Patient erhält Medikamente, die die augenblicklichen Symptome bekämpfen, und nach ein paar Monaten fühlt er sich vielleicht besser; er und sein Arzt glauben, das Medikament habe tatsächlich geholfen — bis die Symptome wiederkehren. Zur Zeit besteht wenig Aussicht, daß ungewöhnliche Symptom-Zyklen als periodisch erkannt werden, und jeder Mensch muß selbst über seine Symptome Buch führen und seinen Arzt auf ihre Periodizität hinweisen. Sich kennen heißt, sich in der Zeit kennen.

Es ist unwahrscheinlich, daß Studien in Zeitserien schon in allernächster Zeit in die Erprobung von Medikamenten oder in die zeitliche Planung von medizinischen Prozeduren Eingang finden werden. Forschung ist schwierig und kostspielig, über die rhythmische Natur von Veränderungen läßt sich schwer diskutieren, und selbst unter den Wissenschaftlern gibt es verschiedene Ansichten über die Methodologie und die Sprache, mit denen man sie am besten beschreibt. Die überschaubaren Zyklen der Veränderung scheinen geringfügig, sie sind unsichtbar für diejenigen, die die Forschung finanzieren, und so werden die Forschungen auf diesem Gebiet wahrscheinlich nur zögernd voranschreiten. Die Menschen werden weiterhin versuchen, Achtundvierzig-Stunden-Tage zu leben, in Düsenflugzeugen rund um die Welt zu jagen oder die unausbleiblichen Anzeichen von Erschöpfung und Desynchronisation mit Medikamenten zu verwischen. Eine Übersteigerung der Flexibilität kann dazu führen, daß man gegenwärtige Annehmlichkeiten gegen eine langwierige Krankheit eintauscht. Ein Arzt, der heutzutage einem leitenden Angestellten den Rat gäbe, einen Teil seiner Arbeit liegenzulassen und seine Lebensweise zu ändern, wäre bald brotlos, aber im Grunde weiß jeder Arzt, daß die Lebensweise eines Menschen seine Gesundheit beeinträchtigen und strapazieren kann.

Der Mensch von morgen wird auf all das zurückblicken, wie wir heute auf den Menschen der Vorzeit zurückblicken. Jedem Menschen wird seine Zeitstruktur so vertraut sein, wie uns bereits heute unser Temperament vertraut ist.

Der Mensch der Zukunft wird nicht nur mehr über den Planeten wissen, auf dem er geboren ist, sondern er wird auch spüren, wie stark er mit Erde und Kosmos verbunden ist. Über ein Gefühl für Abstammung zu verfügen, bedeutet nicht nur, sich in der Genealogie seiner Familie auszukennen und ein paar Generationen weit in die Vergangenheit zurückzublicken, es ist ein Gefühl der Verwandtschaft mit allen Geschöpfen auf Erden und mit denen, die in einem früheren Stadium unserer Evolution auf dieser sich drehenden Erde lebten. Cirkadiane Rhythmen, die so kraftvoll waren, daß sie auf diese besondere Frequenz reagierten, begannen sich vermutlich herauszubilden, als wir uns in einer Welt entwickelten, in der Licht und Dunkelheit, Tag und Nacht miteinander abwechseln — ein Zyklus, von dem man annimmt, daß er früher, als die Erde anscheinend schneller rotierte, etwas kürzer war als vierundzwanzig Stunden. Dieser entscheidende, dem Licht entspringende Energie-Rhythmus muß das Leben seit Jahrmillionen beeinflußt haben. Die Rhythmizität dürfte eine der ersten Kräfte der natürlichen Auslese gewesen sein, da diejenigen Organismen die größten Überlebenschancen hatten, die ihre Aktivität und ihre Lebensvorgänge zeitlich auf Licht-, Temperatur- und Feuchtigkeitszyklen abstimmten. Es wäre in der Tat auch eigenartig, wenn diese lange Evolution bei der Menschheit keine Spuren hinterlassen hätte.

Die cirkadianen Zyklen sind nur einer von den vielen Rhythmen, die in Zukunft einen Teil des Bewußtseins jedes zivilisierten Menschen ausmachen werden. Zweifellos wird der Mensch dann mehr über das Verhältnis von Pulsschlag zu Atmung und die Entsprechung zwischen einem hohen Gehalt an Nebennieren-Hormonen und seelischem Funktionieren wissen. Nicht zu begreifen, daß man eine Zeitstruktur hat, entspricht einem Leben ohne die Kenntnis, daß Herz und Lunge vorhanden sind. Bienen und Vögel bedienen sich ihrer Vierundzwanzig-Stunden-Rhythmen allem Anschein nach zum Navigieren, aber der Mensch der Zukunft wird seinen Zeitsinn wahrscheinlich eher dazu benutzen, sein Leben leichter, erfreulicher und geschmeidiger zu gestalten — um sich in Gedanken auf ein Zwanzig-Minuten-Schläfchen »einzustellen« und zu der Zeit einzuschlafen, zu der seine Rhythmen es ihm leichtmachen. Wie bei der Blume, die erblüht, wenn sie etwas Licht zum rechten Zeitpunkt erhält, dürfte es auch beim Menschen ein Kombinationsschloß geben, das Zugang gewährt zu seiner Aktivität, seinen Stimmungen und Krankheiten, seiner Kreativität und seinen geistigen Leistungen. Damit wären wir in der Lage, Unterricht, Therapie, Leistungen, Reisen, Medikation und viele der mit dem Aufziehen von Kindern verbundenen Unternehmungen zeitlich so zu planen, daß sie nicht mit der Zeit in unserem Inneren in Widerspruch stehen. Wenn wir das, was man vielleicht als Uhrwerk bezeichnen könnte, begriffen haben, stehen wir an der Schwelle einer neuen Überlegenheit, eines neuen Bewußtseins der Tatsache, was für vielschichtige Geschöpfe wir sind und wie eng unser Dasein mit dem der Welt um uns herum verbunden ist.

Wenn uns die cirkadianen Rhythmen mit den Zyklen der Erde, auf der wir leben, verbinden, so kann das Licht, wie wir gesehen haben, in Übereinstimmung mit der längeren, ein Jahr dauernden Drehung der Erde um die Sonne allmählich unseren Hormonhaushalt und unsere Stimmungen verändern. Das Licht ist nur einer der vielen auf uns einwirkenden kosmischen Einflüsse. Die Erde dreht sich in den Stürmen der Sonne, im ständigen Wechsel der Schwerkraft der Galaxis.

Seit dem dunklen Beginn der Menschheitsgeschichte war das menschliche Denken durchdrungen von der Überzeugung, daß die Bewegungen von Planeten und Sternen jede Bewegung auf Erden beeinflussen — von der Landwirtschaft über die Gesundheit bis hin zur gesellschaftlichen Ordnung. Diese astrologischen Vorstellungen bildeten die Grundlage der meisten großen Religionen der Menschheit, und sie waren während eines weiten Teils der Geschichte ihre wichtigste Wissenschaft. Die Veden der Hindus sprechen von der Einheit der kosmischen und von der sozialen Ordnung, und erfahrene indische Meditierer versuchen, die Vibrationen des Kosmos zu spüren. Von den Chaldäern bis zu den Chinesen, von den Inkas bis zu den Irokesen gab es in der großen Überlieferung von Erkenntnis und Legende stets auch ein Wissen um die zyklischen Veränderungen auf Erden, von denen einige weit größere Zeiträume als nur das Leben von ein oder zwei Generationen betrafen. Diese Zyklen schienen von großer Bedeutung für die Zukunft des Lebens auf Erden. Ziel der Religionen war es, den Menschen mit der Erde in Einklang zu bringen und ihm klarzumachen, daß er Teil eines größeren Systems, des Universums, ist.

Unser Nützlichkeitsdenken verleitet uns dazu, derartige metaphysische Fragen als irrelevant abzutun. Dennoch ist die Folklore voll von Geschichten darüber, wie das Wetter Gefühle und Verhalten des Menschen ändert. Wir sahen, daß das Sonnenlicht die Emotionen zu beeinflussen vermag, indem es die für die Aktivität der Nerven verfügbare Kalziummenge indirekt reguliert. Schwankungen der Schwerkraft, Änderungen der magnetischen Felder durch Sonnenflecken oder des Barometerdrucks durch Mondzyklen können bei Empfindlichen die Ursache von Erregung und Reizbarkeit sein. Unser Einklang mit den Rhythmen der Erde und des größeren Kosmos um sie herum ist nicht nur eine Sache der Philosophie, die uns nicht betrifft. Wie die Krabben, die einen heranwachsenden Sturm fühlen, und die anderen Tiere, die diesen Planeten mit uns teilen, reagieren auch wir auf Magnetstürme und Kräfteschwankungen. Ob wir lernen sollen, diese äußeren Rhythmen und Ereignisse zu identifizieren oder ob wir uns weiterhin unbewußt beeinflussen lassen wollen, ist Ansichtssache.

Unsere fünf Sinne sind lediglich die primären Rezeptoren, deren Botschaften wir bewußt Folge leisten. Wie die Versuchspersonen in abgeschirmten Bunkern in Deutschland, die erkennen ließen, daß sie auf künstliche Felder reagierten, stehen auch wir, ohne es zu wissen, ständig unter dem Einfluß der Periodizitäten der Erde und sind während des Wegs der Erde um die Sonne galaktischen Feldern ausgesetzt, die sich ständig verändern. Der Kosmos wirkt stündlich, täglich, monatlich auf unser Dasein ein, und von jeder Bewegung der Planeten im Raum gehen subtile Vibrationen aus. Anders als unsere astrologiebegeisterten Vorfahren verfügen wir über viele Möglichkeiten und viele neue Instrumente, die eine Erweiterung unseres Dialogs mit dem Kosmos ringsum ermöglichen. Anstatt uns von unsichtbaren Partikelstürmen und Ausläufern galaktischer Böen herumstoßen zu lassen, können wir uns dafür entscheiden, diese Botschaften aus dem Universum zu entschlüsseln und in ihnen das Glied zu erkennen, das uns mit den Zyklen jenseits des Sonnensystems verbindet. Ihr Widerhall könnte ein Teil von uns sein.

Wie Körper und Geist eine Einheit bilden, ist auch unsere innere Zeitstruktur ein Teil unseres Planeten. Was wir als Uhrwerk in uns bezeichnen, ist vielleicht eine Gruppe von Oszillatoren, die auf die Rhythmen der Erde reagieren. Schließlich liegt die Zeitstruktur unserer Körper nur teilweise in uns selbst, denn wir sind offene Systeme und nicht imstande, uns von den Rhythmen der Natur zu lösen, deren Teil wir sind.

> *Ein jegliches hat seine Zeit,*
> *und alles Vornehmen unter dem Himmel hat*
> *seine Stunde.*

Danksagung

Es ist mir ein Bedürfnis, all denen zu danken, die mithalfen, diesem Buch und den ihm vorangegangenen Versionen Substanz und Form zu geben. Keiner der wissenschaftlichen Beiträger soll jedoch für Fehler verantwortlich gemacht werden, die meine eigenen sind, für eine allgemeinverständliche Ausdrucksweise, die viele von ihnen ablehnen würden, und für meine eigenen Interpretationen des Materials und meine eigenen dramatischen Spekulationen. Ich bin all diesen Forschern dankbar, ohne ihrem Ruf strenger Wissenschaftlichkeit Abbruch tun zu wollen. Mein besonderer Dank gilt Dr. Charles F. Stroebel und Dr. Anne Sollberger für ihre nicht hoch genug einzuschätzenden Korrekturen und einfallsreichen Ratschläge, und Dr. James Meyerhoff, dessen kritische Mitarbeit viel dazu beitrug, das medizinische Material verständlich zu machen. Jeder Leser, der die Bibliographie benutzt, wird Diane Deitchman und Barbara Milliken dankbar sein. Daß jedoch ein lesbares Buch entstand, ist weitgehend der erfahrenen Redaktionsarbeit von Jean Houston und Paula McGuire zu danken.

Gay G. Luce

Anhang

Anmerkungen zu Vokabular und Analyse von Rhythmen

Rhythmen bei Pflanzen und Tieren sind aufmerksamen Beobachtern schon frühzeitig aufgefallen, aber erst im 18. Jahrhundert begann man sie ernsthaft zu erforschen. Der Astronom Jacques de Mairan bemerkte, daß Mimosen und andere Pflanzen ihre Blätter im Rhythmus von vierundzwanzig Stunden öffneten und schlossen. Die Blattbewegung trat auch dann auf, wenn er eine Pflanze in völliger Dunkelheit hielt. Wir würden sagen: die Pflanze schien einen freilaufenden Rhythmus aufzuweisen, das heißt, eine Schwankung, die unter konstanten Bedingungen von selbst bestehenbleibt. Ihr rhythmischer Tanz dauerte, wie man später feststellte, nicht genau vierundzwanzig Stunden, kam dieser Zeitspanne aber sehr nahe; es war ein cirkadianer Rhythmus. Der Begriff »cirkadian« wurde von Dr. Frank Brown geprägt; er bezeichnet einen Zyklus mit einer Frequenz zwischen einundzwanzig und achtundzwanzig Stunden. Ein kürzerer Zyklus, der mit einer höheren Frequenz auftritt, wird »ultradian« genannt, während man einen längeren Zyklus wie eine Woche oder einen Monat als »infradian« bezeichnen könnte. In der Nomenklatur der Rhythmusforschung oder Rhythmometrie bezeichnete das als Präfix gebrauchte griechische Wort *chronos* eine Spezialstudie, bei der die Zeit im Brennpunkt des Interesses steht. So gibt es eine Reihe von Studien aus jüngster Zeit mit Titeln wie Chronobiologie oder Chronopharmakologie. Mit ihren zahlreichen Veröffentlichungen über Messung und Analyse periodischer Phänomene haben Dr. Franz Halberg und Dr. Arne Sollberger die Rhythmometrie rasch ins Zeitalter der Computer vorangetrieben.
Es gibt Forschungsgebiete, die einer derartigen Hilfe nicht bedurften. So bediente man sich zum Beispiel bei botanischen Untersuchungen der Blattbewegung von Pflanzen eines ausgespannten Maßbandes und einer an einem Blatt befestigten Kamera; auf diese Weise war es möglich, die Bewegungen »rund um die Uhr« zu messen und im Zeitraffer zu photographieren; dabei trat der Vierundzwanzig-

Stunden-Rhythmus deutlich zutage. Aber bei den meisten Studien der physiologischen und emotionellen Rhythmen des Menschen kommt man mit so einfachen Mitteln wie der Zeitraffer-Photographie und kontinuierlichen Aufzeichnungen leider nicht sonderlich weit. Einfache Zeitdiagramme reichen im allgemeinen nicht aus, und die Wissenschaftler, die auf dem Gebiete der biologischen Rhythmen arbeiten, mußten Wege zur Analyse ihres Materials finden. Einige Forscher machten von Spektralanalysen und Statistiken Gebrauch, wurden aber nicht überall verstanden; andere Forscher bezweifelten, daß die Mathematik überhaupt imstande sei, Rhythmizitäten zu erfassen. Vielleicht bezweifeln sie die Existenz biologischer Rhythmen überhaupt, solange sie nicht mit dem bloßen Auge erkennbar sind; aber dann hätten sie vor Erfindung leistungsfähiger Mikroskope auch die Existenz von Zellstrukturen und DNS bezweifeln müssen. Bis jedoch Instrumente von so überzeugender Leistungsfähigkeit wie die Elektronenmikroskope auch für das kontinuierliche Studium der Zeitstruktur des Körpers zur Verfügung stehen, sind gewisse mathematische Manipulationen das einzige Mittel, Rhythmen sichtbar zu machen.

Licht und Dunkelheit, Schlafen und Wachen, gesellschaftliche Gepflogenheiten und andere Faktoren wirken vermutlich auf das Nervensystem wie das Nachstellen einer Armbanduhr; sie synchronisieren die inneren Rhythmen mit der Außenwelt. Synchronisator, Zeitgeber und Steuerungsfaktor sind synonyme Begriffe für einen Wechsel wie z. B. den zwischen Tag und Tag, der andere Rhythmen wie Schlaf und Aktivität auf die gleiche Frequenz bringt. In den meisten Studien über Tiere und Pflanzen spielt das Licht die Rolle des wichtigsten Synchronisators. Das Licht-Dunkel-Schema wird häufig zu L-D abgekürzt; ein Schema, bei dem zwölf Stunden Licht mit zwölf Stunden Dunkelheit wechseln, würde demnach als LD 12 : 12 bezeichnet. Wird das Licht um 6 Uhr morgens eingeschaltet, so lautet die Formel: L 0600—1800, D 1800—0600; LL und DD bezeichnen ständiges Licht und ständige Dunkelheit. Zahlreiche Faktoren wie Medikamente, Traumata und scheinbar belanglose Ereignisse können die Rhythmen beeinflussen. Müssen Tiere in großen Gruppen leben, so kann das ihre endokrinen Rhythmen beeinflussen; in Dr. Halbergs Laboratorium stellte man fest, daß ein einziger Tropfen Blut, den man dem Schwanz einer Maus entnahm, einen Schock auslöste, der die cirkadianen Rhythmen verschiedener

Blutzellen des Tieres mehrere Tage lang störte. Mit anderen Worten: der Vorgang des Messens kann den Zustand, der gemessen werden soll, beeinflussen. Das bedeutet, daß für das Studium der biologischen Zyklen ganz besonders kontrollierte Bedingungen nach einem Plan erforderlich sind, der Messungen in vernünftigen Abständen über eine angemessen lange Zeitspanne hinweg und mit einer ausreichend großen Menge von Versuchstieren oder -personen gestattet. Bei Tierversuchen kann man das Forschungsmaterial kaufen und genetisch kontrollieren, aber bei Untersuchungen an gesunden oder kranken Menschen stehen gewöhnlich nur sehr wenige Testpersonen zur Verfügung.

Im Idealfall müßten die Rhythmen eines Individuums kontinuierlich aufgezeichnet werden, und zwar in Abständen von einer Stunde über Wochen oder Monate hinweg. Einem Menschen dagegen, zumal wenn er sehr empfindlich ist und unter seelischem Streß oder einer Krankheit leidet, wiederholt in regelmäßigen Abständen Blut oder Urin abzunehmen, ist nur selten möglich. Selbst gesunde Menschen schätzen es nicht, wenn ihr Schlaf gestört wird. In zahlreichen Studien hat man deshalb die Schlafperiode ausgelassen. Mehrere Forscher haben, von den Realitäten der Instrumente, der finanziellen Mittel und der Gebrechlichkeit des Menschen zu einem Kompromiß gezwungen, eine Methode entwickelt, die als »Diagonal-Studie« bezeichnet wird. Zu ihr gehören in unregelmäßigen Abständen entnommene Proben und vielleicht Beobachtungen, die von verschiedenen Forschern an verschiedenen Orten vorgenommen werden. Auch mit Diagonal-Studien kann man Material sammeln, indem man in unregelmäßigen Abständen entnommene Proben und gemischte Gruppen von Versuchspersonen, die über einen kurzen Zeitraum hinweg beobachtet wurden, auswertet.

In der Zukunft werden biotelemetrische Instrumente Schwankungen von Temperatur, Pulsschlag, Atmung, Leitfähigkeit der Haut und anderen Funktionen aufzeichnen, ohne daß der betreffende Mensch sich dessen bewußt ist; damit erhält man kontinuierliche Daten, die im Computer ausgewertet werden können. Gegenwärtig muß man nur zu oft aus unzulänglichem, lückenhaftem Material auf die Zeitstruktur schließen. Außerdem sind die beobachteten Veränderungen gewöhnlich geringfügig — zu einer Stunde teilen sich ein paar Zellen mehr als zu einer anderen, eine Person macht beim Bedienen einer Tastatur ein paar Fehler weniger.

Die Wissenschaftler haben einige ihrer mit dem Sammeln von Material verbundenen Probleme dadurch gelöst, daß sie große Gruppen von Versuchsobjekten testeten, als handle es sich um ein einziges Individuum. So kann man bei Tierversuchen eine neue Untergruppe von Tieren aus einer größeren Gruppe für Blut- oder Gewebsproben in jedem beliebigen zeitlichen Abstand heranziehen; von jedem Tier wird jeweils nur eine Probe entnommen. Da diese Labortiere einander genetisch und in Alter, Gewicht, Geschlecht und Herkunft fast gleich sind, entsprechen sie ungefähr einem einzigen Individuum, dessen Rhythmus über einen langen Zeitraum hinweg sichtbar wird. In einer derartigen Studie können beispielsweise die Funktionen von 400 Mäusen über achtundvierzig Stunden hinweg gemessen werden. In gewisser Hinsicht geht aus solchen Untersuchungen hervor, mit welchen Periodizitäten man bei einem einzigen Individuum über viele Tage hinweg rechnen muß.

Dennoch ist es gelegentlich weder möglich, langfristige Untersuchungen an mehreren Individuen anzustellen noch eine große Gruppe für eine kurzfristige Studie aufzutreiben. Eine Kompromißlösung besteht darin, daß man einige wenige Individuen für die Dauer von zwei oder mehr Zyklen beobachtet. Eine solche mittelfristige Studie kann besser sein als überhaupt keine, zumal dann, wenn die Versuchspersonen aus irgendeinem Grunde selten sind, wie beispielsweise Astronauten im Raum oder Patienten, die an Enzephalitis leiden.

Man sollte vernünftigerweise annehmen, daß jede Untersuchung von Rhythmen sich über so viele Zyklen hinziehen muß — ganz gleich, ob es sich dabei um Minuten, Stunden, Tage oder Wochen handelt —, daß kein Zweifel mehr daran besteht, daß die beobachtete Schwankung stets in der festgestellten Frequenz wiederkehrt. Doch die mit Zeitstudien verbundenen Mühseligkeiten haben viele Forscher veranlaßt, ihre Arbeit, sofern möglich, zu vereinfachen. Will man einen Rhythmus aufzeichnen, so muß man Messungen in Abständen vornehmen, die in einem angemessenen Verhältnis zum Gesamtzyklus stehen. Einen etwa vierundzwanzig Stunden umfassenden Rhythmus zu untersuchen, indem man alle zwölf Stunden Proben entnimmt (wie das früher bei vielen klinischen Studien geschah), ist ebensowenig sinnvoll wie die Methode, alle zehn Sekunden Proben zu entnehmen. Dr. Halberg und seine Mitarbeiter haben ein, wie sie meinen, vernünftiges Verhältnis von sechs Proben im Verlauf eines Zyklus, 6 : 1, ausgearbeitet. Für viele Funktionen, wie z. B. Nebennieren-Hormone im Blut, reicht das jedoch nicht aus.

Stabilität

Über lange Zeiträume hinweg ständig wiederholte Messungen liefern Aufschlüsse über die Stabilität eines Rhythmus, die bei kurzfristigen Studien nicht erkennbar ist. Über zehn Jahre lang durchgeführte Untersuchungen der Stickstoff-Retention bei Patienten, die an periodischer Katatonie litten, offenbarten eine dreiwöchige Periodizität der Krankheit, die bei einer kurzfristigen Beobachtung vermutlich nicht zutage treten würde, zumal wenn diese Beobachtung in eine Zeit fällt, in der bei der betreffenden Person gerade Unregelmäßigkeiten auftreten. Im Leben von Mensch und Tier verursacht eine Vielzahl von Störungen örtliche Abweichungen in den allgegenwärtigen Rhythmen, Abweichungen, die auf lange Sicht gesehen nicht erheblich sind, in einer kurzfristigen Studie aber unverhältnismäßig hervortreten können. Die Vorteile von Langzeitstudien sind ebenso augenfällig wie die mit ihnen verbundenen Kosten und Schwierigkeiten. Sollberger, Halberg und andere haben nachdrücklich darauf hingewiesen, wie wichtig es ist, bei Studien in Zeit-Serie häufig in bestimmten Zeitabständen Proben zu entnehmen. Dr. Sollberger ist der Ansicht, daß man, um zwischen einem cirkadianen Rhythmus von 23,5 Stunden und einem von vierundzwanzig Stunden unterscheiden zu können, einen Monat lang alle fünf Minuten eine Untersuchung anstellen muß. Über die genaue Frequenz, die zur exakten Beschreibung der Periode eines Zyklus erforderlich ist, herrschen jedoch beträchtliche Meinungsverschiedenheiten. Bei allen Methoden der Analyse spielen die Annahmen und Beurteilungen des Forschers eine entscheidende Rolle, und so kann es nicht ausbleiben, daß Kontroversen, wie sie auf allen Forschungsgebieten vorkommen, auch bei der Interpretation des in Zeitstudien gewonnenen Materials zu unterschiedlichen Ergebnissen führen.

Mathematische Modelle

In den fünfziger Jahren begannen Biologen, Physiker, Mathematiker und andere Wissenschaftler, über das Wesen der inneren Mechanismen oder Oszillatoren nachzudenken, die unseren zahlreichen Rhythmen möglicherweise zugrunde liegen. Ursache des cirkadianen Rhythmus von Wachen und Schlafen war vielleicht ein Mechanismus, der einem Kind auf einer Schaukel entspricht, das ständig Schwung nimmt und eines regelmäßigen Anstoßes bedarf, um weiterschaukeln zu können. Vielleicht sind auch endogene Mechanismen, die anderen Arten von Oszillatoren ähneln, die Urheber der Rhythmen. Möglicherweise sind sie zum Teil von kosmischen Einflüssen abhängig, von Energiewellen der Sonne, Schwankungen des Barometerdrucks, die vom Mond ausgehen, Änderungen magnetischer Felder, kosmischen Strahlen. Möglicherweise entspricht die Oszillation dem Pendel, das man an Uhren aus Großvaters Zeiten findet, oder der Atom-Stimmgabel, die, einmal angeschlagen, so lange vibriert, bis die atomare Energie verbraucht ist.

Jede Oszillation, die sich selbst erhält, bedarf einer Energiezufuhr aus der Umwelt, um die im Verlauf der Schwankung verlorengehende Energie zu ersetzen. Geht der Energieverlust allmählich vor sich und ist er gering, so ähnelt das System einem Pendel, das nur hin und wieder eines leichten Anstoßes bedarf; wird jedoch viel Energie verausgabt, muß auch viel Energie aus der Umwelt eingezogen werden. Tritt der Energieverlust plötzlich ein wie beim Entleeren von Herz, Blase oder Darm, spricht man vom Entspannungs-Oszillator. Rhythmen mit extrem hoher Frequenz (wie beispielsweise der Herzschlag oder die Übermittlung von Nerven-Impulsen) werden häufig von Entspannungs-Oszillatoren gesteuert. Andererseits sind viele Forscher der Ansicht, daß die cirkadianen Rhythmen bei Insekten und anderen Tieren nicht auf Entspannungs-Oszillatoren beruhen können.

Das Verhältnis zwischen den cirkadianen Rhythmen und ihren Synchronisatoren läßt sich mit Hilfe mathematischer Formeln verdeutlichen. Experimentelle Modelle lassen vorausahnen, was unter dem Einfluß von Licht verschiedener Intensität, Temperaturschwankungen, Essenszeiten, sozialen Faktoren und so weiter geschehen wird, und stellen fest, was geschehen müßte, wenn man Aktivitäts-Rhythmen künstlich verlangsamt oder beschleunigt. Aus den bibliographischen Hinweisen geht hervor, daß es eine Vielzahl mathematischer Modelle gibt. Sie lassen erkennen, weshalb die Wissenschaftler häufig fertige Theorien aus anderen Disziplinen auf dem Feld der biologischen Rhythmen erproben, besonders auf Gebieten, die für den Menschen relevant sind, dessen Zeitstruktur bisher noch am wenigsten bekannt und am schwersten zu erforschen ist.

Bei einigen dieser Modelle handelt es sich um kybernetische Modelle eines Feedback- oder Rückkopplungsvorgangs; der Begriff entstammt einem in den fünfziger Jahren entwickelten technischen System. Menschen sind überaus empfindliche Geschöpfe, und wie die Maschinen, die wir erfinden, brauchen auch wir ein bestimmtes Maß an Stabilität oder Homöostase, die zu einem gewissen Teil durch Feedback-Mechanismen gewährleistet wird. Der Thermostat in unserem Gehirn registriert ununterbrochen die Temperatur in allen Teilen unseres Körpers und läßt — wie der Thermostat an unserem Heizofen — nicht zu, daß wir zu kalt oder zu warm werden.

Feedback-Mechanismen, wie beispielsweise Thermostate, sind allen Technikern vertraut; wie sie funktionieren, kann mit komplizierten mathematischen Formeln beschrieben werden. Gelegentlich kommt es jedoch vor, daß ein Feedback-System zusammenbricht; die Folge ist eine Oszillation, die man als negatives Feedback bezeichnet. Wir alle haben dergleichen schon erlebt: jemand verstellt den Thermostaten in einem Zimmer, es wird zu heiß; dann öffnet man das Fenster, das Zimmer wird kalt, sobald sich der Ofen abschaltet. An Stelle einer gleichbleibenden Temperatur und wirtschaftlicher Nutzung des Ofens ist es im Zimmer abwechselnd zu kalt und zu warm, und der Ofen wird bis an die Grenzen seiner Leistungsfähigkeit beansprucht.

Mit Feedback-Mechanismen kann man die Funktion der Keimdrüsen erklären, aber die Feedback-Kette der weiblichen Geschlechtshormone erklärt beispielsweise weder die zeitliche Dauer des Ovulations-Zyklus, noch die unterschiedliche Dauer der Brunst-Zyklen bei verschiedenen Tierarten. Einige Wissenschaftler sind der Ansicht, man könne bestimmte periodische Krankheiten durch negative Feedbacks erklären, andere dagegen meinen, periodische Systeme könnten auftreten, wenn zwei Oszillator-Mechanismen so zueinander in Beziehung geraten, daß die Frequenzen einander beeinflussen. Jede dieser beiden Interpretationen legt eine Verwertung des Materials mit Hilfe mathematischer Formeln nahe, die aus anderen Wissensgebieten übernommen wurden. Ein Teil des Verständnisses von Verteilung und Harmonie der Frequenzen beruht auf früheren physikalischen Arbeiten auf dem Gebiet der Analyse von Schall oder Licht.

Wellenformen und Harmonien

Wenn wir vom »Menstruationszyklus« sprechen, meinen wir damit einen inneren Vorgang, der wie auf einer Kreisbahn in regelmäßigen, überschaubaren Abständen von einem Ausgangspunkt durch verschiedene hormonelle Stadien zu seinem Ausgangspunkt zurückkehrt. Bei den meisten im Körper festgestellten Fluktuationen handelt es sich um Zyklen im analogen Sinn. Die Körpertemperatur steigt und fällt alle vierundzwanzig Stunden um einige Zehntelgrad — eine Schwankung, die vermutlich einen Stoffwechsel-Zyklus spiegelt. Der Spiegel der Nebennieren-Hormone im Blut ist einmal höher, einmal geringer. Die Kaliummenge im Urin ist unterschiedlich groß.
Die Temperatur steigt und fällt im Verlauf eines Tages nicht gleichmäßig. Ein sehr empfindliches Thermometer würde aufzeigen, daß unsere Körpertemperaturen um Bruchteile eines Grades in Rhythmen steigen und fallen, die zwölf Stunden, vielleicht auch nur drei Stunden oder eine noch kürzere Zeitspanne, aber auch vierundzwanzig Stunden umfassen können. Diese ständig wiederkehrenden Ereignisse beschreibt man am besten als zirkuläre Prozesse, indem man an einem Ausgangspunkt beginnt und wieder zu ihm zurückkehrt. Die Zeitspanne, die zur Vervollständigung eines Zyklus erforderlich ist, bezeichnet man als seine Periode, ob es sich dabei um eine Stunde, einen Tag, eine Mikrosekunde oder ein Jahr handelt; die Periode ist die Zeitspanne, die zwischen zwei Höhe- oder Tiefpunkten vergeht. Dargestellt wird die Periode häufig durch den griechischen Buchstaben (τ). Die Frequenz eines Rhythmus ist das Reziprok der Periode (—). Der Umfang der Schwankung, ihre Amplitude (C), beschreibt eine weitere Dimension des Zyklus. Die Phase (Φ), also der spezifische Ort, an dem sich der Zyklus gerade befindet, wird gewöhnlich in Beziehung zu einem äußeren Zeitpunkt bestimmt.
Jeder Rhythmus besteht aus mindestens einer dominierenden Frequenz, die gewöhnlich in Begleitung anderer Variationen auftritt, die man als Geräusch bezeichnet. Mathematische Frequenzanalysen

Wellenformen

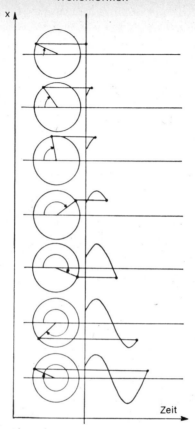

dienen dazu, verborgene periodische Fluktuationen aufzuspüren und gleichzeitig das Geräusch auszuschalten. Harmonische oder Fourier-Analysen stellen eine gegebene Zeitserie (wie beispielsweise die eine Woche lang stündlich gemessene Temperatur) als die algebraische Summe von Sinuskurven mit unterschiedlichen Frequenzen, Phasen und Amplituden dar. Allerdings sagen harmonische Analysen nichts darüber aus, ob ein Rhythmus statistisch gesehen erkennbar ist; man bedient sich deshalb gelegentlich auch anderer Methoden.

Ziel einer Varianzanalyse ist es, die Bedeutung eines Rhythmus zu bestimmen. Beim Interpretieren von Gruppenmaterial kann der Durchschnitt eine zentrale Tendenz aufzeigen, welche jedoch über das Ausmaß der Schwankungen, die möglicherweise zwischen den einzelnen Angehörigen der Gruppe bestehen — über die Abweichungen vom Mittel also — nichts aussagt. Eine Methode, dieses Ausmaß der Abweichung vom Mittel zu analysieren, besteht darin, daß man die unterschiedlichen Werte eines jeden Gruppenangehörigen berechnet und den Unterschied ins Quadrat erhebt. Die quadrierte Durchschnittsabweichung läßt das Ausmaß der Abweichung erkennen, und die Quadratwurzel gibt die Standardabweichung wieder; sie dient häufig als Maßstab zum Beurteilen der Variabilität bestimmter Daten.

Ähnliche Ergebnisse erbringt ein Verfahren, das man als Kurvenangleichung bezeichnet. Man nimmt an, daß es in der Fluktuation der Eosinophile im Blut einen Vierundzwanzig-Stunden-Rhythmus gibt. Dieser Periode von vierundzwanzig Stunden läßt sich eine Kurve mit den Ergebnissen einer stündlich durchgeführten Zählung der Zellen anpassen. Weiterhin kann man Varianten der Kurve zufügen, Harmonien — beispielsweise also einen alle zwei Stunden beim Zählen der Zellen feststellbaren Höhepunkt. Derartige Zusatzkurven gibt man der angepaßten Kurve so lange bei, bis es möglich ist, die Varianten der Werte um die Zusatzkurve herum erheblich zu verringern. Wiederholt man diesen Prozeß mit mehreren grundlegenden Perioden, kann eine Reihe von Näherungswerten erkennen lassen, welche Basisperiode und welche Harmonien sich den Daten am besten angleichen.

Es hat sich als zweckmäßig erwiesen, von Schwankungen im Körper so zu sprechen, als handle es sich bei ihnen um gleichförmige Wellen, obwohl das eigentlich nicht stimmt. So interpretierte man beispielsweise lange Zeit die Fluktuation des Corticosteron im Blut des Menschen als gleichförmigen Abfall zu einem Tiefpunkt gegen Mitternacht und ein ebenso gleichförmiges steiles Wiederansteigen zu einem Höhepunkt kurz vor dem Erwachen. Die von Weitzman und anderen in kurzen Abständen durchgeführten Untersuchungen haben jedoch ergeben, daß das Hormon schubweise ins Blut gelangt und rasch wieder verschwindet. Bei einem gesunden Menschen verteilen sich diese Schübe jedoch so gleichmäßig über die vierundzwanzig Stunden, daß man sie als Kurve beschreiben kann.

Der Verlauf der Kurve über vierundzwanzig Stunden, ihr Niveau,

Harmonische Analyse

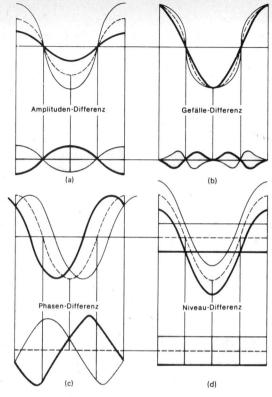

(a) Amplituden-Differenz
(b) Gefälle-Differenz
(c) Phasen-Differenz
(d) Niveau-Differenz

ihre Amplitude, ihre Phase und ihr Gefälle lassen sich durch verschiedene mathematische Funktionen ausdrücken. Hat man eine Kurve dem vorhandenen Material so angepaßt, daß der Rhythmus durch Frequenz und Phase charakterisiert ist, läßt sie sich in Form einer Sinus- oder Kosinus-Kurve noch weiter abstrahieren.

Mit Hilfe der Methode der Kurvenangleichung und ihrer kleinsten Quadrate ist es möglich, Ergebnisse entweder als Sinus- oder als Kosinus-Kurve auszudrücken. Der Gipfel eines Kosinus liegt in seinem Ausgangspunkt, der Gipfel eines Sinus bei minus 90 Grad. Da sich die meisten Wissenschaftler gegenwärtig für die Höhe- und Tiefpunkte eines Rhythmus interessieren und eine Darstellung im Uhrzeigersinn übersichtlicher ist, sind Cosinor-Aufzeichnungen leichter zu lesen als Sinor-Aufzeichnungen. (Der Ausdruck »cosinor« wurde aus den Worten *cosinus* und *vector* abgeleitet.) Hat man einen Kosinus dem vorhandenen Material so angeglichen, daß er sich sowohl der Amplitude wie der Phase des Rhythmus annähert, zeigt die Richtung des »Zeigers« der »Uhr« die Phase des Rhythmus an seinem Höhepunkt oder, in Dr. Halbergs Terminologie, seiner Akrophase an.

Zur Zeit beschäftigen sich viele Studien über biologische Rhythmen mit Tieren, und etliche der medizinisch orientierten Forscher auf diesem Gebiet bedienen sich der von Dr. Max Engeli und Dr. Franz Halberg entwickelten Verfahren. Im Jahre 1970 machten Wissenschaftler auf der ganzen Welt von den Methoden des Laboratoriums in Minnesota Gebrauch, die die Auswirkungen von Medikamenten und die unterschiedlichen Reaktionen auf Medikamente, die zu verschiedenen Tageszeiten eingenommen wurden, aufzeigen können. Sie ermöglichen es, die Vitalfunktionen kranker und gesunder Menschen miteinander zu vergleichen, deren cirkadiane Rhythmen oft in der Periode übereinstimmen, in Amplitude und Phase jedoch voneinander abweichen.

Der Versuch, Phasenrelationen ohne einen allgemeinverbindlichen Ausgangspunkt zu bestimmen, entspricht etwa dem, eine globale Fluggesellschaft ohne festgelegte Zeitzonen zu unterhalten. Im Jahre 1833 wurde auf einer internationalen Konferenz in Washington, D. C., ein System erarbeitet, das alle Uhren der Welt auf einen einzigen Ausgangspunkt ausrichtete — Greenwich in England. Bis dahin hatte jeder Ort seine Uhren selbst nach der Sonnenuhr gestellt, so daß Reisende und Eisenbahner mühsam berechnen mußten, wann — nach der jeweiligen Ortszeit — ein Transkontinental-Expreß seine Stationen erreichte. Auch im Bereich von Physiologie und Biologie muß eine solche Übereinkunft getroffen werden, damit innere Rhythmen richtig gewertet werden können. Gegenwärtig wählt jeder Wissenschaftler seinen eigenen Ausgangspunkt, sofern er überhaupt einen bestimmten Punkt erwähnt.

Werden Angaben über Rhythmen im Rahmen der lokalen Tageszeit gemacht, muß jeder, der nicht in diesem zeitlichen Kontext lebt, sie in seine Ortszeit übertragen; ohne eine derartige Übertragung könnte es beispielsweise den Anschein haben, als träte der Höhepunkt des Zyklus der Nebennieren-Hormone bei der Bevölkerung Neuguineas nicht im gleichen Abschnitt des Aktivitäts-Zyklus ein wie bei der

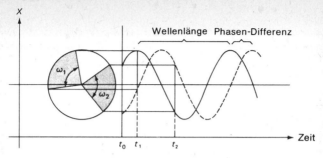

Bevölkerung Schottlands. So sieht es jedenfalls aus, wenn man unter dem Gesichtswinkel der Ortszeit urteilt. Indem sie die Daten zweier verschiedener Gruppen einander gegenüberstellten und beide auf einen einzigen Ausgangspunkt (die Zeit der Schlafmitte) bezogen, wiesen Dr. Halberg und seine Mitarbeiter nach, daß in Wirklichkeit keinerlei Phasendifferenz bestand. Die beiden Gruppen schliefen zu unterschiedlichen Ortszeiten, aber ihre Hormon-Rhythmen standen zum Zeitpunkt der Schlafmitte im gleichen Phasenverhältnis.

Bei Studien, die nach einem kontrollierten Schema von Licht und Dunkelheit (oder Schlafengehen und Aufstehen) durchgeführt werden, könnte die Mitte der Schlafenszeit dieser Beziehungspunkt sein. Bei Nagetieren könnte das Einschalten der Beleuchtung als Ausgangspunkt dienen. Dr. Halberg hat einen universellen Beziehungspunkt vorgeschlagen: Mitternacht (oo), 31. Dezember 1899. Die Wahl dieses Zeitpunktes wurde nicht zufällig getroffen. Es ist ein sinnvoller Zeitpunkt zur Auswertung einer gewaltigen Menge bereits verfügbaren Materials, darunter statistischer Übersichten über die Zeiten von Geburten, Todesfällen und Selbstmorden in weiten Bevölkerungskreisen. Es war der Beginn eines Tages, einer Woche, eines Monats und eines Jahres, aber nicht des Jahrhunderts. In Zukunft wird vermutlich jeder Mensch seine eigene Uhr sein — die er im Grunde ja auch ist. Wenn wir die Phasenbeziehungen der Zyklen in unserem Körper kennen, sollten wir auch imstande sein, die biologische Tageszeit des einzelnen abzulesen. Welche Rhythmen die bequemsten »Zeiger« der »Uhr« sein werden, ist schwer vorherzusagen; vermutlich wird es sich um Rhythmen handeln, die leicht zu messen sind, wie Körpertemperatur, Pulsschlag und Atmung. Die relativen Positionen bestimmter physiologischer Funktionen werden uns dann über die Phase des Körpers Aufschluß geben.

Spektralanalyse

Heute kann ein Computer in Minuten eine Arbeit erledigen, die früher Monate dauerte. Der erste Schritt kann darin bestehen, daß der Computer das Spektrum der Temperatur-Frequenzen auswirft, das heißt, er kann die Frequenz des Vorkommens sämtlicher gemessener Temperaturen angeben. Er würde außerdem angeben, wie sich die verzeichneten Temperaturen verteilen, dazu den Mittelwert, die Gesamtheit der Varianten und die Standardabweichung. Betrachtet man ein vom Computer entworfenes Histogramm, d. h. eine Darstellung der Verteilung der Frequenzen, würde man Fieber sofort an einem abweichenden Temperaturverlauf erkennen. Man brauchte nicht mehr auf die Zeit zu achten, sondern nur noch auf die Frequenz, in der bestimmte Temperaturen auftreten.

Betrachtete man das Gesamtbild der Temperaturschwankungen im Verlauf eines Jahres — das Spektrum der Thermovariation —, so könnte man die Abweichungen jeder Frequenz im gesamten Spektrum erkennen. Daraus ergäbe sich, in welchem Verhältnis die Temperaturschwankungen eines Jahres zur Frequenz der Temperaturschwankungen im Verlauf einer Zwölf-Stunden-Periode, einer Vierundzwanzig-Stunden-Periode oder einer Periode von einer Woche oder einem Monat stehen. Die Spektralanalyse der langfristigen Aufzeichnung der Körpertemperaturen eines gesunden Menschen würden eine vorherrschende Frequenz von etwa vierundzwanzig Stunden aufzeigen. Logarithmisch dargestellt, dürfte sie hervorragen wie das Washington-Monument über den Baumwipfeln. Beim Vergleich von Spektralanalysen kurzfristiger, vielleicht über drei Wochen hinweg gemachter Aufzeichnungen mit anderen, die über ein Vielfaches dieser Zeit hinweg gemacht wurden, ließe sich in der langfristigen Aufzeichnung die Stabilität einer gegebenen Komponente erkennen. Die Spektralanalyse kann auch dazu dienen, die Zeitdauer zu bestimmen, die für eine Studie angemessen ist. Wenn ein Forscher vorhat, eine bestimmte Untersuchung nur über drei Monate durchzuführen, so kann die Spektralanalyse ergeben, daß der Zyklus, dem er nachforscht, noch immer von Abweichungen verschleiert ist. Dann kann er sich entschließen, die Untersuchung auf weitere drei Monate auszudehnen. Mit Hilfe der Spektralanalyse kann man die relative Prominenz verschiedener Frequenzen (Zyklen) im Gesamtbild der Aufzeichnungen erkennen; überdies ergeben sich statistische Grenzen der Verläßlichkeit, die gültig sind, sofern das Spektrum einigermaßen ebenmäßig ist. Dies ist ein Prozeß, der sich durch Wiederholung und Vergleich mehrerer Analysen der Daten des gleichen Individuums bestätigen läßt.

Da so viele unserer Funktionen cirkadiane Rhythmen aufweisen, könnte ihre Cirkadianität an sich als Kriterium von Gesundheit und Entwicklung aufgefaßt werden. Dr. Halberg hat eine wirksame Methode zur Berechnung des cirkadianen Quotienten erarbeitet, unter dem man das Verhältnis sämtlicher Varianten versteht, die sich aus dem Steigen und Fallen einer Funktion wie beispielsweise der Temperatur im Verlauf von vierundzwanzig Stunden ergibt. Eine Frequenz ist nur selten absolut. Da die Temperatur nicht in Zyklen von genau vierundzwanzig Stunden steigt und fällt, muß man den cirkadianen Quotienten mit Hilfe einer Reihe von Frequenzen berechnen. Man addiert Schätzungen des Spektrums zwischen dreiundzwanzig und fünfundzwanzig Stunden und teilt das Ergebnis durch die Gesamtvarianten. Ein Beispiel: bei den meisten Säuglingen läßt sich in den ersten sechs Lebenswochen sein erkennbares Muster im Wechsel zwischen Schlafen und Wachen erkennen; betrachtet man die üblichen Aufzeichnungen über die Aktivität des Säuglings, kann man nur schwer sagen, welche Fortschritte das Kind hinsichtlich des Schlafens bei Nacht macht; der cirkadiane Quotient läßt das jedoch auf den ersten Blick erkennen.

Im Laboratorium in Minnesota hat man sich des cirkadianen Quotienten bedient, um Reaktionen auf Medikamente aufzuzeigen. In einem Fall gab man einem jungen Mädchen Reserpin; sie lag als Patientin im Hospital, wo man ihre Temperaturen vor, während und nach der Anwendung des Medikaments alle drei Stunden maß. Der cirkadiane Quotient ließ erkennen, daß ihre Temperatur vor Verabreichung des Medikaments leicht unregelmäßig war (ein cirkadianer Quotient von 25,2 Prozent). Während der Tage, an denen sie das Reserpin bekam, war er noch unregelmäßiger (11 Prozent). Erst nach dem Abschluß der medikamentösen Behandlung trat eine größere cirkadiane Regelmäßigkeit (33 Prozent) zutage.

Jeder Abweichungsquotient liefert lediglich eine Zahl, die die relative Dominanz einer bestimmten Frequenz oder einer Reihe von Frequenzen im Rahmen sämtlicher Varianten angibt. Bei Studien über das Herz oder die Aktivität von Enzymen hätte es der Forscher mit sehr hohen Frequenzen zu tun. Bei der Analyse der Zellteilungs-

Rhythmen von Krebsgewebe beim Menschen vor und nach der Röntgenbehandlung mußten die Forscher in Minnesota eine Reihe von Frequenzen mit Zyklen zwischen neunzehn und achtundzwanzig Stunden berechnen. Sie stellten fest, daß die mitotischen Rhythmen in Tumoren vor der Röntgenbestrahlung durchweg schneller, nach der Behandlung jedoch langsamer waren.

Will man Freilauf-Rhythmen aufzeichnen oder beobachten, wie sich ein stabiler Rhythmus in Amplitude oder Phase ändert, benutzt man eine Gleichung, die eine harmonische Funktion (wie Sinus oder Kosinus) beschreibt und so dem tatsächlichen Rhythmus in Amplitude und Phase wie auch in der Frequenz am nächsten kommt.

Man schätzt die Periode des Zyklus, dann seine Amplitude oberhalb des ausgeglichenen Niveaus und schließlich seine Phase im Verhältnis zu einem Zeitpunkt außerhalb des Körpers.

Die Methode der kleinsten Quadrate spielt in der Statistik eine wesentliche Rolle. Als Weiterführung der klassischen Harmonischen Analyse lassen sich Zyklen auf dem Wege der multiplen Regression sogar einem Datenmaterial anpassen, das in unregelmäßigen Abständen gewonnen wurde, wie beispielsweise Untersuchungsergebnisse von Personen, die in der Nacht, d. h. im Schlaf nicht getestet werden konnten. Jeder Frequenz in dem gewonnenen Material stellt der Computer eine Kosinuskurve in Form einer Gleichung mit den biologischen Werten entgegen. Die Differenz zwischen den tatsächlichen und den abstrakten Kurven mit unterschiedlichen Amplituden, Phasen und Niveaus werden ins Quadrat erhoben, und die am besten passende Kurve ist diejenige, bei der die Summe der quadrierten Differenzen den kleinsten Wert ergibt.

Bedient man sich einer Analogie aus der Geographie, so würden die kleinsten Quadrate dem geringsten vergeudeten Raum zwischen einem tatsächlichen Berg und der zu seiner graphischen Darstellung gezeichneten Kurve entsprechen. Die Analogie zum Gipfel eines Berges wäre dann die »Akrophase«, der ständig wiederkehrende Höhepunkt einer Phase, des biologischen Zyklus in der Zeit.

Die Phase kennzeichnet das Verhältnis zwischen der Kurve und einem Beziehungspunkt. Der Computer kann berechnen, in welchem Ausmaß die am besten passenden Kosinus- oder Sinuskurven vom ursprünglichen Material abweichen. Er kann zum Beispiel Streuungsindices liefern, die den Schätzungen der Standardfehler der Amplitude von Sinus oder Kosinus entsprechen.

Analyse des Rhythmus der 17-Ketosteroide: Jahres- und Wochenrhythmen

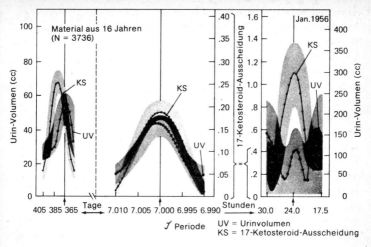

𝒥 Periode
UV = Urinvolumen
KS = 17-Ketosteroid-Ausscheidung

Als Dr. Halberg und seine Mitarbeiter ein Computerprogramm der kleinsten Quadrate verfeinerten und testeten, begannen sie, geeignetes Material, das ihnen zufällig zur Verfügung stand, neu zu bewerten. Es gab glücklicherweise eine außerordentlich langfristige Studie, in deren Verlauf Dr. Christian Hamburger über fünfzehn Jahre hinweg im Selbstversuch den Gehalt an 17-Ketosteroiden im Urin festgehalten hatte. Eine Analyse des Materials ergab einen wöchentlichen Rhythmus der Ausscheidung von Hormon-Metaboliten (17-KS) mit einem Höhepunkt in der Wochenmitte. Zehn Jahre lang änderte sich die Phase dieses Wochenrhythmus bemerkenswert wenig. Später jedoch, zu einer Zeit, in der Dr. Hamburger ein Hormonpräparat einnahm, ließ die Computeraufzeichnung eine Desynchronisation des wöchentlichen 17-Ketosteron-Rhythmus erkennen. Über Jahre hinweg schien eine langsame Verschiebung vor sich zu gehen, die ganz vage an die Verschiebung der cirkadianen Rhythmen bei Leuten erinnerte, die zu experimentellen Zwecken in der Isolation leben. Das verfügbare Material ließ überdies einen weniger offensichtlichen Rhythmus von dreißig Tagen erkennen, der darauf schließen ließ, daß die Keimdrüsenfunktion eines Mannes möglicherweise von zyklischen hormonellen Schwankungen in monatlichem Rhythmus beeinflußt wird.

Bedient man sich des Spektrums der kleinsten Quadrate zum erstenmal, weiß man vielleicht nicht, wo seine prominenten Komponenten zu finden sind. Mit Hilfe geeigneten Materials kann man sich ein »Fenster« schaffen, indem man in der Region zwischen zwanzig bis achtundzwanzig Stunden linear, vielleicht in Abständen von sechs Minuten, Versuchsperioden auswählt. Das Team in Minnesota konnte, indem es sich bei der Auswertung von Daten, die Anfang der fünfziger Jahre zusammengetragen wurden, dieses Vergrößerungsglases bediente, erkennen, daß geblendete Mäuse Temperaturperioden aufwiesen, die sich im Rahmen von 23,3 bis 23,7 Stunden bewegten. Jede Maus wich um zwanzig bis vierzig Minuten von einer Periode von genau vierundzwanzig Stunden ab; überdies waren die Freilaufperioden von Maus zu Maus verschieden. Selbst bei Individuen, die die gleiche Periode hatten, wurden unterschiedliche Phasen beobachtet. Die Analyse der kleinsten Quadrate liefert überdies einen Streuungsindex: man weiß, ob man es mit einem regelmäßigen Rhythmus mit geringer Amplitude zu tun hat, einem Beinahe-Rhythmus oder mit einem Phänomen, das keinerlei Rhythmizität erkennen läßt.

Kreisdiagramme, Periodenuhren, harmonische Zifferblätter

Beim Bestimmen eines biologischen Rhythmus macht die Spektralanalyse des innerhalb einer bestimmten Zeit gewonnenen Materials eine Reihe dominierender Frequenzen sichtbar. Die Spektral-Schätzung eines beliebigen Zyklus läßt erkennen, wie regelmäßig dieser Zyklus sein dürfte. Ist der Zyklus stabil und scheint die Frequenz nicht sehr stark zu schwanken, kann man eine weitere nützliche Analyse vornehmen. Man nimmt eine Frequenz wie zum Beispiel den Vierundzwanzig-Stunden-Zyklus der Körpertemperatur und bedient sich dieser Periode als Peripherie einer »Körperuhr«. Einer der »Zeiger« dieser Uhr zeigt die Phase an, in der der tägliche Höhepunkt der Temperatur eintritt, während ein weiterer Zeiger den Höhepunkt der Phase der 17-OHCS-Hormone aus den Nebennieren anzeigt; eine derartige Darstellung könnte auch zum Vergleich der cirkadianen Temperatur-Rhythmen mehrerer Individuen dienen.
Ein Kreisdiagramm ist eine Art Zeitkompaß, der den zeitlichen Verlauf der physiologischen Rhythmen eines Menschen im Verhält-

nis zu einem äußeren Beziehungspunkt anzeigt. Der Zeiger, der auf den Höhepunkt der Phase des cirkadianen Temperatur-Rhythmus weist, läßt sich auf einem in 360 Grade eingeteilten Zifferblatt in Graden ablesen. Die Richtung des Zeigers im Verhältnis zu seinem Ausgangspunkt im Zentrum gibt den Höhepunkt der Phase an. Gleichzeitig läßt sich die Uhr eines Vierundzwanzig-Stunden-Rhythmus in gewöhnlichen Zeitabständen von fünfzehn Grad pro Stunde ablesen. Das Diagramm gäbe nicht die exakten Höhepunkte an, sondern vielmehr den geschätzten Durchschnitt, die typische Phase, die stellvertretend steht für den Zeitpunkt aller Höhepunkte, die während des Sammelns des Materials festgestellt wurden (für jede der dargestellten Funktionen wäre damit nur ein Höhepunkt angegeben).

Cosinor-Amplituden, die typische Durchschnittswerte von Veränderungen in einer bestimmten Zeiteinheit bezeichnen, lassen sich auch durch die Länge des Zeigers darstellen. Ein Computer liefert paarweise Schätzungen von Amplitude und Phase eines bestimmten, optimal angepaßten Kosinus, der aus der Berechnung der kleinsten Quadrate einer bestimmten Frequenz ermittelt wurde. Mit Hilfe dieses Verfahrens lassen sich Aspekte biologischer Rhythmen quantifizieren, die in Diagrammen, Karten und Tabellen schwer zu handhaben sind; außerdem ist es möglich, verschiedene Individuen miteinander zu vergleichen oder die Phasenrelationen bestimmter Funktionen eines Individuums zu erkennen.

Gewißheitsbögen und Fehlerellipsen

Bei Mäusen, die unter streng kontrollierten Bedingungen im Laboratorium aufgezogen wurden, können physiologische und Verhaltensrhythmen auftreten, die so regelmäßig sind wie Maschinen. Aber der Mensch lebt in einer erheblich weniger kontrollierten Umwelt, und individuelle Unterschiede können nicht ausbleiben. Das bedeutet, daß in einem Cosinor-Diagramm für eine Gruppe eine gewisse Variabilität enthalten ist. Wie eine Standardabweichung das Ausmaß der Abweichungen vom Mittel angibt, läßt eine Gewißheitsgrenze erkennen, wie weit sich das Material dem abstrakten Resümee des Wissenschaftlers anpaßt. Das Cosinor-Diagramm offenbart das Fehlerausmaß in verschiedenen Dimensionen.

Ein solches Diagramm kann zeigen, daß bei einem Krankenhauspatienten im Verlauf einer sechsmonatigen Untersuchung der Höhepunkt der Oraltemperatur gewöhnlich, aber nicht ausschließlich, gegen 1 Uhr mittags eintrat. Obwohl er nach einem Schema lebte, das sich auf monotone Weise gleichblieb, ergaben die Messungen nicht Tag für Tag die gleichen Werte. Der Höhepunkt der Phase, die Amplitude seiner Temperaturwerte und die leichten Verschiebungen des Höhepunktes der Phase lassen sich in Form einer Ellipse zusammenfassen. Der Raum innerhalb der Ellipse entspricht dem möglichen Fehlerausmaß.

Kreisdiagramme, die man auch als Periodenuhren oder harmonische Zifferblätter bezeichnet, liefern auf einen Blick überschaubare Darstellungen von Schwankungen in der Zeit, und zwar auf eine erheblich unmittelbarere und lebendigere Weise als lineare Darstellungen. Zeigt der Stundenzeiger einer gewöhnlichen »irdischen« Uhr auf zwölf, so wissen wir, daß es Mittag oder Mitternacht ist, weil sich alle Menschen darauf geeinigt haben. Weist der Phasen-Amplituden-Zeiger auf 360 Grad, wissen wir, daß der Höhepunkt des Rhythmus zum Ausgangspunkt hin abfällt. Das kann die Mitte der Schlafenszeit sein oder ein anderer leicht meßbarer Rhythmus wie die Körpertemperatur. Verschöbe sich die Phase um 90 Grad nach rechts, so könnten wir erkennen, daß der Höhepunkt der Phase sechs Stunden später eintritt. Träte eine Verschiebung um weitere 90 Grad ein, läge der Höhepunkt der Phase da, wo bisher der tägliche Tiefpunkt lag.

Die Größe einer Fehlerellipse gibt an, ob die ursprünglichen Werte breit gestreut sind oder nicht. Ist keine Streuung vorhanden, ist das Feld der Ellipse ziemlich klein. Je weniger Zyklen die Studie umfaßt, desto geringer ist die Gewißheit, hinsichtlich der Lage der Höhepunkte und der Schätzung der Amplituden — und dies stellt sich in einer größeren Ellipse dar.

Eine Fehlerellipse gibt überdies Aufschluß darüber, ob Phase oder Frequenz des vorhandenen Materials dubios sind. Wird auf der Zeichnung ein Vierundzwanzig-Stunden-Rhythmus dargestellt und sind in dem Material unregelmäßige Frequenzen enthalten, dann überschneidet die Fehlerellipse den Pol (das Zentrum des Kreises). Im Grunde besagt das, daß der Zeiger, der den vermeintlichen Höhepunkt der Phase (seine Akrophase) darstellt, in jede beliebige Richtung gedreht werden kann und nicht auf einen bestimmten Ort innerhalb der Uhr als Höhepunkt der Phase weist. Dementsprechend

Cirkadiane Rhythmen von Diastolendauer und Herzfrequenz bei Menschen während Schwerelosigkeit über mehrere Tage im Weltraum

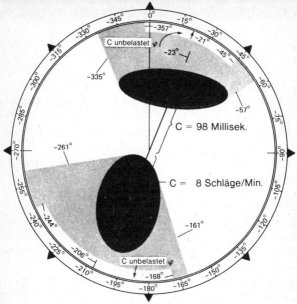

stellt der Gewißheitsbogen den Spielraum dar, innerhalb dessen ein Rhythmus spezifiziert wurde. Die Cosinor-Methode ermöglicht eine Quantifizierung der statistischen Gewißheit für den festgestellten Rhythmus.

Kreisdiagramme haben viele Vorzüge. Will man einen raschen Blick auf die Akrophase irgendeines biologischen Rhythmus werfen, ist diese Form der Darstellung die unmittelbarste und anschaulichste. Wie eine Armbanduhr liefert ein Kreisdiagramm zahlreiche Informationen auf einen Blick. Eine Armbanduhr gibt nie an, ob sie vor- oder nachgeht, aber das Kreisdiagramm gibt das Ausmaß ihrer möglichen Fehler an. Ehe die Periode, die Amplitude und die Phase quantifiziert werden können, muß festgestellt worden sein, daß ein Rhythmus ein gewisses Maß an statistischer Relevanz besitzt.

Mit Hilfe von Cosinor-Diagrammen konnte man auch feststellen, daß bei geblendeten Tieren das Phasenverhältnis physiologischer Rhythmen beibehalten wurde, auch wenn eine neue Frequenz zutage trat. Man bediente sich dieser Technik, um das Verhalten eines

Rhythmus der Atemfunktion bei asthmatischen Kindern während ihrer Behandlung mit Hormonen zu erkennen; die Allergologen konnten auf diese Weise die Akrophase der Atemfrequenz während der Reaktion auf Medikamente im Körper feststellen und sehen, wie sich diese Funktion verwandelte, als man das Medikament zu verschiedenen Tages- und Nachtzeiten verabreichte. Die gleiche Technik machte Unterschiede zwischen Haut- und Brustkrebs hinsichtlich ihrer mitotischen Rhythmen sichtbar.

Hat man einen Rhythmus einmal festgestellt und mit Hilfe der Spektralanalyse seine Parameter beschrieben, kann man die Stabilität der rhythmischen Parameter in der Zeit darstellen. Auf diese Weise lassen sich Amplitude, Phase und Periode über lange Zeiträume hinweg sichtbar machen; damit besteht die Möglichkeit, beispielsweise die Auswirkungen von Ost-West-Flügen oder Medikamenten zu beobachten.

Schließlich dürften die Methoden, die heute entwickelt und verfeinert werden, es der medizinischen Forschung ermöglichen, »physiologische« Zifferblätter von Patienten anzufertigen. Damit könnten wir feststellen, ob zwischen den vielen Rhythmen des Körpers ein normales Phasenverhältnis besteht. Eine derartige Uhr könnte die Höhepunkte der Phasen von Temperatur, Nebennieren-Steroiden, Herzfrequenz, Augen-Hand-Koordination angeben und die Tageszeit des Körpers sichtbar machen, indem sie ihre Phasenbeziehungen aufzeigt. Abweichungen in der Zeitstruktur könnten dann durch ärztliche Untersuchungen aufgefangen werden; damit wäre uns vielleicht eine Möglichkeit an die Hand gegeben, potentielle Krankheiten zu einem Zeitpunkt zu entdecken, zu dem sie sich noch verhüten lassen.

Erläuterungen der medizinischen Fachausdrücke

Acinus
: Läppchen, beerenförmiges Endstück bestimmter Drüsen

Actinomycin D
: Antibiotikum, das therapeutisch bei einigen Formen bösartiger Tumoren eingesetzt wird (Zytostatikum)

Addisonsche Krankheit
: durch Verminderung oder Ausfall der Produktion von Nebennierenrindenhormonen (Nebennieren-Insuffizienz infolge Schädigung der Nebennieren z. B. durch Tuberkolose) bedingte schwere Allgemeinerkrankung

adrenokortikale Hormone
: in der Nebennierenrinde gebildete Hormone. Sie werden in zwei Hauptgruppen unterteilt:
1. Mineralokortikoide (Aldosteron, Corticosteron), sie wirken auf den Mineralstoffwechsel *(Elektrolyt-)*, und zwar fördernd auf die Rückresorption von *Natrium* und Wasser und die Ausscheidung von *Kalium* in den Nieren
2. Glukokortikoide (Cortisol, Cortison), sie wirken auf den Kohlenhydratstoffwechsel: Anstieg des Leber*glykogens,* Zuckerneubildung aus Eiweiß. In höherer Dosierung (therapeutisch) wird die entzündungshemmende und antiallergische Wirkung der Glukokortikoide ausgenützt

Akrophase
: (gr. αφρος = äußerst) der Höhepunkt der Phase

Aldosteron	s. adrenokortikale Hormone
Aldosteronismus	vermehrte Produktion von Aldosteron bzw. mangelnder Aldosteronabbau in der Leber und das dadurch bedingte Krankheitsbild mit zu niedrigem Kalium-, zu hohem Natriumspiegel und den daraus folgenden *Ödemen*
Aminosäuren	einfachste Bausteine der Eiweißkörper
Amphetamin	s. Psychopharmaka
Analgetika	schmerzstillende Mittel
Anästhetika	bei der Narkose verwandte schmerzausschaltende Mittel
Angina	entzündliche Rötung und Schwellung des Rachens, insbesondere der Mandeln und ihrer Umgebung
Anoxämie	Verminderung des Sauerstoffgehalts im Blut
Antidepressiva, trizyklische	s. Psychopharmaka
Aphasie	zusammenfassende Bezeichnung für Störungen des Sprechvermögens und des Sprachverständnisses bei erhaltener Funktion des Sprechapparates und des Gehörs (bedingt durch Veränderungen in der Großhirnrinde)
Arteriosklerose	fortschreitende Degeneration der Arterien infolge krankhafter Veränderung der Gefäßinnenhaut
Arthritis	entzündliche Veränderungen der Gelenkflächen
Askorbinsäure	(Vitamin C) Aktivator des gesamten Zellstoffwechsels
autonomes Nervensystem	gegenüber dem Zentralnervensystem selbständiges Nervensystem, das die Muskulatur der Eingeweide, der Blutgefäße, Sinnesorgane und Drüsen innerviert
Azidität	chemisch: Säuregrad einer Lösung
Azidose	auf einem Überschuß sauer reagierender Stoffe im Blut beruhendes Krankheitsbild
Barbiturate	s. Psychopharmaka

Biopsie	mikroskopische Untersuchung eines Gewebeteilchens, das dem Lebenden entnommen wurde
Biotelemetrie	Methode der drahtlosen Aufzeichnung physiologischer Funktionen (EKG, Pulsfrequenz u. a.)
cardiovaskulär	Herz und Gefäße betreffend
cerebral	das Gehirn betreffend
Chloride	s. Elektrolyte
Corticosteron	s. adrenokortikale Hormone
Cortisol	s. adrenokortikale Hormone
Cortison	s. adrenokortikale Hormone
Cushingsche Krankheit	(Cushing Syndrom) Überfunktion der Nebennierenrinde, insbesondere vermehrte Cortisolproduktion, Symptome: »Vollmondgesicht«, Stammfettsucht, Bluthochdruck, erhöhter Blutzucker, Knochenschwund
Derivate	Abkömmlinge chemischer Grundsubstanzen
Diarrhoe	Durchfall
Diastole	rhythmische Erweiterung des Herzens, während derer das Blut in das Herz einströmt
Diathermie	Erwärmung von Geweben im Körperinneren durch hochfrequente Wechselströme
Elektroenzephalographie	Methode zur Aufzeichnung der Hirnaktionsströme mittels geeigneter Verstärker- und Registriergeräte (Elektroenzephalograph)
Elektrolyte	Verbindungen, die in wäßriger Lösung in geladene Teilchen (Ionen) zerfallen sind. Die Elektrolyte haben wichtige physiologische Funktionen, so steuern sie z. B. die Erregbarkeit von Nervenfasern, die elektrische Erregung des Herzens (Natrium und Kalium), die Muskelkontraktionen (Kalzium), die *Azidität*

	des Blutes und des Urins (Carbonat und Phosphat) oder werden zur Bildung von Magensäure gebraucht (Chlorid)
Elephantiasis	durch Lymphstauung hervorgerufene Verdickung der Haut und des Unterhautzellgewebes
endogen	im Körper selbst entstehend, von innen kommend
Endokrinologie	Lehre von den Drüsen mit innerer Sekretion (Ausschüttung des Sekretes direkt in das Blut), ihrer Funktion und ihren Hormonen
Enzephalitis	Gehirnentzündung
Enzyme	in der lebenden Zelle gebildete hochmolekulare Eiweißkörper, die als Biokatalysatoren wirken, d. h., sie verringern die Aktivierungsenergie einer Reaktion
Ergometer	Arbeitsmeßgeräte, mit denen eine dosierbare Belastung vorgenommen und die Leistung gemessen werden kann
Exstirpation	totale operative Entfernung eines Organs oder einer Geschwulst
Fetus	Bezeichnung der Leibesfrucht nach dem dritten Schwangerschaftsmonat bis zum Ende der Schwangerschaft
Food and Drug Administration	Kontrollbehörde der US-Bundesregierung für Arzneimittel, Lebensmittel und Körperpflegemittel
galvanische Hautreaktion	Bezeichnung für die Veränderung des Hautwiderstandes (gemessen in Ohm) bei Erkennens- und Denkvollzügen
Gamma-Globuline	s. Plasmaproteine
Ganglion	außerhalb des Zentralnervensystems gelegene Anhäufung von Nervenzellen, die von einer Bindegewebskapsel umgeben ist
Geriatrie	Lehre von den Krankheiten, die besonders im Greisenalter auftreten
Glukokortikoide	s. adrenokortikale Hormone

Glukose	Traubenzucker
Glykogen	tierische Stärke, Speicherform der Glukose
Hämatologie	Lehre vom Blut und von den Blutkrankheiten
Hämoglobin	Farbstoff der roten Blutkörperchen, dient dem Transport, der Bindung und der Abgabe des Sauerstoffs
Halluzinogene	s. Psychopharmaka
Hybride	pflanzliches oder tierisches Individuum, das aus einer Kreuzung zwischen artverschiedenen Eltern hervorgegangen ist
Hypertonie	durch erhöhten arteriellen Blutdruck gekennzeichnete Erkrankung des Kreislaufsystems
Hypnotika	s. Psychopharmaka
Hypophyse	Hirnanhangdrüse, bildet mit dem *Hypothalamus* eine funktionelle Einheit, sie aktiviert durch Botschafterhormone (ACTH, TSH u. a.) die endokrinen Drüsen (Nebennierenrinde, Schilddrüse, Keimdrüsen) zur Hormonausschüttung
Hypothalamus	Teil des Zwischenhirns, leitet die wichtigsten Regulationsvorgänge des Organismus (z. B. Wärmeregulation, Blutdruck- und Atmungsregulation). Der Hypothalamus ist Bildungsort der die Ausschüttung der Botschafterhormone der Hypophyse steuernden sogenannten Releasing Factors
Hypothermie	abnorm niedrige Körpertemperatur
implantieren	Gewebe, Organteile oder sonstiges Material einpflanzen
Insulin	Hormon des endokrinen Anteils (sogenannter Inselapparat) der Bauchspeicheldrüse. Insulin fördert die Glykogenbildung aus Glukose und den (oxydativen) Abbau der Kohlenhydrate und reguliert so den Blutzuckerspiegel. Insulinmangel

	führt zu Diabetes mellitus (Zuckerkrankheit)
in vitro	im Reagenzglas durchgeführt (von wissenschaftlichen Versuchen gesagt)
Kalium	s. Elektrolyte
Kalzium	s. Elektrolyte
Katatonie	Zustandsbild, bei dem die Willkürmuskulatur in dem Spannungszustand bleibt, also erstarrt, in den sie gerade versetzt wurde
Kodierung	allgemeine Bezeichnung für die Umwandlung einer Botschaft in Signal oder eines Signals in eine Botschaft
Kokain	aus den Blättern des südamerik. Kokastrauches gewonnene Substanz (sog. Alkaloid), die therapeutisch als Schleimhaut*anästhetikum* verwandt wird (nach Pschyrembel, Klinisches Wörterbuch, zuerst von dem Wiener Augenarzt Koller, 1884)
Kolitis	mit *Diarrhoe* einhergehende Entzündung des Dickdarms
Koma	Zustand tiefer, durch keinen äußeren Reiz zu unterbrechender Bewußtlosigkeit bei verschiedenen Krankheiten
Konvulsionen	Bezeichnung für heftige und schmerzhafte Schüttelkrämpfe, die durch zentralnervöse Prozesse ausgelöst werden
Konzeption	Empfängnis, Befruchtung
Limbisches System	Hirnregion, die bestimmte Teile des Zwischenhirns umfaßt. Das L. S. ist die dem *Hypothalamus* direkt übergeordnete Zentrale des endokrinen und vegetativ-nervösen Regulationssystems
Magensekretion	Bezeichnung für die Absonderung des in den Magendrüsen gebildeten Magensaftes. Magensaft besteht aus Salzsäure, Pepsin (eiweißspaltendes Enzym), Lipase (fettspaltendes Enzym) und

	Schleim, der die Magenschleimhaut vor der Selbstverdauung schützt
maligne	bösartig, gefährlich (von Tumoren und Krankheiten)
manisch	Bezeichnung für die durch Überaktivität und übertriebene Selbsteinschätzung charakterisierte Phase der manisch-depressiven *Psychose*. Auch allgemeine Bezeichnung für das Vorherrschen unkontrollierter Handlungen und Verhaltensweisen
Medikation	Verordnung von Arzneimitteln
metabolisch	den Stoffwechsel (Metabolismus) betreffend
Metaboliten	alle durch Stoffwechselprozesse oder andere enzymatische Leistungen der Zelle in ihrer chemischen Struktur veränderten Umwandlungsprodukte von körpereigenen oder von außen zugeführten Stoffen
Mikrosomen	kleinste im Zellplasma vorhandene Zellbestandteile, die eine wichtige Funktion beim Aufbau von Eiweißkörpern aus Aminosäuren haben
Mitose	indirekte Zellteilung, bei der jede Tochterzelle den vollständigen Chromosomensatz erhält
Mollusken	Weichtiere (Schnecken, Tintenfische, Muscheln)
Mongolismus	angeborene Form des Schwachsinns, die von bestimmten körperlichen Merkmalen begleitet wird (breites Gesicht, enge Lidspalte, stumpfe Finger)
Morbidität	zahlenmäßiges Verhältnis zwischen erkrankten und gesunden Personen einer Bevölkerung (z. B. bei Epidemien)
Mucoproteide	Verbindungen aus Eiweiß und hochmolekularen Zuckern, die in Drüsensekreten der Schleimhäute vorkommen (Schutzfunktion)

Narkotika	s. Psychopharmaka
Natrium	s. Elektrolyte
Nebennieren-Insuffizienz	s. Addisonsche Krankheit
Neuralgie	anfallweises Auftreten von heftigen Schmerzen im Ausbreitungsgebiet eines Nerven (Nervenschmerz)
neuroendokrin	innere Sekretion bestimmter Nervenzellen im *Hypothalamus*. Die sezernierten Substanzen (Inkrete) werden als Releasing Factors bezeichnet und regeln die Bildung der einzelnen *Hypophysen-Hormone*
Neurologie	Lehre von den Nerven und von den Erkrankungen der Nerven
Neuron	Nerveneinheit, Nervenzelle mit allen ihren Fortsätzen
Neurose	psychisch abnorme Verhaltens- und Erlebnisweise, durch ungelöste Konflikte verursacht
Neurosekretion	Produktion von Hormonen oder hormonähnlichen Substanzen durch Nervenzellen. Neurosekrete werden in den Nervenfasern transportiert und in das Blut abgegeben (vgl. neuroendokrin)
Neutrino	kleinstes bisher nachweisbares Materialteilchen, das sehr hohes Durchdringungsvermögen, aber keine elektrische Ladung besitzt
Ödem	Wassersucht, Schwellung infolge Flüssigkeitsansammlung im Gewebe
Ökologie	Lehre von den Beziehungen der Lebewesen untereinander und zu ihrer Umwelt
Onkologie	Lehre von den Geschwülsten
oral	den Mund betreffend, durch den Mund
Paroxysmus	anfallsartiges Auftreten einer Krankheitserscheinung
Phenylketonurie	Stoffwechselkrankheit, bei der infolge eines Enzymdefektes die Aminosäure Phenylalanin nicht metabolisiert werden

kann. Phenylalanin wird deshalb zu Substanzen abgebaut, die vor allem auf das Gehirn toxisch wirken. Die Krankheit ist durch geistige Entwicklungsverzögerung mit mehr oder weniger stark ausgeprägtem Schwachsinn gekennzeichnet

Phobie — abnorme, unkontrollierbare Furcht vor Objekten oder Situationen (z. B. Klaustrophobie)

Phosphat — s. Elektrolyte

Phospholipide — phosphathaltige Fette, die im Stoffwechsel von Gehirn und Nerven eine wichtige Rolle spielen (z. B. Lecithin)

Phylogenese — biologisch: Stammesgeschichte der Lebewesen

Physiologie — Lehre von den Grundlagen des allgemeinen Lebensgeschehens, besonders von den normalen Lebensvorgängen und Funktionen des Organismus

Plasmaproteine — Bluteiweißkörper, bestehend aus Albumin, Alpha$_1$-, Alpha$_2$-, Beta- und Gamma-Globulinen. Jede dieser Gruppen (Fraktionen) hat ihre bestimmten Funktionen, die Gamma-Globuline z. B. sind Teil des biologischen Abwehrapparates des Organismus

Pneumokokken — kugelförmige Bakterien (Kokken), die zu den Erregern von Lungen-, Hirnhaut- und Bauchfellentzündung gehören

Pneumonie — Lungenentzündung. Erreger: verschiedene Bakterien, Viren und Pilze

pränatal — vor der Geburt

psychomotorisch — Bezeichnung für die motorischen (Bewegungs-)Aspekte des psychischen Geschehens

Psychopharmaka — Sammelbegriff für Medikamente mit Wirkung auf die Psyche. Zu ihnen gehören u. a.:

Hypnotika (z. B. Barbiturate): in mittlerer Dosierung als Schlafmittel, in hoher zur Narkoseeinleitung (Narkotika) verwandt

Halluzinogene (z. B. LSD, Mescalin, Haschisch): Substanzen, die einen psychoseähnlichen Zustand mit Halluzinationen hervorrufen können (sog. psychedelische Drogen)

Sedativa (z. B. Valium, Librium): leicht muskelentspannende und allgemein beruhigende Wirkung. In höherer Dosierung auch als Einschlafmittel verwandt

Psychotonika (z. B. Amphetamin): beseitigen Müdigkeit und stellen für einige Stunden die durch Ermüdung verminderte Leistungsfähigkeit wieder her (Gebrauch als Dopingmittel)

Antidepressiva: Substanzen mit vorwiegend stimmungshebender, teils sedierender, teils antriebsteigender antipsychotischer Wirkung

Psychose	Geisteskrankheit. Man unterscheidet exogene Psychosen, die durch körperliche Veränderungen (z. B. Hirnschäden infolge Verletzungen, Entzündungen u. a.) bedingt sind, und endogene Psychosen, die als anlagebedingt gelten und für die akute körperliche Veränderungen nicht ursächlich sind. Die wichtigsten endogenen Psychosen sind die Schizophrenie, die endogene Depression und das manisch-depressive Irresein
Psychosomatik	Lehre von der Bedeutung seelischer Vorgänge für die Entstehung und den Verlauf körperlicher (somatischer) Krankheiten
Respirometer	Apparat zur Messung der Atemgrößen (Atemfrequenz, Atemvolumen u. a.)

Retina	Netzhaut des Auges
Rezeptoren	Aufnahmeorgane für Sinnesreize
Schwangerschafts-Toxämie	Bezeichnung für alle durch die Schwangerschaft bedingten Krankheiten
Sedativa	s. Psychopharmaka
Stupor	Zustand geistig-körperlicher Erstarrung bei Aufheben aller Willensleistungen; meist ist auch der Denkvorgang eingeschränkt
Synapsen	Umschaltstelle zur Erregungsübertragung von einem *Neuron* auf ein anderes, oder von einem Neuron auf einen Muskel
Systole	rhythmische Kontraktion des Herzens, während derer das Blut in die Arterien getrieben wird
Thioharnstoff, Thiouracil	Substanzen, die zur Therapie der Schilddrüsenüberfunktion eingesetzt werden (Thyreostatika). Sie verhindern den Einbau von Jod in das Schilddrüsenhormon und vermindern damit die Menge des ausgeschütteten Hormons
Toxine	Bezeichnung für Giftstoffe, die von Bakterien, Pflanzen oder Tieren ausgeschieden werden
Toxizität	Giftigkeit einer Substanz (für den Organismus)
Trauma	1. Wunde, Verletzung 2. seelischer Schock, starke seelische Erschütterung
Wasser-Retention	Zurückhaltung von Wasser (z. B. in Zellen)
Zirrhose	narbige Schrumpfung eines Organs (z. B. Leberzirrhose)
Zyste	durch eine Kapsel abgeschlossene, sackartige Geschwulst mit dünn- oder dickflüssigem Inhalt

Personenregister

Abrams, Robert 177, 178
Ader, Dr. Robert 114, 121
Agnew, Harmon 82, 100
Angst, Dr. J. 268, 273
Arborelius, Dr. M. 163
Aretaeus 273
Aristoteles 145
Aschoff, Dr. Jürgen 57, 70, 72, 285
Aserinsky, Eugene 78, 83
Axelrod, Dr. Julius 150, 290, 291

Banschikow, V. M. 95
Barter, Dr. Frederick 171, 261
Bartoli, Dr. V. 164
Benoit, Dr. J. 288
Birch, Herbert G. 118
Bohlen, Dr. Joseph und Frau 274 f.
Borman, Frank 105
Bousquet, W. F. 200
Brown, Dr. Frank 18, 64 f., 66, 74
Bruner, Jerome 214
Bünning, Dr. Erwin 40, 62, 281 f.
Burton, Robert 294

Cahn, Dr. Harold 123, 170
Carson, Rachel 305
Casey, Robert 243
Chess, Stella 118
Colquhoun, Dr. Peter 44
Cooper, Dr. Linn 27
Curtis, George 55

Dalton, Dr. Katharina 252
Darwin, Charles 281
Davis, Adelle 255
Delea, Catherine S. 171
Dement, William C. 83, 87

Dewan, Dr. Edmond 299 ff.
Dray, Dr. Fernand 183

Einstein, Albert 27
Emlen, Dr. Stephen T. 288
Engelmann, T. G. 108
Erickson, Dr. Milton 27
Erskine, Donald R. 69
Everett, Dr. John W. 296

Falliers, C. 203
Feigin, Dr. Ralph D. 151, 190
Fischer, Roland 26
Fisher, Dr. Charles 87, 101
Fliess, Wilhelm 37 f.
Fogel, Max 55
Folk, D. Edgar Jr. 123, 170
Fraisse, Paul 25
Franks, Dr. Robert 113
Frazer, Sir James 274
Frazier, Dr. Thomas 54
Friedman, Dr. Alexander 158
Friedman, Stanley 101
Freud, Sigmund 37

Garcia-Sainz, Dr. Mauricio 181, 183
Ghata, Dr. Jean 59, 201
Gjessing, Dr. Leiv 263 ff.
Gjessing, Dr. Rolv 263
Globus, Gordon 100
Greenberg, Ramon 92 f.
Grigorev, Dr. Y. G. 182

Halberg, Dr. Franz 49 f., 58, 143, 146, 157, 166, 171, 172 ff., 180 f., 185, 189, 194 ff., 200, 203, 256, 261, 273, 285, 297, 315, 316 ff.

Hamburger, Dr. Christian 256, 331
Hamner, Dr. Karl 282
Harker, Dr. Janet 178 f., 244
Harris, Geoffrey 114
Hauenschild, C. 299
Hawking, Dr. Frank 190
Hellbrügge, Dr. T. 112
Hellman, Dr. Leon 89
Henkin, Dr. Robert I. 153 ff.
Hersey, Rex B. 256 f.
Hildebrandt, Dr. Gunther 22 f.
Hippocrates 34 f., 164, 249
Hoagland, Dr. Hudson 28 f.
Hollwich, Dr. F. 286 f.
Holmes, Dr. Thomas H. 242, 245
Houston, Dr. Jean 27
Huston, Dr. Paul E. 123, 170

Island, Dr. Donald P. 286
Iwanow, Dr. D. 157

Janiger, Dr. Oscar 252 f.
Jenner, Dr. F. A. 266 ff.
Jouvet, Dr. Michel 86

Kaiser, Dr. Irwin H. 297
Kales, Anthony 166
Kato, M. 291
Kennedy, John F. 305
Kerenyi, Dr. N. A. 292
Klein, Dr. K. E. 45 f., 54
Kleitman, Dr. Nathaniel 67, 78, 83, 99, 102, 108
Kraft, Dr. Irvin 180
Krieger, Dr. Dorothy u. Howard 90, 205
Kripke, Daniel F. 100

Lamb Maria 261 f.
Laures, Josy 67
Lehmann, Dr. Heinz 65, 199
Lester, Dr. Boyd 116
Levine, Dr. Seymour 114
Linnaeus, Carolus 280
Lipscomb, Dr. Harry 54
Lisk, Dr. Robert 289
Lobban, Dr. Mary 141
Loewi, Otto 130

Madsen, Willard 218
Mairtet, Jean-Pierre 69
Malek, Dr. Jeri 297
Masters, Dr. Robert E. L. 27
Masuda, Minoru 243
Mayersbach, Dr. H. von 200
McGaugh, Dr. James L. 216
McGinthy, Dr. Dennis 102, 106
Mead, Richard 36
Meites, Dr. Joseph 288
Menzel, Dr. Werner 164, 258
Meyer, Dr. Roland K. 291
Miller, Dr. Neal 214
Mills, Dr. John 67 f., 69, 138
Möllerstrom, Dr. Jacob 176
Monroe, Laurence J. 93

Nelson, Dr. Walter 49

Oishi, T. 291
Ornstein, Robert 30
Orth, Dr. David N. 286
Othmer, Ekkehard 100

Papi, Dr. Florian 17
Parmelee, Arthur C. 108
Pauly, Dr. John E. 144, 173, 189, 198
Pearlman, Chester 92
Piaget, Jean 25, 214
Pierce, Chester 68, 104
Pittendrigh, Dr. Colin 19, 62, 148, 285
Pizzarello, Dr. Donald 182
Plato 36
Pöppel, Dr. Ernst 71, 72
Pollack, Dr. Irwin 25

Radzialowski, F. M. 200
Rahe, Dr. Richard 242
Reiman, Dr. Hobart 256, 258, 260 f., 271
Reinberg, Dr. Alain 201, 202 ff., 295
Reis, Dr. Donald 159
Richter, Dr. Curt P. 114, 153, 206 f., 229 f., 258, 266
Rocard, Yves 66
Rock, Dr. John 301
Roffwarg, Dr. Howard 92
Rowan, Dr. Vernon 287
Rummel, Dr. John 54

Rust, Dr. Charles C. 291
Rutenfranz, Dr. J. 112

Sachar, Dr. Edward 167
Sanctorius 22
Sander, Dr. Louis W. 115 f.
Sarkar, Dr. K. 292
Sassin, Dr. J. F. 82
Sawyer, Dr. Charles H. 296
Scheving, Dr. Lawrence E. 144, 173, 189 198
Scrimshaw, Dr. N. C. 152
Selye, Hans 164
Senni, Tony 67
Serio, Dr. M. 176
Shurley, Jay 68, 104
Sicuteri, Dr. F. 270
Siffre, Michel 27, 67, 70
Sollberger, Dr. Arne 176, 315, 319
Southren, Dr. Louis A. 183
Stephens, Dr. Gwen 193, 216
Sterman, Dr. M. B. 102, 106, 111
Stoyva, Johann 92
Stroebel, Dr. Charles F. 210, 219 ff., 224 ff., 231—240, 244

Strumwasser, Dr. Felix 24
Stunkard, Dr. Albert J. 147
Takahashi, Dr. Y. 82
Tart, D. Charles 132
Thomas, Dr. Alexander 118, 125
Thomas, Lowell 59
Timonen, Dr. Sakari 294
Titow, German 105
Tobias, Dr. Milton 120

Walker, Dr. Charles A. 158
Webb, Wilse B. 82, 100
Weitzman, Elliot 89, 192
Wever, Dr. R. 72, 73
Wilkinson, Dr. Robert T. 44
Williams, Robert 82
Wolff, Dr. Sheldon 261
Wolpe, Dr. Joseph 224
Wurtman, Richard 149 f., 290, 291, 302
Wyler, Allen 243

Yap, Dr. R. P. 200

Zung, Dr. William 97, 205

Sachregister

Achtundvierzig-Stunden-Zyklus 70, 74 f., 238, 239, 311
Addisonsche Krankheit 153 ff., 201 f.
Adrenalin 140
Aktivitätsrhythmus 67, 70, 71, 75, 78, 99, 103, 109, 111 f., 115 f., 161, 285, 307
   Veränderungen des 59, 63, 283 f.
Alkohol 50 f., 87, 195 f.
Allergie 202 ff., 294
Alter 122 f., 127
Altern, vorzeitiges 49
Aminosäuren 151 f., 190
Amphetamine 55, 87, 187, 198
Amplitude, Definition 41
Anästhetika 195, 196 f.
Analysen
   Frequenz- 322, 323
   harmonische 323
   Spektral- 328 ff.
   Varianz- 323
Angst 219, 221, 227, 228
   -reaktionen 221 ff., 226
   Verlernen von 221—224
Arbeit-Ruhe-Schema 51, 52, 56
Atmung 21, 22 f., 79, 111, 117
   Rhythmus der 23

Balneologie 23
Beschwerden, prämenstruelle 251—254
Biopsie 175, 184
Biorhythmen (Fliess) 37 f.
Blut 142, 176, 267
   -bestandteile, Rhythmen der 144 f.
   -druck 21, 46, 48, 52, 79, 111, 171 f.
   -fette 177
   -kreislauf 164
   -zucker 21, 113, 140, 145 ff.

Cirkadiane Rhythmen, Theorien 61—64

Datenverarbeitung, elektronische 240 ff., 271 f.
Depression 95, 96 ff., 124, 145 f., 167 bis 170, 236, 254, 273, 294
Desynchronisation 56, 72 f., 94, 96, 166, 193, 210, 239, 242, 244
Diabetes 53, 176 ff., 201, 227
Diagonal-Studie 317
Drogen 27, 79, 198 f., 200

Elektrolyte 56, 72, 112, 113, 123 f., 141 f., 170, 254 f., 267 f., 275, 287
Elektromagnetische Felder 17, 19, 62, 64 f., 66, 67, 72 ff., 104
Emotionen 140, 142, 168, 244
Enzyme 150, 200 f., 209
Epilepsie 53, 120, 194 f.
Ernährung 59, 145 f., 151 f., 161 f.

Feedback-Mechanismen 321 f.
Fehlerellipsen 334
Fortpflanzung 19
Freilauf 20, 67—70, 73, 94, 228 f., 234, 238
Frequenz, Definition 41

Gamma-Globulin 144, 189 f., 279
Geburten 19, 297 f.
Gedächtnis 78, 215 ff.,
   -störung 216 f.
Geisteskrankheiten 145, 236 f., 261 bis 268, 273
   Lithium-Therapie bei 268
   Prognose bei 237
Glukose 146 ff., 176, 177 f.
Glykogen 146, 173, 174, 176

Hell-Dunkel-Schema 49, 51, 54, 63, 143, 200, 217, 281 f.
Heroin 199
Herz 22, 88, 112, 169
  -erkrankungen 22, 122, 171
  -rhythmus 40, 113
  -schlag 22 f., 57, 61, 79, 109, 111, 117, 123, 170
  -transplantation 180
Hirnwellen 45, 51, 56, 78—81, 87, 91, 97, 100, 104, 107, 110, 157, 195
  -aufzeichnung 78—81, 96 ff., 106, 110, 195, 290
Histamin 158, 159, 203, 290
Hormone 43, 79, 83, 118, 125, 140, 165, 179, 210, 273, 288 f.
  Geschlechts- 83, 140, 183, 207, 251, 253—256
  Nebennieren- 21, 40, 46, 56, 58, 86, 88—91, 112, 113 ff., 125, 140, 142 f., 153—157, 161, 165—169, 171, 177, 178, 201 ff., 224 ff., 239, 251, 254, 261, 285 ff., 302
  Rhythmen der 143
  Schilddrüsen- 20, 149, 152, 265, 273
  Wachstums- 81 ff., 152
Hunger 107, 111, 113, 147, 163
  -kontraktionen 23, 147, 162
Hypnotika 87
Hypophyse 82, 89, 90, 165, 177, 253, 285, 289, 292, 294, 302
Hypothalamus 64, 89, 90, 137 f., 147, 165, 166, 230, 285, 288 f., 290

Immunität 144, 189 f., 279
Impfung 190
Infektion 53, 144 f., 189 f.
Insulin 146, 176 f., 287
Isolation 27, 52 f., 60 f., 67—76, 94, 101 f., 121, 234, 237
  -sstudien 74 ff.

Jahreszeiten 19, 22, 273 f., 276
Jet-Syndrom 48 f., 91

Keimdrüsen 287—292, 297
Kleinste Quadrate, Methode der 330 ff., 331, 332

Kodierung 30
Körpertemperatur 20, 21, 28 f., 41, 43 ff., 53, 56, 57, 58, 86, 88, 91, 93 f., 113, 123, 136 ff., 142, 152, 161, 164, 170, 229, 231 f., 233, 236, 238, 273
Koordination
  Muskel- 43
  psychomotorische 46, 53
  von physiologischen Funktionen 123, 126
Krankheiten, periodische 248 f., 258 bis 268
Krebs 40, 137, 163, 178 f., 180—184, 243, 244 f.
  -therapie durch Antimetaboliten 183 f.; durch Röntgenstrahlen 182, 183
Kreisdiagramme 332 f., 334, 335
Kurvenangleichung 324 f.
Kurzschlaf 100 f.

Leber 88, 145 ff., 173, 174, 175, 176
  -erkrankung 164
  -zirrhose 145
Lernen 28, 92 f., 129 ff., 217 f., 224 f.
Lernfähigkeit 217
Licht 19, 20, 62, 63, 68, 277—303
  als Synchronisator 63, 70 f., 73 f.
  künstliches 293
Lysozym 52 f.

Magen
  -geschwüre 48, 53, 163, 165, 238, 294
  -kontraktionen 147
  -säure 86
Medikamente 58, 79, 97, 162, 187 ff., 198, 199, 204, 206, 207, 209 f., 225, 232, 235 f., 269—272, 296
Medikation 59, 209 f., 250, 269
Medizin
  Geschichte der 34—38, 273
  präventive 245 f.
Melatonin 289—292, 295
Menstruationszyklus 19, 22, 48, 71, 207, 249, 250—256, 294 f., 297—302
Mond 17 f., 68, 249, 298
  -tag 21, 67
  -zyklen 19, 178, 298 f.

357

Müdigkeit 156

Narkolepsie 98, 102
Nieren 88, 112, 138 f., 169
Noradrenalin 158 f., 290
Nucleinsäuren 173 ff.

Ökologie 305 f.
Orientierung 18, 74, 117
  -ssinn 17
Oszillation 320
Ovulation 296—302

Parasiten 190 ff.
Periode, Definition 41
Phase, Definition 42
Phasenverschiebung 47—50, 54—60, 75
  durch Medikamente 205—209
Photoperiodismus 281 ff.
Physiologische Schwankungen 58 f.,
  125 f., 135 f., 156, 162, 256 f., 269 f.
  bei Männern 250, 256 f.
Psychosomatische Krankheiten 95, 120,
  211—215, 227, 244
  -Symptome 226 f., 233

Reisen 39 f., 88, 91
REM-Schlaf 78, 83—94, 97—101, 104,
  107, 109 ff., 116, 122, 128, 131, 133,
  166
  Entzug von 86 f.
Rhythmizität 21, 96, 97, 118, 120,
  126 f., 128 f., 132, 162, 308, 310
Rhythmometrie 315 f.

Sauerstoffverbrauch 46 f.
Schichtarbeit 39, 47 f., 53, 54, 55, 59
Schlaf 77—81, 103—109, 122 f., 124 ff.,
  128—133, 136, 148, 151 f., 161
  Elektroschlaf 94 ff., 239
  im Weltraum 104 f.
  -losigkeit 60, 91, 93—98, 123, 127,
  235, 251
  -verlust 78, 152
Schlaf-Wach-Zyklus 40, 51, 55 f., 60,
  70 f., 72 f., 91, 92, 115 f., 129, 238 f.,
  244
Schmerz 163, 192 f.
Schock-Phasen-Theorie 229 f.

Schwerkraft 17, 19, 64, 67, 74
Sedativa 95, 195, 197 f.
Spurenminerale 255
Stoffwechsel 28 f., 82, 88, 102, 125,
  151 f., 287, 293
  Hirn- 28, 158 f.
  Kohlenhydrat- 145, 151, 171, 177
  -Krankheiten 184
  und Hunger 147
Streß 50, 53, 94, 95, 106 f., 113, 115,
  117, 140, 143, 161, 178, 179, 225,
  227 ff., 238, 264
  durch Änderung der Lebensweise
  242 ff.
  experimenteller 229—234
  -krankheiten 164 ff., 171, 211—215
  neurotische Reaktion auf 236 ff.
  psychotische Reaktion auf 236 ff.
Synchronisation 316
  durch soziale Faktoren 63, 67, 71 f.,
  74, 123, 124, 132 f.
  zeitliche 115

Toxine 200
Toxizität 188, 200
Träume 77—80, 83—86, 92 f., 107, 109,
  129 ff.
Tyrosin 148 ff., 270

Urin 57, 70 f., 73, 108, 113, 123, 124
  138—142, 164, 265, 267

Wahrnehmung 26, 27
Winterkoller 274 ff.

Zeit
  -plan 162
  -schätzung 132, 193
  -schema, Änderung des 55, 76
  -schema, soziales 63, 124
  -sinn 20, 24—27, 45, 131 f.
  -sinn bei Kindern 25 f., 30, 127 f.
  -sinn bei Pflanzen 280—283
  -struktur des Menschen 15 f., 55, 60,
  125, 165, 186, 310
  -struktur im Weltraum 75
  -vorstellungen, historische 31 ff.
Zellteilung 172—175, 179, 180—184
Zirbeldrüse 289—293

Nachweis der Graphiken

Periode, Amplitude und Frequenz 41
Harmonische Analyse 42
Cirkadianes System der Ratte 160
Cirkadianes System der Maus 191
Cirkadianes System des Menschen 208
Wellenformen 327
Harmonische Analyse 329
Wellenlänge Phasen-Differenz 331
Analyse des Rhythmus der 17-Ketosteroide: Jahres- und Wochenrhythmen 335
Cirkadiane Rhythmen von Diastolendauer und Herzfrequenz bei Menschen während Schwerelosigkeit über mehrere Tage im Weltraum 339

Goldmann MEDIZIN

5000 Jahre Medizin. Von vorgeschichtlicher Heilkunde zum ärztlichen Computer. Von Dr. Dr. Gerhard Venzmer. (9050)

Unter dem Eindruck der allerjüngsten Großtaten der modernen medizinischen Wissenschaft richtet sich unser Blick immer wieder nachdenklich zu den Quellen zurück, aus denen der breite und vielarmige Strom unserer heutigen Heilkunde geflossen ist.

Die jüngsten Siege in der Medizin. Von Prof. Dr. Hugo Glaser. (1799)

Dies ist ein Bericht, spannend wie ein Roman und doch wissenschaftlich einwandfrei, über die mühevolle Erforschung unschätzbarer Hilfsmittel in der Medizin seit dem Zweiten Weltkrieg: Penicillin, Cortison, Arterien aus Nylon, künstliche Nieren, die Herz-Lungen-Maschine, die Impfung gegen Kinderlähmung und die Hirnchirurgie.

Dramatische Medizin. Selbstversuche von Ärzten. Von Prof. Dr. Hugo Glaser. (1791)

Die Geschichte der Medizin zählt viele Ärzte, die das Wohl der Menschheit und den Fortschritt ihrer Wissenschaft über ihr eigenes Leben stellten. Unter oft dramatischen Umständen nahmen sie Versuche an sich selbst vor; manche waren erfolgreich, manche mit Niederlagen verbunden. Die sensationellen Taten dieser mutigen Forscher schildert der Verfasser mit erregender Anschaulichkeit und exakter Genauigkeit.

WILHELM GOLDMANN VERLAG MÜNCHEN

Goldmann MEDIZIN

Ärger und Aufregung als Krankheitsursachen. Von Dr. A. T. W. Simeons. 28. Tsd. (9034)

Eine große Gruppe von körperlichen Krankheiten beruht auf psychischen Ursachen. Das gilt in besonderem Maß für Störungen im Bereich des Magendarmtraktes, des Herzens und der Blutgefäße, der Schilddrüse und auch der Sexualität. Die hier dargestellten Erkenntnisse geben vielen eine neue Hoffnung auf Heilung.

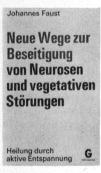

Neue Wege zur Beseitigung von Neurosen und vegetativen Störungen. Heilung durch aktive Entspannung. Von Johannes Faust. (2865)

Das Thema ist heute besonders aktuell und spricht alle diejenigen an, die in der Hektik des modernen Alltags nach einer echten Entspannungstherapie suchen. Der Autor, Arzt und Physiologe, stellt die von ihm selbst entwickelte und seit längerer Zeit bewährte Methode zur Heilung von Spannungen und zur Vermeidung bzw. Linderung nervöser Erschöpfungszustände zur Diskussion.

Der nervöse Mensch. Seelische Störungen im Alltag. Von Prof. Dr. B. Luban-Plozza. 22. Tsd. (9023)

Unser Nervensystem ist durch die vielfältigen Einflüsse von Umwelt, Familie, Schule und Beruf arg strapaziert. Von berufener Seite erhält der Leser hier Ratschläge, wie er mit der modernen technischen Umwelt fertig werden kann.

WILHELM GOLDMANN VERLAG MÜNCHEN

Goldmann MEDIZIN

Yoga für jung und alt. Einfache Atem- und Bewegungsübungen zur Entspannung und Kräftigung. Mit 108 Fotos. Von Esther-Martina Luchs. 20. Tsd. (9036)
Den vielen Menschen, die erkannt haben, daß es heute ohne eigene Mithilfe nicht mehr möglich ist, so leistungsfähig zu sein und zu bleiben, wie es ständig gefordert wird, ist dieser Band gewidmet. Der Übungsteil bringt einfache, dem westlichen Menschen angepaßte Yogaübungen, die in ihren Auswirkungen den schwierigeren Asanas durchaus ebenbürtig sind.

Yoga – Arbeit am Selbst. Yoga-Studien – Meditationszyklus – Krija-Zyklus – Atemzyklus. Mit 16 Fotos. Von Dr. Otto-Albrecht Isbert unter Mitwirkung von Irene Horbart. (9033)
Die Disziplinen des Geistes-Yoga werden in diesem Band entwickelt und der Übungsweg mit einer Reihe für den westlichen Menschen leicht erlernbarer Krijaübungen beschrieben. Die Meditations-(Vorstellungskraft)übungen stellen eine Hilfe zur seelischen Selbstfindung und Festigung im Sinne moderner Psychotherapie dar.

Yoga für Kinder. Leichte Atem-, Entspannungs- und Bewegungsübungen zur Lockerung und Kräftigung. Mit 100 Fotos. Von Esther-Martina Luchs. (9040)
Die Autorin weiß, mit welcher Begeisterung die Kinder an ihren Kursen teilnehmen, welche Freude es ihnen macht, wenn sie eine Übung beherrschen, und wie sie dabei ihre Nervosität, Verkrampfung und Haltungsfehler mehr und mehr ablegen. Die klaren Anleitungen machen es den Eltern leicht, die Übungen mit ihren Kindern zu Hause zu trainieren.

WILHELM GOLDMANN VERLAG MÜNCHEN

Goldmann MEDIZIN

Umweltschäden gefährden uns. Von Prof. Dr. Friedrich Dittmar. (9041)

Dieses Buch möchte die Ursachen und die noch unklare unspezifische Symptomatik der Zivilisationskrankheiten kritisch sichten und Möglichkeiten zu ihrer Verhütung und Behandlung aufzeigen. Es möchte aber auch zum Verständnis unserer problematischen Zeit beitragen und ärztliche Ratschläge zur Überwindung unseres psychologischen und soziologischen Mißstandes finden.

Streß bedroht unser Herz. Von Prof. Dr. Hans Selye und Fred Kerner. (9030)

Unser Organismus ist ständig mannigfachen Streßsituationen ausgesetzt. In diesem Band wird gezeigt, wie man sich so gut wie möglich vor dem Streß schützen kann und wie Menschen in verschiedenartigen Berufen und mit unterschiedlichen körperlichen Anlagen und Gepflogenheiten ihr Herz dauernd gesund erhalten können. Selye hat den Begriff Streß geprägt und lehrt heute in Montreal.

Schlaf dich gesund. Mit einem Schlaffragebogen. Von Gay G. Luce und Dr. Julius Segal. (9025)

Einen erschöpfenden Überblick über die Erkenntnisse der modernen Schlafforschung vermittelt dieses Buch: es ist so etwas wie Diagnose und Therapie zugleich, sozusagen für den Hausgebrauch, für die Millionen Menschen geschrieben, die sich einen besseren, d. h. gesunden Schlaf wünschen, wobei die eindringliche Mahnung vor unkontrollierter Verwendung von Schlaf- und Beruhigungsmitteln immer wiederkehrt.

WILHELM GOLDMANN VERLAG MÜNCHEN

Goldmann PSYCHOLOGIE + PÄDAGOGIK

Psychoanalyse und Kultur. Darstellungen namhafter Wissenschaftler. Herausgegeben von Prof. Heinrich Meng. Band 1681.

Die geisteswissenschaftlichen Aspekte der Psychoanalyse im Hinblick auf kulturelle und soziologische Probleme. Aus dem Inhalt: Freuds Humanismus – Über den Traum – Fehlleistungen im täglichen Leben – Intelligenz und Dummheit – Märchen, Mythos, Urgeschichte – Psychoanalyse und Sittlichkeit u. a.

Psychoanalyse und Erziehung. Darstellungen namhafter Wissenschaftler. Herausgegeben von Günther Bittner und Willy Rehm. Band 1702.

Eine Analyse der körperlichen, seelischen und geistigen Entwicklung des Kindes und Jugendlichen und grundlegende Richtlinien für die Erziehung. Aus dem Inhalt: Triebleben und Charakter – Unbewußtes in der Erziehung – Strafe – Sexuelle Aufklärung u. a.

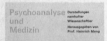

Psychoanalyse und Medizin. Darstellungen namhafter Wissenschaftler. Herausgegeben von Prof. Heinrich Meng. Band 1680.

Die medizinischen Grundlagen der psychoanalytischen Forschung und der therapeutischen Anwendung ihrer Ergebnisse. Aus dem Inhalt: Die Triebe – Die Kinderneurose – Erkranken und Gesunden – Die Bewußtseinsstörungen – Die Hysterie – Organneurosen

WILHELM GOLDMANN VERLAG MÜNCHEN

Goldmann PSYCHOLOGIE + PÄDAGOGIK

Seelenspiegel des Kindes. Tiefenpsychologische Erziehung und Behandlung. Von Dr. Gustav Hans Graber (1800)

Dieser Band wendet sich an Eltern und Erzieher, besonders an die Mütter. Er gibt Aufschluß über das Seelenleben und seelische Konflikte des Kindes. Er zeigt, wie diese Konflikte durch richtige Behandlung gelöst werden und eine freie Charakterentfaltung möglich wird.

Tiefenpsychologie der Frau. Die Entwicklung vom Mädchen zur Frau und Mutter. Von Dr. G. H. Graber (9517)

Ein erfahrener Schweizer Psychotherapeut schildert die verschiedenen Frauentypen, erklärt Entwicklung und Störungen des weiblichen Liebeslebens und zeigt Wege zur Heilung und Selbsterkenntnis.

Psychologie des Mannes. Neue Erkenntnisse über das männliche Triebleben. Von Dr. G. H. Graber (9515)

Mit den Mitteln der Tiefenpsychologie werden die Hintergründe männlicher Eigenart erforscht: die Reifung des Knaben zum Mann – die Entwicklung des männlichen Liebeslebens – die Triebentwicklung – typische Verhaltensweisen und seelische Sonderformen, kurz: die Ausdrucksformen männlicher Psyche.

WILHELM GOLDMANN VERLAG MÜNCHEN

Goldmann PSYCHOLOGIE + PÄDAGOGIK

Was ist Psychoanalyse? Eine Einführung in die Lehre von Sigmund Freud. Von Ernest Jones. Mit einer Einleitung von Prof. Dr. A. Friedemann. (9514)

Ernest Jones, der namhafte englische Psychoanalytiker, behandelt in diesem Band in wissenschaftlich korrekter, doch allgemein verständlicher Form die Psychoanalyse, ihre Grundlagen, Erkenntnisse und ihre Anwendung auf den Gebieten der Medizin, Erziehung, Anthropologie, Soziologie und Religion.

Wege zum Ich. Psychologische Orientierungshilfen im Alltag. Von Dr. Wilhelm Stekel. Herausgegeben und bearbeitet von Friedrich Scheidt. Mit einem Geleitwort von Prof. Dr. Heinz-Rolf Lückert. (9508)

Stekel hebt die Bedeutung des psychischen Konflikts hervor. Störungen des Affekt- und Gefühlslebens sind seiner Meinung nach nicht ohne die Einsicht und den Willen, nicht ohne das »moralische Ich« des Betroffenen zu beheben.

Selbsthypnose. Ihre Technik und Anwendung im täglichen Leben. Von Leslie M. LeCron (9519)

In diesem Buch wird gezeigt, wie die Methoden der Selbsthypnose zu Hause, auf Reisen oder im Büro jederzeit angewandt werden können.

WILHELM GOLDMANN VERLAG MÜNCHEN

Goldmann RATGEBER

Die Technik der Gedächtnisschulung. Von Wolfgang Zielke. Eine praktische Anleitung (10501)

Wertvolle Anleitungen zur Schulung des Gedächtnisses und zur Steigerung der Konzentrationsfähigkeit. Auf praktische Erfahrungen gestützt, beschreibt der Verfasser in loser Folge eine Reihe alltäglicher Situationen, mit denen jedermann konfrontiert wird und die jeder optimal meistern möchte.

Bangemachen gilt nicht. Von Axel Eggebrecht. Die Kraft des gesunden Menschenverstandes. Nach der gleichnamigen Rundfunkserie (10502)

Der durch den Rundfunk in weiten Kreisen bekannte Autor analysiert, was den Menschen bedrängt: die Angst, das Glück, die Todesstrafe, der Selbstmord, das Altern, der Tod u. a. Ob alltägliche oder existentielle Fragen – stets versucht Eggebrecht ihre positive Seite zu erkunden.

Was Deine Hände sagen. Von Hanns Kurth. Eine Anleitung, den Charakter aus der Hand zu deuten. Mit 74 Illustrationen (10512)

Eine Anleitung zur Handliniendeutung. Die Darstellung dieser bereits vor 4000 Jahren in China bekannten Wissenschaft geht von der Beobachtung der menschlichen Hand aus. Konkrete Fälle veranschaulichen die theoretischen Ausführungen, goldene Regeln der Handlesekunst runden den Band ab.

WILHELM GOLDMANN VERLAG MÜNCHEN

Goldmann SACHBÜCHER

Vorschulkind und Schulanfänger. Von Prof. Dr. Horst Nickel und Dipl.-Psych. Ulrich Schmidt (11129)

Das vorliegende Buch vermittelt den neuesten Wissensstand über die kindliche Entwicklung in der Altersspanne von etwa drei bis acht Jahren. Es ist allgemein verständlich und ansprechend verfaßt, basiert jedoch durchgehend auf gesicherter, wissenschaftlicher Grundlage.

Das trotzende Kind. Eine psychologische Studie. Von Alice Trier-Samuel. (11116)

*Was ist Trotz? – Wann und in welchen Formen tritt er auf? – Wie entsteht er? – Welche Bedeutung hat er für die kindliche Entwicklung? – Wie kann man ihm begegnen?
Eine Fülle von Fragen, die hier ihre Antwort finden.*

Aus Kindern werden Leute. Neue Wege zur Erziehung. Von Prof. Dr. Theo Herrmann und Aiga Stapf. (9521)

Das Buch ist nach der gleichnamigen Folge aus der Fernsehserie »ZDF Elternschule« entstanden. Die Verfasser unternehmen darin den gelungenen Versuch, Eltern und Erziehern neue psychologische Erkenntnisse zu vermitteln, die für die Erziehung von Kindern und für die Selbstbesinnung der Erwachsenen wichtig sind.

WILHELM GOLDMANN VERLAG MÜNCHEN

Verehrte Leser,

senden Sie bitte diese Karte ausgefüllt an den Verlag. Sie erhalten kostenlos unsere Verlagsverzeichnisse zugestellt.

Bitte hier abschneiden

Diese Karte entnahm ich dem Buch:

Kritik und Anregung:

Ich wünsche die kostenlose und unverbindliche Zusendung von

- ☐ Verlagsverzeichnis
- ☐ Katalog der Gruppe Wissenschaft
- ☐ Katalog »Goldmann Jugend Taschenbücher«

Name

Ort

Straße

Ich empfehle, den (die) Katalog(e) auch an die nachstehende Adresse zu senden:

Name

Ort

Straße

Aus dem Wilhelm Goldmann Verlag bestelle ich durch die Buchhandlung:

Anzahl	Titel	Preis

Name _____

Ort _____

Straße _____

Datum _____ Unterschrift _____

7056 · 5084 · 3.000

Wilhelm Goldmann Verlag

8000 München 80
Postfach 800709

Bitte mit
Postkarten-
Porto
frankieren